NZZ **LIBRO**

Balz Spörri
René Staubli
Benno Tuchschmid

Die Schweizer KZ-Häftlinge

Vergessene Opfer des Dritten Reichs

Mitarbeit
Laurent Favre

NZZ Libro

Bibliografische Information der Deutschen Nationalbibliothek
Die Deutsche Nationalbibliothek verzeichnet diese Publikation in der Deutschen Nationalbibliografie; detaillierte bibliografische Daten sind im Internet über http://dnb.d-nb.de abrufbar.

2. Auflage 2020
© 2019 NZZ Libro, Schwabe Verlagsgruppe AG

Lektorat: Katharina Wehrli, Zürich
Umschlag, Gestaltung, Satz: Katarina Lang, Zürich
Bildbearbeitung: Fred Braune, Bern
Druck, Einband: Kösel GmbH, Altusried-Krugzell

Umschlagfoto: Häftlingsjacke von Albert Mülli im KZ Dachau mit Häftlingsnummer und dem roten Dreieck für die politischen Gefangenen (Archiv für Zeitgeschichte, Zürich).

Dieses Werk ist urheberrechtlich geschützt. Die dadurch begründeten Rechte, insbesondere die der Übersetzung, des Nachdrucks, des Vortrags, der Entnahme von Abbildungen und Tabellen, der Funksendung, der Mikroverfilmung oder der Vervielfältigung auf anderen Wegen und der Speicherung in Datenverarbeitungsanlagen, bleiben, auch bei nur auszugsweiser Verwertung, vorbehalten. Eine Vervielfältigung dieses Werks oder von Teilen dieses Werks ist auch im Einzelfall nur in den Grenzen der gesetzlichen Bestimmungen des Urheberrechtsgesetzes in der jeweils geltenden Fassung zulässig. Sie ist grundsätzlich vergütungspflichtig. Zuwiderhandlungen unterliegen den Strafbestimmungen des Urheberrechts.

ISBN 978-3-03810-409-4

www.nzz-libro.ch
NZZ Libro ist ein Imprint der Schwabe Verlagsgruppe AG.

Für Rahel, Rebecca und Anna Lea
Balz Spörri

Für Yannick, meinen Sohn
René Staubli

Meinem Vater Kurt-Emil Merki
Benno Tuchschmid

Einleitung 9

I. Historische Einordnung

Die ersten Schweizer KZ-Häftlinge 15
   Die Lager werden Thema der Innenpolitik 20
   Das Bild der KZ in den Schweizer Medien 21

Die Entstehung des KZ-Systems 27
   Leopold Obermayer – der Präzedenzfall 30
   Widersprüchliche Augenzeugenberichte 32
   Bern verweigert den Schweizer Juden den Schutz 37
   Frölicher löst Dinichert in Berlin ab 39

Die Lager werden zu Tötungsanstalten 43
   Die Ermordung von Schweizer Behinderten 48
   Die Zensur der «Greuelmeldungen» 50

Der systematische Massenmord 53
   Schweizer Juden im Ausland gerieten in Gefahr 55
   Die Schweizer Regierung und der Holocaust 60
   Diskriminierung der Doppelbürger 64
   Der Holocaust und die Schweizer Öffentlichkeit 65
   Rothmunds Besuch im KZ Sachsenhausen 68

KZ-Alltag: Vernichtung durch Arbeit 71
   Schweizer Funktionshäftlinge 76

Die Bemühungen der Schweiz um ihre KZ-Häftlinge 79
   Schweizer Gefälligkeitsdienste 81

Die verpasste Chance zur Befreiung von KZ-Häftlingen 85
   Verhandlungen über einen Gefangenenaustausch 88
   Frölichers Kontakte zur SS 93

Das grosse Vergessen 99
   Halbherzige Wiedergutmachung 102
   Die missbrauchte KZ-Union 106
   Auschwitz liegt nicht in der Schweiz 108

Hat die Schweiz versagt? 111
   Frölicher, das EPD und der Bundesrat 114
   Vergleich mit dem Ausland 120
   Fazit 121

II. Schicksale

Es konnte jeden und jede treffen 127
Marcelle Giudici-Foks 129
Friedrich, Fritz, Frieda und Werner Abegg 139
Gino Pezzani 151
Anna Böhringer-Bürgi 161
Albert Mülli 173
Emma Kübler-Schlotterer 185
Gino Parin 199
Anne-Françoise Perret-Gentil-dit-Maillard 211
Emil Würth und Nelly Hug 221
René Pilloud 231

III. Memorial

Die Opfer 242
    Komplexe Recherche 249
Erinnerung an 391 Schweizerinnen und Schweizer im Konzentrationslager 253

Anhang
Anmerkungen 297
Auswahlbibliografie 310
Bildnachweis 314
Dank 316
Die Autoren 318

Einleitung

Dieses Buch kommt spät. 75 Jahre nach dem Ende des Zweiten Weltkriegs arbeiten wir zum ersten Mal die Geschichte der Schweizer KZ-Häftlinge auf. Und versuchen, den Opfern ein Gesicht und eine Stimme zu geben.

Dieses Buch erzählt von Menschen, die andere verachteten und in Konzentrationslagern töteten. Es erzählt aber auch von Menschen, die mutig waren. Von Menschen, die verzweifelten. Und von Menschen, die handelten oder wegschauten, die Entscheidungen treffen mussten: Sollte beispielsweise das Eidgenössische Politische Departement dem NS-Regime mit Gegenmassnahmen drohen, um KZ-Häftlinge freizubekommen? Oder war das eine gefährliche Provokation?

Die Idee zu diesem Buch geht auf einen Besuch im KZ Buchenwald zurück. Wer das Lager betritt, stösst auf dem ehemaligen Appellplatz auf eine Gedenktafel. Sie erinnert an die Nationalitäten der Häftlinge, die hier gequält und ermordet wurden. Zwischen «Schweden» und «Senegalesen» steht da: «Schweizer».

Schweizer im Konzentrationslager? Für uns war das damals völlig neu. Wir sprachen mit Kolleginnen, Freunden und Bekannten. Kaum jemand wusste, dass während der NS-Diktatur auch Schweizer in den Konzentrationslagern inhaftiert gewesen waren. Die Schweizer KZ-Häftlinge sind vergessene Opfer des Dritten Reichs.

Erste Abklärungen ergaben, dass eine grosse Forschungslücke besteht. Bis heute liegen nur einige wenige Studien zu Einzelschicksalen sowie zur Wiedergutmachung nach dem Krieg vor. Was fehlt, ist eine Einordnung, ein Überblick. Und eine Liste der Opfer. Mit diesem Buch möchten wir dazu beitragen, diese Lücke zu schliessen.

Als wir unsere Arbeit 2015 aufnahmen, hatten wir keine Vorstellung davon, wie viele Schweizer KZ-Häftlinge es gegeben hatte. Inzwischen wissen wir: Insgesamt waren mindestens 391 Menschen in einem KZ inhaftiert, die bei der Verhaftung oder zu einem früheren Zeitpunkt Schweizer Staatsbürgerinnen oder Staatsbürger waren. Hinzu kommen mindestens 328 KZ-Häftlinge, die in der Schweiz geboren wurden, aber nie die Schweizer Staatsbürgerschaft besassen.

Wir begannen unsere Recherchen im Schweizerischen Bundesarchiv in Bern. Später führte uns die Arbeit unter anderem in die Archive des International Tracing Service im deutschen Bad Arolsen, in das Politische Archiv des Auswärtigen Amts in Berlin sowie in die Archive von Gedenkstätten wie Ravensbrück oder Mauthausen.

Dieses Buch ist ein erster Schritt. Wir konnten längst nicht alle Quellen erschliessen. Dazu kommt, dass die Nationalsozialisten am

Ende des Krieges massenhaft Dokumente vernichteten. Andere wurden bei Bombardierungen zerstört.

Wir sprachen auch mit Töchtern, Enkeln und weiteren Verwandten von KZ-Häftlingen. Ihre Schilderungen liessen die Menschen, die wir aus den Dokumenten kannten, lebendig werden. Die Fotos, die sie uns zur Verfügung stellten, bereichern unser Buch enorm.

Früh knüpften wir Kontakt zu Laurent Favre. Der inzwischen pensionierte Walliser Briefträger begann schon 1972, Informationen über Schweizer KZ-Häftlinge zu sammeln, und besitzt heute ein eindrückliches Archiv. Er traf neun Überlebende persönlich und hatte Kontakt mit rund 100 weiteren. Laurent Favres Arbeit floss in unser Buch ein, vor allem in die Liste der Opfer. Wir selbst hatten es leichter als Favre in den 1970er- und 1980er-Jahren. Dank der Digitalisierung sind heute viele Datenbanken zu Deportationen und KZ-Opfern online frei zugänglich. Zudem liefen in der Zwischenzeit in Archiven Sperrfristen aus.

Wir selbst konnten keine Schweizer Überlebenden mehr finden. Die vermutlich letzte Schweizer KZ-Überlebende, Hélène Spierer, starb am 8. Februar 2019. Dass sie in Genf gewohnt hatte, erfuhren wir erst nach ihrem Tod. Nach wie vor gibt es Holocaust-Überlebende in der Schweiz. Es handelt sich dabei aber um Personen, die nach dem Zweiten Weltkrieg als Flüchtlinge in die Schweiz kamen und hier eingebürgert wurden. Auf ihr Schicksal einzugehen, hätte den Rahmen unserer Arbeit gesprengt.

Dieses Buch besteht aus drei Teilen: Der erste Teil umreisst die historische Entwicklung der Lager und schildert die Verhaftungen und Deportationen von Schweizer Bürgern sowie die Reaktionen der Schweizer Behörden darauf. Eine der wichtigsten Erkenntnisse dabei: Die Schweiz hätte viel mehr für die KZ-Häftlinge tun können, als sie es effektiv tat. Doch sie unterliess es. Aus Angst, das NS-Regime zu verärgern. Und aus mangelndem Interesse an den Opfern.

Die internationale Forschung zur Geschichte der Konzentrationslager ist inzwischen kaum mehr zu überblicken. Wir stützen uns bei der historischen Darstellung wesentlich auf zwei Standardwerke – die neun Bände *Der Ort des Terrors*, herausgegeben von Wolfgang Benz und Barbara Distel, sowie *KL. Die Geschichte der nationalsozialistischen Konzentrationslager* von Nikolaus Wachsmann.

Im zweiten Teil porträtieren wir zehn Schweizerinnen und Schweizer, die in Konzentrationslagern inhaftiert waren. Ihre Schicksale führen vor Augen, dass völlig unterschiedliche Menschen Opfer des NS-Terrors wurden – eine aus Frankreich deportierte Jüdin, ein Zürcher Sozialdemokrat, eine Schweizer Bauernfamilie in der Steiermark, ein Zürcher Hochstapler mit seiner Geliebten, eine Résistance-Kämpferin aus Paris.

Im dritten Teil veröffentlichen wir eine Liste der Schweizer KZ-Häftlinge. In anderen Ländern existieren solche Listen längst. Für die Schweiz ist das ein Novum. Diese Liste soll ein Memorial sein. Und ein Mahnmal zugleich.

Zahlreiche Umfragen der letzten Jahre haben gezeigt, dass das Wissen über den Holocaust und die KZ zunehmend verloren geht, vor allem unter den Jüngeren. Zugleich werden vielerorts in Europa Positionen am äussersten rechten Rand des politischen Spektrums wieder salonfähig. Antisemitische Vorfälle nehmen zu. Wohin führt das?

Die Ausgrenzung, Verfolgung und schliesslich Ermordung von Millionen Menschen während der NS-Herrschaft geschah nicht aus heiterem Himmel. Dass Menschen im KZ inhaftiert wurden und viele dort starben, hatte eine Vorgeschichte, die unseren Blick auf gegenwärtige Entwicklungen schärfen sollte. Es wäre schön, wenn unsere Arbeit dazu beitragen könnte, aus der Vergangenheit etwas zu lernen.

Zürich, im Juli 2019

I Historische Einordnung

Die ersten Schweizer KZ-Häftlinge

1933 kommen die Nationalsozialisten an die Macht. Wenige Tage später werden die ersten Schweizer in einem Konzentrationslager inhaftiert. Die Schweizer Diplomaten protestieren. Derweil zeichnen Medien ein idyllisches Bild der Lager.

Paul Dinichert war überrascht. Der Schweizer Gesandte in Berlin sass am 30. Januar 1933 mittags mit einigen hochgestellten deutschen Persönlichkeiten zu Tisch. Da erreichte ihn die Nachricht, dass Adolf Hitler zum Reichskanzler ernannt worden war. «Keiner der Anwesenden schien davon eine Ahnung gehabt zu haben», schrieb er drei Tage später an Aussenminister Giuseppe Motta. «Kopfschütteln. ‹Wie lange mag das wohl dauern?› ‹Na, es hätte ja schlimmer ausfallen können.› So ging's im Kreise.» In seinem vertraulichen Bericht sinnierte Dinichert, was der Aufstieg Hitlers wohl für die Schweiz bedeute. Es gebe viele bekümmerte Leute, meinte er. Doch der erfahrene Diplomat beruhigte: «Die Suppe wird auch diesmal nicht allzu heiss gegessen werden.»[1]

Rasch zeigte sich, wie falsch er lag. Hitler hatte seit den 1920er-Jahren mehrfach von «Konzentrationslagern» für politische Gegner gesprochen. Im August 1932 hatte der *Völkische Beobachter* das Programm für den Tag nach der nationalsozialistischen Machtübernahme offen angekündigt: «Sofortige Verhaftung und Aburteilung aller kommunistischen und sozialdemokratischen Parteifunktionäre. Unterbringung Verdächtiger und intellektueller Anstifter in Konzentrationslagern.»[2]

Jetzt wurde der Plan umgesetzt. Hitler nahm den Reichstagsbrand vom 27. Februar zum Vorwand, um Tausende von politischen Gegnern festnehmen zu lassen – in erster Linie Kommunisten, Intellektuelle, Gewerkschaftler, Sozialdemokraten, aber auch bürgerliche Politiker und Juden. Hervor taten sich dabei die Schlägertrupps der SA, der damals rund 427 000 Mann zählenden «Sturmabteilung» der Nationalsozialistischen Deutschen Arbeiterpartei (NSDAP).[3]

Zwischen März und April 1933 wurden über 45 000 politische Gegner inhaftiert – meist jüngere Männer, die ohne Anklage oder Gerichtsurteil in sogenannte Schutzhaft genommen wurden. Unter ihnen waren auch mehrere Schweizer. Im sächsischen Schkeuditz zum Beispiel wurde am 4. März der angebliche Kommunist Friedrich Rothacher verhaftet und später ins KZ Lichtenburg überstellt.[4]

Die Gefängnisse waren schnell überfüllt. Deshalb richteten Polizeibehörden oder die SA in leer stehenden Fabriken, Gewerbeanlagen oder Kasernen improvisierte Haftanstalten und Konzentrationslager ein. 1933/34 gab es mindestens 70 solcher «wilden» KZ und rund 30 «Schutzhaftabteilungen» in Justiz- und Polizeigefängnissen. Hinzu kamen Hunderte von anderen Stätten, wo Verhaftete misshandelt wurden. Manche bestanden nur für ein paar Wochen, andere für einige Monate. Als erstes grosses Lager wurde am 21. März 1933 in der Nähe von München das Konzentrationslager Dachau eröffnet.

Bewachung und Trägerschaft der Lager waren unterschiedlich. Etwas hatten jedoch alle gemein: Sie dienten dazu, die politische Opposition zu brechen und die Bevölkerung einzuschüchtern. Die NS-Führer waren überzeugt, dass eine kurze Abschreckung genüge, um die politischen Gegner gefügig zu machen. Tatsächlich waren viele KZ-Insassen nach überstandener Haft gebrochene Menschen, die sich politisch nicht mehr betätigten. Die meisten Häftlinge wurden innert weniger Monate wieder freigelassen. Gewalt war in den Lagern alltäglich. Noch aber war der Tod im «KL», wie die Konzentrationslager ursprünglich abgekürzt wurden, eine Ausnahme: Von den 4800 Männern, die 1933 nach Dachau kamen, starben 25.

Dutzende von Schweizern, die in Deutschland lebten, zählten zu den frühen Opfern des nationalsozialistischen Terrors. In Magdeburg etwa wurde am 8. März der jüdische Geschäftsreisende Willy Guggenheim überfallen. Er sass beim Abendessen, als SA-Männer sein Hotel stürmten und Guggenheim, der sich als Schweizer auswies, schwer verletzten. Oft war der Terror mit persönlichen Racheakten verbunden, wie der Fall von Johann Bachmann in Wallensen bei Hannover zeigt. Der Leiter des lokalen Schweizer Melkerverbands, der dem deutschen Gewerkschaftsbund angeschlossen war, wurde am 5. März im Stall verhaftet. Zuvor hatten ihn die Nazis als Kommunisten beschimpft und gedroht, «dass er die besten Ställe hätte und sie dies ändern würden», wie Bachmann später berichtete.[5] Um ihn als Kriminellen zu verunglimpfen, zündeten die Nazis eine Scheune an und verteilten Zettel, auf denen sie ihn der Brandstiftung bezichtigten, so Bachmann. Der Schweizer Melker war, ohne dass je Anklage erhoben worden wäre, ein Jahr lang in den KZ Moringen und Oranienburg inhaftiert, ehe er im Sommer 1934 ausgewiesen wurde.

Ende August 1933 waren der Schweizer Gesandtschaft in Berlin mindestens 50 Landsleute bekannt, die wegen «kommunistischer Umtriebe» oder «staatsfeindlicher Betätigung» verhaftet oder ausgewiesen worden waren. Befremdet waren die Schweizer Diplomaten vor allem von der sogenannten Schutzhaft, die sich lose auf die Verordnung des Reichspräsidenten zum «Schutz von Volk und Staat» vom 28. Februar 1933 stützte, mit denen die Grundrechte der Weimarer Verfassung ausser Kraft gesetzt wurden. Der euphemistische Begriff «Schutzhaft» diente dem NS-Regime dazu, mutmassliche politische Gegner und andere missliebige Personen unbegrenzt und ohne richterliche Kontrolle zu inhaftieren. In den 1930er-Jahren war die Einweisung in ein KZ mit einem sogenannten Schutzhaftbefehl einer Polizeibehörde, in der Regel der Geheimen Staatspolizei (Gestapo), verbunden. Als Begründung für eine Festnahme reichte die Behauptung, der Verhaftete stelle eine Gefahr für das deutsche Volk dar. Floskeln wie «staatsfeindliches Verhalten» oder «kommunistische Umtriebe» genügten für die Ausstellung eines Schutzhaftbefehls und die Einweisung in ein KZ. Der Schutzhäftling hatte keine Möglichkeit, dagegen Beschwerde einzulegen.

Einer dieser Schutzhäftlinge war der Schweizer Franz Bösch.[6] Der 23-jährige Melker war am 24. Juni 1933 wegen «abfälliger Äusserungen

Wichtigste Akteure der Schweizer Aussenpolitik 1933–1945

Politisches Departement (EPD), Bern

Vorsteher
Giuseppe Motta (1920–1940)
Marcel Pilet-Golaz (1940–1944)
Max Petitpierre (ab 1.1.1945)

Abteilung für Auswärtiges (Leitung)
Maxime de Stoutz (1932–1935)
Pierre Bonna (1935–1945)
Walter Stucki (ab 1.2.1945)

Gesandtschaft in Berlin
Paul Dinichert (1932–1938)
Hans Frölicher (1938–1945)

Wichtige Mitarbeiter:
Peter Anton Feldscher, Franz Kappeler,
Max König, Heinz Vischer, Alfred Zehnder

Gesandtschaft in Paris
Walter Stucki (1938–1944, ab 1941 in Vichy)
René Naville, Verweser (1941–1944)
Carl J. Burckhardt (ab 1.6.1945)

Für die Schweiz wichtigste Akteure der deutschen Aussenpolitik 1933–1945

Auswärtiges Amt, Berlin

Reichsaussenminister
Konstantin von Neurath (1932–1938)
Joachim von Ribbentrop (1938–1945, oben)

Staatssekretär
Ernst von Weizsäcker (1938–1943, unten)
Adolf Steengracht von Moyland (1943–1945)

Gruppe Inland II*
Horst Wagner

Inland II A
Eberhard von Thadden
(u.a. Verbindung zur Reichsführung-SS, «Judenfragen»)

Inland II B
(u.a. Verbindung zum Chef Sicherheitspolizei und Sicherheitsdienst)

Gesandtschaft in Bern
Ernst von Weizsäcker (1933–1937)
Otto Köcher (1937–1945)

* Stand 1943. Die Abteilungen des Auswärtigen Amts wurden während des Dritten Reichs mehrmals neu organisiert und umbenannt. Die Gruppe Inland II ging 1943 aus der aufgelösten Abteilung Deutschland hervor.

über die Reichsregierung» im brandenburgischen Perleberg verhaftet und ins KZ Oranienburg überstellt worden. Die Schweizer Gesandtschaft in Berlin verteidigte ihn. Bösch und seine Familie seien ihr als «durchaus harmlose Leute» bekannt, erklärte sie dem deutschen Auswärtigen Amt. So habe Bösch seine Militärsteuer stets pünktlich gezahlt. Das gelte in der Schweiz als Beweis dafür, dass ein Wehrmann nichts mit linken Organisationen zu tun habe. Auch der Gutspächter, für den Bösch arbeitete, stellte ihm ein gutes Zeugnis aus. Doch das Auswärtige Amt hielt daran fest, dass Bösch der verbotenen Kommunistischen Partei nahestehe und wegen seiner staatsfeindlichen Gesinnung völlig zu Recht im Konzentrationslager inhaftiert sei.

Der Schweizer Gesandte Paul Dinichert gab sich mit dieser Erklärung nicht zufrieden. Am 5. September 1933 monierte er beim Auswärtigen Amt, es scheine nach Völkerrecht nicht zulässig, «dass ein Ausländer, der einer strafbaren Handlung nicht beschuldigt wird und gegen den ein Strafverfahren nicht eingeleitet ist, während Monaten verhaftet bleibt». Das Eidgenössische Politische Departement (EPD) in Bern gab ihm Rückendeckung. Bundesrat Motta erklärte, auch ihn befremde es, dass «dieser Landsmann, ohne dass ihm irgendein Vergehen vorgeworfen werden kann, seit so langer Zeit in Schutzhaft gehalten wird».

Die Übergriffe auf Auslandschweizer blieben in der Heimat nicht unbeachtet. Im September 1933 etwa berichteten die *Basler Nachrichten* und die *Neue Zürcher Zeitung* detailliert über einen Schweizer, der es beim Vorbeimarsch einer SA-Truppe unterlassen hatte, mit erhobenem Arm das Hakenkreuz zu grüssen. Worauf er zusammengeschlagen wurde.

Die Schweizer Gesandtschaft in Berlin protestierte mehrfach gegen solche Vorfälle, ebenso gegen die Verschleppung juristischer Verfahren. Regelmässig erkundigte sie sich auch nach dem Los der Schutzhäftlinge. Doch die Antworten der deutschen Stellen blieben ausweichend.

Am 20. September 1933 suchte der Schweizer Gesandte deshalb das Auswärtige Amt auf. «In grosser Erregung», wie die deutschen Diplomaten registrierten, beschwerte sich Paul Dinichert. Und machte Druck. Er habe bei einem Besuch in Bern kürzlich festgestellt, dass die Schweizer Öffentlichkeit und massgebende Regierungsstellen empört seien über die «immer wieder vorkommenden Belästigungen und Verletzungen von Schweizer Bürgern in Deutschland». Man denke über Gegenmassnahmen nach. Man solle nicht vergessen, «dass in der Schweiz 140 000 Deutsche unbehelligt und gleichberechtigt unter schweizerischem Recht ihrer Tätigkeit nachgingen».[7]

Es war eines der letzten Male vor 1945, dass ein Schweizer Diplomat dem NS-Regime mit Gegenmassnahmen drohte. Doch die ungewohnt scharfen Worte zeigten Wirkung. Der Fall des von der SA zusammengeschlagenen Schweizers wurde rasch erledigt, zwei der Täter kamen nach Auskunft des Auswärtigen Amts ins KZ. Zudem erhielt die Schweizer Gesandtschaft die Erlaubnis, den angeblichen Kommunisten Franz Bösch im KZ zu besuchen. Am 28. November 1933 fuhren der Gesandtschaftssekretär Paul Ritter und sein Mitarbeiter Eugen Erni ins KZ Oranienburg bei Berlin. Das von der SA geführte Lager zählte damals rund 700 Häftlinge. Ritter und Erni wurden vom Lagerkommandanten Werner Schäfer empfangen, anschliessend konnten sie sich rund 90 Minuten lang mit Bösch unterhalten. Zu den Bedingungen im KZ stellten sie kaum Fragen, wie der Bericht nahelegt, den Ritter nach dem Besuch verfasste.[8] Weit mehr interessierte sie, ob Bösch tatsächlich Kommunist war. Obwohl er es anfänglich nicht zugeben wollte, sei Bösch zweifellos

Mitglied des kommunistischen Rot-Front-Sportvereins gewesen, meinte Ritter. Er sei zwar kein Rädelsführer, aber auch nicht unschuldig. Ein Aufseher in Oranienburg äusserte sich jedoch sehr lobend über den Schweizer Häftling. In seinem Bericht kam Ritter deshalb zum Schluss: «Der Aufenthalt im militärisch vorzüglich aufgezogenen und tadellos sauberen Konzentrationslager von Oranienburg wird Bösch auch nach Aussage des Kommandanten sicherlich recht gutgetan haben.»

Die Lager werden Thema der Innenpolitik

In der Schweiz zog der Fall Bösch weitere Kreise. Am 25. September 1933 hatte der Berner Nationalrat Ernst Reinhard eine Interpellation eingereicht. Thema: die Beziehungen der Schweiz zu Deutschland. Der Präsident der SP Schweiz wollte wissen: «Welche Massnahmen gedenkt der Bundesrat zu treffen, um die Rechte des Schweizervolkes vor Übergriffen zu schützen?»

Drei Wochen später veröffentlichte die sozialdemokratische *Berner Tagwacht* einen Artikel mit dem harmlosen Titel «Anfrage an den Bundesrat».[9] Vier Fragen wurden darin aufgeworfen: «1. Ist es zutreffend, dass schweizerische Staatsangehörige zur Zeit in Deutschland in Konzentrationslagern oder in Schutzhaft zurückgehalten werden? 2. Wenn ja, hat der schweizerische Gesandte in Berlin schon Schritte zur Freilassung dieser Schweizer unternommen und mit welchem Erfolg? 3. Ist der Bundesrat nicht der Ansicht, dass solche Inhaftierungen, so sie vorgekommen sind, dem deutsch-schweizerischen Niederlassungsvertrag sowie den Staatsverträgen im Allgemeinen widersprechen? 4. Welche Schritte gedenkt der Bundesrat zu tun, um gegebenenfalls für die Respektierung der Staatsverträge zu sorgen?»

Im Schweizer Aussenministerium, dem Eidgenössischen Politischen Departement (EPD), lösten die beiden SP-Vorstösse Hektik aus. Am 30. November wandte sich Bundesrat Motta an die Gesandtschaft in Berlin. Da anlässlich von Reinhards Interpellation im Nationalrat wahrscheinlich auch der *Tagwacht*-Artikel zur Sprache kommen werde, bat er, über alle pendenten Fälle von Schweizer Schutzhäftlingen informiert zu werden. Dem EPD seien sieben Fälle bekannt.[10]

In seiner Antwort kam Dinichert auch auf den Fall Bösch zu sprechen. Seine Mitarbeiter hätten ihn im KZ besucht. Dabei habe sich gezeigt, dass Bösch tatsächlich Mitglied eines kommunistischen Sportvereins gewesen sei. Trotzdem sei es unzulässig, dass ein Schweizer, dem man keine strafbare Handlung vorwerfen könne, im KZ behalten werde, so Dinichert. Eine Ausweisung Böschs sei gleichwohl nicht anzustreben. Bern stimmte ihm zu: «Mit Ihnen sind wir der Auffassung, dass versucht werden sollte, eine Ausweisung des Bösch, der seinem Vaterlande gänzlich entfremdet ist, zu vermeiden», schrieb Maxime de

Stoutz, Leiter der Abteilung für Auswärtiges im EPD. Hier, im Nervenzentrum der Schweizer Aussenpolitik, flossen alle Informationen zusammen und wurden die diplomatischen Strategien festgelegt.

Wenig später wurde Dinichert erneut beim deutschen Auswärtigen Amt vorstellig, wie sich einem Schnellbrief Vicco von Bülow-Schwantes vom 16. Dezember 1933 an das Preussische Ministerium des Innern entnehmen lässt. Von Bülow-Schwante leitete damals das Sonderreferat Deutschland im Auswärtigen Amt. Die Schweizer Gesandtschaft, so schrieb er, habe ihn unter Hinweis auf die Interpellation Reinhards «um schleunige Bereinigung des Falles Bösch» gebeten. Der deutsche Diplomat war bereit, dem Wunsch zu entsprechen, und empfahl dem Innenministerium: «Im aussenpolitischen Interesse ist es geboten, der Schweizerischen Regierung die Beantwortung der gerade den Fall Bösch einschliessenden Interpellation dadurch zu erleichtern, dass Bösch unverzüglich aus der Schutzhaft entlassen wird.»[11]

Tatsächlich wurde Franz Bösch am 23. Dezember 1933 im Rahmen einer «Weihnachtsamnestie» aus dem KZ entlassen. Er wurde unter polizeiliche Beobachtung gestellt, aber nicht in die Schweiz abgeschoben. Diese Lösung kam allen Seiten zupass. Das NS-Regime verhinderte, dass Bösch «die Hetze gegen Deutschland im Ausland unterstützte». Und die Schweizer Behörden waren zufrieden, weil der dem «Vaterland entfremdete Kommunist» in Deutschland blieb. Bösch selbst trat nach der Entlassung seine alte Stelle als Melker wieder an und lebte, offenbar von den Nazis unbehelligt, weiter in Deutschland.

Der Fall Bösch ist typisch für die ersten Schweizer KZ-Häftlinge: Gemäss unseren Recherchen wurden im Lauf des Jahres 1933 acht Schweizer in einem Konzentrationslager inhaftiert, wobei es sich ausschliesslich um jüngere Männer handelte, die einer linken Organisation angehörten oder zumindest in Kontakt mit Kommunisten, Sozialdemokraten oder Gewerkschaftlern standen. Fast alle wurden nach einigen Monaten entlassen, zum Teil aufgrund von Interventionen der Schweizer Diplomaten.

Das Bild der KZ in den Schweizer Medien

Am 26. April 1933 erschien in der *Schweizer Illustrierten* eine Fotoreportage unter dem Titel «Arbeit bietet Zerstreuung». Auf einem grossen Bild sind sechs Häftlinge zu sehen, die im Kreis sitzen und Kartoffeln schälen. Die Bildlegende erklärt: «Die Gefangenen in den deutschen Konzentrationslagern werden durch leichte Arbeiten beschäftigt, damit sie Ablenkung und Zeitvertreib finden. Das Kartoffelschälen wird so zu einer anregenden, kurzweiligen Unterhaltung.» Ein zweites Bild zeigt einen Häftling mit einem lachenden Wachmann, dazu die Legende: «Berufliche Betätigung hilft leicht über langweilige Stunden hinweg. Und wenn auch noch der Ton des Vorgesetzten kein mürrischer, sondern ein freundlicher ist, dann vergisst man zeitweise ganz, dass man sich in Gefangenschaft befindet.»

Die Fotos stammten aus dem KZ Oranienburg und waren inszeniert. Oranienburg diente der NS-Propaganda als Vorzeigelager. Zwischen April und August 1933 führte die Lagerleitung mehr als zwei Dutzend Fotografen und ebenso viele Journalisten durch das KZ. Im April wurden Filmaufnahmen für eine Propaganda-Wochenschau gedreht, die in über 5000 Kinos in Deutschland gezeigt wurde. Zu sehen waren ähnliche Bilder wie in der *Schweizer Illustrierten*: Häftlinge beim Ausheben einer Grube, beim Musizieren oder bei der Erholung im Hof.

Die Botschaft, die im In- und Ausland vermittelt werden sollte, war klar: Konzentrationslager waren eine Art Erziehungsanstalt. Ein Teil der Inhaftierten waren gefährliche Marxisten und Kommunisten, die zur Sicherheit der Bevölkerung weggesperrt gehörten. Doch die übrigen Häftlinge seien «Brüder, die vergessen hatten, dass sie Deutsche sind», wie Werner Schäfer, der Lagerkommandant von Oranienburg, einmal schrieb. Durch das einfache Leben im KZ, durch Arbeit, Disziplin und Sauberkeit könne man diesen Verführten den Weg zurück in die «Volksgemeinschaft» ebnen.[12]

Ein ebenso idyllisches KZ-Bild wie die *Schweizer Illustrierte* zeichnete im Herbst 1933 auch die *Neue Berner Zeitung*, das offizielle Organ der Bauern-, Gewerbe- und Bürgerpartei. Die Unterkunft sei einfach, aber hygienisch einwandfrei, das Essen vortrefflich. Man bade, spaziere, turne. «Dieses Faulenzerleben in der Sonne und der frischen Luft bewirkt, dass der Gesundheitszustand der Leute ausserordentlich gut ist.»[13]

Kritischere Zeitungen misstrauten den offiziellen Berichten. Am 5. Mai 1933 publizierte zum Beispiel die *Thurgauer Arbeiterzeitung* einen Bericht über die politischen KZ-Häftlinge. Die Bilder stammten ebenfalls aus Oranienburg, den Text hatte ein deutscher Pressedienst geliefert. Die *Arbeiterzeitung* warnte ihre Leser, dass das «Greuelhafte» der KZ hier beschönigt werde. Um sich vom Text des Pressedienstes zu distanzieren, schob die Redaktion mehrere Fragezeichen oder Zwischenbemerkungen ein. Der Satz «Oft genug erschienen Leute freiwillig vor dem Lager und baten um Aufnahme – der Kost wegen» wurde mit einem Ausrufezeichen quittiert. Als eine der ersten Zeitungen weltweit berichtete der Berner *Bund* am 26. Juni 1933 erstmals von einer «Dunkelzelle» im Lager.[14]

Deutlich schärfer ins Gericht mit den nationalsozialistischen Lagern gingen amerikanische und englische Zeitungen.[15] Am 7. April 1933 berichtete etwa die *Chicago Tribune Daily* über das «schockierende Aussehen» der Häftlinge eines Lagers in Württemberg.[16] Und am 26. August

Reportage aus dem deutschen Konzentrationslager Oranienburg, erschienen in der *Schweizer Illustrierten* am 26. April 1933.

Arbeit bietet Zerstreuung

Gefangenen in deutschen Konzentrationslagern werden durch Arbeiten beschäftigt, damit sie Ablenkung und Zeitvertreib haben. Das Kartoffelschälen wird so zu einer anregenden, kurzweiligen Unterhaltung. (Keystone)

Berufliche Betätigung hilft leicht über langweilige Stunden hinweg. Und wenn auch noch der Ton des Vorgesetzten kein mürrischer, sondern ein freundlicher ist, dann vergißt man zeitweise ganz, daß man sich in Gefangenschaft befindet.
(Photos Keystone.)

Führende Persönlichkeiten der aktuellen deutschen Politik in Rom

Bild links: Reichsminister und preußischer Ministerpräsident Goering (rechts) wurde vom italienischen Luftfahrtsminister, General Balbo (mit Bart), bei der Ankunft herzlich empfangen und begrüßt. Bild rechts: Vizekanzler von Papen und Gemahlin im Vatikan auf dem Wege zur Audienz beim Papst.
(Phot. Keystone.)

Tausende von Toten liegen auf der Lagerstraße in Nordhausen, während der Tod in den Baracken weiter reiche Ernte hält.

Da fehlen uns die Worte...
Bilddokumente aus deutschen Konzentrationslagern

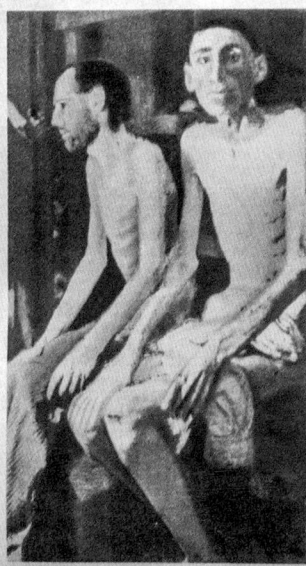

Menschliche Skelette, das ist alles, was Buchenwalde an Leben zurückließ.

Dies war das erste Bild, das sich den britischen Unterhausmitgliedern in Buchenwalde bot. In der Bildmitte die Vertreterin der konservativen Partei, Mrs. Tate.

Die Bevölkerung von Weimar während einer «Führung» durch und die dortigen Verbrennungsanlagen.

Der SS-Arzt Dr. Klein gehörte neben dem Lagerkommandanten Kramer zu den Hauptverbrechern in den deutschen Konzentrationslagern. Die Scheußlichkeiten, mit denen er seine Opfer zu Tode quälte, unter der Vorgabe wissenschaftlicher Forschungen,

Die Befreiung aus einer Hölle, die sich nicht in Worten a findet ihren seelischen Ausdruck in diesem ersten Dankgottes einen britischen Geistlichen im Lager zelebriert

desselben Jahres schrieb der englische *New Statesman*, dass die Gefangenen in den KZ mit «extremer Brutalität» behandelt würden.

Bereits im Sommer 1933 erschienen die ersten Augenzeugenberichte ehemaliger KZ-Häftlinge. Im August veröffentlichte der aus Dachau geflohene kommunistische Reichstagsabgeordnete Hans Beimler die Broschüre *Im Mörderlager Dachau*. Im Februar 1934 legte der sozialdemokratische Politiker und Publizist Gerhart Seger, dem im Dezember 1933 die Flucht aus dem KZ gelungen war, einen Bericht über Oranienburg vor. Beide Dokumente sorgten international für Aufsehen, auch in der Schweiz. So beweist etwa ein Stempel in einem antiquarisch erworbenen Exemplar, dass Segers Broschüre in der Bibliothek der Geschäftsleitung der SP Schweiz stand.[17]

Die Schweizer Behörden wussten von den Misshandlungen. Im Herbst 1933 lud die Abteilung für Auswärtiges den aus Deutschland ausgewiesenen Friedrich Rothacher ein, um zu erfahren, was er im Konzentrationslager Lichtenburg erlebt hatte. Am 26. Oktober sprach Rothacher in Bern vor und berichtete von miserablen hygienischen Bedingungen, vielen Kranken sowie «Schlägereien und Verstümmelungen» im Lager. Ein Vorfall liess ihn nicht mehr los: Eines Tages hätten er und andere Häftlinge das Essen verweigert, um gegen die Misshandlungen zu protestieren. Darauf seien sie nachts aus dem Lager hinausgetrieben und an eine Wand gestellt worden. «Eine Gruppe S.A.-Leute machte sich schussfertig, ohne jedoch zu schiessen. Dann mussten wir uns mit dem Gesicht gegen die Mauer drehen und 5 Stunden in Achtungsstellung dastehen.»[18] Der protokollierende Beamte fügte in Klammern hinzu: «Dies ist die einzige ‹Greuelmeldung›, von der Rothacher als direkter Zeuge zu berichten weiss. Alles andere sind nur Erzählungen und Mutmassungen.» Ein Protest gegen die Misshandlungen beim deutschen Auswärtigen Amt unterblieb. Nachdem Rothacher aus dem Lager entlassen worden war, fielen ihm die Haare aus.

Die NS-Machthaber verfolgten aufmerksam, was die ausländischen Medien über die Konzentrationslager schrieben. Als der kommunistische schweizerische *Kämpfer* im Oktober 1933 einen vierteiligen Bericht über das KZ Dachau abdruckte, orientierte das deutsche Generalkonsulat in Zürich umgehend das Auswärtige Amt in Berlin.[19]

Auf Kritik reagierte die NS-Führung empfindlich. Im Juli 1933 wandte sich das Auswärtige Amt in einem Schreiben an alle deutschen Auslandsvertretungen. «In der jüdischen Greuelpropaganda und in den täglichen Hetzartikeln marxistischer Blätter im Auslande spielt das Konzentrationslager eine grosse Rolle», hiess es darin. Immer wieder werde über angebliche Misshandlung von Häftlingen berichtet. Diese Gerüchte seien falsch. «Körperliche Strafen gibt es nicht und das muss nochmals betont werden: es darf niemand im Lager angefasst werden.»

Bilder aus deutschen Konzentrationslagern, erschienen in der *Schweizer Illustrierten* am 2. Mai 1945.

Um die Inhaftierten zu ertüchtigen, würden neben dem Arbeitsdienst auch Sport- und Ordnungsübungen ausgeführt, das Essen sei schmackhaft und reichlich. Am Sonntag werde der Gottesdienst besucht. «Die Hauptaufgabe des Lagerkommandanten besteht in der Erziehung der Häftlinge zum Gedanken des neuen nationalen Staates.»[20]

Die Entstehung des KZ-Systems

Mitte der 1930er-Jahre entsteht das nationalsozialistische KZ-System. Waren die ersten Häftlinge vor allem Linke, gerieten nun gesellschaftliche Aussenseiter in den Fokus. Bern entscheidet sich für eine Diplomatie, die vor allem eines soll: Deutschland nicht verärgern.

Bei den Reichstagswahlen vom 12. November 1933 – Hitler war seit zehn Monaten Kanzler – erreichte die NSDAP 92,1 Prozent aller Stimmen. Für das gute Ergebnis, so verkündete der *Völkische Beobachter*, sollten auch die Schutzhäftlinge belohnt werden.[1] Tatsächlich wurden Tausende von KZ-Insassen entlassen. Man habe sie ja nicht aus Rachemotiven interniert, erklärte Hitler in der englischen *Daily Mail*. Sondern, um die «Gesundung Deutschlands» sicherzustellen. Im KZ, so Hitler, hätten die Häftlinge Zeit gehabt, ihre Ansichten zu ändern.[2]

Zählte man im Sommer 1933 allein in Preussen 15 000 Schutzhäftlinge, waren es ein Jahr später nur noch 2200.[3] Was die Anzahl der Häftlinge betraf, hätte es die KZ nicht länger gebraucht, der normale Strafvollzugsapparat wäre ausreichend gewesen. Doch nun entstand innerhalb weniger Jahre «das genuin nationalsozialistische System der Konzentrationslager».[4] Insgesamt richtete die SS im Verlauf der NS-Diktatur 27 Hauptlager und über 1100 angeschlossene Aussenlager ein.[5]

Die Entstehung dieses Systems hing eng mit dem Aufstieg Heinrich Himmlers und der SS zusammen. Zwischen 1933 und 1936 avancierte der ehemalige Polizeipräsident Münchens zum Reichsleiter-SS und Chef der gesamten deutschen Polizei. 1936 unterstanden dem nach Hitler zweitmächtigsten Mann im NS-Apparat die Geheime Staatspolizei (Gestapo), der parteiinterne Nachrichtendienst SD – und sämtliche Konzentrationslager. Entscheidungen über Haft und Entlassung aus dem KZ wurden fortan zentral von der Gestapo in Berlin getroffen. Bereits im April 1933 hatte Himmler als Münchner Polizeidirektor das zunächst staatliche Lager Dachau der SS unterstellt und damit die Grundstruktur des NS-Terrors etabliert, zunächst in Bayern, später im ganzen Reich. Entscheidend war, dass sowohl die Politische Polizei, die die Verhaftungen durchführte, wie auch die SS, die die Häftlinge bewachte, demselben Mann unterstanden: Heinrich Himmler.[6] Die Justiz verlor praktisch jeden Einfluss. Die Konzentrationslager wurden zu einer Einrichtung ausserhalb des Rechtssystems, die einer eigenen SS-Behörde unterstand, der Inspektion der Konzentrationslager (IKL), die später in das SS-Wirtschafts-Verwaltungshauptamt (WVHA) eingegliedert wurde.

Zwischen 1935 und 1937 wurden alle kleinen Lager geschlossen und an deren Stelle Anlagen für mehrere Tausend Häftlinge gebaut: 1936 entstand in der Nähe Berlins das KZ Sachsenhausen, das als Modell für die späteren Lager diente. Es war von der Umgebung abgeschottet und umfasste neben dem Schutzhaftlager unter anderem die Kommandantur, Werkstätten, Kasernen für die SS-Verbände und eine Wohnsiedlung für deren Angehörige. 1937 folgten das KZ Buchenwald bei Weimar, 1938 die Konzentrationslager Flossenbürg und Mauthausen sowie 1939 das erste eigens für Frauen errichtete KZ in Ravensbrück.

Hitler hielt Distanz zu den Konzentrationslagern. Er wusste, dass die Lager in der Bevölkerung unpopulär waren. Im Gegensatz zu Himmler tauchte Hitler nie in einem KZ auf. Im Kampf gegen die «Feinde des deutschen Volkes» hielt er die Lager jedoch für unentbehrlich. Hitler befürwortete, dass die KZ weitgehend ausserhalb des Gesetzes betrieben wurden und Schutzhäftlinge keinen Rechtsbeistand erhielten. Fragwürdige Todesfälle im KZ seien irrelevant.[7]

Zentral wurde fortan die Geheimhaltung. Die neuen Lager wurden bewusst an entlegenen Orten gebaut. Besuche waren verboten. Himmler betrachtete zu diesem Zeitpunkt die KZ zum Teil noch immer als Besserungs- beziehungsweise Einschüchterungsanstalten. Häftlinge, die ihre «innere Einstellung» änderten, konnten wieder in die «Volksgemeinschaft» aufgenommen werden. Besonders «verkommene» Verbrecher und politische Gegner, die das NS-Regime als «Abschaum» bezeichnete, dürften dagegen nie wieder entlassen werden; denn diese würden das Volk mit dem «Gift des Bolschewismus» infizieren.[8]

Mitte der 1930er-Jahre etablierte sich in den KZ eine einheitliche Lagerordnung: Die Häftlinge wurden bei der Ankunft geschoren, ab 1938 trugen alle dieselbe gestreifte Uniform, blau-weiss im Sommer, blau-grau im Winter, mit aufgenähter Häftlingsnummer. Verschiedenfarbige Winkel markierten die Häftlingskategorien: Rot stand für politische Gefangene, Grün für Kriminelle, Gelb für Juden, Schwarz für «Asoziale», Rosa für Homosexuelle, Braun stand für Sinti und Roma, Lila für Zeugen Jehovas, Blau für zurückgekehrte Emigranten. Auch die Tagesordnung sah überall ähnlich aus. Im Sommer um 4 oder 5 Uhr aufstehen, Frühstück, Spind und Betten richten, Morgenappell, Arbeit, unterbrochen von einer kurzen Mittagspause, Appell, Essen. Um 8 oder 9 Uhr Bettruhe. Die Verpflegung war knapp ausreichend.

Bewacht wurden die Lager von SS-Angehörigen. Sie trugen auf ihren Kragenspiegeln einen Totenkopf. Ende der 1930er-Jahre bestand die «Totenkopf-SS» fast ausschliesslich aus jungen, ungebildeten Freiwilligen, denen das KZ Verdienst und Aufstiegsmöglichkeiten bot. Brutalität war Teil ihres Lebens und schweisste die Männergemeinschaft zusammen. Rasch bildete sich eine «ausgeklügelte Bürokratie der Folter», wie es der Historiker Nikolaus Wachsmann nennt.[9] Prügelstrafen, Isolationshaft und Auspeitschen gehörten zum Alltag. Etabliert hatte sich Ende der 1930er-Jahre auch das System, Häftlinge als Aufseher oder für andere Ordnungs- und Verwaltungsaufgaben einzusetzen. Manche dieser «Funktionshäftlinge» wie etwa die «Kapos» oder auch die «Lagerältesten» verfügten über enorme Macht. Die KZ waren zu diesem Zeitpunkt noch keine Stätten des Massenmords. In den grossen Lagern kamen 1937 im Durchschnitt fünf Gefangene pro Monat ums Leben.

Hatten die Konzentrationslager in der ersten Phase der NS-Diktatur dem Kampf gegen politische Gegner gedient, richtete sich die Aufmerksamkeit des Regimes seit Mitte der 1930er-Jahre immer stärker auf andere soziale Gruppen: Kriminelle, «Zigeuner», Zeugen Jehovas, «Blöde», Homosexuelle und «Asoziale», zu denen zum Beispiel Obdachlose, Bettler, Alkoholiker, Prostituierte und Zuhälter gezählt wurden. Die KZ wurden zusehends zu einem Instrument der nationalsozialistischen Sozialhygiene- und Rassenpolitik.

Für die Schweiz veränderte diese Transformation der Konzentrationslager zunächst wenig. Wie in den ersten Wochen nach Hitlers Machtergreifung wurden Mitte der 1930er-Jahre zahlreiche Schweizer Kommunisten verhaftet. Die meisten von ihnen hatten seit Jahren in Deutschland gelebt; andere wurden festgenommen, als sie von der Schweiz aus antifaschistische Schriften nach Deutschland schmuggelten. Nach unseren Recherchen kamen von 1934 bis 1938 jedoch nur zehn Schweizer ins KZ. Die übrigen Verhafteten wurden wieder freigelassen oder sassen, wenn sie verurteilt wurden, ihre Strafe in einem Zuchthaus ab. Die Behörden in Bern verfolgten deren Schicksal aufmerksam. Auch aus innenpolitischen Gründen: Bei der Ausweisung eines Schweizer Kommunisten aus Deutschland wurde in der Regel die Bundesanwaltschaft avisiert. Solche Personen wollte man im Auge behalten.[10]

In der Schweizer Öffentlichkeit war bekannt, dass in deutschen KZ auch Schweizer inhaftiert waren. Während einer Debatte über die Pressefreiheit im Juni 1934 erinnerte zum Beispiel der Zürcher SP-Nationalrat und spätere Bundesrat Ernst Nobs daran, «dass man [in Deutschland, d. Verf.] Schweizer wegen geringfügiger Ursachen in Konzentrationslager steckt und dort heute noch festhält».[11] Doch die Lager beschäftigten die Politiker in Bern nicht übermässig. Das zeigte sich, als die Interpellation von Ernst Reinhard, die wenige Monate zuvor im EPD noch für Hektik gesorgt hatte, ebenfalls im Juni 1934 im Nationalrat behandelt wurde.[12] In der Debatte wurde die Verhaftung von Schweizern in Deutschland nur am Rand thematisiert. Der Bundesrat gab an, die Schweizer Vertretungen in Deutschland hätten sich dieser Mitbürger angenommen und sich «öfters mit Erfolg für ihre Freilassung verwendet». Zudem seien die meisten an ihrer Verhaftung selbst schuld. Sie hätten sich nämlich im Gastland verbotenerweise politisch betätigt.

In der Folge entwickelte sich eine gehässige Grundsatzdebatte zwischen linken und bürgerlichen Politikern, die den tiefen Riss widerspiegelte, der durch die Schweizer Gesellschaft ging. Spätestens seit dem Landesstreik von 1918 und den Genfer Unruhen von 1932 sass dem regierenden Bürgertum die Angst vor dem Kommunismus tief in den Knochen. Politiker wie Bundesrat Jean-Marie Musy, der nach seinem Rücktritt 1938 den Propagandafilm *Die rote Pest* produzierte, sahen im Kommunismus eine viel grössere Bedrohung für die Schweiz als im Nationalsozialismus. Entsprechend radikal gingen sie gegen ihn vor. 1937/38 wurde die Kommunistische Partei in mehreren Kantonen, 1940 in der ganzen Schweiz verboten.

Im Oktober 1935 erstellte die Schweizer Gesandtschaft in Berlin eine Liste mit 34 politischen Häftlingen, um die sie sich in diesem Jahr hatte kümmern müssen.[13] Fast allen wurden «kommunistische Umtriebe», «Hochverrat» oder «staatsfeindliche Betätigung» vorgeworfen, in einigen Fällen wurde der Vorwurf der Spionage erhoben. Zum ersten Mal war ein Schweizer Zeuge Jehovas unter den Verhafteten. Der Ernste Bibelforscher, wie die Zeugen Jehovas auch genannt wurden, kam nach Intervention der Gesandtschaft aber rasch wieder frei.

Ende 1935 verzeichnete Bern noch zehn unerledigte Fälle von politischen Häftlingen in Deutschland. Einer von ihnen war Leopold Obermayer. Der jüdische Weinhändler, inhaftiert im KZ Dachau, sollte die Schweizer Behörden noch intensiv beschäftigen.

Leopold Obermayer – der Präzedenzfall

Das Schicksal Obermayers wurde an anderer Stelle ausführlich dargestellt[14] und soll hier nur in groben Zügen wiedergegeben werden. Obermayer ist von besonderem Interesse, weil die Schweizer Behörden im Anschluss an seine Verhaftung beschlossen, sich nur in ausgewählten Einzelfällen für bedrohte Landsleute im Ausland einzusetzen.

Leopold Obermayer, Jahrgang 1892, jüdisch, homosexuell, promovierter Jurist und Inhaber einer Weinhandlung in Würzburg, wurde 1934 verhaftet und, nachdem bei ihm homoerotische Aktfotos gefunden worden waren, Anfang 1935 im KZ Dachau inhaftiert.

Den Politikern und Behörden in Bern bereitete seine Verhaftung Kopfzerbrechen. Am 21. Februar 1935 teilte Bundesrat Motta dem Schweizer Gesandten in Berlin mit, es sei zwar anstosserregend, dass dieser Schweizer Bürger auf dem Verwaltungsweg in ein KZ gebracht worden sei. «Angesichts der Art und Zahl der Obermayer zur Last gelegten sittlichen Verfehlungen sind wir jedoch der Auffassung, dass eine Intervention zu Gunsten dieses in moralischer wie in politischer

Anfang März 1936 hetzte die antisemitische Wochenzeitung Der Stürmer *gegen den Schweizer Bürger Leopold Obermayer.*

Der Stürmer

Deutsches Wochenblatt zum Kampfe um die Wahrheit
HERAUSGEBER: JULIUS STREICHER

| Nummer 10 | Nürnberg, im März 1936 | 14. Jahr 1936 |

Leopold Obermayer

Der Talmudjude aus Würzburg / Eine Kette von Verbrechen gegen § 175 / Justizrat Rosenthal der Kumpan des Obermayer und sein vielversprechender Neffe Kahn

In der Hauptstadt Mainfrankens, in Würzburg, wohnt der Jude Dr. Leopold Obermayer. Er ist heute zweiundvierzig Jahre alt und besitzt, obwohl er ein geborener Würzburger ist, das Bürgerrecht der Schweiz. Seinen Lebensunterhalt verdient er sich als Weinhändler. Den größten Teil des Jahres ist er unterwegs. Er reist in ganz Deutschland umher, den „Gojim" seine Ware anzuschmieren und dabei den üblichen „Rebbach" zu machen.

Ein „anständiger" Jude

Leopold Obermayer gehört zu jenen Fremdrassigen, die es meisterhaft verstehen, sich den Schein eines „ehrlichen und biederen Staatsbürgers" zu geben. Dabei kommt ihm nicht nur seine jüdische Gerissenheit, sondern auch sein Aussehen zustatten. Obermayer ist nämlich ein sogenannter „blonder Jude". Nicht jeder erkennt ihn auf den ersten Blick als einen Vertreter des „auserwählten Volkes". Darüber hinaus ist Jud Obermayer ein hervorragender Menschenkenner. Sein Gefühl sagt ihm sogleich, wie er seine Kundschaft zu behandeln hat. Er wittert es sofort, wenn er ein Geschäft betritt, in dem die nationalsozialistische Ideen noch keinen Platz gefunden haben. Und mit diesen reaktionären Elementen versteht er sich besonders gut. Kein Wunder also, wenn es zum Beispiel gerade die Anhänger des politisierenden Katholizismus waren, die in dem „Herrn Doktor" einen „wirklich anständigen und feinen Juden" gesehen haben und für ihn eingetreten sind.

Eine überraschende Verhaftung

Die Politische Polizei Bayerns hatte das Tun und Treiben des Juden Obermayer schon seit langem argwöhnisch verfolgt. Allerlei Vermutungen wurden laut. Die Polizei beobachtete den Juden Schritt für Schritt. Sie zog Erkundigungen ein. Die Verdachtsmomente häuften sich. Immer mehr Material sammelte sich an. Eines Morgens ging ein erregtes Flüstern durch die „schwarzen

Aus dem Inhalt

Wie Juden betrügen
Juda mißachtet die Nürnberger Gesetze
Der Jude von Buderbach
Dr. Erich Bischoff ist tot
Unter talmudischem Operationsmesser
Die Hitlerklause der Jüdin Wollheim

Blut gegen Tinte

Schreibt über Nationalsozialismus soviel ihr wollt, Hauptsache bleibt, ihr habt uns nichts vorzuschreiben

Kreise" der Stadt des Heiligen Kilian: „Habt ihrs schon gehört? Sie haben den Doktor verhaftet! O, dieser arme Mann!" Tags darauf fand das Gerücht seine amtliche Bestätigung. Die Polizeidirektion Würzburg hatte den Juden

---

Die Juden sind unser Unglück!

Hinsicht schwer kompromittierten und übrigens auch geständigen Schweizerbürgers besser unterbleibt.» Paul Dinichert widersprach. «Mögen Obermayers Verfehlungen noch so schwer sein», erklärte er, so könne man der Sache doch nicht einfach ihren Lauf lassen. Die Schutzhaft gegen Ausländer verstosse gegen das Völkerrecht. Zudem bestreite Obermayer die gegen ihn erhobenen Vorwürfe. Dinichert blieb hartnäckig. Schliesslich liess der Bundesrat auf sein Drängen im Sommer 1935 die Rechtmässigkeit abklären. Die Juristen des EJPD kamen zu einem eindeutigen Schluss: Die Verhängung der Schutzhaft als Massregelung aus politischen Gründen gegenüber Ausländern war nicht zulässig.

In einem Schreiben an Dinichert relativierte Bundesrat Motta jedoch. Neben dem rein Rechtlichen seien weitere Aspekte miteinzubeziehen. Zu bedenken sei etwa, dass Deutschland unbequeme Schweizer, anstatt sie in Schutzhaft zu nehmen, einfach in ihre Heimat ausweisen könnte. Das aber wäre weder im Interesse der Betroffenen noch der Schweiz. Denn: «Häufig wird es sich auch um Leute handeln, deren Anwesenheit in der Schweiz höchst unerwünscht wäre.»[15] Motta beschied Dinichert deshalb, bei Schutzhaftfällen nur von Fall zu Fall zu intervenieren. Obwohl also die eigenen Juristen erklärt hatten, dass es gegen internationales Recht verstosse, Schweizer aus politischen Gründen in «Schutzhaft zu nehmen» und im KZ zu inhaftieren, entschied sich die Schweiz (wie Frankreich oder die USA), keinen grundsätzlichen Protest beim Auswärtigen Amt einzulegen. Menschen wie Obermayer wollte man nicht in der Schweiz. An dieser Strategie hielten die Schweizer Behörden bis zum Kriegsende fest.

Leopold Obermayer wurde am 13. Dezember 1936 vom Landgericht Würzburg wegen «widernatürlicher Unzucht» zu zehn Jahren Zuchthaus sowie anschliessender «Sicherheitsverwahrung» verurteilt. Während seiner Haft schilderte er immer wieder, wie er in Dachau gefoltert worden war. Die Vorwürfe waren den Schweizer Diplomaten bekannt, doch sie behielten sie für sich.[16] Obermayer war bis 1942 in den Zuchthäusern Amberg und Waldheim inhaftiert, danach wurde er ins KZ Mauthausen überstellt, wo er am 22. Februar 1943 starb.

Widersprüchliche Augenzeugenberichte

Im Januar 1935 erschien in Zürich das Buch *Die Moorsoldaten* von Wolfgang Langhoff. Der deutsche Schauspieler war von Juli 1933 bis März 1934 in den KZ Börgermoor und Lichtenburg inhaftiert gewesen. Nach seiner Freilassung floh er in die Schweiz, wo er als Ensemblemitglied des Zürcher Schauspielhauses bis zum Ende des Krieges blieb.[17]

Innerhalb weniger Wochen schrieb Langhoff, der sich selbst als «sozialistisch orientiert» bezeichnete,[18] den Bericht über seine KZ-Haft nieder. Nüchtern beschrieb er, wie inhaftierte linke Politiker erniedrigt und geschlagen wurden und wie hart die Arbeit der Häftlinge in der Moorlandschaft im Norden Deutschlands war. Nach getaner Arbeit, so schrieb Langhoff, sei einem Häftling einmal befohlen worden, den Spaten liegen zu lassen. Als er sich den wartenden Kollegen anschloss, brüllte ihn ein Scharführer an: «Wo hast du denn deinen Spaten?» – «Ich hab ihn dort lassen müssen.» – «Blödsinn! Saukerl, verfluchter! Sofort zurück und den Spaten geholt.» Darauf rannte der Häftling los. Drei SS-Männer legten die Gewehre an, Schüsse. Der Häftling blieb liegen. «Auf der Flucht erschossen.»

Die Schweizer Zeitungen nahmen den Bericht unterschiedlich auf. Das sozialdemokratische *Volksrecht* lobte Langhoffs Buch als «wertvolle Ergänzung des Anklagematerials gegen die Nazi»,[19] im *Berner Tagblatt* dagegen zerriss «eine Deutsche» Langhoffs Werk: Es sei «ein Erzeugnis seines fanatischen Hasses und ein Dokument seiner bolschewistischen Gesinnung». Ein Mitgefangener Langhoffs habe erklärt, dass das Leben im KZ für den, der einmal Soldat gewesen sei, keine Unannehmlichkeiten geboten hätte. «Denn die Behandlung sei menschlich und das Essen ausreichend gewesen.»[20]

Schon nach drei Tagen war die erste Auflage von *Die Moorsoldaten* ausverkauft, es folgten Übersetzungen in neun Sprachen, was Joseph Goebbels' Propagandaministerium in Berlin masslos ärgerte. Das Deutsche Reich versuchte auf diplomatischem Weg, Druck auf die Schweiz auszuüben, offenbar gab es sogar einen Plan, Langhoff aus der Schweiz nach Deutschland zu entführen.[21] Seinem Erfolg in der Schweiz tat das keinen Abbruch. Im Gegenteil, wie beispielsweise das Buch *Landigeist und Judenstempel* aus dem Jahr 2002 belegt. Darin werden Zeitzeugen unter anderem danach befragt, was sie seinerzeit von den Konzentrationslagern gewusst hätten. Gleich mehrere Befragte verweisen auf *Die Moorsoldaten*.[22] Langhoffs Buch, daran bestehen kaum Zweifel, prägte das KZ-Bild vieler Schweizerinnen und Schweizer, insbesondere der Linken.

Ein ganz anderes Bild der NS-Lager zeichnete Otto Kellerhals. Der Direktor der Straf- und Erziehungsanstalt im bernischen Witzwil hatte Ende August 1935 am IX. Internationalen Strafrechts- und Gefängniskongress in Berlin teilgenommen. Im Anschluss daran besichtigte er in Begleitung von Roland Freisler, dem Staatssekretär im preussischen Justizministerium, die Lager im Emsland, darunter auch das Börgermoor. Das Lager war kurz zuvor von der preussischen Justiz als Strafgefangenenlager übernommen worden und galt offiziell nicht mehr als KZ. Doch die Haftbedingungen waren mit einem KZ durchaus vergleichbar. Gewalt war allgegenwärtig.

Kellerhals bekam davon nichts mit. Er war begeistert von dem, was er sah. «Das Personal der Lager besteht aus jungen, aufgeweckten Leuten, die durchwegs einen sympathischen Eindruck machen», schrieb er in seinem Bericht, der in der renommierten *Schweizerischen Zeitschrift für Strafrecht* erschien.[23] Die Arbeit der Gefangenen im Moorgebiet sei sinnvoll, sie erinnere ihn an Witzwil. Dort beschäftige er die Insassen schon lange draussen, um sie «durch strenge Arbeit in der frischen und freien Natur auch innerlich zu korrigieren», wie es in einer Schrift zu seinem 70. Geburtstag heisst.[24]

Viele Jahre zuvor hatte Kellerhals seine Methoden einem deutschen Fachmann erklärt. Nun sah er sich bestätigt. Offensichtlich hatten seine Ansichten Eingang in den deutschen Strafvollzug gefunden. Staatssekretär Roland Freisler, der später als fanatischer Präsident des Volksgerichtshofs zu einem der bekanntesten und gefürchtetsten NS-Strafrichter wurde, stattete Kellerhals 1937 einen vom EJPD bewilligten Gegenbesuch ab. Während dreier Tage besichtigte er die Anstalten Witzwil, Kiley-Alp und Tessenberg.[25]

Die nationalsozialistischen Propagandaphrasen, dass die Häftlinge durch die Arbeit an der frischen Luft umerzogen würden, verfingen nicht nur bei Kellerhals. Selbst NZZ-Korrespondent Reto Caratsch, ein erklärter Gegner des NS-Regimes, bezeichnete im Dezember 1936 das Lager Papenburg, das wie Börgermoor offiziell nicht mehr als KZ galt, als «bemerkenswertes Experiment des deutschen Strafvollzugs».[26]

Ein weiterer hochrangiger Schweizer besuchte gleich mehrere KZ. Das Internationale Rote Kreuz (IKRK) hatte sich 1934 um in Österreich inhaftierte Nationalsozialisten gekümmert. Als Dank dafür konnte IKRK-Vertreter Carl J. Burckhardt im Herbst 1935 die KZ Lichtenburg, Esterwegen und Dachau besichtigen. In seinem 1960 erschienenen Buch *Meine Danziger Mission* beschrieb er seine Eindrücke ausführlich.[27] Burckhardt konnte zum Teil ungehindert mit Häftlingen sprechen. In Esterwegen unterhielt er sich mit dem schwer misshandelten Schriftsteller Carl von Ossietzky, den er als «zitterndes, totenblasses Etwas, ein Auge verschwollen, die Zähne anscheinend eingeschlagen» beschrieb. Im KZ Esterwegen, so Burckhardt im Rückblick, «hatte ich einen Blick in den Abgrund getan». Sein offizieller Bericht war sachlich, knapp und kritisierte den «unnötig scharfen bis brutalen Ton» sowie die Haft ohne Gerichtsverfahren. Der Diplomat erwähnte aber auch ausdrücklich «die anständige Behandlung der Häftlinge» in Dachau.[28] Die Existenzberechtigung der KZ als solche stellte Burckhardt nicht infrage. Er setzte sich auch nicht für die Freilassung von Gefangenen ein.[29]

Ob die Schweizer Behörden von Burckhardts Bericht Kenntnis hatten, lässt sich nicht belegen. Tatsache ist, dass zwischen dem IKRK und dem EPD traditionellerweise sehr enge Beziehungen bestanden, die während des Krieges noch intensiviert wurden. Das Auswärtige Amt in Berlin bezeichnete Carl J. Burckhardt in einem Lagebericht von 1942 als jene Person, die den Bundesrat am stärksten beeinflusse.[30]

Mitte der 1930er-Jahre gab es, so lässt sich zusammenfassen, zwei widersprüchliche KZ-Bilder in der Schweiz: Auf der einen Seite das Bild eines Lagers, in dem politische Gegner sadistisch malträtiert und zum Teil sogar getötet wurden. Auf der anderen Seite das Bild einer zwar militärisch-strengen, aber durchaus «normalen» Haftanstalt. Die beiden Bilder waren nicht kompatibel. Offen war: Welches Bild würden sich der Bundesrat und die Schweizer Diplomaten zu eigen machen?

Einen ersten Hinweis gibt der Fall Langhoff. Am 13. September 1935 wurde der Schauspieler von der Zürcher Fremdenpolizei befragt, ob er für die Veröffentlichung von *Die Moorsoldaten* eine Bewilligung gehabt habe. Langhoff verneinte und erklärte, dass der Schweiz durch sein Buch wirtschaftlich sicher kein Nachteil entstanden sei; die 23 000 Exemplare seien hier gedruckt worden. Zudem sei ja kein Schweizer in der Lage, über dieses Thema zu schreiben. «Ich habe also auch keinem Schweizer das Brot weggenommen.»[31] Nichtsdestotrotz verbot der Bundesrat im Frühjahr 1936 eine Vortragstournee Langhoffs, da sich Flüchtlinge in der Schweiz nicht politisch betätigen dürften. Die kommunistische Zeitung *Vorwärts* titelte darauf: «Der Bundesrat kriecht schon wieder vor Hitler!»[32] Aus Angst, die guten Beziehungen zu Deutschland zu gefährden, habe der Bundesrat die «wahrheitsgetreue Schilderung der Zustände in den deutschen Konzentrationslagern» verboten. Bundesrat Motta müsse zurücktreten.

Während seines ganzen Aufenthalts in der Schweiz wurde Langhoff von der Fremdenpolizei drangsaliert und nachrichtendienstlich überwacht. Sogar ein Reklameplakat für *Die Moorsoldaten* in einer Schaffhauser Buchhandlung fand Eingang in einen Rapport. Als Langhoff nach dem Krieg nach Deutschland zurückkehrte, klang alles anders. Der Stadtrat von Zürich liess ihm zum Abschied 1000 Franken zukommen, als Zeichen des Dankes für seine künstlerische Tätigkeit und seine «mutige Haltung im geistigen Kampf um die Verteidigung der demokratischen Gesellschaftsordnung».[33]

In der zweiten Hälfte der 1930er-Jahre trieb das NS-Regime, vom Ausland kaum bemerkt, den Ausbau des KZ-Systems weiter voran. Im November 1937 hielt Heinrich Himmler eine Rede vor SS-Gruppenführern. Zu diesem Zeitpunkt waren in den Konzentrationslagern weniger als 8000 Personen inhaftiert. Doch Himmler kündigte in dieser Rede an, dass Dachau, Sachsenhausen und Buchenwald zusammen 20 000 Gefangene aufnehmen sollten, im Fall eines Kriegs gar noch mehr.[34] Rasch war die Vorgabe erfüllt. Im Juni 1938 zählte man 24 000 KZ-Häftlinge, unter ihnen erstmals viele Ausländer. Unmittelbar nach dem «Anschluss» Österreichs im März 1938 wurden Zehntausende politischer Gegner verhaftet. Bereits am 1. April schickte die neue Kripoleitstelle in Wien einen Transport mit österreichischen Häftlingen nach Dachau. Bis Ende des Jahres folgten fast 8000 österreichische Männer, davon über 6000 Juden. Nach der Annexion des Sudentenlands kamen im Oktober 1938 rund 1500 Häftlinge aus dem vormals tschechoslowakischen Gebiet.

Ein besonderes Augenmerk richtete das NS-Regime auf gesellschaftliche Aussenseiter. Schon als Polizeipräsident von München hatte Himmler die «Ausmerzung des Verbrechertums» zu einem vorrangigen Ziel erklärt. Nun hatte er ein Mittel in der Hand, um seine Pläne umzusetzen. Im April und Juni 1938 wurden über 10 000 Arbeitslose, Kriminelle, Bettler, Landstreicher, Alkoholiker, «Zigeuner» und Zuhälter verhaftet und ins KZ überstellt.

Einer von ihnen war der 34-jährige Herbert Stucki aus Schmölln in Thüringen. Der Schweizer Melker war festgenommen worden, weil er trotz Ausweisung nach Deutschland zurückgekehrt war. Da er als «arbeitsscheu» galt und mehrfach vorbestraft war, verhängte die Kriminalpolizei Weimar die Schutzhaft über ihn und wies ihn am 6. August 1938 ins KZ Buchenwald ein.[35] Im März 1940 wurde er ins KZ Mauthausen überstellt, wo ihn bei Kriegsende US-Truppen befreiten.

Stucki überlebte fast sieben Jahre im KZ, obwohl unmenschliche Behandlung durch die SS und eine Verschlechterung der Bedingungen bereits 1938 zu einem starken Anstieg der Todesraten in den Lagern geführt hatten. Starben in den ersten fünf Monaten dieses Jahres in allen Lagern insgesamt etwa 90 Häftlinge, waren es in den folgenden fünf Monaten beinahe 500, fast 80 Prozent davon «Asoziale».[36]

Vor dem Kriegsausbruch arbeiteten fast alle Häftlinge innerhalb der Lager. Doch Ende der 1930er-Jahre entwickelte die SS-Führung eine neue Strategie: Die Zwangsarbeit der Häftlinge sollte einen wirtschaftlichen Nutzen abwerfen. Zu diesem Zweck gründete die SS eine eigene Abteilung, die später zum SS-Wirtschafts-Verwaltungshauptamt (WVHA) unter Oswald Pohl wurde. Ein wichtiger Schritt war dabei die Gründung der Deutschen Erd- und Steinwerke GmbH. Diese sollte Steinbrüche, Granit-, Ziegel- und Kieswerke betreiben, in denen Baumaterialien für die nationalsozialistischen Prunkbauten wie etwa die Kongresshalle in Nürnberg produziert wurden. Bei der Standortwahl für Flossenbürg und Mauthausen spielten diese wirtschaftlichen Überlegungen erstmals eine wichtige Rolle. Beide KZ legte die SS in unmittelbarer Nähe von Steinbrüchen an. Hier sollten die «sehr zahlreichen Nichtstuer in unseren Konzentrationslagern» beschäftigt werden, wie Oswald Pohl höhnte.[37]

Die Zwangsarbeit in den Steinbrüchen galt als besonders schwere Strafe. Mauthausen hiess unter KZ-Häftlingen bald «Mordhausen». Die in den Augen der SS-Führer schlimmsten Gefangenen sollten am härtesten bestraft werden. Deshalb kamen viele sogenannte Berufsverbrecher nach Flossenbürg oder Mauthausen. In Flossenbürg gehörten vor

Kriegsausbruch fast alle Häftlinge dieser Kategorie an, in Mauthausen stellten sie die grösste Gruppe.

Beim Ausbau des NS-Lagersystems zu einer eigentlichen Vernichtungsmaschinerie war 1938 ein wichtiges Jahr: Die Häftlingszahlen stiegen markant an, und erstmals spielten wirtschaftliche Überlegungen bei der Standortwahl eine Rolle. Und noch etwas war neu: Vor 1938 waren nur wenige Juden in den Konzentrationslagern inhaftiert, auch das änderte sich jetzt.

Bern verweigert den Schweizer Juden den Schutz

Die Schweizer Diplomaten hatten schnell erkannt, welche Gefahr der Aufstieg Hitlers und der NSDAP für die schätzungsweise rund 500 bis 1000 Schweizer Juden in Deutschland bedeutete.[38] Sie verfolgten die immer schärfere Tonart in den nationalsozialistischen Zeitungen wie dem *Stürmer* oder dem *Völkischen Beobachter*. Und sie registrierten die Kaskade von Gesetzen und Verordnungen, mit denen die Juden seit 1933 Schritt für Schritt vom sozialen, wirtschaftlichen und kulturellen Leben ausgeschlossen wurden.

Als das NS-Regime am 1. April 1933 zum Boykott aller jüdischen Geschäfte, Arztpraxen oder Anwaltskanzleien aufrief, wurde die Gesandtschaft in Berlin von besorgten Schweizer Juden bestürmt. In München baten etliche um die Abgabe von sogenannten Schutzbriefen, um sie an ihren Wohnungen und Geschäften anzubringen und sich so vor Übergriffen der NS-Schergen zu schützen. In Memmingen wurde ein jüdisch-schweizerischer Direktor in der Zeitung als «Ostjude» beschimpft und aufgefordert, seine Wanderung nach Westen fortzusetzen. An der Universität Leipzig wurde Heinrich Sacks entlassen, weil das Gesetz eine Weiterbeschäftigung von «Nichtariern» verbot.[39]

Zu einem Präzedenzfall wurde Simon Pikard, der in Säckingen ein Konfektionsgeschäft führte.[40] Anfang August 1935 wurde in der Nähe seines Hauses eine Tafel mit der Aufschrift «Wer beim Juden kauft, ist ein Volksverräter» aufgestellt. Seine Kunden wurden eingeschüchtert, etwa indem man sie vor dem Eingang seines Geschäfts fotografierte. Kurz darauf, so rapportierte die nationalsozialistische Tageszeitung *Der Alemanne*, soll Pikard in einer Wirtschaft ein «deutsches Mädchen» zum Tanz aufgefordert haben, worauf andere Gäste skandierten: «Der Jud muss raus!»

In Bern diskutierte man anhand solcher Vorfälle, wie die Schweiz darauf reagieren sollte. War es sinnvoll, beim deutschen Auswärtigen Amt grundsätzlich gegen die Übergriffe auf Schweizer Juden oder Berufsverbote zu protestieren? Oder erreichte man mehr, wenn man im Einzelfall intervenierte und so den deutschen Behörden die Möglichkeit gab, der Schweiz ohne Gesichtsverlust entgegenzukommen?

Im Oktober 1935 erteilte Pierre Bonna, der neue Chef der Abteilung für Auswärtiges in Bern, seine Direktiven an die Gesandtschaft in Berlin: «Selbstverständlich kann grundsätzlich keinem Schweizer der diplomatische Schutz verweigert werden, auch wenn er ausser dem Heimatschein nichts Schweizerisches an sich hat», schrieb Bonna im Fall Pikard. Doch das allgemeine Interesse der Schweiz wiege schwerer als das Interesse des Einzelnen. «Die Gesandtschaft darf nicht zum Nachteil aller übrigen schutzwürdigen Schweizer ihren Kredit aufs Spiel setzen zugunsten von Elementen, die durch ihr eigenes Verschulden oder durch unschweizerisches, herausforderndes Verhalten selbst Anlass zu den ihnen erwachsenden Schwierigkeiten geben. Es muss auch der Eindruck vermieden werden, dass die Schweiz sich in besonderem Masse, weit mehr als andere Länder, als Beschützerin der Juden gegenüber dem Nationalsozialismus aufspiele.»

Paul Dinichert, der damalige Gesandte in Berlin, war anderer Meinung. Anlässlich der Nürnberger Rassengesetze von 1935 hatte sich die Schweizer Gesandtschaft noch mehrmals gegen jede Diskriminierung ihrer jüdischen Bürger gewehrt,[41] die deutsch-schweizerischen Staatsverträge würden auf dem Grundsatz der Gleichbehandlung beruhen.[42] Als ein Schweizer Jude gezwungen wurde, seine Buchhandlung in Deutschland aufzugeben, betonte Dinichert, dass wir «auch diesen jüdischen Schweizern unseren Schutz schuldig sind».[43] Es handle sich hier «um die grundsätzliche Frage, ob wir uns eine Diskriminierung eines Teils unserer Leute gefallen lassen können», schrieb er nach Bern und entwarf eine Protestnote an das deutsche Aussenministerium. Doch Bonna hielt ihn zurück. Die infrage stehenden Interessen seien «nicht von solcher Bedeutung, dass wir das Schicksal unserer anderen Landsleute und namentlich die guten Beziehungen mit Deutschland bei der jetzigen politischen Lage aufs Spiel setzen wollen».[44] Wie im Fall Obermayer entschied Bern, nicht grundsätzlich zum Schutz der Schweizer Juden zu intervenieren.

1938 bekam die Frage des diplomatischen Schutzes der jüdischen Schweizer in Deutschland eine neue Dringlichkeit. Die «Verordnung über die Anmeldung des Vermögens von Juden» vom 26. April 1938 schuf die rechtlichen Voraussetzungen, um Juden zu enteignen – auch jene mit ausländischer Staatsbürgerschaft.[45] Pierre Bonna realisierte, dass diese Verordnung die Juden in ihrer Existenz bedrohte. Sorgen bereiteten ihm aber weniger die betroffenen Schweizer Juden, sondern die Vorstellung, dass diese «eines Tages ohne jegliche Existenzmittel in ihre Heimat zurückkehren und hier der öffentlichen Wohltätigkeit zur Last fallen» könnten.[46]

Die Juden in der Schweiz waren über diese Enteignungsverordnung äusserst besorgt. Der Schweizerische Israelitische Gemeindebund (SIG) beauftragte den Bundesrichter Robert Fazy, ein Rechtsgutachten zu den Konsequenzen der Verordnung für die Schweizer Juden in Deutschland zu erstellen. Sein Befund war eindeutig: Die Verordnung stelle einen unzulässigen Eingriff in die völkerrechtlich garantierte Stellung der Schweizer Juden dar. Die Voraussetzungen für eine diplomatische Intervention seien, so Fazy, erfüllt. Falls sich daraus ein Streitfall zwischen der Schweiz und Deutschland ergebe, der nicht bilateral beigelegt werden könne, sei die Chance gross, dass der Internationale Gerichtshof in Den Haag zugunsten der Schweiz entscheiden würde.[47]

Das EPD hielt jedoch an seiner Position fest. Die Schweiz werde sich nicht an einer «Einheitsfront gegen die deutsche Verordnung» beteiligen. Man habe die besten Erfahrungen mit Interventionen im Einzelfall gemacht, daran wolle man festhalten. Noch im Mai 1938 hatte Paul Dinichert erwogen, beim deutschen Auswärtigen Amt auf der Respektierung der völkerrechtlichen Verpflichtungen zu bestehen. Doch die Abteilung für Auswärtiges im EPD bremste ihn aus. Dinichert hatte sich ins Abseits manövriert.

Frölicher löst Dinichert in Berlin ab

Paul Dinichert, ein erbitterter Gegner des NS-Regimes, betrachtete die Nationalsozialisten als gefährliche Fanatiker und notorische Lügner.[48] Entsprechend schwer fiel es ihm, in Berlin Kontakte zu knüpfen. Zu den Nazigrössen hatte er überhaupt keinen Zugang. Sein Beharren auf dem Völkerrecht, aber auch sein rechthaberisches Auftreten verstimmten das deutsche Auswärtige Amt. Es drängte auf die Abberufung Dinicherts und versuchte, den ihm genehmeren Hans Frölicher als Gesandten zu installieren.

Dinichert war auch bei den eigenen Mitarbeitern und den Schweizer Journalisten in Berlin unbeliebt. Die Stimmung auf der Botschaft war schlecht, und der Korrespondent der *Neuen Zürcher Zeitung* bat Bundesrat Motta, er möge Dinichert doch ablösen. Im EPD verfestigte sich der Eindruck, dass Dinichert die Interessen der Schweiz in Berlin ungenügend zu vertreten verstand. Immer wieder finden sich auf Dinicherts Berichten aus Berlin handschriftliche Anmerkungen der Berner Sachbearbeiter wie «hätte man in weniger schroffer Form tun können» oder «deswegen brauchen wir die Deutschen noch nicht zu provozieren». Die gewichtigsten Vorwürfe kamen jedoch vonseiten der Wirtschaft. Schweizer Handels- und Industrievertreter drängten den Bundesrat spätestens seit Mitte 1935, den angeblich isolierten Dinichert abzuberufen und durch eine Person zu ersetzen, die «mit den Machthabern geschmeidiger umzugehen» wisse.[49]

Diese Person fand sich in Hans Frölicher. Der Jurist aus grossbürgerlichem Milieu, familiär mit den einflussreichen Familien Wille und Schwarzenbach verbunden, hatte von 1930 bis 1934 auf der Schweizer

Gesandtschaft in Berlin als Legationsrat Erfahrungen gesammelt, danach war er stellvertretender Chef der Abteilung für Auswärtiges in Bern. Frölicher galt als deutschfreundlich, die Linke verachtete ihn, weil er sich früh für die Anerkennung des Franco-Regimes in Spanien eingesetzt hatte. Als bekannt wurde, dass Frölicher neuer Gesandter in Berlin würde, schrieb SP-Nationalrat Robert Grimm in der *Berner Tagwacht*: «Die Nazis erhalten einen schweizerischen Interessenvertreter, der der faschistischen Ideenwelt zumindest nicht allzu demokratisch angekränkelt gegenüber steht.»[50]

Der Bundesrat setzte Frölicher im Mai 1938 ausdrücklich wegen seiner ausgezeichneten Beziehungen zu den Kreisen, die an der Macht waren, als Nachfolger Dinicherts ein. Ihm oblag es fortan, die drei aussenpolitischen Grundsätze umzusetzen, die der Bundesrat im Frühjahr 1938 angesichts der zunehmend bedrohlichen Weltlage beschlossen hatte: Rückkehr zur integralen Neutralität. Kampf für die Unabhängigkeit des Landes. Und Pflege freundschaftlicher Beziehungen mit allen Staaten, also auch mit Hitler-Deutschland.[51]

Frölicher war erst wenige Monate im Amt, als der Terror gegen die Juden in Deutschland eskalierte. Das NS-Regime nahm das Attentat eines jüdischen Jugendlichen auf einen deutschen Diplomaten in Paris zum willkommenen Vorwand, mit äusserster Brutalität gegen die Juden vorzugehen. In der Nacht vom 9. auf den 10. November wurden überall im Land Synagogen in Brand gesetzt, jüdische Geschäfte zerstört und Tausende von Juden misshandelt. 1300 bis 1500 Juden wurden bei den Pogromen getötet oder in den Suizid getrieben. Rund 25 000 jüdische Männer aller Altersgruppen und Schichten wurden verhaftet und die meisten von ihnen in ein Konzentrationslager gebracht. Innerhalb weniger Tage verdoppelte sich die Zahl der KZ-Häftlinge von 24 000 auf 50 000.[52]

Unter ihnen waren auch mehrere Schweizer. In Kippenheim, einer kleinen Gemeinde in Baden-Württemberg, verhafteten die Nazi-Schergen am 10. November den 66-jährigen Landwirt Abraham Auerbacher. Während des Pogroms hatten Angehörige einer nahen Hitlerjugend-Gebietsführerschule die Synagoge geschändet und die gerade anwesenden Gemeindemitglieder verhöhnt und misshandelt. Auerbacher kam nach Dachau, wurde am 22. November aber wieder freigelassen. Vermutlich floh er danach aus Deutschland.[53] In München wurde am 10. November der Kaufmann Eugen Emrich verhaftet, auch er kam nach Dachau, wurde aber tags darauf freigelassen, als er seinen Schweizer Pass vorwies.[54] Aus Mannheim nach Dachau kam der Kaufmann Benno Furchheimer.[55] Er wurde am 7. Dezember entlassen, im Mai 1941 jedoch erneut verhaftet und nach Dachau eingeliefert, wo er kurz darauf starb.

Wie viele Schweizer Juden Opfer der Novemberpogrome wurden, lässt sich kaum mehr feststellen.[56] Den Schweizer Behörden war zum

Beispiel nicht bekannt, dass Abraham Auerbacher und Benno Furchheimer bei diesen Pogromen verhaftet und in einem KZ inhaftiert wurden. Am 11. November berichtete Hans Frölicher, dass mehrere Geschäfte jüdischer Schweizer in Berlin, Chemnitz und Köln zerstört worden seien.[57] Der Juwelier Iwan Bloch erschien selbst auf der Gesandtschaft und erzählte, wie «der Pöbel» in seine Büroräume eingedrungen sei und gerufen habe: «Wo ist der Bloch, den wollen wir kaltmachen!»

Frölicher war klar, dass die Pogrome keine spontanen Ausschreitungen, sondern von den NS-Machthabern von langer Hand geplant waren.[58] Angesichts dieser Entwicklung, so schrieb er nach Bern, lege die Gesandtschaft den «Schweizerjuden» nahe, ihre Rückkehr in die Schweiz ins Auge zu fassen. Tatsächlich kehrten wohl fast alle jüdischen Schweizer in Deutschland vor Kriegsausbruch in die Schweiz zurück.[59]

Die Schweizer Tageszeitungen berichteten ausführlich über die Novemberpogrome und verurteilten die «Exzesse gegen die Juden» scharf. Der Berichterstatter des Zürcher *Tages-Anzeigers* etwa hatte in Berlin miterlebt, wie eine Frau eine Geschäftsinhaberin anschrie: «Du Judensau, wisch doch den Dreck alleine auf!» Oder: «Die jüdischen Schweine haben noch viel zu wenig abgekriegt.»[60] Er wusste auch, dass in Berlin und anderen Städten Geschäfte von Schweizer Juden demoliert worden waren. Von den Gerüchten über «jüdische Arbeitslager» war jedoch erst am Rand die Rede. Die Zollkreisdirektion Schaffhausen dagegen wusste Anfang Dezember 1938 zu berichten, dass die Juden, die sich in verschiedenen Konzentrationslagern befänden, in den vergangenen Tagen vorgedruckte Briefe an ihre Angehörigen schicken mussten: «Es geht mir ganz gut hier, bitte sendet mir jede Woche 15 Reichsmark. Meine Adresse ist ... Dachau, No. 181, Baracke 4.» Die Juden, so erklärte die Zolldirektion, müssten so lange im KZ bleiben, bis ihre endgültige Auswanderung geregelt sei.[61]

Während im Ausland kaum mehr Zeitungsartikel über die KZ erschienen,[62] erlaubte das NS-Regime dem Internationalen Roten Kreuz im Sommer 1938 erneut, ein Lager zu besichtigen. Der Leiter der Delegation, der Schweizer Guillaume Favre, erhielt von seinen Vorgesetzten in Genf den Auftrag, «die öffentliche Meinung über das Leben der in den Konzentrationslagern festgehaltenen Personen beruhigen zu können».[63] Die Öffentlichkeit sei durch alarmierende, «höchstwahrscheinlich völlig unbegründete Gerüchte» über die Behandlung der Häftlinge in die Irre geführt worden.

Nach dem inszenierten Besuch in Dachau schrieb Favre an Himmler, er habe von Unterbringung, Hygiene, Behandlung, Verpflegung und Arbeitsbedingungen im KZ einen sehr guten Eindruck erhalten. Gegenüber dem Vertreter des Deutschen Roten Kreuzes wies er darauf hin, dass die unbestimmte Haftdauer zwar für die Insassen eine psychische Belastung darstelle, die über Dachau verbreiteten Gerüchte seien aber unzutreffend. Ein SS-Führer habe ihm versichert, es sei verboten, sich an den Häftlingen zu vergreifen.

In Berlin war man erfreut. Das Auswärtige Amt liess seinen Vertretungen im Ausland umgehend eine Kopie von Favres Brief an Himmler zukommen – mit der Anweisung, die Informationen doch bitte weiterzuverbreiten.

Die Lager werden zu Tötungsanstalten

Der Ausbruch des Kriegs 1939 verändert die KZ radikal. Doch für den Bundesrat sind die Lager ein marginales Problem. Das nationalsozialistische Regime und Hans Frölicher, der Schweizer Gesandte in Berlin, kritisieren die Schweizer Presse.

Als Rudolf Höss 1947, kurz vor seiner Hinrichtung, auf 1939 zurückblickte, meinte er: «Es kam der Krieg, und mit ihm die grosse Wende im Leben der Konzentrationslager.»[1] Höss wusste, wovon er sprach. Als Blockführer in Dachau, Adjutant des Lagerkommandanten von Sachsenhausen und später als Kommandant in Auschwitz hatte er die Entwicklung der KZ aus nächster Nähe mitgeprägt.

Tatsächlich leitete der Kriegsausbruch eine radikale Wende im KZ-System ein: 1939 zählte man sechs Stammlager, 1942 waren es 13. Die Häftlingszahl stieg im gleichen Zeitraum von rund 20 000 auf 80 000. Nach der Kapitulation Polens, Belgiens, Hollands, Frankreichs, Dänemarks, Norwegens und Tschechiens kamen von dort immer mehr Menschen in die Lager, zunächst vor allem aus Polen. Um genügend Platz für diese Häftlinge zu haben, wurden in den besetzten Gebieten neue Lager gebaut, unter anderem Auschwitz, Majdanek und Stutthof in Polen sowie Natzweiler-Struthof in Frankreich.

Im Herbst 1941, nach dem Überfall auf die Sowjetunion, trafen die ersten sowjetischen Kriegsgefangenen in den Lagern ein. Schon in den ersten Monaten wurden sie massenhaft exekutiert. Für die Hunderttausenden von Rotarmisten wurden zusätzliche Lager in Lublin und Birkenau errichtet.

Hitler betrachtete den Zweiten Weltkrieg als einen Kampf an zwei Fronten – auf dem Schlachtfeld und an der «Heimatfront», wie der Historiker Nikolaus Wachsmann schreibt.[2] Deutschland, so stellte es Hitler dar, habe den Ersten Weltkrieg 1918 nur deshalb verloren, weil Sozialisten, Juden und Kriminelle der siegreichen Wehrmacht einen tödlichen «Dolchstoss in den Rücken» versetzt hätten. Einen zweiten solchen Zusammenbruch an der Heimatfront dürfe es nicht geben. «Ein November 1918 wird sich niemals mehr in der deutschen Geschichte wiederholen», verkündete Hitler 1939, als er im Reichstag den Angriff auf Polen bekanntgab. Kurz darauf drohte er, dass jeder, der die Heimatfront untergrabe, «als Feind der Nation vernichtet wird».

Der Kampf an der Heimatfront war die Aufgabe Heinrich Himmlers und des im September 1939 neu geschaffenen Reichssicherheitshauptamts (RSHA) unter Reinhard Heydrich. Und die Konzentrationslager waren ein zentraler Ort, um diesen Kampf zu gewinnen.

Organisation der SS: wichtigste Ämter für die Konzentrationslager

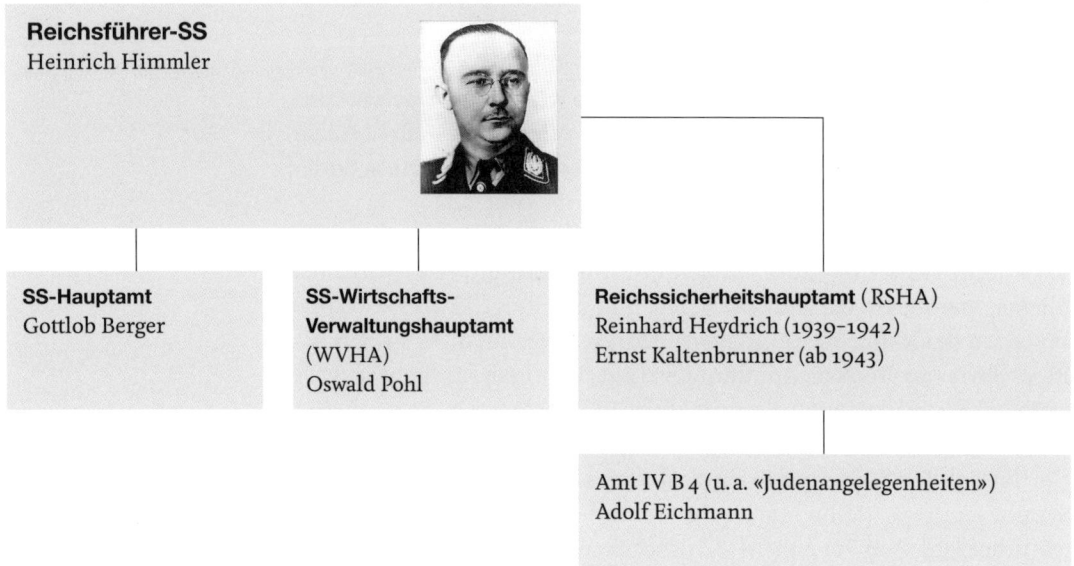

Reichsführer-SS
Heinrich Himmler

SS-Hauptamt
Gottlob Berger

SS-Wirtschafts-Verwaltungshauptamt (WVHA)
Oswald Pohl

Reichssicherheitshauptamt (RSHA)
Reinhard Heydrich (1939-1942)
Ernst Kaltenbrunner (ab 1943)

Amt IV B 4 (u.a. «Judenangelegenheiten»)
Adolf Eichmann

Bei Kriegsbeginn verschlechterte sich die Lage der KZ-Häftlinge massiv. Die Lager waren überfüllt, das Essen wurde knapp. «Die Monate von September 1939 bis zum Frühjahr 1940 brachten in allen Lagern einen tiefen Absturz», schrieb der Buchenwald-Überlebende und Autor Eugen Kogon.[3] «Die Ernährung war katastrophal.»

Die SS verschärfte die Lebensbedingungen ganz bewusst: Der Krieg erforderte Opfer. Und als Erste sollten dies die Häftlinge zu spüren bekommen. In Sachsenhausen wurden noch am Tag des Kriegsausbruchs die Suppen- und Brotrationen gekürzt. Zusätzlich verschärft wurden die Lebensbedingungen durch den harten Winter von 1939/40. Extreme Unterernährung, Hungerdurchfall, Erfrierungen, Lungenentzündungen, Krätze, Ruhr, Fleckfieber und Läuse wurden in den KZ alltäglich. Ein Phänomen dieser ersten Kriegsmonate waren die sogenannten Muselmänner. So wurden in den KZ jene Häftlinge genannt, die sich im letzten Stadium vor dem Hungertod befanden; abgemagert bis auf die Knochen und oft irre geworden, dämmerten sie ihrem Tod entgegen.

Parallel zu den sich verschlechternden Lebensbedingungen eskalierte die Gewalt. Die Zahl der Toten stieg drastisch an. 1938, im tödlichsten Jahr vor dem Krieg, waren etwa 1300 Häftlinge in den Lagern gestorben, 1940 waren es bereits über 14 000. In den Lagern wurden nun Standesämter und Krematorien eingerichtet.

Die Nationalsozialisten verachteten die KZ-Häftlinge. «Da sitzt nur Pack. Das muss ausgerottet werden – im Interesse und zum Wohle des Volkes», notierte Joseph Goebbels 1938 nach einem Gespräch mit Hitler und Himmler in sein Tagebuch.[4] Am meisten gefährdet waren die Tausenden von geschwächten Häftlingen. Seit 1940 begannen die SS-Wachen, kranke Insassen systematisch zu ermorden, zum Teil mit Giftspritzen. Manchmal handelten sie auf höheren Befehl, manchmal aus eigenem Antrieb. In den frühen Lagern waren die Lager-SS noch oft vor Mord zurückgeschreckt, nun wurden immer mehr SS-Männer zu Mördern.[5]

Es war Krieg. Die Wehrmacht vernichtete den Feind an der Front, die KZ-Schergen fühlten sich deshalb im Recht, Deutschlands Feinde auch an der Heimatfront umzubringen – selbst wenn es offiziell dazu einer Ermächtigung von oben bedurft hätte. Es entstand «eine tödliche Dynamik mit Mordbefehlen von oben und örtlichen Aktionen von unten, eine wechselseitige Radikalisierung, die die Konzentrationslager in einen Sog der Vernichtung stürzte», schreibt Nikolaus Wachsmann.[6] Es gab SS-Männer, die Zweifel an ihrem Tun hatten, doch der Gruppenzwang schweisste Täter und Mitwisser zusammen.

Die Kranken wurden in den Lagern zunächst in abgesonderten Baracken isoliert. Um die anderen KZ zu entlasten, wurden 1940 Tausende von «Muselmännern» nach Dachau gebracht. Ein Häftling beschrieb die Ankunft eines solchen Transports später so: «Wir sahen, dass bei Dutzenden der Kot an den Hosenenden herauslief. Auch ihre Hände waren voller Kot, und sie schrien und fuhren sich mit den beschmutzten Händen über das Gesicht. Die verschmierten, eingefallenen Gesichter hatten etwas Furchterzeugendes an sich.»[7] Der Schmutz und die Krankheiten standen in Kontrast zu Himmlers Idealbild eines absolut ordentlichen und sauberen KZ. Sie lieferten den Wachmannschaften aber auch einen Vorwand, immer rücksichtsloser gegen die Gefangenen vorzugehen. Als die Zahl der Häftlinge anstieg und sich Krankheiten verbreiteten, vor denen sich auch das SS-Personal fürchtete, entschied sich Himmler für eine radikale Lösung: Arbeitsunfähige Häftlinge sollten systematisch vernichtet werden. Im April 1941 begannen Ärzte mit der Selektion der Gefangenen. Später wurde die streng geheime «Aktion 14f13» auf «asoziale», kriminelle, behinderte und jüdische Gefangene ausgedehnt.

Nach 1941 gehörte die Ermordung entkräfteter und kranker Häftlinge in den KZ zum Alltag. Die Lager wurden zu Tötungsanstalten.

In Bern wusste man zu dieser Zeit scheinbar nichts vom Ausmass dieses Terrors. Das hatte mehrere Gründe: Der Ausbruch des Krieges stellte die Schweiz vor existenzielle Herausforderungen. Nach der Niederlage Frankreichs im Sommer 1940 war das Land von den Achsenmächten eingekreist. In weiten Teilen von Bevölkerung, Politik und Behörden rechnete man mit einem deutschen Einmarsch. Das Augenmerk des Bundesrats richtete sich neben den militärischen Fragen zwangsläufig in erster Linie darauf, die Versorgung des Landes mit Lebensmitteln sowie den Import und Export von Rohstoffen und Waren zu sichern. Die Konzentrationslager waren, zumindest aus Sicht der Schweizer Behörden, eine marginale, innerdeutsche Angelegenheit, die die Schweiz nicht betraf. Wir haben bei unseren Recherchen keinen Hinweis darauf gefunden, dass sich der Gesamtbundesrat vor 1944 mit dem Thema «Konzentrationslager» oder «Schweizer KZ-Häftlinge» beschäftigt hätte.

Das hing auch mit der Zahl der Häftlinge zusammen. In den ersten beiden Kriegsjahren wurde nur etwa ein Dutzend Schweizer verhaftet, die später in einem KZ inhaftiert wurden. Von einigen Fällen hatte das EPD gar keine Kenntnis. Als der 38-jährige Genfer Eduard Sorg am 26. Juni 1940 im KZ Oranienburg starb, blieb dies in der Abteilung für Auswärtiges unbemerkt.[8] Ebenso unbekannt war dort das Schicksal von Emma Kübler-Schlotterer, einer Zeugin Jehovas, die als eine der ersten Frauen überhaupt nach Ravensbrück kam und 1945 kurz nach der Befreiung des KZ Bergen-Belsen starb (siehe Porträt Seite 185).

Die Besetzung Polens, der Beneluxländer sowie Frankreichs führte dazu, dass die Schweizer Diplomaten auch in diesen Ländern mit der Verhaftung von Landsleuten konfrontiert wurden. Im Elsass wurde zum Beispiel ein 25-jähriger Schweizer festgenommen, der den französischen Nationalfeiertag gefeiert hatte,[9] in Holland ein Rechtsanwalt wegen «kommunistischer Umtriebe»[10] und in Prag ein Geschäftsmann wegen «Vorspiegelung falscher Tatsachen»[11]. Die Behörden in Bern erkannten darin jedoch kein Muster der Verfolgung.

Dass die Behörden den Konzentrationslagern wenig Beachtung schenkten, hing auch mit formalen juristischen Abläufen zusammen. Mehrere Schweizer, die in den ersten Kriegsjahren verhaftet wurden, kamen nicht direkt in ein KZ. Sie wurden von einem Gericht verurteilt und mussten ihre Strafe in einem regulären Gefängnis oder einem Zuchthaus absitzen. Nach Verbüssung der Haft wurden sie jedoch nicht freigelassen, sondern in Schutzhaft genommen und in ein KZ überstellt. Bis zu diesem Zeitpunkt hatten die Schweizer Behörden den Fall oft aus den Augen verloren. Sie reagierten erst, wenn sich Angehörige des Häftlings in Bern meldeten.

Ein typisches Beispiel dafür ist Arthur Wyss, der Anfang März 1940 in Danzig verhaftet wurde.[12] Der damals 60-jährige Journalist war den Schweizer Behörden schon früher bekannt, weil er mehrmals vorbestraft und in dubiose Machenschaften verstrickt war. Die Abteilung für Auswärtiges bezeichnete Wyss kurz nach der Verhaftung als «eine sehr wenig interessante Persönlichkeit», da er seinen Status als Schweizer Bürger in Polen für verschiedene illegale Geschäfte missbraucht habe.[13] Am 21. Februar 1941 wurde Wyss unter anderem wegen Beleidigung und

Verleumdung zu neun Monaten Haft verurteilt. Das nahe Danzig gelegene Schweizer Konsulat in Elbing, die Schweizer Gesandtschaft in Berlin und die Abteilung für Auswärtiges waren alle der Meinung, dass ein Gnadengesuch und ein Besuch im Gefängnis «inopportun» seien. Am 21. November 1941 hätte Wyss seine Strafe abgesessen gehabt.

Abgesehen von einer Meldung, dass sich sein Gesundheitszustand verschlechtert habe, verschwand Wyss danach vom Radar der Schweizer Behörden. Bis Hans Frölicher am 27. April 1943 meldete, Arthur Wyss sei nach Verbüssung seiner Haft nicht freigelassen worden, sondern am 12. Februar 1942 im KZ Stutthof an einer «Herzmuskel- und Kreislaufschwäche» gestorben.

In Bern nahm man dies kommentarlos zur Kenntnis. Am 19. Mai 1943 teilte die Berner Zentrale Frölicher mit, «es könne davon abgesehen werden, dieser Angelegenheit weiter Folge zu leisten». Doch kurz darauf meldete sich ein Anwalt der Familie Wyss in Bern und bat darum, mehr über die Umstände des Todes von Arthur Wyss zu erfahren. Die Abteilung für Auswärtiges sandte ihm darauf eine Abschrift des Berichts zu, den der Lagerarzt von Stutthof verfasst hatte. Darin hiess es, Wyss sei mit «Incisionen und Herzmitteln» behandelt worden, sein Zustand habe sich jedoch nicht gebessert, er sei am 12. Februar 1942 um 10.02 Uhr gestorben.

Heute ist bekannt, dass solche Arztzeugnisse meist Lügen waren. Sie sollten vertuschen, dass die Häftlinge an Erschöpfung, Krankheit oder Hunger gestorben oder getötet worden waren.

Hätten die Schweizer Diplomaten das damals wissen können? Tatsächlich verfügte Bern über Hinweise, dass den offiziellen Todesbescheinigungen der KZ nicht zu trauen war. Anfang Oktober 1942 sprach Albert Huber, Schweizer Generalkonsul in Prag, bei der Abteilung für Auswärtiges in Bern vor. Gemäss einer internen Notiz kam er dabei auf Rudolf Gujer zu sprechen, der im KZ Mauthausen inhaftiert war. Huber befürchtete Schlimmes. Denn, so resümierte ein Beamter Hubers Ausführungen, «es sei bekannt, dass in Mauthausen fortwährend Leute an ‹Lungenentzündung› sterben, sodass man von den dortigen Insassen von Todeskandidaten sprechen könne».[14] Die Anführungszeichen sind ein deutliches Indiz: Die Schweizer Diplomaten ahnten, dass die Menschen in den Konzentrationslagern nicht eines natürlichen Todes starben.

Dass die Konzentrationslager in der Schweiz lange nicht als die Tötungsanstalten wahrgenommen wurden, die sie zu dem Zeitpunkt schon waren, hatte noch andere Gründe. Zum einen war es noch immer möglich, Schweizer aus dem KZ freizubekommen, wie das Beispiel von Georges Trombik zeigt. Der Student, Jahrgang 1919, lebte in Warschau,[15] bevor er am 30. März 1940 wegen Spionageverdachts verhaftet und ins KZ Sachsenhausen, später nach Mauthausen überstellt wurde. Hans

Frölicher, der Schweizer Gesandte in Berlin, intervenierte beim deutschen Auswärtigen Amt, worauf Trombik aus dem KZ entlassen und in die Schweiz ausgewiesen wurde.

Zum anderen klang der Bericht zweier Schweizer IKRK-Beobachter keineswegs alarmierend. Am 14. August 1940 konnten die beiden Delegierten Eric Descoeudres und Roland Marti das damals 7000 Insassen zählende KZ Buchenwald besuchen. Ihre Visite, die 200 inhaftierten holländischen Zivilisten galt, war wie alle KZ-Besuche inszeniert. Der Bericht von Descoeudres und Marti enthielt mehrere kritische Bemerkungen. So beschrieben sie etwa die Häftlinge, die riesige Steine schleppen mussten, als «eine endlose Reihe abgestumpfter Wesen».[16] Und ein Auftritt des Häftlingsorchesters zu ihren Ehren machte auf die IKRK-Delegierten einen «tieftraurigen Eindruck». Doch im Bericht war vor allem die Rede von der «tadellosen Sauberkeit» des Lagers, von «modernen Waschräumen», «ultramodernen Küchen», hochmodernen Geräten im Lazarett, einer Häftlingsbibliothek mit 3500 Bänden und einem Fussballplatz, auf dem sich die Häftlinge ertüchtigen konnten.

Es lässt sich nicht belegen, dass die Schweizer Diplomaten diesen Bericht kannten. Aus der Korrespondenz und den Tagebüchern von Hans Frölicher wissen wir jedoch, dass zwischen Roland Marti, dem Leiter der IKRK-Delegation in Berlin, und der Schweizer Gesandtschaft ein zwar nicht immer konfliktfreier, aber sehr enger Austausch stattfand, gerade was die Konzentrationslager betraf. Es ist deshalb gut möglich, dass der beschwichtigende Bericht in die Lagebeurteilung der Abteilung für Auswärtiges einfloss.

Die Ermordung von Schweizer Behinderten

In dieses Bild passt, wie die Schweiz auf die ersten Gerüchte über die Ermordung «lebensunwerten Lebens» in Deutschland reagierte. Hitler hatte im Herbst 1939 den Befehl erteilt, körperlich und geistig behinderte Insassen von Heil- und Pflegeanstalten zu töten. Der sogenannten Aktion T4 fielen rund 70 000 Menschen zum Opfer.

Schon bald kursierten auch in der Schweiz Gerüchte über die Krankenmorde. Am 13. Dezember 1940 schickte die Polizeidirektion des Kantons Schaffhausen einen Rapport an die Bundesanwaltschaft. Darin hiess es, in den letzten Wochen seien Insassen der «Schwachsinnigen-Anstalt» auf der Insel Reichenau ins Landesinnere abtransportiert worden. Vor drei Wochen habe ein Angehöriger die Meldung erhalten, sein Bruder sei plötzlich gestorben. Die Angehörigen würden vermuten, dass die Insassen der Anstalt «bei der Ausprobierung von Giftgasen als ‹Versuchskaninchen› Verwendung gefunden hätten».[17] Knapp drei Wochen später berichtete der Schweizer Konsul in Köln, Franz Rudolf von Weiss, von Gerüchten, dass geistig Behinderte in Epileptiker-Anstalten verlegt und dort beseitigt würden. Entschuldigend fügte von Weiss hinzu: «Ich habe über diese Gerüchte bis dahin absichtlich nichts geschrieben, da sie mir so ungeheuerlich vorkamen, dass ich durch Weitergabe derselben nicht den Glauben erwecken wollte, ich hätte dem Nationalsozialismus gegenüber eine einseitige Einstellung.»[18]

In Bern nahm man das kommentarlos zur Kenntnis. Ebenso die Meldung des Schweizer Konsuls in Stuttgart, dass in der deutschen Anstalt Grafeneck der 63-jährige Schweizer Friedrich Maler an einem Hirnschlag gestorben sei.[19] Die Gefahr, die den behinderten Auslandschweizern drohte, erkannte Bern nicht – oder wollte sie nicht erkennen. Was vielleicht damit zusammenhing, dass Hans Frölicher und sein Mitarbeiter Franz Kappeler den, wie sich im Nachhinein zeigte, sehr gut informierten von Weiss immer wieder verunglimpften. Im November 1939 etwa kommentierte Kappeler gegenüber dem EPD einen der Berichte aus Köln folgendermassen: «Sie wissen, dass unser Konsul schon häufig alarmierende Berichte gesandt hat, die sich als unbegründet erwiesen.»[20]

1941 sah sich die Schweiz jedoch gezwungen, auf das Mordprogramm der Nazis zu reagieren. Am 23. Januar benachrichtigte die Gesandtschaft in Berlin die Polizeiabteilung im EJPD, dass gemäss einer Mitteilung des Schweizer Konsuls in Bregenz die «Irrenanstalt» Valduna in Vorarlberg geschlossen werde. Die rund 70 Schweizer Insassen der «Valduna» würden deshalb demnächst in die Schweiz gebracht. Bern wehrte sich dagegen. Ernst Scheim, Adjunkt in der Polizeiabteilung, liess den Konsul umgehend wissen, dass «die Pfleglinge nicht ohne weiteres nach der Schweiz verbracht werden sollten, sondern wenn möglich in andern deutschen Heilanstalten Aufnahme finden können».[21]

Vermutlich fürchtete Scheim, dass die Behinderten in der Schweiz ihren Heimatgemeinden zur Last fallen würden. Mit dem gleichen Argument hatte Scheim schon 1934 davon abgeraten, behinderte Schweizer, denen die NS-Behörden mit der Zwangssterilisation drohten, in die Heimat zu holen. Scheim warnte damals: «Im Falle der Heimnahme wäre die Heimatgemeinde gezwungen, den Krüppel dauernd auf ihre Kosten zu versorgen.»[22]

Nach den uns vorliegenden Informationen wurden die Schweizer Patienten der «Valduna» schliesslich dank der Initiative des Konsuls in Bregenz und ihrer Heimatgemeinden gerettet. Insgesamt 129 Schweizer Patienten wurden bis Ende Mai 1941 bei Oberriet an die Grenze gebracht und dort von Angehörigen oder Fürsorgebeamten abgeholt.[23] Mindestens 330 andere Insassen der «Valduna» wurden umgebracht.

Trotz der Rettung der «Valduna»-Insassen waren unter den Opfern der «Aktion T4» auch Menschen mit Schweizer Wurzeln. In der NS-Vergasungsanstalt Schloss Hartheim wurden mindestens drei behinderte Menschen ermordet, deren Mutter Schweizerin war: Ottilie Senfter, Ferdinand Rauch und Maria Wodiunig.[24]

Die Zensur der «Greuelmeldungen»

Wenige Tage nach Kriegsausbruch führte der Bundesrat die Zensur ein. Für Zeitungsartikel galt die Nachzensur, sie wurden also erst nach Erscheinen kontrolliert und allenfalls sanktioniert. Für Bilder, Filme oder Drehbücher galt die Vorzensur. Die Kontrolle oblag der Abteilung Presse und Funkspruch (APF), die dem General unterstellt war. Verstösse konnten mit Beanstandungen, Verwarnungen oder Beschlagnahmungen geahndet werden. Vier Zeitungen wurden im Lauf des Kriegs ganz verboten.[25] Obwohl die Zensur militärisch organisiert war, wurde sie weitgehend von zivilen Fachleuten vorgenommen.[26] Als Richtlinie galt: Die Armee durfte nicht kritisiert, der Bundesrat nicht in seinem Ansehen geschmälert werden. Die Neutralität durfte nicht infrage gestellt werden. Und: Die Zeitungen durften in keiner Weise die ausländische Kriegspropaganda unterstützen. «Allgemeines Ziel der pressenotrechtlichen Bestimmungen war es, die schweizerische Presse als Stimme eines neutralen Landes aus dem internationalen Propagandakrieg herauszuhalten», schreibt Georg Kreis in seinem Standardwerk zur Zensur im Zweiten Weltkrieg.[27]

Konkret bedeutete dies, dass sich Nachrichten auf zuverlässige Quellen stützen mussten. Formulierungen wie «aus gewöhnlich gut unterrichteten Kreisen» galten als unzureichend. Je schwerwiegender der Inhalt einer Meldung war, desto zuverlässiger musste die Quelle sein. Die Verbreitung von sogenannten Greuelmeldungen, zu denen etwa Berichte über die Ermordung von KZ-Häftlingen zählten, war besonders heikel, weil sie als aktive Parteinahme betrachtet werden konnte, die gegen die Neutralität der Schweiz verstiess. Im Dezember 1943 beispielsweise verwarnte die Zensurstelle die St.-Galler *Volksstimme*, weil sie über die Erschiessung von 70 000 Juden in Kiew berichtet hatte. «Es handelt sich um ausländische Greuelpropaganda übelster Art», führte die APF als Begründung für die Sanktion an.[28] Trotz dieser Einschränkungen genoss die Schweizer Presse einen «beachtlich grossen Spielraum für nonkonforme Äusserungen», resümiert Georg Kreis.[29]

Die Schweizer Tageszeitungen griffen das Thema Konzentrationslager immer wieder auf. Am 2. Oktober 1939 etwa berichtete die Schaffhauser *Arbeiter-Zeitung*, dass an Gefangenen in den Konzentrationslagern «Krankheitsbazillen» ausprobiert würden, und am 11. November meldete sie, dass viele in Konzentrationslager verschleppte Tschechen bestialisch gequält, verkrüppelt und totgeschlagen würden.[30] Die deutsche Gesandtschaft in Bern reagierte schnell auf solche Meldungen. Am 28. September 1939 beschwerte sie sich beim EPD, dass Schweizer

Zeitungen mehrfach Artikel veröffentlicht hätten, die «eindeutig den Begriff der Greuelpropaganda erfüllen».[31] Während des Krieges intervenierte der deutsche Gesandte Otto Carl Köcher wegen missliebiger Artikel mindestens 39 Mal persönlich im EPD, insgesamt deponierte die deutsche Gesandtschaft 169 diplomatische Noten und Demarchen.[32]

Kaum ein Thema führte während des Krieges so regelmässig zu Auseinandersetzungen mit dem NS-Regime wie die «Pressefrage». Am 2. Mai 1940, zu einem Zeitpunkt, als die Schweiz mit dem unmittelbaren Einmarsch deutscher Truppen rechnete, zitierte der deutsche Aussenminister Joachim von Ribbentrop den Schweizer Gesandten in Berlin zu sich. «Ich wies den Gesandten sehr ernst darauf hin, dass wir eine weitere Beschimpfung des deutschen Volkes durch die Schweizer Presse nicht mehr hinnehmen», hielt Ribbentrop fest. Der Führer sei aufgebracht und habe sich sehr abfällig über die Schweizer Presse geäussert.[33]

Der Gesandte Hans Frölicher war tief besorgt. Er fürchtete, dass die dem NS-Regime mehrheitlich kritisch gegenüberstehende Schweizer Presse Hitler derart in Rage bringen könnte, dass dieser den Überfall auf die Schweiz befehlen würde. Frölicher selbst hielt sich deshalb, wie er in seinen Erinnerungen schrieb, stets an die Mahnung an den Wanderer in der Urner Schöllenen-Schlucht: «Und willst du die schlafende Löwin nicht wecken, so wandle still durch die Strassen des Schreckens.»[34] Die Existenz der Schweiz hing aus seiner Sicht allein vom Wohlwollen Deutschlands ab. «Je rascher es möglich ist, wieder freundschaftliche Beziehungen mit Deutschland herzustellen, desto mehr Aussicht besteht für unsere Sicherheit im neuen Europa», schrieb Frölicher am 11. Juni 1940 an Bundesrat Marcel Pilet-Golaz.[35]

Immer wieder forderte er von der Schweizer Presse Zurückhaltung oder gar Wohlwollen gegenüber dem NS-Regime. Bern sollte seiner Meinung nach dafür sorgen, «dass unsere Presse zu der absolut notwendigen Verbesserung unserer Beziehungen mit Deutschland beiträgt».[36] Mindestens zweimal legte er der Berner Zentrale nahe, für die Auswechslung der beim NS-Regime unbeliebten Chefredaktoren Willy Bretscher (NZZ) und Ernst Schürch *(Bund)* zu sorgen.[37] In der Schweiz trug ihm diese Haltung den Vorwurf ein, ein Anpasser und Nazi-Freund zu sein.[38] Ein Kabarettist kalauerte: «Die Schweizer wären fröhlicher, wenn Frölicher wieder Schweizer wäre.»[39]

In Bern diskutierte man im Herbst 1940 intensiv darüber, wie weit die Anpassung an Deutschland gehen sollte. Pierre Bonna, dem Chef der Abteilung für Auswärtiges, gingen Frölichers Forderungen zu weit. Es sei kaum etwas zu gewinnen, «wenn wir in allzu rascher Beflissenheit unsere staatliche Existenz ganz von der Politik unserer beiden grossen Nachbarn abhängig machen wollten», liess er Frölicher wissen.[40]

1940/41 gab es im Bundesrat und vonseiten General Guisans sogar Bestrebungen, Frölicher durch Carl J. Burckhardt oder Walter Stucki, den Gesandten in Vichy, zu ersetzen – allerdings aus anderen Gründen. In Bern hatte man den Eindruck, dass Frölicher keinen Zugang zu Hitlers innerem Führungszirkel habe und deshalb die Schweizer Interessen zu wenig wirkungsvoll vertreten könne.[41]

Max König, Schwiegersohn, Jagdgefährte und Mitarbeiter Frölichers in Berlin, warb nach dem Krieg um Verständnis für den umstrittenen Gesandten. Frölicher habe nur den Auftrag des Bundesrats erfüllt, dass nämlich die Beziehungen zum Deutschen Reich ungetrübt bleiben sollten. Um dies zu erreichen, sei «ein hohes Mass an Vorsicht und Zurückhaltung» nötig gewesen.[42]

Der systematische Massenmord

Das NS-Regime beschliesst, die europäischen Juden zu vernichten. Hunderttausenden Menschen in Deutschland und den besetzten Gebieten droht die Deportation, unter ihnen auch mehreren Hundert jüdischen Auslandschweizern.

Wenige Tage nach den Novemberpogromen von 1938 empfing Walter Stucki, der Schweizer Gesandte in Paris, einen alten Bekannten – Ernst von Weizsäcker, ehemaliger deutscher Gesandter in Bern und nun Staatssekretär im Auswärtigen Amt. Während des Mittagessens sprach Stucki die «akute Judenfrage» an. Von Weizsäcker holte etwas aus, ehe er auf den Punkt kam, wie Stucki in seinem Bericht nach Bern festhielt. «Die noch in Deutschland verbliebenen circa 500 000 Juden sollten unbedingt irgendwie abgeschoben werden, denn sie könnten in Deutschland nicht bleiben», fasste Stucki von Weizsäckers Ausführungen zusammen. «Wenn, wie bisher, jedoch kein Land bereit sei, sie aufzunehmen, so gingen sie eben über kurz oder lang ihrer vollständigen Vernichtung entgegen.»[1]

Bis 1940 hoffte das NS-Regime, die deutschen Juden nach Palästina oder Südamerika abschieben zu können. Später wurde ein Plan ausgearbeitet, vier Millionen europäische Juden in Madagaskar anzusiedeln. Doch diese Pläne scheiterten, genauso wie jener, 200 000 Juden im sogenannten Generalgouvernement, einem Teil des besetzten Polen, anzusiedeln.[2] Die Konzentrationslager spielten bei diesen Überlegungen noch keine wichtige Rolle. Von den insgesamt 80 000 KZ-Häftlingen Anfang 1942 waren weniger als 5000 jüdisch.[3]

Der Plan, alle Juden im deutschen Machtbereich systematisch zu ermorden, ist nicht auf einen einzelnen Entscheid, etwa Hitlers, zurückzuführen, sondern das Ergebnis eines komplexen Prozesses, der mehrere Phasen der Radikalisierung durchlief.[4] Dazu zählte nicht zuletzt der Krieg gegen die Sowjetunion, im Zuge dessen mobile Mordkommandos Hunderttausende Juden, Kommunisten, Sinti und Roma ermordeten. Nachdem sich die Hoffnung auf einen schnellen Sieg gegen die Sowjetunion zerschlagen hatte, musste das NS-Regime auch die Pläne aufgeben, die Juden weit in den Osten abschieben zu können. Immer öfter wurde nun im innersten Machtzirkel die Absicht laut, die Juden zu vernichten. Nachdem Himmler im Oktober 1941 allen Juden unter deutscher Herrschaft die Auswanderung verboten hatte,[5] waren sie in einer ausweglosen Situation. Rasch setzten die Deportationen aus Deutschland in den Osten ein. «Ziel war nicht länger die Aussiedlung, sondern die Vernichtung der Juden», schreibt der Holocaust-Forscher

Raul Hilberg. «Doch es gab zu diesem Zeitpunkt noch keine Tötungszentren, in denen die Opfer vergast werden konnten.»[6] Deshalb wurden die Juden zunächst in völlig überfüllte Ghettos gepfercht und dort gefangen gehalten. Es dauerte nicht lange, bis die Tötungszentren standen. Im Oktober 1941 wurde mit dem Bau der KZ Lublin-Majdanek und Auschwitz-Birkenau begonnen, im Dezember nahm das KZ Chelmno den Betrieb auf. Zwischen März und Juli 1942 folgten die drei grossen Vernichtungslager Belzec, Sobibor und Treblinka.

Bis Februar 1942 hatte das NS-Regime bereits 900 000 Juden umgebracht, vor allem in der Sowjetunion, aber auch in anderen Ländern.[7] Um die systematische Vernichtung aller Juden im NS-Herrschaftsbereich zu organisieren, trafen sich Funktionäre und Beamte verschiedener Ministerien und NS-Organisationen am 20. Januar 1942 in einer Villa am Wannsee bei Berlin. Das Ziel war nun klar: Alle rund elf Millionen Juden Europas, auch jene der neutralen Staaten, sollten nach Osteuropa deportiert und dort ermordet werden – entweder sofort, oder indem man sie durch Arbeit vernichtete.[8] Sechs Tage nach der Wannseekonferenz teilte Heinrich Himmler dem Leiter der KZ-Inspektionen, Richard Glücks, mit, er werde in den nächsten vier Wochen 150 000 Jüdinnen und Juden in die KZ schicken.

Als Erste sollten die Juden aus Belgien, Holland, Luxemburg und Frankreich deportiert werden. In akuter Gefahr waren dadurch auch einige Hundert jüdische Auslandschweizer. In den Niederlanden und Belgien lebten nur einige Dutzend Schweizer Juden, in Frankreich rechnete man mit mindestens 500.[9]

Kurz nach der Kapitulation Frankreichs im Juni 1940 hatten die deutschen Behörden in der besetzten Nordzone und das mit dem NS-Regime kollaborierende Vichy-Regime unter Marschall Pétain im Süden begonnen, einschneidende Massnahmen gegen die Juden zu ergreifen. Sie wurden unter anderem aus dem Staatsdienst entlassen und mussten sich registrieren lassen; jüdische Betriebe wurden enteignet, und mehrere Tausend Juden wurden interniert. Lange war unklar, ob diese Massnahmen auch Juden mit ausländischer Staatsbürgerschaft betrafen. Im Sommer 1938 hatte Hitler erklärt, ausländische Juden seien wie alle anderen Juden zu behandeln, doch in Einzelfällen könne aus aussenpolitischen Gründen davon abgewichen werden.[10] In der Folge nahm das NS-Regime immer wieder auf aussenpolitische Interessen Rücksicht,[11] vor allem dann, wenn im Heimatland der betroffenen Juden deutsche Staatsbürger lebten, die von Vergeltungsmassnahmen hätten betroffen sein können.[12]

Konzentrations- und Vernichtungslager unter NS-Herrschaft

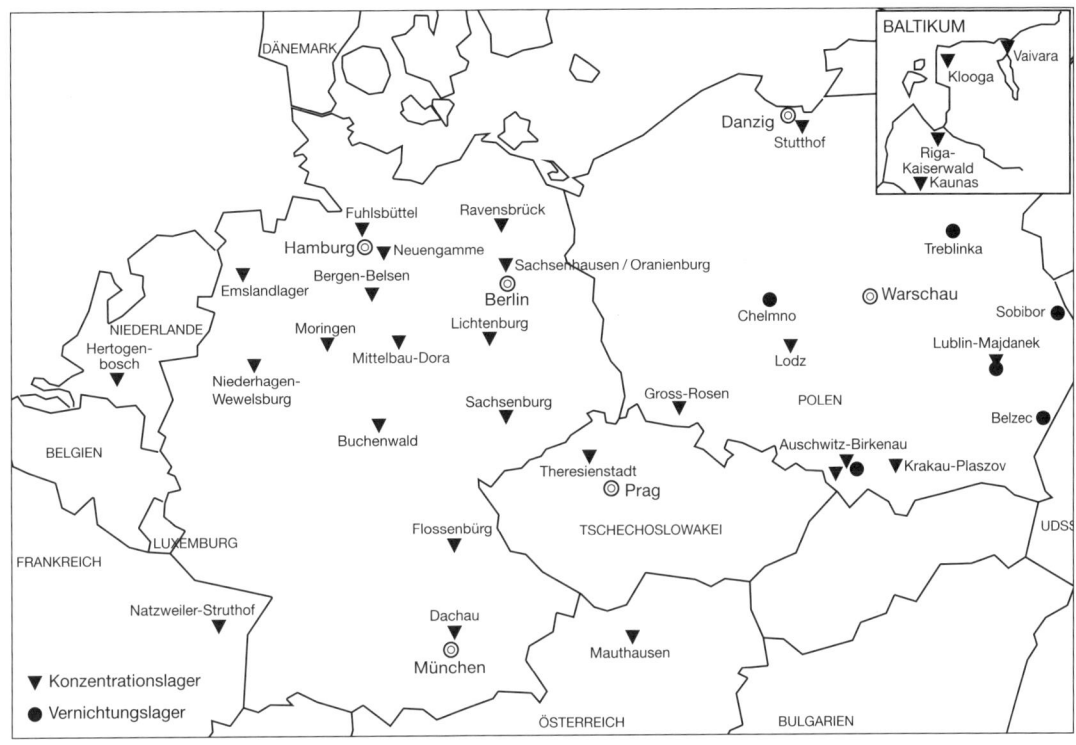

Schweizer Juden im Ausland geraten in Gefahr

Die jüdische Gemeinschaft in der Schweiz verfolgte diese Entwicklung mit grösster Sorge. Dank familiärer Beziehungen war sie relativ gut über die Ausgrenzung und Verfolgung der Juden in den besetzten Gebieten unterrichtet. Das Schweizer Aussenministerium aber war nicht alarmiert. Im Dezember 1940 wies Bern die Gesandtschaft in Paris an, bei den Besatzungsbehörden keine grundsätzlichen Vorbehalte zu deren Politik gegenüber den Juden anzubringen, sondern sich auf Interventionen im Einzelfall zu beschränken.[13] Pierre Bonna, Chef der Abteilung für Auswärtiges, mahnte: «Unsere Bemühungen zugunsten von Nicht-Ariern dürfen keinesfalls einen Umfang einnehmen, welcher in einem Missverhältnis zur Bedeutung, die den Israeliten in unserer Volksgemeinschaft zukommt, stehen würde.»[14]

Angesichts der bedrohlichen Entwicklung fragte der Neuenburger SP-Nationalrat Ernest-Paul Graber am 12. Juni 1941 den Bundesrat an, wie er die von der «Arisierung» betroffenen Schweizer Juden in Frankreich zu schützen gedenke. Bundesrat Pilet-Golaz antwortete Ende September. Die Juden in Frankreich und anderen Staaten, erklärte der

Aussenminister, unterstünden besonderen Rechtsverhältnissen. Diese seien dort Teil der allseits akzeptierten «ordre public» und fänden deshalb zu Recht auch auf ausländische Juden Anwendung. Mit anderen Worten: Die Schweizer Juden in Frankreich durften aus Sicht der Schweizer Regierung genauso diskriminiert werden wie die französischen Juden. «Damit stellte der Bundesrat die verfassungsmässige Gleichheit seiner jüdischen Staatsbürger grundsätzlich in Frage», schreibt der Historiker Stefan Mächler.[15] Gleichwohl, so versicherte Pilet-Golaz, würden sich die Schweizer Diplomaten im Ausland bemühen, den Schweizer Juden bei der Wahrung ihrer Interessen behilflich zu sein.

Die Juden in der Schweiz waren entsetzt. Der Völkerrechtler Paul Guggenheim legte in einem Gutachten dar, dass die Diskriminierung der Schweizer Juden gegen den französisch-schweizerischen Niederlassungsvertrag und geltendes Völkerrecht verstosse. Er machte sich aber keine Hoffnungen, dass das EPD von seiner Haltung abrücken würde. Nach einem Gespräch mit einem «Gewährsmann» schrieb Guggenheim an Saly Mayer, den Präsidenten des Schweizerischen Israelitischen Gemeindebundes (SIG): «Auf dem Departement hätte man nicht viel Sympathie für die Juden trotz aller äusserlichen Freundlichkeit, so behauptet mein Gewährsmann. Man betrachte die Juden ähnlich wie die Sozialdemokraten, nämlich wie auch gewisse oppositionelle christliche Kreise, als nicht erstklassige schutzwürdige Interessenten.»[16]

Nicht alle Schweizer Diplomaten akzeptierten die Ungleichbehandlung der Schweizer Juden. Walter Stucki, inzwischen Gesandter in Vichy, deutete gegenüber dem französischen «Generalkommissar für Judenfragen» an, dass die Diskriminierung der Juden gegen den schweizerisch-französischen Niederlassungsvertrag verstosse.[17] Und René de Weck, Schweizer Gesandter in Bukarest, legte der rumänischen Regierung dar, dass gemäss Bundesverfassung alle Schweizer vor dem Gesetz gleich seien. Die jüdischen Schweizer dürften deshalb nicht diskriminiert werden. In der Folge wurden die Schweizer Juden in Rumänien von den antijüdischen Massnahmen ausgenommen.[18]

Letzten Endes aber akzeptierte die Schweizer Regierung die Diskriminierung ihrer jüdischen Staatsbürger in Frankreich und den anderen besetzten Gebieten praktisch widerstandslos. Resigniert notierte Walter Stucki am 20. Dezember 1941: «Das Recht hat den grössten Teil seiner Macht verloren, und die Macht dominiert das Recht.»[19] Ohne dass Stucki davon Kenntnis hatte, war tags zuvor vermutlich der erste jüdische Schweizer aus Frankreich deportiert worden: Louis Ber wurde am 9. November 1941 in Dijon angeblich wegen Urkundenfälschung verhaftet und kurz darauf in ein Lager für jüdische Zwangsarbeiter bei Brieg im heutigen Polen gebracht. Das KZ-ähnliche Lager wurde 1944 zum Aussenlager des KZ Gross-Rosen.[20]

Auf eine Intervention der Schweiz erklärte das Auswärtige Amt in Berlin lediglich, Ber sei verhaftet worden. «Weitere Mitteilungen können nicht gemacht werden.»[21] Bers Familie fürchtete das Schlimmste. Seine Schwester bat Bundesrat Pilet-Golaz um Hilfe, sein Bruder sprach im EPD vor. Zornig forderte er die Behörden auf, sich stärker für den Verschollenen einzusetzen. Er konnte nicht verstehen, dass Bern keine Repressalien gegen verhaftete Deutsche ergriff oder einen Austausch von Gefangenen anstrebte. Tatsächlich wurde Ber im Februar 1944 für einen Gefangenenaustausch in Betracht gezogen. Aber da war er schon seit mehr als einem Jahr tot – gestorben an einem «Herzschlag».

Als die Schweiz im März 1944 von Bers Tod erfuhr, kontaktierte Pierre Bonna die Gesandtschaft in Berlin. Angesichts der Gerüchte über das Schicksal der deportierten Juden bat er Hans Frölicher, bei den deutschen Behörden nähere Angaben zu Bers Ableben zu fordern. Frölicher winkte ab. «Es dürfte wohl aussichtslos sein, diese Angaben zu erhalten.» Sichtlich genervt replizierte Bonna: «Wir beehren uns, Ihnen mitzuteilen, dass wir trotzdem Wert darauf legen, dass ein in diese Richtung gehendes Begehren gestellt wird.» Ein Bericht traf unseres Wissens nie ein. Nach dem Krieg kamen die Schweizer Behörden zum Schluss, dass Louis Ber vermutlich von den Deutschen ermordet worden sei.[22]

Im Sommer 1942 setzte in Frankreich die systematische Deportation der Juden in die Vernichtungslager ein.[23] Am 16./17. Juli wurden in Paris rund 13 000 Juden verhaftet und viele von ihnen umgehend nach Auschwitz deportiert. In den nächsten drei Monaten folgte etwa alle drei Tage ein Zug mit durchschnittlich 1000 Gefangenen, bis Ende November hatten die deutschen Besatzungsbehörden 42 000 Juden aus Frankreich nach Auschwitz deportiert. Die meisten wurden unmittelbar nach der Ankunft in den Gaskammern ermordet.

Seit Herbst 1941 waren unter den in Frankreich verhafteten Juden immer wieder Schweizer Staatsbürger. SIG-Präsident Saly Mayer forderte deshalb im Mai 1942 die Berner Behörden auf, die jüdischen Landsleute kollektiv zu repatriieren. Unter den Beamten der Abteilung für Auswärtiges waren die Ansichten geteilt. Für den Chef, Pierre Bonna, war indes klar: «Es ist nicht Aufgabe der Schweizer Behörden, die Schweizer Juden in Frankreich zurückzurufen.»

René Naville, der das Schweizer Konsulat in Paris als Verweser leitete,[24] bemühte sich im Sommer 1942 trotzdem, bei den deutschen Behörden Passagierscheine für rückkehrwillige Schweizer zu erhalten. Vergeblich. Das Reichssicherheitshauptamt (RSHA) in Berlin beschied: «Dem Antrag des Schweizer Konsulates, eine Reihe jüdischer Familien schweizer Nationalität in die Schweiz abzuschieben, kann nicht stattgegeben werden.»[25] Die Absage war Ausdruck eines Machtkampfs verschiedener NS-Behörden: Adolf Eichmann, im RSHA für die Deportationen zuständig, wollte auch die Juden verbündeter oder neutraler Staaten deportieren, das Auswärtige Amt wehrte sich aus aussenpolitischen Erwägungen dagegen.[26] Das Auswärtige Amt setzte sich schliesslich durch. Ab Oktober 1942 forderte das NS-Regime befreundete und neutrale Staaten wie Italien, die Schweiz, die Türkei oder Spanien ultimativ auf, ihre jüdischen Staatsangehörigen bis zum 1. Februar 1943 aus dem deutschen Machtbereich zu repatriieren. Danach würden sie den «aus Sicherheitsgründen erlassenen Einschränkungen wie Judenstern, Zwangsaufenthalt und Abtransport unterworfen».[27] Für die Südzone Frankreichs, Belgien, die Niederlande und andere von Deutschland

Einflussbereich des NS-Regimes in Europa (1942)

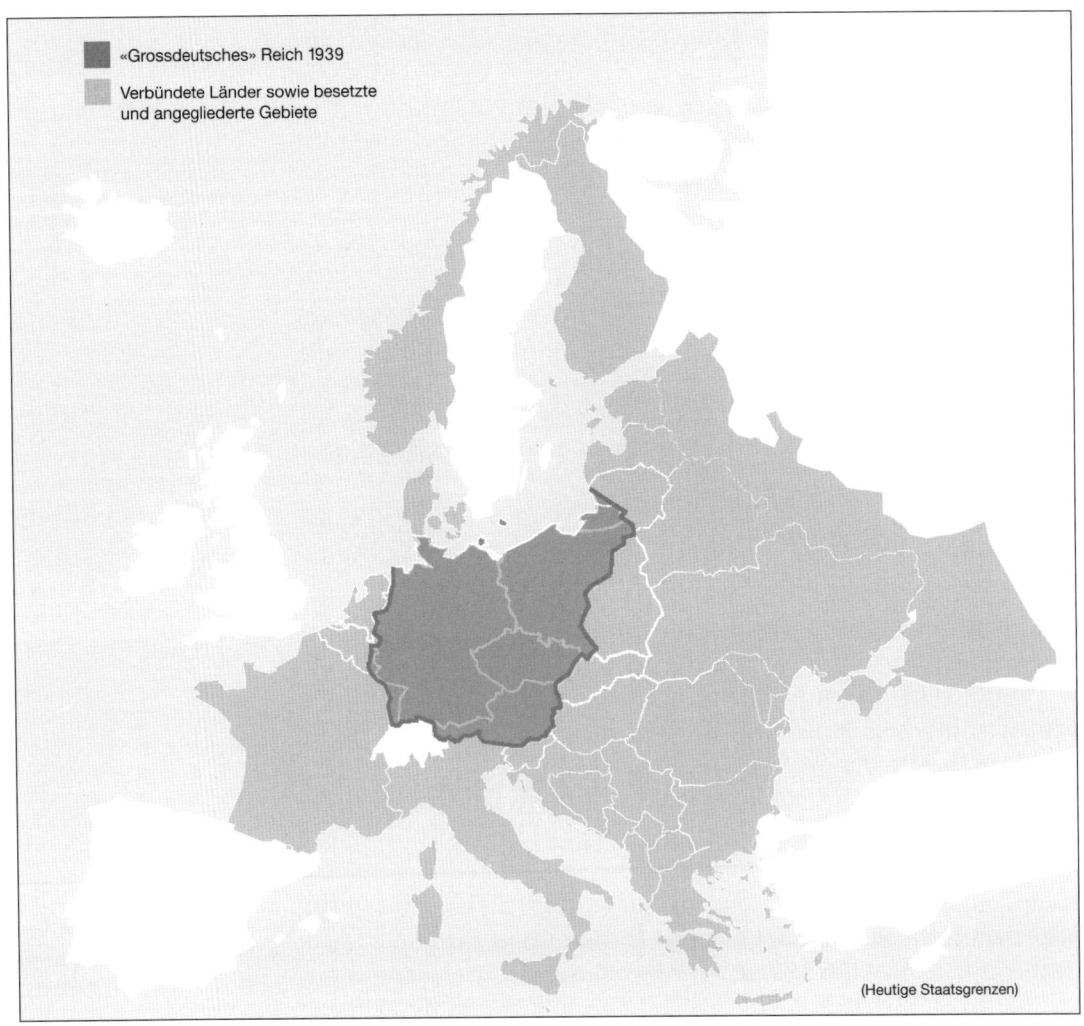

«Grossdeutsches» Reich 1939

Verbündete Länder sowie besetzte und angegliederte Gebiete

(Heutige Staatsgrenzen)

besetzte Gebiete galten teilweise andere Fristen. Diese wurden später mehrmals verschoben.

Die Schweiz sträubte sich – ebenso wie etwa Spanien oder die Türkei – gegen eine Rückschaffung ihrer jüdischen Staatsbürger. Schon vor dem Ultimatum hatte Heinrich Rothmund, der Chef der Schweizer Fremdenpolizei, gegenüber dem EPD geäussert: «Wenn uns für einen Protest eine klare vertragliche Unterlage fehlt, sind wir übel dran und werden [...] die Schweizerjuden repatriieren müssen, falls Deutschland dies verlangen sollte.»[28] In Bern fürchtete man, dass sich unter den Rückkehrern «unerwünschte Elemente» befinden könnten. Zudem, so argumentierte das EPD, sei die Lage auf dem Arbeitsmarkt ohnehin schon angespannt. Noch am 7. Januar 1943 wies Bonna das Konsulat in Paris an, die Zahl der Rückkehrer «so weit wie möglich zu beschränken».[29]

Rückblickend wissen wir: Die Repatriierung hätte für viele Schweizer Juden in Frankreich die Rettung vor dem sicheren Tod bedeutet. Hätten die Schweizer Behörden dies damals ahnen können? Spielten antisemitische Motive mit, dass sie sich so lange gegen eine Repatriierung sträubten?[30]

Anfang 1943 fand sich die Schweiz schliesslich mit dem deutschen Ultimatum ab. Mit zwei Eisenbahnzügen wurden am 29. Januar und am 1. Februar 191 jüdische Schweizer aus der besetzten Nordzone in die Heimat gebracht, am 23. September folgte ein Konvoi mit 192 Personen aus der Südzone.[31] Zwischen März und August 1944 wurden mit drei kleineren Konvois weitere 16 Schweizer Juden aus Paris und rund 45 aus Lyon repatriiert.[32] Gemäss den Unterlagen der Schweizer Behörden kehrten im Verlauf des Jahres 1943 zudem 26 Schweizer Juden aus Belgien zurück, 13 aus den Niederlanden, fünf aus Griechenland, vier aus Berlin, vier aus dem Generalgouvernement (Polen), zwei aus dem sogenannten Ostland (Baltikum und Teile Weissrusslands), zwei aus Wien, zwei aus Mühlhausen sowie zehn aus Köln, Hamburg und weiteren deutschen Städten. Insgesamt waren dies 512 Heimkehrer. In den anderen Ländern, so glaubten die Behörden, lebten keine Schweizer Juden mehr.[33]

Ende des Jahres zog die Schweizer Gesandtschaft in Berlin über die Repatriierung Bilanz: «Im Berichtsjahr wurde die vollständige Entjudung zuerst des Reichsgebietes und hernach fast aller von der deutschen Wehrmacht besetzten Territorien durchgeführt.»[34] «Welche Sprache!», fügte jemand handschriftlich hinzu. Doch das war kein einmaliger Ausrutscher. Selbst in amtlichen Dokumenten übernahmen die Schweizer Behörden oft die Terminologie des NS-Regimes. Widerspruch war selten. Einzig René de Weck, der Gesandte in Bukarest, monierte mehrmals, dass vor allem die Polizeiabteilung im EJPD Begriffe wie «arisch» und «arische Abstammung» ohne Anführungszeichen verwendete. Wissenschaftlich gesehen gebe es keine arische Rasse. Zudem lege das Weglassen der Anführungszeichen nahe, dass die Schweiz die Rassentheorie der Nazis akzeptiert habe.[35]

Doch längst nicht alle jüdischen Auslandschweizer kehrten 1943 in die Schweiz zurück. Einige waren krank und gebrechlich, andere wollten ihre Familien nicht allein lassen oder hofften, vor allem 1944, auf einen raschen Sieg der Alliierten. Einige, wie etwa der Briefmarkenhändler Ladislav Goldberger, unterschrieben zuhanden des Konsulats in Paris eine Erklärung, dass sie auf eigene Gefahr in Frankreich bleiben wollten. Viele der Zurückgebliebenen wurden verhaftet. In der Nordzone Frankreichs lehnten 1943 14 Personen eine Repatriierung ab, fünf davon waren Ende des Jahres verhaftet, bis Februar 1944 wurden weitere acht jüdische Schweizerinnen und Schweizer festgenommen.[36] Auch in der Südzone wurden nach der Repatriierungsaktion einige der rund 30 bis 50 verbliebenen Schweizer, die den Behörden bekannt waren, inhaftiert.

Den Konsulaten gelang es jedoch immer wieder, Häftlinge aus dem Gefängnis oder aus Sammellagern wie Drancy oder Compiègne freizubekommen, von wo die Juden nach Auschwitz deportiert wurden. Noch im März 1944 schafften es René Naville, Leiter des Konsulats in Paris, und seine Mitarbeiter, zehn verhaftete Schweizer Juden zu befreien und in die Schweiz zu bringen.[37]

Andere hatten weniger Glück. Mitte September 1944 bat die Schweizer Gesandtschaft in Berlin das Auswärtige Amt um Auskunft zu acht in Drancy internierten Schweizer Juden, die spurlos verschwunden waren.[38] Mindestens fünf von ihnen, so wissen wir heute, wurden deportiert und starben im KZ. Im Geschäftsbericht von 1946 schrieb das Konsulat in Paris, dass während des Krieges insgesamt 98 Schweizer aus Frankreich nach Deutschland deportiert worden seien. 45 hätten überlebt, 22 seien während oder kurz nach dem Krieg gestorben. Von den restlichen 31 hatte das Konsulat keine Nachricht.[39]

Diese Zahlen waren deutlich zu niedrig. Gemäss unseren Recherchen wurden mindestens 266 Schweizerinnen und Schweizer aus Frankreich in ein KZ deportiert.

Die Schweizer Regierung und der Holocaust

Den Schweizer Diplomaten war bald klar, dass eine Befreiung der inhaftierten Landsleute nur möglich war, solange sie noch im Gefängnis oder in einem der Sammellager waren. Anfang Dezember 1943 konstatierte die Abteilung für Auswärtiges: «Sind diese bedauernswerten Opfer der Verfolgung einmal deportiert, so wissen wir aus Erfahrung, dass sie kaum mehr aufgefunden werden können.»[40]

Und Hans Frölicher meldete im Dezember 1943, das Auswärtige Amt sehe keine Möglichkeit, «Juden, welche in Arbeitskommandos abgeführt worden sind, vor Kriegsende ausfindig zu machen. Offenbar werden die so zur Zwangsarbeit deportierten Juden nicht mehr namentlich geführt, sodass alle Nachforschungen zwecklos sind».[41] Frölicher schloss daraus, es sei notwendig, möglichst rasch die Personalien und wenn möglich den Haftort der Deportierten ausfindig zu machen, damit ihre Spur nicht verloren gehe. Sein Schreiben zeigt aber noch etwas anderes: Frölicher traute den offiziellen deutschen Angaben.

Die Juden, so wurde der Schweiz von den deutschen Stellen immer wieder versichert, würden lediglich zum Arbeitseinsatz in den Osten deportiert.[42] Selma Rothschild zum Beispiel war am 15. Juli 1942 mit ihren Kindern in der Nähe von Angers verhaftet und wenige Tage später nach Auschwitz deportiert worden, wo sie ermordet wurden. «Frau Rothschild wurde mit ihren Kindern zum Arbeitseinsatz nach Deutschland abgeschoben, weil sie sich freiwillig dazu bereit erklärt hat», machte die deutsche Polizei dem Schweizer Konsulat in Paris weis.[43] Und beim ebenso nach Auschwitz deportierten Adhémar Wyler liess das «Judenreferat» der Gestapo in Frankreich die Schweizer Vertretung wissen: «Der obengenannte Jude ist am 20.7.1942 zum Zwecke des Arbeitseinsatzes mit unbekanntem Aufenthalt abtransportiert worden.»[44]

Mit allen Mitteln versuchte das NS-Regime, die Vernichtung der Juden geheim zu halten. Adolf Eichmann ordnete an, dass unter keinen Umständen von «Deportationen» oder «Evakuationen» gesprochen werden dürfe. Stattdessen solle bei Nachfragen bloss mitgeteilt werden, «dass der Jude z. Zt. verzogen u. sein gegenwärtiger Aufenthalt unbekannt ist».[45]

Die ausländischen Regierungen registrierten natürlich, dass ihre jüdischen Mitbürger verhaftet und deportiert wurden. Beim Auswärtigen Amt in Berlin sprachen deshalb ständig Vertreter ausländischer Gesandtschaften vor, die Auskunft über verhaftete Landsleute verlangten oder deren Freilassung forderten.[46] Diese Proteste und Eingaben zu behandeln, oblag der Referatsgruppe Inland II, dem «Judenreferat» im Auswärtigen Amt. Es hatte die Aufgabe, die Judenvernichtung diplomatisch zu vernebeln, die Deportationen aber gleichzeitig als notwendige Kriegsmassnahme zu legitimieren. Das Referat trug grösste Sorge, dass möglichst wenig über die antijüdischen Massnahmen und das tödliche Schicksal der Betroffenen bekannt wurde. Wenn dennoch Informationen über die Lager in Osteuropa und das Schicksal der Häftlinge durchsickerten und in ausländischen Zeitungen publiziert wurden, tat man sie stets als «angebliche Greueltaten» ab.

Hans Frölicher in Berlin pflegte gute Beziehungen zu Inland II, im Sommer 1944 lud er einige Beamte ein, was diese als «besonders liebenswürdige und nette Geste der Schweizer» empfanden.[47] Das hinderte sie nicht daran, die Schweizer Diplomaten anzulügen. Im September

1944 teilte das Auswärtige Amt der Schweizer Gesandtschaft zum Beispiel mit, das jüdische Ehepaar Paul und Rosalie Colani habe einen «Heimeinkaufsvertrag geschlossen, auf Grund dessen ihm die lebenslängliche Versorgung in dem jüdischen Siedlungsgebiet Theresienstadt gewährt wurde».[48] In Tat und Wahrheit wurden Paul (der früher einmal mit einer Schweizerin verheiratet gewesen war) und Rosalie Colani in das KZ Theresienstadt deportiert, wo beide 1945 starben.

Um die Vernichtung der Juden geheim zu halten, wurde Augenzeugen die Ausreise verboten, was für mehrere jüdische Schweizer tödliche Folgen hatte. Naum Lebedinsky musste nach dem Einmarsch der Deutschen als Direktor des anatomischen Instituts der estländischen Universität zurücktreten und wollte 1941 mit seiner Frau und seinem 25-jährigen Sohn in die Schweiz ausreisen. Die deutschen Behörden verhinderten dies. «Es besteht die Gefahr, dass L. der Schweizer Presse und damit der feindlichen Propaganda über Vorkommnisse im Ostland Material in die Hände gibt, das für das Ausland nicht bestimmt ist. Ich denke hierbei vor allem an die Lösung der Judenfrage, wie sie im Ostland durchgeführt wird», heisst es in einem internen Schreiben des Reichskommissars für das Ostland.[49] Naum, Lia und Edurard Lebedinsky wurden enteignet und ins Ghetto Riga eingewiesen. Sie nahmen sich am 27. März 1942 das Leben.

«Mit Rücksicht auf ihre persönlichen Kenntnisse über die Durchführung der Evakuierungsmassnahmen» wurde im Sommer 1944 auch den beiden jüdischen Schweizerinnen Sofia Wislicka und Maria Balsiger die Ausreise aus Polen verwehrt.[50] Den Schweizer Behörden teilte das Auswärtige Amt mit, die beiden seien in ein Speziallager gebracht worden, wo ihnen verschiedene Hafterleichterungen zugestanden würden. Balsiger starb im KZ Ravensbrück, Wislicka überlebte Ravensbrück und Bergen-Belsen.

Ein grosser Teil der deportierten Schweizer Juden und fast alle deportierten Schweizer Jüdinnen kamen nach Auschwitz. Das Lager war ursprünglich für sowjetische Kriegsgefangene gebaut worden, doch Himmler hatte 1942 entschieden, dass es zu einem Zentrum der Judenvernichtung werden sollte. Auschwitz war abgelegen, aber gut an das europäische Schienennetz angebunden.[51] Seit Juli 1942 trafen die Deportationszüge regelmässig aus ganz Europa in Auschwitz ein, täglich ein Zug mit rund 1000 Menschen, manchmal sogar zwei Züge am gleichen Tag. Im Juli und August 1942 wurden über 60 000 Juden aus Frankreich, Polen, den Niederlanden, Belgien, der Slowakei und Kroatien nach Auschwitz deportiert. Innerhalb kurzer Zeit wurde das Lager zum Mittelpunkt des KZ-Systems mit den meisten Gefangenen. Etwa 20 Prozent der ankommenden Juden wurden zur Zwangsarbeit eingeteilt, die anderen wurden innerhalb weniger Stunden vergast.

Bevor die ersten Züge ankamen, hatte Heinrich Himmler die Gaskammern persönlich inspiziert. Am 17. Juli 1942 beobachtete er in Birkenau die Ermordung gerade eingetroffener Juden ohne Gefühlsregung, stumm. Abends aber war er ungewohnt heiter, rauchte und trank Rotwein. Vor der Rückreise liess sich Himmler mit den Kindern des Lagerkommandanten Höss fotografieren, sie durften ihn «Onkel Heini» nennen.[52]

Über eine Million jüdischer Menschen wurden in Auschwitz ermordet, darunter Tausende von Kindern. Wenn man die kleinen Ferkel nicht schlachte, so sagte Höss einmal, wüchsen sie zu Schweinen heran.[53]

Einer der wenigen Schweizer jüdischer Abstammung, die Auschwitz überlebt haben, war Adhémar Wyler, der vor dem Krieg eine Fabrik für Radioapparate im Elsass besass.[54] Wyler, damals 34-jährig, wurde im April 1942 in Frankreich wegen unerlaubten Übertritts von der Süd- in die Nordzone und «Spionageverdachts» verhaftet und bald darauf deportiert. Er kam am 23. Juli 1942 in Auschwitz-Birkenau an. Von den 800 Personen in seinem Zug wurden 400, darunter alle Frauen, sofort vergast. Er selbst wurde zunächst dem Block 9 in Birkenau und dem «Arbeitskommando Planierung» zugeteilt. Nach zehn Tagen war er am Ende seiner Kräfte, litt an Durchfall und hohem Fieber.

Er erholte sich und musste später als Maurer arbeiten. Von den 36 Männern, die mit ihm in dieses Kommando kamen, waren nach zwei Monaten 30 tot, gestorben an Erschöpfung, Krankheit und Schlägen. Er selbst litt an Typhus. Im Winter, so erzählte Wyler nach dem Krieg, mussten die Häftlinge manchmal bei 28 Grad unter null duschen und anschliessend nass in ihren Block zurückkehren, wo die Wachen in der Zwischenzeit all ihre Kleider für 24 Stunden zur Desinfektion weggenommen hatten. «Solche Schikanen haben die meisten der Häftlinge ums Leben gebracht.»

Wyler blieb bis zur Räumung des Lagers am 18. Januar 1945 in Auschwitz. Auf einem der berüchtigten «Todesmärsche», als die Häftlinge nach Auflösung von Lagern wie Auschwitz unter brutalen Misshandlungen und unmenschlichen Bedingungen in noch bestehende andere Lager verlegt wurden, gelang ihm schliesslich die Flucht.

Eine Brosche, gefunden in der Nähe des Krematoriums von Auschwitz. Auf der Rückseite befindet sich ein Fahrplanausschnitt der Strecke Rapperswil-Schmerikon-Uznach.

Diskriminierung der Doppelbürger

Schweizer im Ausland besassen zur Zeit des Zweiten Weltkriegs weder völker- noch verfassungsrechtlich einen Anspruch auf individuellen diplomatischen Schutz. Allerdings sahen das Gewohnheitsrecht und die Niederlassungsverträge vor, dass gewisse Mindeststandards des rechtlichen Schutzes eingehalten wurden. Bei Doppelbürgern war der Ermessensspielraum der Behörden grösser. Bei ihnen stellten sie sich oft auf den Standpunkt, es liege nicht im übergeordneten Interesse der Schweiz, sich für sie einzusetzen. Dies betraf vor allem jüdische Schweizerinnen, die aufgrund ihrer Heirat die Staatsbürgerschaft ihres Mannes hatten annehmen müssen oder die doppelte Staatsbürgerschaft besassen.

Lucienne Grumbach etwa, eine gebürtige Französin, war durch Heirat Schweizerin geworden, behielt aber auch ihre französische Staatsbürgerschaft.[55] Sie wurde am 10. August 1942 verhaftet, weil sie angeblich ihrem Sohn beim verbotenen Übertritt in die Südzone geholfen hatte. Sie wurde im Sammellager Pithiviers interniert und einige Tage später deportiert. Seither fehlte von ihr jede Spur. Grumbachs Mann Armand wandte sich sofort an das EPD, berichtete verzweifelt, seine Frau sei in einem «Viehwaggon» nach Deutschland deportiert worden, und bat Bundesrat Pilet-Golaz um Hilfe.

Doch die Abteilung für Auswärtiges beschied, sie könne nichts für Lucienne Grumbach tun. Diese sei von den deutschen Behörden als Französin festgenommen worden. Das EPD habe keine rechtliche Handhabe, um bei den Deutschen etwas für sie zu erreichen. Man werde sich aber trotzdem für sie einsetzen. Hans Frölicher unterstrich, Grumbach werde von den Deutschen mit Recht als Französin betrachtet. Und fügte hinzu: «Indessen wäre auch einem Schritt, der sich auf Billigkeitserwägungen stützt, keine Erfolgsaussichten beschieden, da die hiesigen Behörden die von ihnen gegen die Juden verfügten Vorkehren genauestens verwirklichen.»[56] Anders formuliert: Frölicher war der Meinung, es lohne sich nicht, sich für deportierte Jüdinnen und Juden zu verwenden.

Nun setzten sich bekannte Persönlichkeiten für Lucienne Grumbach ein, etwa der Waadtländer FDP-Nationalrat Henry Vallotton. Sie bestritten die juristische Auslegung des EPD vehement. Grumbach besitze den Schweizer Pass. Die Abteilung für Auswärtiges blieb hart. Sie verwies auf das Schweizerische Konsularreglement, wonach Doppelbürger, wenn sie in einem fremden Staat Wohnsitz hatten, keinen Anspruch auf denselben Schutz hätten wie Schweizer Bürger.[57] Empört schrieb ein Vertrauter der Familie Grumbach darauf: «Somit gibt es zwei Arten von Schweizer Bürgern im Ausland, solche welche den Schutz der Eidgenossenschaft geniessen u. solche, welche schutzlos anderen Gewalten ausgeliefert sind. Welche Verfassungs- oder Gesetzesbestimmungen berechtigen zu dieser unterschiedlichen Beschützung der Eidgenossen?»[58]

Im Frühsommer 1944 erkundigte sich die Schweizer Gesandtschaft in Berlin beim Auswärtigen Amt nach dem Verbleib Grumbachs. Das deutsche Aussenministerium antwortete lapidar: «Sie wurde zum Arbeitseinsatz in die Ostgebiete vermittelt. Ihr derzeitiger Aufenthalt ist nicht bekannt.»[59] Zu diesem Zeitpunkt war Lucienne Grumbach längst tot. Vermutlich wurde sie im September 1942 gleich nach ihrer Ankunft in Auschwitz umgebracht.[60]

Mehrere Jüdinnen, die in einem KZ ermordet wurden, hatten ihre schweizerische Staatsbürgerschaft durch Heirat mit einem Ausländer verloren. Einige von ihnen waren aufgrund der NS-Gesetze staatenlos geworden. Die Zürcherin Lea Berr etwa hatte nach Frankreich geheiratet. Sie wurde mit ihrem Mann und ihrem Sohn 1944 verhaftet und nach Auschwitz deportiert. Das EPD hatte eine Intervention zu ihren Gunsten abgelehnt, da sie «durch ihre Heirat ihr Schweizerbürgerrecht verloren hat».

Keine Hilfe gewährte die Schweiz auch der Zürcherin Margrit Salomons, die einen Belgier geheiratet hatte. Zweimal verweigerten ihr die Schweizer Behörden die Einreise. Auch sie starb in Auschwitz.[61] Gemäss der Historikerin Ruth Fivaz-Silbermann konnten zwischen Juni 1942 und Juni 1944 74 ausgebürgerte Schweizerinnen von Frankreich in die Schweiz fliehen.[62] Es ist jedoch anzunehmen, dass weiteren jüdischen Frauen, die vormals Schweizer Staatsbürgerinnen gewesen waren, die Flucht misslang. Erst am 29. Dezember 1942 lockerte der Bundesrat seine Praxis und erliess die Weisung, frühere Schweizerinnen nicht mehr generell an der Grenze abzuweisen.

Der Holocaust und die Schweizer Öffentlichkeit

Was wusste der Bundesrat über die Vernichtung der europäischen Juden? Die Frage beschäftigt Historiker und Journalisten bis heute.[63] Der Basler Jurist Carl Ludwig hat sie in seinem offiziellen Bericht über die Schweizer Flüchtlingspolitik gestreift, seither haben Walter Laqueur und vor allem Gaston Haas das Thema detailliert aufgearbeitet.[64] Dank ihrer geografischen Lage war die Schweiz ein Umschlagplatz für (nachrichtendienstliche) Meldungen und verfügte über ausgezeichnete Quellen.[65] Ein unveröffentlichter Bericht des Bundesarchivs kam 1997 zum Schluss: «Gesandtschaftsberichte, Einvernahmen von Deserteuren und Flüchtlingen durch den Schweizerischen Nachrichtendienst und andere Quellen bildeten [1942, d. Verf.] Fragmente eines Bildes, das den informierten höheren Beamten im EPD, EJPD und EMD nur den einen Schluss zuliess, dass nämlich die Juden und Jüdinnen auf den Tod verfolgt wurden.»[66] Spätestens im Herbst 1942, so der Historiker Guido

Koller, hatte sich die Gewissheit verdichtet, dass den Juden «das Schlimmste» widerfuhr.[67]

Was der Bundesrat konkret über die Tötungen – insbesondere in den Konzentrations- und Vernichtungslagern – wusste, lässt sich anhand der vorhandenen Dokumente nicht eruieren. Sicher ist, dass er 1939 sehr gut über die katastrophale Situation der ins «Generalgouvernement» deportierten Juden informiert war.[68] Im Herbst 1939 sprach der Schweizer Generalkonsul in Wien erstmals von Deportationen nach Polen, im November 1941 berichtete Franz-Rudolf von Weiss, Schweizer Konsul in Köln, über die Deportation von Kölner Juden nach Minsk («alle sind davon überzeugt, dass sie ihrem Ende entgegengehen»). Mitte Mai 1942 schickte von Weiss dem Nachrichtendienst Fotos, auf denen zu sehen war, wie die Leichen jüdischer Menschen aus deutschen Güterwaggons in Russland ausgeladen wurden.[69] Kurz darauf wertete Robert Jezler, Adjunkt in der Polizeiabteilung des EJPD, die vorliegenden Berichte über die Judenverfolgung in den besetzten Ländern aus. Sein Fazit: Die Berichte über die Art und Weise, wie die Deportationen durchgeführt werden, und über die Zustände in den Judenbezirken im Osten seien «grässlich», aber übereinstimmend und zuverlässig.[70]

Die Verhaftungen der Juden in Frankreich, Belgien und den Niederlanden spielten sich in aller Öffentlichkeit ab. Keinen Zweifel über die Absichten des nationalsozialistischen Regimes liessen auch die öffentlichen Reden Hitlers. Am 30. September 1942 hörte Hans Frölicher, der Schweizer Gesandte in Berlin, am Radio eine Rede Hitlers im Berliner Sportpalast. Hitler erinnerte dabei an seine «Prophezeiung» von 1939: Am Ende eines Weltkriegs werde «die Ausrottung des Judentums» stehen. Er werde, sagte Hitler jetzt, mit seiner Prophezeiung recht behalten. Frölicher notierte in sein Tagebuch: «Das Judentum werde ausgerottet werden (Grosser Beifall). Über die Rede habe ich einen Bericht nach Bern geschrieben.»[71]

Die Schweizer Zeitungen berichteten in den ersten Kriegsjahren selten über den Genozid in den Lagern in Osteuropa.[72] Ob das an der unsicheren Quellenlage oder an der Zensur lag, ist nicht mehr auszumachen. Als die NZZ am 20. Oktober 1941 meldete, dass 20 000 Juden aus Berlin «nach dem Osten» abtransportiert worden seien, ging der Korrespondent davon aus, dass sie dort «zu Arbeiten herangezogen» würden.

Erst im Herbst 1942 begannen sich die Zeitungen zu fragen, was mit den deportierten Juden im Osten tatsächlich geschah. «Es gehen die haarsträubendsten Gerüchte um», konstatierte die *Schaffhauser Zeitung* am 16. September 1942, und der *Volksfreund* in Flawil fragte wenig später: «Werden die deportierten Juden getötet?» Am 18. Dezember 1942 gab die Basler *Nationalzeitung* die Antwort: «Juden aus allen besetzten Gebieten werden unter fürchterlichen Umständen deportiert.

In Polen liquidiert man sie dann systematisch. Man hat von denen, die verschleppt wurden, nie mehr ein Wort vernommen.»[73]

Aufmerksamen Beobachtern wie dem SIG-Präsidenten Saly Mayer oder Gerhart Riegner, dem Büroleiter des Jüdischen Weltkongresses in Genf, wurde bereits im Sommer 1942 klar, weshalb das NS-Regime auch Alte, Kranke, Frauen und kleine Kinder, deren physische Verfassung gar keinen Arbeitseinsatz zuliess, in den Osten deportieren liess. Das Ziel war nicht ein Arbeitseinsatz, wie die deutsche Propaganda unablässig behauptete. Das Ziel war die Vernichtung in den Gaskammern.[74]

Die zuständigen Berner Beamten dagegen wiegelten, zumindest gegen aussen, noch immer ab. Heinrich Rothmund etwa, der Vorsteher der Polizeiabteilung im EJPD, erklärte am 20. August 1942 vor dem SIG-Centralcomité: die an der Grenze zurückgewiesenen jüdischen Flüchtlinge würden nur zum Arbeitsdienst herangezogen, sonst geschehe ihnen nichts.[75] Und als Franz-Rudolf von Weiss im September 1942 das EPD über die Razzien gegen Juden in Holland unterrichtete, brachte Franz Kappeler, Frölichers wichtigster Mitarbeiter in Berlin, «ernstliche Bedenken gegen die Überspannung» in diesem Bericht an.[76]

Der englische Premier Winston Churchill dagegen prangerte im Sommer 1942 öffentlich an, die Nazis hätten eine Million Juden ermordet. Im Dezember des gleichen Jahres verurteilten die Vereinten Nationen den Massenmord an den Juden. Über beide Erklärungen berichteten die Schweizer Medien.[77]

Ab 1943 schliesslich erschienen regelmässig Artikel über die Ermordung der Juden in den Konzentrations- und Vernichtungslagern. Im April berichtete zum Beispiel das *Volksrecht* von den Deportationen und der Tötung der Schwachen in Gaskammern. Im August 1943 schrieb die *Nation*, dass in Treblinka täglich 5000 Menschen ermordet würden.[78] Auffällig ist, dass die Zeitungen aus dem linken Spektrum wie *Nation*, *Volksrecht*, die Schaffhauser *Arbeiter-Zeitung* oder *La Sentinelle* ihre Leser am besten über die tatsächlichen Verhältnisse informierten.[79] In keinem der von uns gefundenen Artikel wurde jedoch erwähnt, dass unter den ermordeten Juden auch Schweizer waren.

Der Bundesrat und die hohen Beamten im EPD misstrauten den Berichterstattungen der Zeitungen, vor allem jenen der Linken. Im Herbst 1942 betrachteten sie die Nachrichten über die Ermordung der Juden im Osten noch immer als «haltlose Gerüchte», wie Carl Ludwig in seinem Bericht festhielt.[80] Und im November 1942 stellte ein Mitarbeiter von Bundesrat Pilet-Golaz eine Liste mit «besonders tendenziösen» Artikeln zusammen. Dazu zählte er den Bericht «Die ‹Todestransporte› nach dem Osten», der am 12. Oktober 1942 im *St. Galler Tagblatt* erschienen war. Darin hiess es, den deutschen Juden bleibe «nicht die geringste Hoffnung, der Deportation – und letzten Endes der Hinrichtung – zu entgehen».[81]

Exemplarisch zeigten sich Abneigung und Misstrauen vor allem gegenüber der linken Presse im Umgang mit der Nation. Im August 1943 bat Pierre Bonna, Chef der Abteilung für Auswärtiges, Bundesrat von Steiger um eine Stellungnahme zu einem Artikel der Zeitung. Darin stand, in Treblinka würden die Juden in eigens dafür eingerichteten Lokalen durch Erstickung getötet. Die Antwort kam vom Pressesekretariat des EJPD. Die Nation sei schon mehrfach wegen ihrer «Gefährlichkeit der Schreibweise» ermahnt worden, hiess es. Bonnas Eingabe führte dazu, dass ein Vertreter der Zensurbehörde den verantwortlichen Redaktor Peter Surava[82] aufsuchte und scharf kritisierte: «Der Inhalt des Artikels bildet sozusagen eine einzige Greuelnachricht!» Die Zeitung stütze sich nicht auf objektive Quellen, sondern auf einen «dubiosen Radiosender» und «Emigrantenberichte». Solche Berichte würden die Schweiz in Gefahr bringen: «Die grösste Gefahr droht unserem Lande, wenn auch nur der Schein entstehen könnte, dass sich ein Teil unserer Presse in die Propaganda einer Kriegspartei einschalten lässt.»[83]

Zu den angeblichen Tötungen in Treblinka mochte sich von Steiger nicht äussern. Über die Nation bemerkte er einmal: «Ein Dreckblatt, das raschestens verboten werden sollte!»[84]

Rothmunds Besuch im KZ Sachsenhausen

Mehr Glauben schenkte der Bundesrat dafür Heinrich Rothmund. Der Vorsteher der Polizeiabteilung im EJPD weilte vom 12. Oktober bis zum 6. November 1942 in Berlin, vor allem um Visafragen zu besprechen. Er traf mehrere hochrangige NS-Vertreter, unter anderem den Gestapo-Leiter Heinrich Müller. Nach einem Abendessen, an dem auch Frölicher teilnahm, sprach Müller ihn auf die jüdischen Flüchtlinge in der Schweiz an, wie Rothmund in einem Bericht festhielt: Müller: «Geben Sie doch diese Leute uns.» Rothmund: «Was wollen Sie machen mit ihnen?» Müller: «Das bleibe dahingestellt.» Rothmund: «So.»[85]

Am 21. Oktober 1942 besuchte Rothmund das Konzentrationslager Sachsenhausen bei Oranienburg, in dem damals 14 000 Menschen inhaftiert waren, darunter etwa 450 Juden. Der Chef der Schweizer Fremdenpolizei glaubte nicht alles, was ihm der Lagerkommandant auf der Besichtigungstour erzählte. Dass die Häftlinge im KZ zu besseren Staatsbürgern erzogen würden, hielt er für unwahrscheinlich. Alles andere aber beeindruckte ihn. Nach drei Monaten Lageraufenthalt werde überprüft, ob man den Häftling entlassen könne. Die Ernährung sei gezwungenermassen auf ein Minimum beschränkt, Schwerarbeiter erhielten aber «tüchtige Zulagen, gutes Brot und schmackhafte Wurstwaren, auf den Arbeitsplatz befördert». Das Spital sei mit allem Nötigen ausgestattet, für die Lungenkranken stünden Stühle für Liegekuren zur Verfügung. «Als schwerste Strafe ist die Prügelstrafe vorgesehen.»

Beim anschliessenden Mittagessen legte Rothmund gemäss seiner eigenen Darstellung den Herren von der SS dar, «dass Volk und Behörden in der Schweiz die Gefahr der Verjudung von jeher deutlich erkannt und sich stets so dagegen gewehrt haben», sodass das Problem im Gegensatz zu Deutschland längst gelöst sei.

Einen Tag nach Rothmunds Besuch kam es in Sachsenhausen zu einem Aufstand von 18 jüdischen Häftlingen, den die SS rasch niederschlug. Die Häftlinge wurden nach Auschwitz deportiert.[86] Heinrich Rothmund bekam davon nichts mit, er besuchte an diesem Tag das Reichskriminalpolizeiamt. Am 23. Oktober jedoch plagten ihn Verdauungsstörungen, wie Hans Frölicher in seinem Tagebuch notierte. Nichts Schlimmes, dachte der Gesandte und hielt fest: «Diese Festereien und Fressereien hält der stärkste Mann nicht aus.»[87] In Tat und Wahrheit brach bei Rothmund wenige Stunden nach dem KZ-Besuch eine Dickdarmentzündung aus, die ihn zu einem halbjährigen Urlaub zwang – möglicherweise ein psychosomatisches Leiden, ausgelöst durch Überforderung.[88]

Der Bericht Rothmunds ist ein zentrales Dokument für die Geschichte der Schweizer KZ-Häftlinge. Denn das Dokument wurde zum Leitfaden der Schweizer Regierung, wie alt Bundesrat Eduard von Steiger am 9. Juni 1955 an den Basler Juristen Carl Ludwig schrieb: «Die in seinem Bericht [...] enthaltene Darstellung habe dem Departement in der Folge die Grundlage für die Beurteilung gebildet, wie die Behandlung der Juden in den Konzentrationslagern erfolge. Wenn diese auch nicht besonders schonend gewesen sei, so habe man dem Bericht doch keine Anhaltspunkte für Massenmorde von Juden in Deutschland oder in den unter deutschem Einfluss stehenden Staaten entnehmen können.»[89] Das mag eine Schutzbehauptung gewesen sein, um nach dem Krieg die restriktive Schweizer Flüchtlingspolitik zu verteidigen. Man sollte aber nicht übersehen, dass Rothmunds Bericht exakt in das KZ-Bild passte, das sich der Bundesrat lange vor dem Krieg gemacht hatte: Für ihn blieben die Lager zwar zuweilen überharte, aber doch einigermassen reguläre Strafvollzugsanstalten. Es war genau das Bild, das die NS-Propaganda im Ausland verbreiten wollte.

KZ-Alltag: Vernichtung durch Arbeit

Der Häftlingsalltag ist geprägt von Angst, Hunger, Erschöpfung, Krankheiten und mörderischen Arbeitsbedingungen. Die Überlebenschancen hängen stark vom jeweiligen Arbeitskommando ab.

Es brauchte manchmal nicht viel, um ins KZ zu kommen. Karl Fankhauser wurde am 30. April 1943 in der Nähe von Stuttgart verhaftet, weil er angeblich Radio Beromünster gehört hatte. Der 37-jährige Zimmermann, Vater dreier kleiner Kinder, starb wenige Monate später im KZ an «Herzschwäche».[1] Paul Gilliard aus Muttersholtz im Elsass kam mit dem Leben davon. Er schickte im Juni 1943 zwei Cousins in der deutschen Wehrmacht einige Lebensmittelmarken. Damit, so schrieb Gilliard in einem Brief ironisch, könnten sie «la gamelle hitlérienne», also die Hitler'sche Verpflegung, aufbessern. Die Zensur fing den Brief ab und stufte ihn als «wehrkraftzersetzend» ein. Gilliard wurde im November 1943 verhaftet und bis zum Ende des Kriegs im KZ-ähnlichen Lager Schirmeck-Vorbruck inhaftiert.

Die Schweizer Gesandtschaft in Berlin kommentierte solche Vorfälle fast schon verständnisvoll: «Die für die Stimmung im Heimatkriegsgebiet verantwortlichen Organe sind nach den Rückschlägen der deutschen Wehrmacht naturgemäss bei der Ahndung derartiger Vergehen [wie jenes von Gilliard, d. Verf.] besonders streng.»[2] Tatsächlich wurde, je länger der Krieg dauerte, die Angst vor einem Aufstand zu einer Obsession der NS-Führung. Das Reichssicherheitshauptamt (RSHA) versuchte, jeden Hauch einer Opposition im In- und Ausland zu ersticken. Gnadenlos ging das Regime gegen Kriminelle, politische Feinde, «Asoziale», «Zigeuner»[3] oder Widerstandskämpfer vor. Opfer dieser Repressionen wurden auch zahlreiche Auslandschweizer, etwa in Deutschland, Polen, Österreich, Belgien, den Niederlanden, Italien und vor allem in Frankreich. Von den 391 Schweizer KZ-Häftlingen wurden rund zwei Drittel in Frankreich verhaftet (siehe Seite 243).

Lange vor dem Krieg waren viele Schweizer, die in der Heimat keine Arbeit fanden, in grenznahe Gebiete wie Hochsavoyen, Ain oder den französischen Jura ausgewandert. Der Grossteil der Auswanderer, beziehungsweise ihre Töchter und Söhne, arbeitete in der Landwirtschaft. Einige wurden von den deutschen Besatzungsbehörden ohne ersichtlichen Grund festgenommen, andere verhaftete die Gestapo im Rahmen von «Vergeltungsmassnahmen» für Anschläge der Résistance. Über 70 Schweizerinnen und Schweizer waren unter der Beschuldigung, den Widerstand unterstützt zu haben, verhaftet und ins KZ geworfen worden. Nach den Personen jüdischen Glaubens machten sie die zweitgrösste Gruppe aus. Zählt man Verhaftungsgründe wie «regimefeindliches Verhalten» hinzu, sind sie sogar die grösste Gruppe.

Henri Jacquemai aus dem grenznahen Maîche etwa kommandierte eine Widerstandsgruppe, zu der acht seiner Geschwister gehörten. Sie wurden von einem Spitzel verraten, Henri und vier der Geschwister kamen ins KZ, vier weitere ins Gefängnis. Anne-Françoise Perret-Gentil-dit-Maillard war eine wichtige Figur der Résistance in Paris. Sie wurde 1944 verhaftet und nach Ravensbrück und Torgau deportiert (siehe Porträt Seite 211). André Montavon aus Besançon hatte als 22-Jähriger mit einigen Gymnasiasten eine Partisanengruppe gegründet, die Anschläge gegen die deutschen Transportlinien verübte. Er half zudem Verfolgten, in die Schweiz zu gelangen. Montavon wurde im Sommer 1943 verhaftet und kam in ein Aussenlager des KZ Neuengamme.

Montavon wie Perret-Gentil und die Jacquemais zählten zu den Hunderttausenden von KZ-Häftlingen, deren Arbeitskraft das NS-Regime für die Kriegswirtschaft einsetzte. Mit zunehmender Dauer des Kriegs herrschte in der deutschen Industrie ein Mangel an Arbeitskräften. Hitler, Himmler und Rüstungsminister Speer beschlossen deshalb 1942, dass KZ-Häftlinge für private Firmen, vor allem in der Rüstungsindustrie, Zwangsarbeit leisten sollten. Ein männlicher Facharbeiter kostete die privaten Firmen sechs Reichsmark pro Tag, Hilfsarbeiter und weibliche Häftlinge vier. Organisatorisch wurden die Konzentrationslager in das SS-Wirtschafts-Verwaltungshauptamt (WVHA) integriert, das damit endgültig zur «Zentrale des Konzentrationslagergeschäfts» wurde.[4] Gemäss einer Schätzung des Holocaust-Forschers Raul Hilberg waren etwa 15 Prozent aller KZ-Häftlinge mit der Instandhaltung der Lager beschäftigt, 63 Prozent arbeiteten für WVHA-Betriebe und private Arbeitgeber, 22 Prozent waren arbeitsunfähig.[5]

Anders als in den Anfängen des KZ-Systems wurden die Produktionsstätten nicht mehr in die Lager hineinverlegt. Stattdessen baute man, meist in der Nähe von Fabriken, Hunderte kleinerer Aussenlager. Das KZ-System franste dadurch immer mehr aus. Im Oktober 1944 befanden sich fast 60 Prozent aller KZ-Häftlinge in Aussenlagern.[6] In den Jahren 1944/45 leisteten über 400 000 KZ-Häftlinge Zwangsarbeit für die deutsche Kriegswirtschaft. Arbeits- und Lebensbedingungen dieser Sklavenarbeiter waren extrem. Ihr Tod war einkalkuliert. Die «Vernichtung durch Arbeit» war ein zentrales Element in der Strategie des NS-Regimes. Das Schicksal der Häftlinge hing stark vom Arbeitskommando ab, in das sie eingeteilt wurden. Die Bedingungen konnten ganz unterschiedlich sein. Begehrt waren Arbeiten in der Schreibstube, der Lagerverwaltung, im Krankenrevier, der Küche oder im Kleiderdepot. Hier genossen die Häftlinge einen gewissen Schutz.[7]

André Montavon und vier Jacquemai-Brüder wurden in Wilhelmshaven, einem Aussenlager von Neuengamme, in der Kriegsmarinewerft eingesetzt, wo sie in der Blechschmiede U-Boot-Teile produzierten.[8] Im Vergleich zu anderen Aussenkommandos waren die Bedingungen in der überdachten Produktionsstätte besser. Dennoch war die Sterblichkeit hoch, denn Werftleitung und Vorarbeiter pressten alles aus den ohnehin schon geschwächten Häftlingen heraus. Fehler wurden mit Schlägen bestraft, wobei es den Leiter der Werft wenig kümmerte, wenn ein Häftling zusammenbrach: «Falls sie umfallen würden», meinte er einmal, «könnten frische Häftlinge aus Neuengamme besorgt werden.»[9] Nach der Arbeit musste André Montavon oft dem «Lagerältesten», also jenem Häftling, der am längsten im Lager war, auf dem Klavier vorspielen – mit Vorliebe Schubert und Mozart. Dafür erhielt er zusätzliche Essensrationen.

Auch weibliche Häftlinge mussten Zwangsarbeit leisten. Mehrere Schweizerinnen wurden zum Beispiel gezwungen, in Torgau, einem Aussenlager von Buchenwald, für die Heeresmunitionsanstalt Blindgänger zu säubern und Munition herzustellen.

Einen typischen Alltag eines KZ-Häftlings beschrieb nach dem Krieg Albin Matter, der wegen angeblicher Spionage in München-Allach inhaftiert war, einem der über 70 Aussenlager von Dachau. Tagwache war um 4 Uhr, anschliessend Waschen, Richten der Strohsäcke und Decken. Ein «undefinierbarer Kaffee». Um 5 Uhr erfolgte der Appell, dann wurden die einzelnen Häftlingsformationen unter Bewachung der SS mit ihren Schäferhunden zu einem Flugzeugwerk der BMW oder zum Bau von Bunkern, Strassen, Eisenbahngeleisen oder Montagehallen geführt. Das Mittagessen bestand aus Wasser und Steckrüben. Nach zehn Minuten musste die Arbeit wieder aufgenommen werden. Arbeitsschluss: 18 Uhr 20, danach Rückmarsch ins Lager, oft im Laufschritt, stets mit Gesang und unter Schlägen. «Die Behandlung im Lager Allach muss ich als äusserst unmenschlich bezeichnen», sagte Matter nach seiner Befreiung. Zu den häufigen Strafen zählten Essensentzug, Prügel, Stehen in einem dunklen, kaum 60 cm breiten Raum, Erhängen, Erschiessen.[10]

Unter besonders schlechten Bedingungen lebten jene KZ-Häftlinge, die unter Tage arbeiten mussten. Mindestens sechs Schweizer kamen in das berüchtigte Lager Mittelbau-Dora, das 1943 ausschliesslich mit dem Ziel gegründet worden war, die Arbeitskraft der Insassen für die Rüstungsindustrie zu nutzen.[11] In Mittelbau-Dora wurden die Häftlinge gezwungen, täglich mindestens zwölf Stunden schwerste Montage- und Bauarbeiten in den Stollen zu verrichten, unbarmherzig angetrieben durch Schläge und Tritte der Kapos und Vorarbeiter. Unfälle waren an der Tagesordnung. Die Arbeitsbedingungen waren unmenschlich. «Ich stand zwei Monate am schweren Kompressor, ohne je einen Sonnenstrahl, geschweige denn das Mondlicht oder die Sterne gesehen zu haben», schrieb Gottlieb Fuchs, der als Dolmetscher für die Gestapo in Lyon gearbeitet hatte, später aber in Ungnade fiel, in seinen

KZ-Erinnerungen.¹² «Morgen für Morgen zählen wir Hunderte von Leichen an unseren Arbeitsstätten, blaugeschlagene Menschenleiber, ausgehungerte menschliche Wracks – es war eine Hölle in Dora!»

Die Hölle erlebten auch alle Häftlinge, an denen medizinische Versuche durchgeführt wurden. Unter ihnen waren mindestens zwei Schweizer: Agostino Cavadini wurde gemäss seinen eigenen Angaben zu Versuchszwecken ein Knochen in den Magen implantiert.¹³ Wolfgang Furrer wurde in Dachau für Malaria-Experimente des berüchtigten Tropenarztes Carl Schilling ausgewählt. Als «Nacht-und-Nebel»-Häftling, der gemäss einem Erlass von Hitler völlig von der Aussenwelt isoliert wurde, war er besonders gefährdet. In seinem autobiografischen Romanmanuskript *Frieden, wenn sich die zwei letzten Menschen gegenseitig erschlagen haben* beschrieb Furrer nach dem Krieg, wie ihm das Blut eines an Malaria erkrankten Häftlings injiziert wurde, um anschliessend die Wirkung von Medikamenten zu testen. Furrer überlebte den Versuch nur knapp. Nach 33 Fiebertagen wog er noch 37 Kilogramm.¹⁴

Die Ernährung der KZ-Zwangsarbeiter war völlig unzureichend. Gemäss Berechnungen der Ernährungswissenschaftlerin Christine Stahl mussten sie mit rund 800 bis 1000 Kilokalorien pro Tag auskommen, je mehr sich die Versorgungslage verschlechterte, sogar nur mit 500 Kilokalorien. Angesichts der schweren Arbeit wären mindestens 4200 Kilokalorien für Männer und 3200 für Frauen nötig gewesen.¹⁵ Die strapaziöse Arbeit und die Mangelernährung führten zu extremen Gewichtsverlusten. Roland Ischer, der 1945 von US-Truppen im KZ Buchenwald befreit wurde, wog bei der Befreiung noch 24,6 Kilogramm.¹⁶ Jeanne Cuenca wog vor ihrer Verhaftung in Thessaloniki im März 1943 etwa 90 Kilogramm. Als sie im Mai 1945 befreit wurde, waren es noch 25 Kilogramm.¹⁷

Der extreme Hunger war ständig präsent. «Essen, Essen beschaffen – das war der Antrieb Nummer eins, mit grossem Abstand folgten ihm alle anderen Probleme des Überlebens», schrieb der italienische Auschwitz-Überlebende Primo Levi.¹⁸ Einige Häftlinge wurden wahnsinnig vor Hunger. Die Verzweiflung war so gross, dass Häftlinge alles nur entfernt Essbare zu sich nahmen und ihren Leidensgenossen, vor allem den kranken, das Essen stahlen, was als unverzeihlicher Treuebruch galt. Vor allem kurz vor Ende des Krieges kam es sogar zu Formen von Kannibalismus.¹⁹

Die mörderischen Arbeitsbedingungen, Seuchen wie Typhus, fehlende medizinische Versorgung, mangelhafte Bekleidung und Unterbringung sowie die völlig unzureichende Ernährung hatten ein massenhaftes Sterben zur Folge. Die Lebenserwartung jüdischer KZ-Zwangsarbeiter in der IG-Farben-Fabrik in Auschwitz betrug drei bis vier Monate, in den ausserhalb gelegenen Kohlebergwerken etwa einen

Monat.²⁰ Allein im Januar 1943 starben in den Lagern rund 10 000 registrierte Häftlinge, in den Monaten zuvor sollen es noch mehr gewesen sein.²¹ Die Sterblichkeit wurde so hoch, dass selbst die NS-Führung unruhig wurde. Am 31. Dezember 1942 rügte das RSHA den WVHA-Leiter Oswald Pohl, dass die zahlreichen Todesfälle in den KZ eine Vergrösserung der KZ-Zwangsarbeiterarmee unmöglich machten, trotz aller Massenverhaftungen.²² Himmler erkannte, dass eine bessere Versorgung der Häftlinge mit Lebensmitteln nötig war, um die wirtschaftlichen Ziele der WVHA zu erreichen. Darum erlaubte er es bestimmten Häftlingen, Lebensmittelpakete von nationalen Rotkreuz-Organisationen oder von Angehörigen zu empfangen. Ab August 1943 verteilte auch das IKRK solche Pakete.²³

Angesichts der unzureichenden Essensrationen waren Lebensmittelpakete lebensrettend. Die dänischen und norwegischen KZ-Häftlinge, die vergleichsweise viele Pakete erhielten, hatten eine deutlich niedrigere Sterblichkeit als etwa die niederländischen Deportierten.²⁴ Die ungleiche Verteilung der Pakete war unter den Häftlingen eine ständige Quelle von Hass und Neid. Nach dem Krieg beschwerten sich mehrere Schweizer KZ-Häftlinge, dass sie, anders als die Skandinavier, nie IKRK-Lebensmittelpakete erhalten hätten (siehe auch Seite 154).²⁵ Die SS leitete ausschliesslich Pakete weiter, die mit Namen und KZ adressiert waren. Häftlinge, deren Aufenthaltsort den Angehörigen oder Behörden unbekannt war, blieben ohne zusätzliches Essen. Ebenso die jüdischen Häftlinge. Pakete boten den Empfängern – gleich wie Briefe – einen gewissen Schutz. Sie waren ein Signal an das NS-Regime, dass das Ausland das Schicksal des betreffenden Häftlings verfolgte. Der Empfang eines Pakets musste dem Absender jeweils handschriftlich bestätigt werden. Dadurch wusste die Aussenwelt, ob der betreffende Häftling noch am Leben und wo er inhaftiert war. Das erkannte auch der Schweizer Gesandte in Berlin. Am 13. Juni 1944 forderte Frölicher den Schweizer Konsul in Leipzig auf, dem Buchenwald-Häftling Charles Humbert ein Paket zu schicken. «Bis anhin war es erfahrungsgemäss sehr schwierig, wenn nicht unmöglich, Konzentrationslagerhäftlinge zu besuchen», schrieb Frölicher. Anhand der Empfangsbestätigung für das Paket lasse sich aber zumindest die Identität des Gefangenen feststellen.²⁶

Um Auskunft über das Schicksal der Häftlinge zu erhalten, schlug die Schweizer Gesandtschaft in Berlin der Abteilung für Auswärtiges gleichzeitig vor, an alle Schweizer KZ-Häftlinge sogenannte Nachrichtenblätter zu verschicken, auf denen die Häftlinge und ihre Familien kurze Mitteilungen austauschen konnten. Bern stimmte dem Versand der Blätter zu, vom Versand der Lebensmittelpakete über das IKRK sah man vorläufig ab.²⁷ Erst ganz am Schluss des Krieges nahm die Schweiz das Angebot des Dänischen Roten Kreuzes an, Lebensmittelpakete auch an Schweizer KZ-Häftlinge zu verteilen.

Schweizer Funktionshäftlinge

Besser ernährt, gekleidet und untergebracht als die übrigen Häftlinge waren die sogenannten Funktionshäftlinge, die von der SS als Aufseher beim Arbeitseinsatz oder zu anderen Kontroll- und Verwaltungsaufgaben im Lager eingesetzt wurden. Privilegierte Gefangene wie diese Funktionshäftlinge oder auch die «Prominenten» machten etwa 10 Prozent aller KZ-Häftlinge aus[28] und hatten bessere Überlebenschancen. Eine besondere Stellung besassen die Kapos, die als Mitarbeiter der Lagerleitung andere Häftlinge anleiten mussten, für das Ergebnis aber auch verantwortlich waren. Sie verfügten teilweise über eine Fülle an Privilegien und Macht. Einige von ihnen nutzten ihre Stellung, um den ihnen unterstellten Häftlingen das Überleben zu sichern. Andere wurden zu sadistischen Mördern.

Unter den Funktionshäftlingen waren auch mehrere Schweizer:[29] Herbert Stucki etwa war Lagerältester in St. Valentin, einem Aussenlager von Mauthausen, Emil Würth war gemäss eigenen Angaben Kapo in Dachau (siehe Porträt Seite 221), Walter Furgler «gelang es» gemäss eigenen Angaben in Dachau, Blockschreiber und Zimmerchef zu werden.[30] Zwei weitere Schweizer Funktionshäftlinge, Carmen Mory und Eugen Wipf, wurden nach dem Krieg verhaftet und vor Gericht gestellt.[31]

Mory, Tochter eines Adelbodner Arztes, hatte als Agentin für die Gestapo gearbeitet, bis sie 1938 in Paris von den Franzosen verhaftet und wegen Spionage zum Tode verurteilt wurde.[32] Während des deutschen Einmarschs gelang ihr die Flucht nach Deutschland, wo sie erneut für die Gestapo tätig war. Bald wurde sie jedoch, vermutlich unter dem Verdacht, eine Doppelagentin zu sein, verhaftet und ins Frauen-KZ Ravensbrück überstellt. Dank der Protektion des Lagerarztes, der ihren Vater kannte, stieg sie zur Blockältesten auf. Im Herbst 1944 war sie für einige Monate eine der mächtigsten, aber auch gefürchtetsten Frauen im ganzen KZ. Mory (Spitzname «Schwarzer Engel» oder «Hexe») stand dem berüchtigten Block 10 vor, in dem Tuberkulosekranke und verrückt gewordene Insassinnen untergebracht waren. Dort soll sie, zum Teil zusammen mit der ebenfalls inhaftierten Schweizer Medizinstudentin Anne Spoerry, Frauen misshandelt, zur Selektion bestimmt und mit Injektionen getötet haben. Vor Gericht bestritt Mory die Vorwürfe, doch die Zeugenaussagen waren erdrückend. Sie wurde am 3. Februar 1947 zum Tode verurteilt. Wenig später beging sie in der Zelle Selbstmord. Anne Spoerry arbeitete nach dem Krieg fast 50 Jahre lang als Ärztin in Kenia.

Eugen Wipf, Sohn eines Kleinbauern im Kanton Zürich, Alkoholiker, abgebrochene Lehre, floh 1940 aus dem militärischen Arrest und setzte sich nach Deutschland ab.[33] Wegen Zechprellereien und Schulden wurde er 1941 als «unerwünschter Ausländer» und «Asozialer» inhaftiert, zuerst in Welzheim, später im KZ Hinzert, wo ihn die Lagerleitung zum «Oberkapo» ernannte. Vor dem Zürcher Geschworenengericht behauptete Wipf 1948, er sei genötigt worden, diese Funktion zu übernehmen. Der als Zeuge geladene Marcel Nussbaumer, der in Wittlich, einem Nebenlager des KZ Hinzert, inhaftiert gewesen war, sagte jedoch aus, er selbst habe den Kapo-Posten so gut wie folgenlos abgelehnt.

Als Kapo wurde Wipf zum «Scheusal in Menschengestalt», wie ihn ein Zeuge vor Gericht bezeichnete. So tötete er ein Opfer, indem er ihm einen Wasserschlauch in den Mund einführte und den Wasserhahn aufdrehte, bis das Opfer qualvoll starb. «Wipf hatte eine geradezu zynische Freude am Töten», sagte ein ehemaliger Häftling. Er habe mit eigenen Augen gesehen, wie Wipf sich auf einen der Ermordeten setzte, sich eine Zigarre anzündete und den Leichnam ansprach: «Nun bist du verreckt, du Schweinehund!» Wipf gestand schliesslich fünf Morde und die Beihilfe zu einem weiteren. Als strafmindernd gab er an, er habe bloss auf Befehl der Vorgesetzten gehandelt. Das Gericht verurteilte ihn zu lebenslänglichem Zuchthaus. Kurz darauf starb er an den Folgen einer Blutkrankheit.

Die SS teilte die Häftlinge nach einer rassenideologischen Werteskala ein. In den Augen der SS mochten deutsche Häftlinge zwar «Abschaum» sein, dennoch standen sie immer noch über den ausländischen Gefangenen.[34] Wo in dieser Hierarchie reihten sich die Schweizer Häftlinge ein, deren Nationalität manchmal mit einem aufgenähten «Sch.» oder «S.»[35] erkenntlich war?

Wie der Historiker Klaus Urner festhielt, war dem deutschen Schriftsteller Walter Hammer bei seinen Nachforschungen über die KZ aufgefallen, dass «den Schweizer Häftlingen im Vergleich zu anderen gefangenen Ausländern trotz allem ein privilegiertes Los zuteil wurde».[36] Nach unseren Recherchen trifft dieser Befund nicht zu. Schweizer Häftlingen, die Deutsch sprachen, mag dieser Umstand manchmal das Leben etwas erleichtert haben. Zeugnisse, dass Schweizer aufgrund ihrer Nationalität besonders gut oder besonders schlecht behandelt wurden, halten sich jedoch die Waage. Auf eine bevorzugte Behandlung von Schweizer KZ-Häftlingen deutet beispielsweise eine Auskunft hin, die der Lagerkommandant von Buchenwald 1944 dem IRKK-Delegierten Roland Marti gab. Nachdem er zuerst behauptet hatte, es gäbe keine Schweizer in Buchenwald, erklärte er sich bereit zu prüfen, ob diese eventuell als Franzosen geführt würden. «Wenn es sich herausstellen sollte, dass die betreffenden tatsächlich Schweizerbürger seien», notierte Marti, «würden sie in ein besonderes Kommando zusammengestellt, dem eine Spezialbehandlung zugesichert werde.»[37]

Es gibt jedoch mehrere Hinweise, dass verhaftete Schweizer wegen ihrer Staatsbürgerschaft von den Exponenten des NS-Regimes eher härter angefasst wurden. So erzählte der Schweizer Geschäftsmann Paul Stämpfli, der am 21. Juli 1942 vom Volksgerichtshof in Berlin zum Tode verurteilt wurde, der Senatspräsident habe ihn angebrüllt: «Was kann schon Gutes aus der Schweiz, diesem Judenstaat und Judenvolk kommen!»[38] Beim Verhör Paul Gilliards schimpfte die Gestapo über die «verfaulte und an die Juden verkaufte» Regierung der Schweiz.[39] Und dem wegen «kommunistischer Umtriebe» verhafteten Robert Brehm warf ein Gestapobeamter beim Verhör einen Briefbeschwerer an den Kopf, weil Brehm gemäss eigener Darstellung darauf bestanden hatte, dass die Schweizer nicht zum «deutschen Volksstamm» zählten, sondern immer Schweizer bleiben würden.[40]

Die Bemühungen der Schweiz
um ihre KZ-Häftlinge

In einigen Fällen können Schweizer Diplomaten Häftlinge aus dem KZ befreien. Mit Vorliebe setzen sich hohe Politiker und Beamte für Bekannte ein.

Am 23. Januar 1940 wandte sich Maria Mülli an den Bundesrat. Ihr Sohn Albert war 1938 von der Gestapo in Wien verhaftet worden, weil er Flugblätter geschmuggelt hatte, die zum Kampf gegen Hitler aufriefen. Seither sass er im Gefängnis. «Sehen Sie, verehrte Herren, ich bin eine alte Frau und mein Mann kann seit einiger Zeit ebenfalls keiner Arbeit mehr nachgehen», schrieb Mülli. Ihr Sohn habe einen Fehler gemacht, aber er sei bestimmt kein schlechter Mensch. «Wir bitten Sie herzlich, lassen Sie unseren Sohn Albert wieder nach Hause. Für Sie ist es ja eine Kleinigkeit, die Begnadigung meines Sohnes durchzusetzen.»[1]

Der Hilferuf fruchtete nicht, Albert Mülli kam 1942 als Schutzhäftling ins KZ Dachau und wurde erst bei Kriegsende von US-Truppen befreit (siehe Porträt Seite 173).

Die Angehörigen von Schweizern, die im Ausland verhaftet worden waren, versuchten alles, um ihre Liebsten freizubekommen oder zumindest ihr Leiden zu lindern. In der Regel wandten sie sich zuerst an das nächste Konsulat, später war die Abteilung für Auswärtiges im EPD zuständig. In einigen Fällen kontaktierten die Konsulate direkt die Gestapo, den Kommandanten eines KZ oder andere deutsche Stellen.

Alle Anfragen über den Verbleib der Häftlinge an das deutsche Aussenministerium liefen über die Schweizer Gesandtschaft in Berlin. Das Auswärtige Amt leitete sie an das Reichssicherheitshauptamt (RSHA) weiter. Handelte es sich um Juden, war dort das Referat IV B 4 zuständig. Das RSHA zeigte sich meist wenig kooperativ. Prinzipiell nicht gestattet wurde zum Beispiel die Rückkehr von Juden, die bereits in ein KZ deportiert worden waren. In diesen Fällen hiess es, der Aufenthaltsort des Gesuchten könne nicht festgestellt werden.[2] Ebenso wenig freigelassen wurden Schutzhäftlinge. Doch es herrschte kein vollständiges Entlassungsverbot. 1940 kamen zum Beispiel insgesamt 387 Frauen aus Ravensbrück und 2141 Männer aus Sachsenhausen frei.[3]

In der Regel erkundigte sich die Schweizer Gesandtschaft etwa alle vier bis sechs Monate mit einer diplomatischen Standardnote nach den Verhafteten. «Die Gesandtschaft wäre dem Auswärtigen Amt dankbar, wenn es sie über die Godenzi zur Last gelegten strafbaren Handlungen wie gegebenenfalls auch über den gegenwärtigen Stand des gegen ihn hängigen Verfahrens näher unterrichten wollte», hiess es zum Beispiel in einer Eingabe zugunsten von Walter Godenzi, der wegen «regimefeindlicher Einstellung» ohne gerichtliches Verfahren ins KZ kam und 1944 in einem Aussenlager von Buchenwald starb.[4]

Nur ganz selten, etwa bei Schutzhäftlingen, die ihre Strafe verbüsst hatten, aber weiterhin in einem KZ festgehalten wurden, forderte die Schweiz die Freilassung und Ausweisung ihrer Landsleute.[5] Stattgegeben wurde dem Wunsch praktisch nie, eine Ausnahme bildeten lediglich Häftlinge im KZ-ähnlichen Lager Schirmeck-Vorbruck.

Nach dem Besuch Rothmunds 1942 in Sachsenhausen erhielt bis Kriegsende kein Schweizer Diplomat mehr Zutritt zu einem KZ. Die Lager galten nach deutscher Auffassung als innere Angelegenheit – was die Schweiz grundsätzlich anerkannte.[6]

Die Chance, eine verhaftete Person freizubekommen, war ungleich grösser, solange sie in einem Gefängnis oder einem Durchgangslager inhaftiert und noch nicht deportiert worden war. Selbst Privatpersonen gelang es, inhaftierte Schweizer zu befreien. Der Freiburger Jean Rothschild etwa schaffte es im Herbst 1942 auf eigene Faust, seine Verlobte aus dem Internierungslager Rivesaltes in Frankreich herauszuholen und in die Schweiz zu bringen.[7] Alt Bundesrat Jean-Marie Musy konnte 1944 drei Privatpersonen aus französischen Gefängnissen befreien.[8]

Beziehungen spielten bei solchen Aktionen meist eine zentrale Rolle. Max König, Sekretär der Schweizer Gesandtschaft in Berlin, hatte Kontakt mit Walter Schellenberg, dem Geheimdienstchef im RSHA. Diese Verbindung, so König, gestattete es ihm, «verschiedenen Schweizerbürgern, die wegen unbedachter Äusserungen oder Abhörens ausländischer, auch schweizerischer Sender in Konzentrationslager gesperrt worden waren, zur Freilassung zu verhelfen».[9]

Die Bereitschaft der NS-Behörden, Schweizer freizulassen, hing davon ab, welchen Nutzen sie sich davon versprachen. Dies zeigt etwa der Fall von Felix Huber. Der 32-jährige Monteur der Brown Boveri & Co. (BBC) wurde 1944 unter dem Verdacht, einer Widerstandsgruppe anzugehören, in Brüssel verhaftet. Weil die BBC als Exporteurin wichtiger Güter und Betreiberin einer Tochterfirma in Mannheim für das NS-Regime von besonderem Interesse war, wollte es Huber austauschen. Dies belegen abgehörte Telefonate der deutschen Gesandtschaft in Bern.[10] Doch Huber kam schon vorher während eines Gefangenentransports in der Nähe von Brüssel frei, als die deutschen Bewacher vor herannahenden englischen Truppen flohen.

Schweizer Gefälligkeitsdienste

In der Regel setzten sich die Schweizer Behörden und Diplomaten nur routinemässig für Schweizer KZ-Häftlinge ein, «courant normale» sozusagen. Intensiver engagierten sie sich, wenn die Angehörigen Druck machten. Und vor allem, wenn Häftlinge «mit politisch oder religiös führenden Kreisen verwandt oder beruflich vernetzt» waren. Zu diesem Schluss kommt der Historiker Marc Perrenoud, der die Geschichte von NS-Opfern aus dem Kanton Neuenburg untersucht hat.[11] Besonders ins Zeug legten sich mehrere Schweizer Politiker, Diplomaten und Beamte für ihnen persönlich nahestehende Häftlinge. Selbst wenn diese keine Schweizer waren. Zu diesen Akteuren gehörten ausgerechnet Heinrich Rothmund und Bundesrat Eduard von Steiger – die Architekten der restriktiven Schweizer Flüchtlingspolitik. Sie beschlossen im Sommer 1942, «dass künftig in vermehrtem Masse Rückweisungen von ausländischen Zivilflüchtlingen stattfinden müssen, auch wenn den davon betroffenen Ausländern daraus ernsthafte Nachteile (Gefahr für Leib und Leben) erwachsen können».[12] «Flüchtlinge nur aus Rassegründen», also alle Juden, galten in dieser offiziellen Sichtweise der Schweizer Behörden nicht als politische Flüchtlinge und wurden strikt zurückgewiesen.

Einige Ausnahmen gab es allerdings: Am 14. August 1942 wandte sich Heinrich Rothmund in einer «sehr heiklen Angelegenheit» an Albert Huber, den Schweizer Generalkonsul in Prag. Der Fremdenpolizeichef druckste herum. Er wolle auf keinen Fall, dass sich Huber exponiere. «Ich dachte mir jedoch, dass Sie vielleicht eine Verbindung haben, die es Ihnen erlaubt, unter der Hand etwas zu unternehmen.» Es ging um die damals 71-jährige, in La Chaux-de-Fonds geborene Ida Silberschmidt, die im KZ Theresienstadt inhaftiert war. Die verwitwete Jüdin, die Rothmund fälschlicherweise für eine Schweizerin hielt, die ihre Staatsbürgerschaft durch Heirat verloren hatte, war die Schwester eines Rothmund persönlich bekannten Zürcher Mediziners, der mit dem berühmten Berliner Chirurgen Ferdinand Sauerbruch befreundet war. Sauerbruch wiederum war ein Freund Rothmunds.

Konsul Huber bemühte sich in Prag redlich um eine Ausreisebewilligung für Silberschmidt, hatte jedoch keinen Erfolg. Rothmund, den der deutsche Gesandte in Bern intern als einen «von Hause aus überzeugten Antisemiten»[13] bezeichnete, der aber zugleich privat die jüdische Pianistin Clara Haskil unterstützte,[14] blieb hartnäckig. Er erwähnte, dass man Silberschmidt nach ihrer Rückkehr wieder das Schweizer Bürgerrecht verleihen könnte. «Ich sehe nicht ein, weswegen wir uns nicht für solche Juden, die so enge Beziehungen haben zu unserem Land, einsetzen sollen. Ich finde die Judenverfolgungen, zu denen jüngst Herr Reichsminister Goebbels wieder aufgefordert hat, eine derart schmähliche Angelegenheit, dass wir deutlich Abstand nehmen müssen davon.» Die Bemühungen blieben erfolglos, Ida Silberschmidt starb am 7. April 1943 in Theresienstadt.[15]

Am 29. Dezember 1942 erliess der Bundesrat die Weisung, frühere Schweizerinnen an der Grenze nicht mehr abzuweisen.[16] 1944 ermöglichte Bern einigen Schweizer Jüdinnen in Ungarn, die ihre Staatsbürgerschaft durch Heirat verloren hatten, die Einreise in die Schweiz und die Wiedererlangung der Schweizer Bürgerrechte.[17]

Auch Bundesrat von Steiger setzte sich für ihm bekannte jüdische KZ-Häftlinge ein. Am 19. Juni 1943 erhielt er in Bern Besuch von Hans Frölicher. Gegen Ende des Gesprächs, so notierte Frölicher in seinem Tagebuch, kam von Steiger auf die in Dresden lebende jüdische Schwiegertochter des Rechtsgelehrten Adolf Wach zu sprechen. Sowohl von Steiger wie auch Frölicher hatten einst bei Wach an der Universität Leipzig studiert. Wachs Schwiegertochter Katharina befürchtete, dass sie deportiert werden könne. Der Schweizer Justizminister wollte helfen. Frölicher notierte: «Von Steiger lässt sie in die Schweiz. Als Dank für diesen grossen Rechtsgelehrten.»[18]

Die Aktion verlief nicht reibungslos. Katharina Wach, geborene von Mendelssohn-Bartholdy, wurde im Januar 1944 zusammen mit ihrer Tochter Susanne nach Theresienstadt deportiert. Sie wurden jedoch noch im selben Jahr freigelassen. Die Umstände lassen sich nicht mehr genau rekonstruieren. Auf der Website der Mendelssohn Gesellschaft Schweiz heisst es: «Durch glückliche Umstände und dank Intervention von höherer Stelle aus Schweden und der Schweiz konnten beide 1944 mittels falscher Pässe in die Schweiz entkommen.»[19] Der Leiter des «Judenreferats» der Dresdner Polizeileitstelle sagte vor Gericht aus, Mutter und Tochter seien freigekauft worden.[20] Gemäss Thomas Wach, dem Präsidenten der Mendelssohn Gesellschaft Schweiz, waren zwei Verbindungen hilfreich: einerseits die Beziehungen zu Folke Bernadotte, dem Vizepräsidenten des Schwedischen Roten Kreuzes, andererseits der familiäre Kontakt zu Bundesrat von Steiger. Dessen Vetter, der 1933 verstorbene Pfarrer Friedrich von Steiger, war mit einer Schwägerin Katharina Wachs verheiratet gewesen.[21]

Auch Karolina Lanckoronska verdankte ihre Befreiung aus dem KZ einer Schweizer Persönlichkeit.[22] Um 1920 hatte sich der junge Gesandtschaftsattaché Carl J. Burckhardt in Wien unsterblich in die polnische Gräfin verliebt und um ihre Hand angehalten – vergeblich. Im Frühsommer 1942 erfuhr Burckhardt, inzwischen IKRK-Vizepräsident, dass Lanckoronska in Polen verhaftet worden war. Er wandte sich direkt an Heinrich Himmler und bat ihn um die Freilassung seiner «Liebe des Lebens».[23] Der Reichsführer-SS antwortete freundlich, er werde die Angelegenheit im Auge behalten. Da sich Lanckoronska aber selbst als «Feindin Deutschlands» bezeichne, könne er sie zurzeit nicht freilassen.

Gegen Kriegsende gelang es Burckhardt schliesslich, sich im Rahmen von Verhandlungen des IKRK über die Freilassung von deportierten Französinnen aus dem KZ Ravensbrück auch für die Befreiung von Karolina Lanckoronska einzusetzen. Am 7. April 1945 teilte ihm RSHA-Leiter Ernst Kaltenbrunner mit: «Ich bin in der angenehmen Lage, Ihnen berichten zu können, dass der Reichsführer-SS Ihrem Wunsche stattgegeben und die Gräfin Lanckoronska aus der Schutzhaft entlassen hat.»[24] Lanckoronska wurde am 5. April 1945 zusammen mit 299 Französinnen freigelassen und reiste über Kreuzlingen nach Genf. Am Bahnhof erwarteten sie ihr Bruder Antoni und Carl J. Burckhardt – «mein Retter», wie sie in ihrer Autobiografie schrieb.[25]

Auch Hans Frölicher liess seine Beziehungen spielen. Am 21. Januar 1943 suchte der Schweizer Gesandte Gestapo-Chef Heinrich Müller in Berlin auf und versuchte zu verhindern, dass ein 17-jähriger Bekannter an die Ostfront eingezogen wurde.[26] Die Intervention verlief offenbar erfolgreich. Dass sich Frölicher bei der Gestapo zugunsten eines Schweizer KZ-Häftlings eingesetzt hätte, ist den Verfassern nicht bekannt.[27]

Frölicher war auch Magda Goebbels zu Diensten, der Frau des deutschen Propagandaministers. Im Herbst 1944 zog Frölicher auf Goebbels' Bitte beim IKRK Erkundigungen über den Verbleib ihres verschollenen Sohnes aus erster Ehe ein. Bald konnte er vermelden, dass sich der Vermisste wohlauf in alliierter Gefangenschaft befinde. Er habe Magda Goebbels «sehr gerne» geholfen, schrieb Frölicher 1962 in seinen Memoiren.[28] Diese habe sich, auch im Namen ihres Mannes, schriftlich «in sehr sympathischer Weise» bedankt. Ein geplantes Treffen mit Joseph Goebbels kam nicht mehr zustande.

Die verpasste Chance zur Befreiung von KZ-Häftlingen

1944 lässt sich der Holocaust nicht länger verdrängen. Die sogenannten Auschwitz-Protokolle verändern die Haltung Berns. Doch die Chance, zahlreiche Schweizer KZ-Häftlinge zu befreien, lässt der Bundesrat ungenutzt.

Am 16. Februar 1944 fuhr Hans Frölicher zum Skifahren ins Bündnerland. Im Zug nach Landquart unterhielt er sich, wie er in seinem Tagebuch beschrieb, mit dem «Kanonenfabrikanten Bührle», dem Chef der Werkzeugmaschinenfabrik Oerlikon, die dem NS-Regime jährlich Rüstungsgüter für über 80 Millionen Franken lieferte. Frölicher ärgerte sich, weil sich Reisende der 2. Klasse in sein Coupé der 1. Klasse drängten. Doch er horchte auf, als Emil Georg Bührle eine bemerkenswerte Aussage machte: Die Achsenmächte, so sagte der Waffenfabrikant, hätten den Krieg verloren.[1]

Angesichts der sich abzeichnenden Niederlage steigerte sich die NS-Führung in eine paranoide Angst vor einem Aufstand an der sogenannten Heimatfront.[2] Tausende von «Feinden des Reiches» wurden verhaftet, die Zahl der KZ-Häftlinge stieg 1944 von 315 000 auf über 700 000. In diesem Jahr wurden auch mit grossem Abstand die meisten Schweizer verhaftet, die später in ein KZ kamen (siehe Seite 243).

1944 nahm auch die Zahl der deportierten Juden noch einmal massiv zu, sie stammten vor allem aus Ungarn. Im März 1944 waren deutsche Truppen in Ungarn einmarschiert, kurz darauf begannen die Besatzer mit den Deportationen. Zwischen Mai und Juli 1944 wurden über 430 000 ungarische Juden nach Auschwitz deportiert und rund 320 000 sofort getötet.

Zur gleichen Zeit gelangten die sogenannten Auschwitz-Protokolle[3] an die Öffentlichkeit, die weltweit für Entsetzen sorgten. Im April 1944 war es Rudolf Vrba und Alfred Wetzler, zwei slowakischen Juden, gelungen, aus Auschwitz zu entkommen und in die Slowakei zu fliehen. Ihre Aufzeichnungen, die die katastrophalen Lebensbedingungen und die Vergasungen in allen Details beschrieben, gelangten an Vertreter jüdischer Organisationen in der Schweiz sowie an das IKRK. Spätestens am 28. Juni 1944 stellte der Schweizerische Israelitische Gemeindebund (SIG) die Protokolle den Schweizer Zeitungsredaktionen zur Verfügung.[4] «Wir können nicht schweigen!», titelte die Basler *Arbeiter-Zeitung* am 6. Juli und schrieb, dass in Todeslagern wie Birkenau fabrikmässig täglich 8000 Menschen vergast und nachher verbrannt würden. Die Schaffhauser *Arbeiter-Zeitung* resümierte wenig später:

«Vor diesem Grauenhaften verblasst alles, was wir vom ‹finstern Mittelalter› wissen. Die Berichte haben grosse Teile unseres Volkes tief erregt.»

Die Bestürzung war riesig. Rund zwei Millionen Juden seien seit 1939 in den Konzentrationslagern Polens umgekommen, schrieb die *Ostschweiz* am 10. Juli 1944. Es hätte ja schon früher Gerüchte gegeben, doch denen habe man nicht glauben mögen: «Der Verstand sträubte sich. Deportationen, Verschleppungen, Konzentrationslager und Misshandlungen in jeder Form, das war ja alles notorisch. Aber kaltblütige Tötung durch Vergasung mit nachheriger Kremation, nein, das schien einfach unmöglich und gehörte ins Gebiet der Greuelpropaganda.»[5] Bis zu diesem Zeitpunkt waren die Gerüchte über das Morden für viele in der Schweiz «beyond belief», jenseits des Vorstellbaren, gewesen, wie die US-Historikerin Deborah Lipstadt in ihrem gleichnamigen Buch schrieb. Jetzt hatte man Gewissheit. Auffallend ist, dass dabei jedoch nie von Schweizer Häftlingen in diesen Lagern die Rede war.

Kirchliche Kreise, Parteien, kantonale Parlamente und Privatleute forderten den Bundesrat auf, sich für die ungarischen Juden einzusetzen. Tatsächlich folgte der Bundesrat Schweden und anderen Staaten und protestierte beim ungarischen Staatschef Miklos Horthy gegen die Verfolgungen. Die Deportationen von Juden aus Ungarn wurden darauf eingestellt, nach dem Sturz Horthys im Oktober 1944 jedoch wieder aufgenommen. Carl Lutz, Vizekonsul der Schweizer Botschaft in Budapest, und anderen Diplomaten gelang es in der Folge, durch die Abgabe von Schutzpässen und die Einrichtung von Schutzhäusern Tausenden von ungarischen Juden das Leben zu retten.[6] Verschiedene Schweizer Diplomaten bemühten sich zudem – letztlich erfolglos – um die Ausreise ungarischer Juden nach Palästina.[7]

Die neue Sensibilität im Bundeshaus habe in die politische Grosswetterlage gepasst, schreibt der Historiker Stefan Mächler.[8] Die vor dem Sieg stehenden Alliierten hatten 1944 nach langem Zögern begonnen, sich um die deportierten Juden zu kümmern. Die US-Regierung schuf dafür im selben Jahr das «War Refugee Board», das weltweit Opfern der NS-Diktatur und insbesondere jüdischen Flüchtlingen helfen sollte. Die Schweiz geriet nun durch die Alliierten unter Druck, sich ebenfalls für die Verfolgten einzusetzen.

Die massgeblichen Schweizer Politiker, Diplomaten und Beamten kannten den Inhalt der Auschwitz-Protokolle.[9] Heinrich Rothmund war schockiert. Nach einem Treffen mit Rothmund in Bern hielt Frölicher in seinem Tagebuch fest: «Er las gerade einen Bericht über die Behandlung der Juden in einem deutschen Evakuationslager und war voll Empörung – was verständlich ist – aber auch voll Rachegedanken, was wir dem Himmel und den Siegern überlassen sollten.»[10] Die Lektüre veränderte Rothmund. Der Chef der Schweizer Fremdenpolizei wollte den verfolgten ungarischen Juden helfen.[11] Zudem erlaubte er implizit die Aufnahme aller jüdischen Flüchtlinge. Wenig später warf er intern die Frage auf, ob für die Schweiz nicht der Zeitpunkt gekommen sei, Deutschland offiziell aufzufordern, die Deportationen einzustellen. Es bestünden durchaus Chancen auf Erfolg, glaubte Rothmund. Er wisse, dass den Leuten um Himmler «nicht mehr ganz wohl ist beim Judenmord und dass sie offenbar ein Alibi suchen für nach dem Krieg».[12] Um die Juden zu retten, schlug er im November 1944 sogar vor, den deutschen Staatssekretär Steengracht zu erpressen. Dessen Frau hatte dank seiner Hilfe in die Schweiz ausreisen können. Wenn dies öffentlich würde, so Rothmund, konnte die NS-Führung das leicht als Defätismus auslegen – ein Vorwurf, der in der NS-Diktatur tödliche Folgen haben konnte. Frölicher lehnte das Ansinnen indigniert ab.[13]

Die Wirkung der Auschwitz-Protokolle auf die Öffentlichkeit und die Schweizer Diplomatie war enorm. Die Berichte über die Ermordung der Juden in den Lagern in Osteuropa konnten nicht mehr länger als «Greuelmeldungen» oder «Propaganda» abgetan werden. Erstmals wagten nun auch die Beamten in Bern, deutschen Diplomaten zu widersprechen. Als sich Siegfried von Nostitz von der deutschen Gesandtschaft in Bern im September 1944 einmal mehr bei der Abteilung für Auswärtiges über die angeblichen Greuelmeldungen in der Schweizer Presse beschwerte, beschied ihm der stellvertretende Abteilungsleiter Karl Stucki, dass die «unwidersprochenen Meldungen über Auschwitz, Birkenau und Maidanek» eine deutliche Sprache sprechen würden. «Es sei nun soweit gekommen, dass bei uns sozusagen jedermann diese Dinge für wahr halte.»[14] Der deutsche Diplomat zog kleinlaut davon.

Doch das NS-Regime versuchte bis zuletzt, die Haftbedingungen und Massenmorde in den Konzentrations- und Vernichtungslagern geheim zu halten. So versicherte ein Vertreter des Auswärtigen Amts dem Schweizer Diplomaten Max König noch im Oktober 1944, er sei kürzlich in Bergen-Belsen gewesen und habe festgestellt, dass die Insassen «sehr human» behandelt würden.

Hans Frölicher realisierte im Sommer 1944 indes, dass in den KZ nicht nur den ungarischen Juden der Tod drohte, sondern auch «mehreren Dutzend» Schweizerinnen und Schweizern. Die Gestapo gab ihm keinerlei Auskunft mehr über den Verbleib der Schweizer Häftlinge, und Frölicher fürchtete, dass die Nazis angesichts der militärischen Niederlage alle töten könnten. Besorgt schlug er am 20. Juni 1944 der Abteilung für Auswärtiges vor, sich dieser Mitbürger anzunehmen.[15] Dazu müsse man aber neue, ungewöhnliche Wege beschreiten. Die Schweiz solle mit der Gestapo eine Vereinbarung erzielen, die wohl schweizerische Gegenleistungen erfordere. Ansonsten könnten, so Frölicher, «unsere Konzentrationslagerhäftlinge» beim Zusammenbruch des Dritten Reichs erschossen werden. Er legte Wert darauf, dass der Bundesrat über diese Frage entschied. «Letzten Endes geht es um Leben oder Tod einer grossen Zahl von Schweizerbürgern, die vielleicht in die Hunderte geht.» Eine Antwort des Bundesrats ist nicht überliefert.

Ende September doppelte Frölicher nach. Er schlug Bern vor, mit Deutschland unverzüglich Verhandlungen über einen umfassenden Gefangenenaustausch aufzunehmen. Dabei sollte die Schweiz von ihren bisherigen Grundsätzen abrücken und die Freilassung all ihrer politischen Häftlinge in den KZ fordern. Worüber Frölicher offenbar nur unvollständig informiert war: Die Schweiz und Deutschland verhandelten schon seit Längerem über einen «Generalaustausch» von Gefangenen.

Verhandlungen über einen Gefangenenaustausch

Die streng geheimen direkten Verhandlungen zwischen Deutschland und der Schweiz erstreckten sich über die Jahre 1943 und 1944. Sie zeigen, dass die Schweizer Behörden über einen beträchtlichen Handlungsspielraum verfügt hätten, um Schweizer KZ-Häftlinge zu befreien. Doch sie nutzten ihn kaum.

Der Austausch von Gefangenen ging auf 1940 zurück. Nach einem ersten, seitens der Schweiz angeregten Austausch von je fünf der Spionage verdächtigten Personen[16] drängte Deutschland immer wieder auf weitere Verhandlungen. Bereits im September 1940 fragte das Auswärtige Amt die Schweizer Gesandtschaft in Berlin an, ob man grundsätzlich an einem nochmaligen Austausch interessiert sei.[17]

In Bern gingen die Meinungen auseinander. Aussenminister Pilet-Golaz konnte sich die Freilassung inhaftierter deutscher Agenten und Saboteure durchaus vorstellen, um so die Spannungen zwischen den beiden Ländern abzubauen. Das EMD und das EJPD sprachen sich dagegen aus.[18] Die Abteilung für Auswärtiges warf die Frage auf, ob der Bundesrat überhaupt befugt sei, verurteilte Spione freizulassen, und wies auf die reale Gefahr hin, dass Deutschland laufend Schweizer festnehmen könnte, um die Freilassung von deutschen Spionen und Saboteuren zu erpressen, die in der Schweiz inhaftiert waren.[19]

Im Sommer 1942 diskutierten die zuständigen Behörden in Bern intensiv über weitere Austauschaktionen. Jakob Eugster, Armeeoberauditor und damit Chef der Militärjustiz, lehnte die Freilassung deutscher Spione grundsätzlich ab. Er warnte, dass die Spionage gegen die Schweiz dann einfach mit ausgetauschtem Personal weitergehe. Zudem wäre es ausserordentlich anstosserregend, so Eugster, wenn abgeurteilte Schweizer, die für Deutschland spioniert hatten, in Haft blieben, während deutsche Spione für das gleiche Delikt freikämen.[20] Bundesanwalt Franz Stämpfli betonte, dass der Austausch von Häftlingen «unserer

Rechtspflege fremd» sei, da er einen Eingriff der politischen Behörden in den Gang des gerichtlichen Verfahrens darstelle und deshalb den «Stempel des Willkürlichen» trage.[21] Für Bundesrat Pilet-Golaz stand nach diesen Diskussionen fest, dass die Schweiz nur dann weiter verhandeln würde, wenn Deutschland die Spionage gegen die Schweiz einstellte.

Doch wenig später änderte sich die Stimmung. Das NS-Regime hatte, vermutlich als Vergeltungsmassnahme für die Festnahme deutscher Spione in der Schweiz, sechs Beamte und Angestellte von Schweizer Konsulaten festgenommen. Unter ihnen waren vier Männer, die für den Nachrichtendienst gearbeitet hatten. Das EPD betrachtete es als seine Pflicht, diese Mitarbeiter um jeden Preis freizubekommen.[22] Hinzu kam, dass seit Kriegsbeginn immer mehr Schweizer im Ausland in Haft sassen. Ende 1942 hatte das EPD 85 Fälle von Schweizern registriert, die wegen politischer oder militärischer Delikte in Deutschland oder den besetzten Gebieten inhaftiert waren.[23] Noch grösseres Interesse an einem Austausch hatte jedoch das NS-Regime, wie interne Dokumente der Deutschen zeigen. Sowohl das Oberkommando der Wehrmacht wie die Gestapo hielten 1942 «einen allgemeinen Austausch» von Häftlingen für zweckmässig.[24]

So kam es im April 1943 in Bern zur ersten von insgesamt vier offiziellen Verhandlungsrunden. Auf deutscher Seite beteiligt waren Siegfried von Nostitz von der deutschen Gesandtschaft in Bern sowie Hermann Speiser, der in der Rechtsabteilung des Auswärtigen Amts für den Schutz der Deutschen im Ausland zuständig war. Für die Schweiz verhandelten Karl Theodor Stucki von der Abteilung für Auswärtiges sowie Jakob Eugster, der Oberauditor der Schweizer Armee. Speiser stellte gleich zu Beginn in Aussicht, «die angebrachten Wünsche [der Schweiz, d. Verf.] restlos zu erfüllen».[25] Doch die Hoffnung Deutschlands, möglichst alle Häftlinge auszutauschen, zerschlug sich. Frustriert meldete der deutsche Gesandte Köcher am 16. April nach Berlin: «Es stellte sich heraus, dass auf schweizer Seite nur in wenigen Fällen ein ernsthaftes Interesse an der Freigabe von Verhafteten bestand.»[26]

Aus Schweizer Sicht waren die Verhandlungen dagegen ein Erfolg: Sechs Schweizer kamen frei, im Gegenzug wurden sechs deutsche Häftlinge freigelassen.[27] Der Bundesrat billigte den Austausch kommentarlos. «Um grössere Bewegungsfreiheit zu haben, wurde über die Rechtsgrundlagen und Rechtswirkungen nichts schriftlich festgelegt», vermerkte Armeeoberauditor Eugster nach dem Krieg.[28] Mit anderen Worten: Der Vorgang war illegal. Er verstiess nicht zuletzt gegen das fundamentale Prinzip der Gewaltentrennung.

Nach einer zweiten Verhandlungsrunde im Herbst 1943 kamen erneut sechs Schweizer frei, zudem wurden vier Todesurteile gegen Schweizer in Haftstrafen umgewandelt. Doch das NS-Regime war zunehmend verärgert, dass die Schweiz sich nicht auf einen Generalaustausch einlassen wollte, zumal es die Spionage gegen die Schweiz nach eigenen Angaben eingestellt hatte. Im Februar 1944 war der Ärger so gross, dass das Auswärtige Amt drohte, sistierte Todesurteile gegen Schweizer zu vollstrecken.

Unabhängig von dieser Drohung wuchs 1944 jedoch die Bereitschaft der Schweizer Regierung, in Einzelfällen weiter zu verhandeln. Die Zahl der vom NS-Regime verhafteten Schweizer war noch einmal stark gestiegen. Im Juni 1944 registrierte das EPD rund 160 politische Häftlinge in Deutschland und den besetzten Gebieten, dazu zählte es 13 Personen in Schutzhaft und 20 deportierte Juden.[29]

Erstmals setzte sich nun der Bundesrat für die deportierten Juden ein. Gemäss einem internen Schreiben des Auswärtigen Amts «hat die Schweizerische Regierung [bei den laufenden Verhandlungen, d. Verf.] wiederholt den Wunsch geäussert, dass bestimmte schweizerische Staatsangehörige jüdischer Rasse nach der Schweiz zurückkehren und im Austausch hierfür deutsche Reichsangehörige freigelassen werden».[30]

Vor der dritten Verhandlungsrunde im Frühsommer 1944 in Bern stellten die Schweizer Behörden eine Liste mit Personen zusammen, die für einen Austausch infrage kamen. Aufgelistet waren einerseits acht Fälle, von denen sechs Personen betrafen, die für den Schweizer Nachrichtendienst gearbeitet hatten. Zusätzlich erwähnt waren nun zum ersten Mal auch fünf Juden (Ernestine Tanner, Selma Rothschild und ihre beiden Kinder sowie Adhémar Wyler), «die wahrscheinlich nach dem Osten verbracht worden sind».[31]

An der Sitzung vom 5. Mai 1944 boten die deutschen Unterhändler Wyler tatsächlich zum Austausch an. Doch die Schweizer erkannten die Tragweite dieses Angebots vorerst nicht. Es hätte ihnen die Möglichkeit geboten, Schweizer Juden aus dem KZ zu retten. Sie stellten sich jedoch auf den Standpunkt, «dass Wyler [und ein zweiter Häftling, d. Verf.] nach unserer Überzeugung unschuldig seien und dass wir daher ihre Freistellung ohne Gegenleistung glauben beanspruchen zu dürfen».[32]

Noch während der Verhandlungen warf Stucki intern die Frage auf, ob man sich mit den vorgeschlagenen Austauschfällen nicht dem Vorwurf der Willkür und des Protektionismus aussetze.[33] So sei es kaum einzusehen, warum man Pfarrer Jean Nicod auszutauschen wünsche, «ohne die andern verhafteten schweizerischen Geistlichen einer gleichen Behandlung teilhaftig werden zu lassen». Und: «Adhémar Wyler ist einer von 20 festgenommenen Juden und sein Fall unterscheidet sich von denen der andern lediglich dadurch, dass seine Mutter und sein Anwalt sich viel nachdrücklicher verwenden, als dies bei den Angehörigen der andern Juden der Fall ist.» Stucki legte den Finger auf einen wunden Punkt: Mehrfach sorgten prominente Fürsprecher dafür, dass Verwandte oder Bekannte auf die Liste der potenziellen Austauschhäftlinge kamen: Für den Pfarrer Jean Nicod, dessen Familie mit der Frau von General Guisan befreundet war, machten sich beispielsweise Carl Jacob Burckhardt sowie die Bundesräte Etter, Pilet-Golaz und Celio stark.[34] Nicod wurde ausgetauscht.

Im Bericht über die dritte Verhandlungsrunde, den Stucki an den Bundesrat sandte, fanden diese «delikaten» Vorstösse keine Erwähnung. Die Auswahlkriterien erläuterte Stucki folgendermassen: «Schweizerischerseits ging man wiederum von dem Gedanken aus, die Wohltat dieses Austausches könne grundsätzlich nur jenen verhafteten oder verurteilten Schweizern zugute kommen, die wegen Handlungen zugunsten der Schweiz zur Verantwortung gezogen worden waren, nicht aber Leuten, die eine Tätigkeit ausgeübt hatten, die auch in der Schweiz unter Strafe gestellt ist oder aber im mindesten den schweizerischen Interessen abträglich scheint (wie beispielsweise Spionage gegen Deutschland zugunsten dritter Staaten, Beteiligung an der Widerstandsbewegung in Frankreich, kommunistische Umtriebe).»[35] Als «Grenzfälle» stufte man Personen ein, die verurteilt worden waren, weil sie gegen das «Gesetz gegen heimtückische Angriffe auf Staat und Partei und zum Schutz der Parteiuniform» verstossen oder ausländische Radiosender gehört hatten. Oder Personen, gegen die unverhältnismässig harte Urteile ausgesprochen worden waren.

Bemerkenswert an diesem Katalog sind zwei Punkte: Bern schloss den Grossteil der Schweizer KZ-Häftlinge grundsätzlich von einem Austausch aus. Die inhaftierten Widerstandskämpfer, Kommunisten, Kriminellen und gesellschaftlichen Aussenseiter wollte man nicht in die Schweiz zurückholen. Und: Gar nicht erwähnt wurden im Katalog die deportierten Juden.

Ausgetauscht wurden nach dieser Verhandlungsrunde lediglich zwei Schweizer, die für den Nachrichtendienst gearbeitet hatten, die Ehefrau des einen Spions sowie der «Härtefall» Erwin Dubler. Zudem wandelten die Deutschen acht Todesurteile gegen Schweizer in Haftstrafen um. Bei zwei weiteren Todeskandidaten, einem Sittlichkeitsverbrecher und einem Deserteur, verzichtete die Schweiz auf eine Umwandlung der Todesstrafe.[36]

Der Fall Dubler zeigt eindrücklich, wie weit das NS-Regime der Schweiz bei den Verhandlungen entgegenzukommen bereit war. Dubler, der einen Wirtschaftsbetrieb bei Linz besass, war zu vier Jahren Zuchthaus verurteilt worden, weil er defätistische Sprüche geäussert hatte wie «Die deutschen Soldaten sind dumm, dass sie für 15 Reichsmark den Schädel hinhalten».[37] Als die deutschen Behörden Dublers Vermögen einziehen wollten, protestierten die Schweizer Behörden. Darauf krebste das Auswärtige Amt zurück und riet, Dublers Vermögen wieder freizugeben. Bei der Beurteilung des Falls, so hiess es in einem internen Schreiben, seien auch «die mit der Schweiz schwebenden Verhandlungen über den Austausch der politischen Häftlinge und insbesondere die in der Schweiz schwebenden Gerichtsverfahren gegen eine Anzahl Deutscher wegen militärischer Spionage zu berücksichtigen. Die Einziehung des Vermögens des Dubler könnte die schweizerischen Behörden zu einem entsprechenden Vorgehen gegen das Vermögen der wegen Spionage verfolgten Deutschen in der Schweiz veranlassen».[38] Das RSHA hob schliesslich die Beschlagnahmung von Dublers Vermögen auf.

Kurz nach Abschluss der Verhandlungen drängte erstmals die Schweiz auf weitere Gespräche. Hans Frölicher hatte im Herbst 1944 Alarm geschlagen, dass die Schweizer KZ-Häftlinge am Ende des Krieges massakriert werden könnten. Sein Mitarbeiter Heinz Vischer hatte das Auswärtige Amt wissen lassen, dass die Schweiz unabhängig von den Verhandlungen an einer Rückführung der Schweizer KZ-Häftlinge interessiert sei und sich einen Austausch vorstellen könne. In der Folge bat das deutsche Auswärtige Amt die Sicherheitspolizei (Sipo) und den Sicherheitsdienst (SD) im RSHA abzuklären, wie viele Schweizer in den Konzentrationslagern inhaftiert waren und ob die Sipo «es für tragbar hält, dass dieselben ausgetauscht werden».[39] Aussenminister Ribbentrop hatte bereits zugestimmt.

Bei den Verhandlungen Ende 1944 verfügten die deutschen Unterhändler über eine Liste von 116 in Deutschland oder den besetzten Gebieten verhafteten Schweizern mit Anmerkungen der Sipo, ob eine Freilassung in Betracht kam. Bei mindestens 18 Schweizer KZ-Häftlingen hatte Sipo-Chef Ernst Kaltenbrunner «keine Bedenken», sie auszutauschen, darunter Enrico Zanoli und Marcel Gaillard, die wenige Wochen später im KZ sterben sollten. Auch gegen die Freilassung des Juden Adhémar Wyler hatte die Sipo keinen Einwand.[40] Hingegen lehnte sie generell den Austausch von Schutzhäftlingen ab – wegen Bedenken, dass diese nach ihrer Freilassung erneut gegen das Reich tätig würden.

Die Schweiz jedoch legte keinen Wert darauf, all diese Häftlinge freizubekommen. Einige Schutzhäftlinge hielt man in der Abteilung für Auswärtiges für Linke,[41] andere betrachtete man als «übelbeleumdete rückfällige Rechtsverbrecher», die nach Verbüssung ihrer Strafe in Schutzhaft genommen worden seien. «Die Schweiz hat kein Interesse daran, auf eine Überführung dieser Mitbürger in die Schweiz zu dringen», teilte die Abteilung für Auswärtiges 1943 Polizeichef Heinrich Rothmund mit.[42] Beim mehrfach vorbestraften Erich Isler etwa war man froh, dass er in Deutschland in Haft sass, denn «für die heimatlichen Behörden bedeutet es eine finanzielle Entlastung, wenn Deutschland Besserungsmassnahmen ergreift».[43] Isler kam schliesslich ins KZ Pölitz und gilt seither als verschollen.

```
Adhémar Wyler          geb.27.9.1907    Jude, schweiz.u.franz.
                                        Staatsangehöriger, bei il-
                                        legalem Grenzübertritt über
                                        Demarkationslinie verhaf-
                                        tet April 1942, nach Straf-
                                        verbüßung von 7 Wochen Ge-
                                        fängnis weiterhin in Ar-
                                        beitslager inhaftiert,sei-
                                        tens Sipo gegen Austausch
                                        keine Bedenken
```

Aus den Akten ist nicht erkennbar, dass die Schweizer Unterhändler bei der letzten Verhandlungsrunde auf die Freilassung von KZ-Häftlingen drängten. Die Parteien einigten sich schliesslich auf den Austausch von je sieben «gewöhnlichen» Häftlingen und die Aussetzung der Todesurteile gegen fünf Schweizer. Unter den für den Austausch vorgesehenen Schweizern befanden sich drei Spione, drei Pfarrer sowie Adhémar Wyler. Dessen Austausch konnte im Chaos der letzten Kriegswochen aber nicht mehr vollzogen werden.[44]

Bei den Verhandlungen von 1943/44 wurden insgesamt 22 Schweizer gegen 23 Deutsche ausgetauscht; sechs der Freigelassenen waren in einem KZ inhaftiert gewesen. Zudem wurden 17 Todesurteile gegen Schweizer aufgehoben. Zehn der ausgetauschten Häftlinge waren für den Schweizer Nachrichtendienst tätig gewesen, vier waren Geistliche, drei hatten für ein Schweizer Konsulat gearbeitet, drei galten als «Härtefälle», zwei kamen vermutlich allein aufgrund prominenter Fürsprecher frei. Es gibt keinen Hinweis darauf, dass die Schweiz jemals den vom NS-Regime vorgeschlagenen «Generalaustausch» oder die Freilassung aller namentlich bekannten 20 deportierten Schweizer Juden in Erwägung gezogen hätte.

Eine Austauschliste der Deutschen aus dem Jahr 1944 bestätigt, dass die Schweiz den Juden Adhémar Wyler aus dem KZ hätte befreien können.

Frölichers Kontakte zur SS

Am 15. Januar 1945 registrierte die SS so viele KZ-Häftlinge wie nie zuvor: 714 211 Menschen.[45] Doch wenig später sollte das KZ-System kollabieren. Angesichts des Vormarsches der alliierten Truppen im Westen und der sowjetischen im Osten war die SS seit dem Sommer 1944 gezwungen, Lager aufzugeben. Im Juli wurden die KZ Kauen und Majdanek geschlossen, im November Natzweiler-Struthof, im Januar 1945 wurde Auschwitz geräumt. Hunderttausende Häftlinge wurden nach Westen in die übrig gebliebenen, bereits völlig überfüllten KZ auf dem Gebiet des heutigen Deutschlands verschoben. Diese «Evakuierungen» über Hunderte von Kilometern gingen als «Todesmärsche» in die

Geschichte ein.[46] In dieser letzten Phase des Krieges zwischen Januar und Mai 1945 kamen mindestens 250 000 Häftlinge ums Leben.

Vor der Räumung der Lager versuchte die SS, alle Spuren zu beseitigen. Viele Gebäude wurden abgerissen oder verbrannt, sämtliche Akten, Folterinstrumente oder Galgen zerstört. Einige Güter zerlegte die SS in Einzelteile und schickte sie nach Westen, darunter Teile der Krematorien, die später in Mauthausen wieder hätten aufgebaut werden sollen.

Was sollte in dieser Situation mit den Hunderttausenden von Häftlingen geschehen? Heinrich Himmler, der oberste Herr über die KZ, schwankte. Einerseits fürchtete er Hitler. Dieser hatte befohlen, dass kein Häftling in die Hände der Feinde fallen dürfe. Andererseits machten Himmler und andere NS-Führer den Westmächten Avancen. Sie hofften, dass die Alliierten aus Furcht vor dem gemeinsamen Feind, der Sowjetunion, einem Separatfrieden zustimmen würden.[47] Um sich als glaubwürdige Verhandlungspartner zu präsentieren und auch, um ihre eigene Haut zu retten,[48] waren Himmler und seine engsten Vertrauten bereit, KZ-Häftlinge freizulassen. Sie wollten die Überlebenden als «Pfand» bei den Verhandlungen nutzen.[49]

Zum ersten Mal in der Pose des pragmatischen Staatsmanns hatte sich Himmler im Sommer 1944 bei der Freilassung und Überführung von rund 300 ungarischen Juden in die Schweiz gezeigt.[50] In dieser Phase hatten Himmlers Vertraute Walter Schellenberg, Geheimdienstchef im RSHA, und Gottlob Berger, Chef des SS-Hauptamts, in Berlin auch den Kontakt zu Hans Frölicher und der Schweizer Gesandtschaft in Berlin gesucht, um die Möglichkeit eines Separatfriedens mit dem Westen auszuloten. Bei einem «intimen Nachtessen» mit dem Gesandtschaftssekretär Heinz Vischer, so berichtete Frölicher Anfang Dezember 1944 dem Bundesrat, stellte Berger in Aussicht, nach dem Krieg Schweizer Männer für ein menschliches Zuchtprogramm einzusetzen. Sie sollten mit deutschen Frauen Kinder zeugen, um die Lücken zu schliessen, die der Krieg in die männliche Bevölkerung gerissen hatte. Der Bundesrat war gegen die Kontakte mit der SS. Doch Frölicher hielt daran fest. Er versprach sich von Schellenberg und Berger Hilfe bei der Rettung von Schweizer KZ-Häftlingen.[51]

Anfang 1945 intensivierten sich die geheimen Verhandlungen der SS mit dem Westen über die Freilassung von Häftlingen. Wichtigste Ansprechpartner waren Graf Folke Bernadotte, Vizepräsident des schwedischen Roten Kreuzes, sowie das IKRK unter der Leitung von Carl J. Burckhardt. Himmlers bedeutendstes Zugeständnis war die Verlegung skandinavischer Häftlinge ins KZ Neuengamme. Ab Mitte März brachten weisse Busse des schwedischen Roten Kreuzes 4700 Häftlinge aus anderen Lagern nach Neuengamme. Im April 1945, als ein grosser Teil Deutschlands schon besetzt war, erlaubte Himmler dem schwedischen und dem dänischen Roten Kreuz, die skandinavischen Häftlinge aus Neuengamme und Ravensbrück in die Heimat zurückzubringen, darunter waren auch etwa ein Dutzend Schweizer. Weitere 2000 Häftlinge, hauptsächlich aus Ravensbrück, konnte das IKRK in die Schweiz evakuieren. Insgesamt konnten so im April und Anfang Mai 1945 etwa 20 000 KZ-Häftlinge befreit werden.[52]

In letzter Minute versuchte der Bundesrat, das IKRK logistisch zu unterstützen – nicht ganz uneigennützig, wie der neue Aussenminister Max Petitpierre dem Bundesrat darlegte: «Bekanntlich erwartet man zumindest in den Vereinigten Staaten, in Frankreich und wahrscheinlich auch in England von der Schweiz, dass sie die Befreiung der augenblicklich in Deutschland befindlichen Kriegsgefangenen und Deportierten mit allen Mitteln befördere. [...] Wenn wir dazu beitragen, eine beachtliche Zahl von Unglücklichen zu retten, liefert uns das ein entscheidendes Argument für die Verteidigung unserer Neutralität, die, wie Sie wissen, von den meisten alliierten Ländern in Frage gestellt wird, insbesondere von den Vereinigten Staaten und Frankreich.»[53]

Um die Möglichkeit eines Separatfriedens auszuloten, nahmen im Februar und März 1945 erneut SS-Vertreter mit dem Schweizer Gesandten in Berlin Verbindung auf.[54] Frölicher war entschlossen, diese Kontakte zu nutzen. In den Wochen zuvor hatten Schweizer Zeitungen erstmals vermeldet, dass Schweizer in den KZ umgekommen seien.[55] Und als im Januar 1945 etwa 170 freigelassene, zum Teil auf 35 Kilogramm abgemagerte, halbtote ausländische Häftlinge aus Bergen-Belsen in Kreuzlingen eintrafen, konnten die Schweizer Beamten, Ärzte und Pfleger erstmals mit eigenen Augen sehen, was Haft in einem KZ bedeutete. Plötzlich wurde ihnen klar, warum das NS-Regime den Besuch der Lager immer verweigert hatte.[56]

Zudem häuften sich die Meldungen über die unhaltbaren Zustände auf den «Evakuierungsmärschen». Max König von der Schweizer Schutzmachtabteilung, die mandatsmässig gegenüber dem NS-Regime die Interessen anderer Staaten vertrat, hatte Frölicher gesagt, dass die Gefangenen bei den Evakuierungen «ohne Verpflegung u. Unterkunft, ja sogar ohne, dass für Kranke gesorgt würde», auf die Strasse geschickt würden. «Es muss etwas geschehen!», schrieb Frölicher am 17. Februar 1945 in sein Tagebuch. Ihm schwebte vor, sämtliche Schweizer KZ-Häftlinge – gleich wie die Skandinavier in Neuengamme – in einem Lager in Süddeutschland zusammenzuziehen. Walter Schellenberg, Geheimdienstchef im RSHA, mit dem Frölicher schon länger Kontakt hatte, versprach ihm, sich dafür einzusetzen.[57] Im Chaos der letzten Kriegswochen war der Plan indes undurchführbar.

Doch das Auswärtige Amt signalisierte im Februar 1945, dass es weiterhin an einem «grosszügigen Austausch» von Gefangenen interessiert sei.[58] Bern hatte dieses Ansinnen bislang stets verworfen. Jetzt hatte sich die Lage geändert. Der neue Aussenminister Max Petitpierre fragte Bundespräsident von Steiger an, ob die Schweiz nicht versuchen sollte, einen allgemeinen «gegenseitigen Austausch sämtlicher schweizerischer und deutscher Häftlinge» zu erwirken.[59]

Druck machten nicht zuletzt Angehörige von Häftlingen. Mehrere warfen den Behörden vor, sich «nicht mit dem erforderlichen Nachdruck» für die Gefangenen einzusetzen.[60] Nachdem es alt Bundesrat Jean-Marie Musy Anfang 1945 gelungen war, 1200 Juden aus Theresienstadt zu befreien,[61] fragten viele das EPD an, ob Musy nicht auch den Schweizer Häftlingen helfen könne. Olga Gujer, deren Bruder Rudolf in Gusen inhaftiert war, schrieb: «Vor einiger Zeit habe ich in der Zeitung gelesen, dass es den Bemühungen unseres Herrn Altbundesrat Müsy gelungen sei, einige hundert Insassen eines Konzentrationslagers herauszubekommen. Wie Sie sicher verstehen werden, ist in mir sofort der Wunsch aufgestiegen, es möchte meinem Bruder, der nun bald drei Jahre im Konzentrationslager ist, auch bald einmal zur Freiheit und Entlassung verholfen werden.»[62] Was Olga Gujer nicht wusste: Ihr Bruder war kurz zuvor in Gusen «auf der Flucht erschossen» worden.

Am 16. März 1945 schlug Max Petitpierre schliesslich Alarm. Die Lage der rund 220 politischen Schweizer Häftlinge in Deutschland sei «sehr prekär», warnte er seine Kollegen im Bundesrat. Darauf beschloss das Kollegium, einen Gefangenenaustausch vorzubereiten.[63]

In den letzten Monaten des Krieges wurden die KZ in einen tödlichen «Strudel von Untergang und Niederlage hineingerissen».[64] Es herrschte ein Chaos aus Gewalt, Seuchen und Hunger. In Bergen-Belsen etwa starben allein im März 1945 18 000 Menschen. Bis zum Kriegsende kam es zu massenhaften Hinrichtungen. Zehntausende starben auf den «Todesmärschen». Als Beispiel mag die Evakuierung von Auschwitz dienen, die Adhémar Wyler miterlebte. Am 18. Januar musste er bei extremer Kälte in einer 5000-köpfigen Häftlingskolonne Richtung Breslau abmarschieren. Manche Häftlinge waren zuversichtlich, dass der Krieg bald zu Ende sein würde, die meisten aber waren voller Angst, vor Kälte zu sterben oder in letzter Minute hingerichtet zu werden. Zuhinterst in der Kolonne marschierte ein SS-Kommando, das all jene tötete, die erschöpft zusammengebrochen waren.

Später wurden die Häftlinge in offenen Bahnwagen ins KZ Gross-Rosen transportiert. Die Hälfte der Häftlinge erfror, wie Wyler nach dem Krieg berichtete. Von dort ging es weiter nach Buchenwald und Rottweil in Bayern. Die letzte Fahrt dauerte sechs Tage – praktisch ohne Essen und Trinken. In Rottweil wurde der Zug von alliierten Fliegern bombardiert; die Häftlinge wurden zu Fuss Richtung Dachau getrieben, 140 Kilometer in drei Nächten. «Es gab viele Tote.»[65] Jeder vierte Häftling, der aus Auschwitz evakuiert wurde, kam auf den «Todesmärschen» ums Leben. Die Bevölkerung auf dem Land betrachtete die Vorbei-

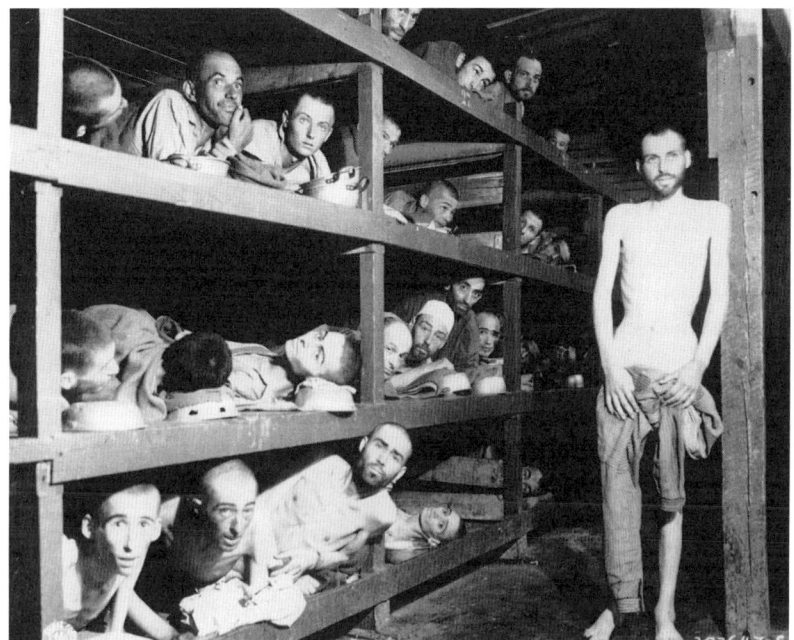

Überlebende im KZ Buchenwald kurz nach der Befreiung im April 1945.

marschierenden oft feindselig, wie der Schirmeck-Überlebende Robert Brehm berichtete: «Wieviele Male mussten wir die Rufe hören: Schlagt die Lumpen tot oder schiesst sie zusammen.»[66]

Nach der Befreiung rächten sich KZ-Häftlinge zum Teil an ihren Peinigern. Im Aussenlager Linz 3, so berichtete Marcel Max Wyler, töteten sie etwa 70 der «schlimmsten SS».[67]

Hans Frölicher war am 27. März 1945 aus dem zerbombten Berlin nach Süddeutschland gezogen und hatte sich mit einigen Mitarbeitern in einem südlich von München gelegenen Landgut in Bernried einquartiert. Zuvor hatte ihm Schellenberg in Berlin nochmals versichert, dass er sich für die Freilassung der «harmlosen Schweizerhäftlinge» einsetzen werde.[68] Die Zeit drängte. Am 14. April ersuchte das EPD Frölicher per Telegramm abzuklären, ob Schweizer KZ-Häftlinge freigelassen werden könnten.[69] Einen Tag später befreiten britische Truppen Bergen-Belsen. Sie waren erschüttert. Die Bilder der Leichenstapel, der auf Pritschen zusammengedrängten Überlebenden und der zu Skeletten abgemagerten Häftlinge aus Bergen-Belsen und Buchenwald gingen um die Welt. Fast täglich berichteten nun die Schweizer Zeitungen über die «Bestialitäten der Nazis», die Illustrierte *Sie+Er* oder die Wochenendbeilage der NZZ publizierten Fotos der Leichenberge, kurz darauf war das Grauen in Wochenschauen und Filmen zu sehen.[70]

Frölicher und der Bundesrat befürchteten für die Schweizer Häftlinge das Schlimmste. Da zahlten sich endlich Frölichers Kontakte zur SS aus. Am 24. April traf Frölichers Mitarbeiter Heinz Vischer in München Gottlob Berger, den Chef des SS-Hauptamts. Als Generalbevollmächtigter Himmlers verfügte Berger die sofortige Freilassung der Schweizer aus Dachau und Mauthausen.[71] Schon tags darauf holten Vischer, dessen Frau und ein weiterer Mitarbeiter Frölichers elf Schweizer mit zwei Wagen in Dachau ab, in Mauthausen besorgte das IKRK die Evakuierung. Am 26. April wurden zwei weitere Häftlinge in Dachau abgeholt, am 27. April trafen die 13 Dachauer Häftlinge mit einem IKRK-Wagen in St. Margrethen ein. Damit die Journalisten nichts davon erfuhren, wurden sie in einer separaten Baracke einquartiert und überwacht.[72]

Tags darauf, um 23.20 Uhr, sandte der Bundesrat ein Telegramm an Frölicher. Es gebe Gerüchte, die den Bundesrat nicht unberührt liessen, dass nämlich die Deportierten in den Lagern getötet werden sollten. Er möge doch bei Ernst Kaltenbrunner, dem Chef des RSHA, vorsprechen.[73] Die Konsularbeamten in Bernried konnten das Telegramm nicht dechiffrieren, aber es wäre ohnehin zu spät gekommen. Das NS-Regime war in sich zusammengebrochen. Am 30. April beging Hitler Selbstmord, am 7. Mai unterzeichnete Generaloberst Alfred Jodl die bedingungslose Kapitulation Deutschlands.

In Bernried musste der Schweizer Gesandte derweil noch «gewisse Unannehmlichkeiten» erdulden, wie er dem Bundesrat klagte. Am 27. April hielten nämlich in Bernried und den Nachbardörfern Züge mit Tausenden von Häftlingen des KZ Dachau. Sie waren in einem erbärmlichen Zustand, ausgehungert und krank. Angesichts der bevorstehenden Niederlage Deutschlands «verliess, was gehen konnte, den Zug, ergoss sich in die Dörfer und Höfe, bettelte und fing bald zu plündern an», wie Frölicher schrieb. Viele von ihnen, so Frölicher, waren «Ostjuden mit primitivster Lebenshaltung».[74] Doch die «Unannehmlichkeiten» waren für Frölicher nur von kurzer Dauer: Am 13. Mai notierte der passionierte Jäger in sein Tagebuch: «Wieder ein strahlender Tag, der als Sonntag zur Erholung geschaffen ist. Am Abend, nach einer Segelpartie, schiesse ich mit dem Jäger des Gutes einen starken Bock.»

Der Krieg war zu Ende. 60 Millionen Menschen waren tot, darunter mehr als 3,4 Millionen Menschen, die in den Konzentrations- und Vernichtungslagern ermordet worden waren.[75]

Das grosse Vergessen

Nur mit Mühe finden sich die Schweizer KZ-Häftlinge nach dem Krieg wieder zurecht. Die Wiedergutmachung des Bundes ist parteiisch. Die Opfer geraten in Vergessenheit.

Nach fast drei Jahren in Auschwitz kehrte Adhémar Wyler am 8. Mai 1945 nach Paris zurück. Im selben Zug sassen 1500 befreite französische Kriegsgefangene sowie 13 weitere KZ-Überlebende. Im Gare de l'Est durften diese als Erste aussteigen. Empfangen wurden sie von französischen Truppen, die vor ihnen die Waffe präsentierten. Wyler erhielt neue Kleider, der französische Staat sprach ihm umgerechnet 8250 Franken Entschädigung zu.[1]

Wie anders war der Empfang in Bern. Als Wyler im Juli erstmals in der Abteilung für Auswärtiges vorsprach, hatte der zuständige Beamte keine Zeit, beim zweiten Mal war er in den Ferien. Auf Wylers Gesuch, «für einige Minuten» von Bundesrat Petitpierre, dem Nachfolger Pilet-Golaz' im EPD, empfangen zu werden, ging man nicht ein. Erst am 3. August nahm sich ein Beamter seiner an. Wyler beschwerte sich, dass die Schweiz sich nur halbherzig für ihn eingesetzt habe, und fragte, ob eine Möglichkeit bestehe, den aus Frankreich deportierten Schweizern eine Entschädigung auszurichten.

In den folgenden Wochen schrieb Wyler mehrmals an das EPD und bat um Unterstützung. Er wolle seine Arbeit wieder aufnehmen, doch sein psychischer Zustand lasse dies nicht zu. Dem zuständigen Beamten wurden die Schreiben zusehends unangenehm. Am Rand einer Seite notierte er: «Ich weiss nicht, ob dem Departementschef zugemutet werden darf, diese weitere lange Notiz über Adhémar Wyler zu lesen?»

Dann plötzlich stoppte die Korrespondenz, Adhémar Wyler hatte sich am 10. September 1946 in Brüssel das Leben genommen.

Wie Adhémar Wyler litten fast alle der überlebenden Schweizer KZ-Häftlinge physisch und psychisch lange an den Folgen ihrer Haft. René Pilloud war an Tuberkulose erkrankt, Jules-Armand Mottet litt laut ärztlichem Attest an Schlaflosigkeit, psychischen Störungen und vorzeitigem Altern, Madelaine Lüthi und Louis Fornage waren im KZ alle Zähne ausgeschlagen worden. Der Arzt von Claude Kilian hielt fest: «Vor seiner Deportation war sein Gesundheitszustand völlig zufriedenstellend. Seit seiner Rückkehr weist er Symptome einer chronischen Magendarmentzündung auf, die auf seine Deportation zurückgehen.»[2] Jane Guerne zog sich in ein Kloster zurück. Albert Fäh schreckte manchmal nachts schweissgebadet aus dem Bett hoch, nahm Achtungsstellung ein und schrie seine Dachauer Häftlingsnummer heraus: «114 122, Herr Rapportführer.»

Die meisten ehemaligen Schweizer KZ-Häftlinge führten ein unauffälliges Leben. Aussenstehende merkten den wenigsten an, was sie erlebt hatten, sagt Laurent Favre, der in den 1980er- und 1990er-Jahren neun ehemalige Schweizer KZ-Insassen persönlich traf und mit rund 100 weiteren schriftlichen Kontakt hatte.[3] Es waren oft bescheidene, einfache Menschen, die nach ihrer Freilassung ein «normales» Leben führen wollten. Viele sprachen nie über das, was sie erlitten hatten, nicht einmal gegenüber ihren eigenen Angehörigen. «Es lohnte sich nicht, darüber zu sprechen», sagte André Montavon 1991. «Die Leute verstanden es nicht. Wer nicht in einem KZ gelebt hat, kann nicht verstehen, wie es dort war.»[4] Der Sohn von Rudolf Schweizer, der Dachau, Buchenwald und Ravensbrück überlebt hatte, sagte einmal: «Über die Zeit im KZ hat mein Vater nie sprechen wollen.»[5] Der Holocaust-Überlebende Eduard Kornfeld, der 1949 in die Schweiz kam, bemerkte: «Ich hatte folgende Erfahrung nach Auschwitz: dass niemand, der nicht im KZ war, interessiert war, wenn ich erzählte. Dabei war das Bedürfnis anfänglich sehr gross, darüber zu sprechen. Ich merkte, dass man für einen Spinner gehalten wurde. Zwar sagte man das nicht, dachte es aber. Niemand, der nicht im KZ war, hat ein Interesse gezeigt.»[6] Der einzige Ort, an dem sich die ehemaligen Häftlinge verstanden fühlten, waren die sogenannten Amicales, die Vereinigungen ehemaliger KZ-Häftlinge. Diese waren auch wichtig, um die ehemaligen Inhaftierten und ihr Schicksal ins öffentliche Bewusstsein zu bringen.

In Frankreich seien manche der Zurückgekehrten zuweilen auf Ablehnung gestossen, vor allem von Familien, deren Angehörige im KZ umgekommen seien, sagt Laurent Favre. Unausgesprochen hätten Vorwürfe im Raum gestanden: Warum hat der überlebt und unser Sohn nicht? Hat er mit den Deutschen kollaboriert? In seinen Erinnerungen *L'impératrice a des cors aux pieds* schrieb der ehemalige Résistance-Kämpfer und KZ-Überlebende Albert Fäh: «Wie oft habe ich mich gefragt: Warum sie? Warum nicht ich? Warum habe ich überlebt und warum sind sie nicht zurückgekommen?»[7] Albert Mülli musste nach der Heimkehr feststellen, dass mancher Arbeitgeber dachte: «Er war im KZ? Dann muss er ja irgendetwas angestellt haben.»

Erst im Alter, als ihre Enkel Fragen stellten, fanden viele Überlebende Worte, um über das Erlebte zu berichten.

Kurz nach Kriegsende bestand durchaus ein – wenn auch nicht übermässiges – Interesse an den Schweizern, die im KZ gewesen waren. Zeitungen und Radio Beromünster berichteten.[8] Albert Mülli hielt 1945/46 Dutzende von Vorträgen über seine Erlebnisse in Dachau. Doch das öffentliche Interesse liess rasch nach. Das spiegelt sich auch in der

Berichterstattung über die KZ-Prozesse. Während die Schweizer Zeitungen im September 1945 noch fast jeden Tag über den Bergen-Belsen-Prozess schrieben, fand der Buchenwald-Prozess zwei Jahre später kaum mehr Erwähnung.[9]

Der nationalsozialistische Völkermord, für den es damals noch keinen Begriff gab wie später «Shoa» oder «Holocaust», blieb für die meisten Schweizer etwas, das nichts oder höchstens am Rand mit der Schweiz zu tun hatte. Symptomatisch dafür ist eine Episode aus der unmittelbaren Nachkriegszeit. Am 21. Juli 1945 hielt Albert Mülli, seit seiner Jugend SP-Mitglied, in Basel einen Vortrag. Fünf Tage später lud die Basler SP den deutschen KZ-Überlebenden Benedict Kautsky ein, um über «7 Jahre Dachau, Auschwitz und Buchenwald» zu referieren. Die *Arbeiter-Zeitung*, das offizielle Organ der Basler SP, berichtete ausführlich nur über Kautsky.

Der Umstand, «dass auch in der Schweiz Überlebende des Holocaust wohnten», kam in der Nachkriegszeit kaum zur Sprache, schreiben Urs Altermatt und Christina Späti in ihrer Studie zur Wiedergutmachung.[10] Das hängt nicht zuletzt damit zusammen, dass die Überlebenden keine Lobby hatten. Selbst das Engagement des Schweizerischen Israelitischen Gemeindebunds (SIG) hielt sich in Grenzen, wie Stefan Mächler schreibt: «Er verzichtete 1950 darauf, im Interesse von NS-Opfern bei den helvetischen Behörden zu intervenieren, da er die juristischen Erfolgschancen als aussichtslos einschätzte.»[11] Bezeichnend ist, dass die Schweizer Kontaktstelle für Überlebende des Holocaust erst 1995 gegründet wurde.[12]

Das mangelnde Bewusstsein, dass Schweizer in den Konzentrationslagern inhaftiert gewesen waren, mag auch darauf zurückzuführen sein, dass nur wenige Überlebende schriftlich Zeugnis ablegten. Ausnahmen waren etwa Gino Pezzani (*Notte e Nebbia!*, 1949), Gottlieb Fuchs (*Krieg. Diktatur. Deportation*, 1960) oder Albert Fäh (*L'Impératrice a des cors aux pieds*, 1983). Für das Manuskript des Dachau-Überlebenden Wolfgang Furrer (*Frieden, wenn sich die zwei letzten Menschen gegenseitig erschlagen haben*) interessierten sich in den 1990er-Jahren zwei Schweizer Verlage, zu einer Publikation kam es aber nicht.[13]

Anfang 1946 zog der Bundesrat eine erste Bilanz, wie viele Schweizer Opfer das NS-Regime gefordert hatte. Während des Krieges, so hielt er in seinem Geschäftsbericht fest, seien in Strafanstalten und Konzentrationslagern 58 Schweizer gestorben, unter ihnen zwei durch Selbstmord und sieben durch Bombardierungen. «Über das Schicksal von 90 Mitbürgern hatten wir bis Ende des Berichtsjahres keine Nachricht.»[14] Unsere Recherchen zeigen, dass diese Zahlen deutlich zu niedrig waren. Von den 391 Schweizer KZ-Häftlingen überlebten 201 die Torturen nicht (siehe Seite 242 f.).

Unmittelbar nach dem Krieg versuchte das EPD, Aufschluss über das Schicksal der 90 Vermissten zu erhalten. Intern wurden Listen aller ehemaligen Häftlinge erstellt. Doch die Öffentlichkeit sollte davon nichts erfahren. «Warum veröffentlicht man keine Liste mit den Opfern der deutschen Barbarei?», fragte Isidore Weill, dessen Bruder und Schwägerin in Auschwitz ermordet worden waren, im Juni 1945 die Abteilung für Auswärtiges. Karl Stucki, der stellvertretende Chef, notierte dazu handschriftlich: «Die Schweizer Leser behalten nur jene Dinge, welche die Barbarei der Deutschen betreffen. Die Opfer der französischen Partisanen werden sofort vergessen.»[15]

Halbherzige Wiedergutmachung

Wenige Wochen nach Kriegsende meldeten sich die ersten Schweizer KZ-Überlebenden in Bern. Sie waren, oft nach jahrelanger Haft, mittellos zurückgekehrt und fragten, ob die Schweiz ihnen eine Entschädigung für das erlittene Unrecht bezahlen könne. Adhémar Wyler schlug vor, die vom Bundesrat blockierten deutschen Guthaben in der Schweiz dafür einzusetzen.[16] Tatsächlich hatte der Bundesrat kurz vor Kriegsende rund 500 Millionen Franken deutscher Guthaben auf Schweizer Banken gesperrt, um sich ein Pfand für die Ansprüche gegenüber dem Kriegsverursacher Deutschland zu sichern. Im Rahmen des Washingtoner Abkommens von 1946 erlaubten die Alliierten der Schweiz, rund 250 Millionen davon zugunsten der Schweizer Opfer des Krieges zu verwenden.[17] Die Schweizerische Bankiervereinigung fürchtete jedoch, dass eine Enteignung zu diesem Zweck das Ansehen der Schweizer Banken beschädigen würde. So wurden praktisch alle deutschen Gelder zurückbezahlt.

Doch in Bern hatten einige Beamte zusehends das Gefühl, dass in Sachen Entschädigung «etwas geschehen müsse».[18] Heinrich Rothmund warnte die Beamten im EPD 1953, dass es einen Skandal gäbe, wenn öffentlich bekannt würde, dass die Schweiz noch nichts unternommen habe, um von Deutschland eine Entschädigung der Schweizer NS-Opfer zu verlangen. 1954 kam Bewegung in die Sache. Der *Beobachter* warf Heinrich Rothmund vor, den J-Stempel erfunden und damit den Nationalsozialisten bei der Judenverfolgung Helfersdienste geleistet zu haben. Ein interner Bericht des EPD war im gleichen Jahr zum Schluss gekommen, dass die schweizerischen Vertretungen im Ausland ihre jüdischen Mitbürger während des NS-Regimes nicht genügend geschützt hätten.[19] Zugleich häuften sich in der Presse die Vorwürfe an den Bundesrat, die Rechte der Verfolgten dem Interesse der Banken geopfert zu haben.[20] Im Departement wuchs die Nervosität, die Frage der Wiedergutmachung musste so rasch wie möglich vom Tisch.

Lange hoffte der Bundesrat, die Opfer der NS-Verfolgung im Rahmen der Auslandschweizerfürsorge entschädigen zu können. Doch 1954 lehnte das Volk eine entsprechende Vorlage ab. Gleichzeitig zogen sich die Reparationsverhandlungen mit Deutschland endlos dahin. Der Bundesrat entschied sich deshalb für eine andere Lösung: Er wollte den Schweizer NS-Opfern «eine Wiedergutmachung in der Form eines Vorschusses zu Lasten des Bundes gewähren».[21] Vorgesehen war ein Betrag von 15 Millionen Franken, den Deutschland zurückerstatten sollte. In ihrer Botschaft hielt die Schweizer Regierung fest, dass diese Entschädigung eine freiwillige Leistung sei und keine rechtliche Verpflichtung, die als Eingeständnis eigener Fehler hätte gedeutet werden können. Der Bundesrat liess keine Zweifel offen, dass die Schweiz während des Krieges alles unternommen habe, um ihre Landsleute im Ausland zu schützen. So liess er verlauten: «Seit Beginn der nationalsozialistischen Herrschaft sahen wir uns veranlasst, bei den Behörden des Dritten Reichs vorstellig zu werden, damit die Verfolgungen eingestellt würden, denen Schweizerbürger ausgesetzt waren.» Das war schlicht gelogen. Die Schuld, dass die Schweiz in vielen Fällen nichts habe erreichen können, gab man allein den deutschen Behörden: «Unsere Interventionen waren durch den Umstand erschwert, dass die Verfolgten im allgemeinen systematisch daran gehindert wurden, mit unseren Gesandtschaften und Konsulaten Kontakt aufzunehmen.»

Im Parlament war der Bundesbeschluss über die Vorauszahlungen praktisch unbestritten. Allerdings wurde auf Antrag des LdU- und Migros-Gründers Gottlieb Duttweiler, der sich gegen eine Bevorzugung der Opfer der NS-Diktatur gegenüber den kriegsgeschädigten Auslandschweizern starkmachte, der Höchstbetrag pro Person oder Familie auf 50 000 Franken beschränkt.

Die Umsetzung wurde 1958 der eigens dafür gebildeten «Kommission für Vorauszahlungen an schweizerische Opfer der nationalsozialistischen Verfolgung» (KNV) übertragen. Unter dem Vorsitz von Maurice Jaccard, Sektionschef im EPD, beschloss man, zunächst die Hälfte der wahrscheinlich benötigten Summe von 10 Millionen Franken auszuzahlen. In mehreren Zeitungen im In- und Ausland wurde ein Aufruf publiziert. NS-Opfer oder deren Angehörige sollten ihre Ansprüche innerhalb von vier Monaten «mit Blockschrift oder Maschine» anmelden.

Das Sekretariat der KNV machte sich unverzüglich an die Arbeit, sichtete eintreffende Gesuche, stellte Nachforschungen an, berechnete Schäden und stellte zuhanden der Kommission Entschädigungsanträge. Anspruchsberechtigt waren ausschliesslich Schweizer Bürger. Die Gesuchsteller mussten nachweisen, dass sie Opfer einer spezifisch nationalsozialistischen Verfolgung gewesen waren. Die KNV besorgte sich für jeden Gesuchsteller einen Auszug aus dem Strafregister und richtete eine Anfrage an die Bundesanwaltschaft. Bei den Gesuchstellern, die im Ausland wohnten, wurden Erkundigungen bei den Konsulaten eingezogen.

Bei doppelter Staatsbürgerschaft wurde abgeklärt, welches Bürgerrecht vorherrschte. Um zu bestimmen, ob ein Gesuchsteller ein «richtiger» Schweizer war, mussten die Konsulate einen Fragebogen ausfüllen. Darin wurde unter anderem gefragt, ob der Betreffende Militärdienst geleistet, regelmässig die Schweiz besucht oder eine Schweizer Zeitung abonniert habe. Als weitere Kriterien galten die «moralische und materielle Situation» der Gesuchsteller sowie das «Selbstverschulden» für den erlittenen Schaden. Dazu zählten die Behörden zum Beispiel Beziehungen zum Widerstand, illegaler Waffenbesitz, Hochverrat und Spionage oder Hilfeleistungen an Juden und Gefangene. Mit anderen Worten: Wer sich gegen die NS-Diktatur gestellt oder diese sogar bekämpft hatte, erhielt eine geringere oder gar keine Entschädigung.

Für die Berechnung wurden Kriterien beigezogen wie der Tod des Verfolgten, Verlust des Versorgers, Länge der Haft oder Beeinträchtigung der Gesundheit. Leitsätze legten die Höhe der Entschädigung fest. So erhielt etwa ein überlebender Ehegatte für den Verlust des Partners 5000 Franken, für einen Tag Haft im KZ wurden zwischen 30 und 50 Franken bezahlt.

Aus heutiger Sicht problematisch sind vor allem die «weichen» Kriterien wie die materielle und moralische Situation der Gesuchsteller sowie das «Selbstverschulden». Dadurch wurde die KNV zu einer Art Sitten- und Gesinnungswächterin. Einem Gesuchsteller wurde zum Beispiel die Entschädigung gekürzt, weil man ihn für einen «arbeitsscheuen Trinker» hielt, einem anderen, weil er zweimal wegen Diebstahls verurteilt worden war. Bei einer Familie, die in Israel lebte, lobte der zuständige Konsulatsmitarbeiter dagegen: «Die Möblierung ist sehr dürftig, doch scheint die Frau das in ihren Kräften liegende zu tun, um die Wohnung sauber zu halten.»[22] Den Fall einer Frau, deren Bruder im KZ gestorben war, wollte die Kommission nicht von Amts wegen aufnehmen, weil deren Einkommen und Vermögen gemäss Steuererklärung zu hoch waren. Genauso bei einem Schweizer Widerstandskämpfer, der das KZ Neuengamme überlebt hatte. Wenn Überlebende gesundheitliche Probleme angaben, meldete die Kommission oft Zweifel an, ob die Probleme nicht schon vor der Haft bestanden hätten.

Der 28-jährige Arbeiter Antoine Rieder war von den Deutschen im Elsass wegen «Beihilfe zur Feindflucht» verhaftet worden und starb im KZ Natzweiler-Struthof. Zurück blieben seine Eltern und acht Geschwister, die aber keinen Antrag auf Entschädigung stellten. Wahrscheinlich hatten sie den Aufruf nicht bemerkt. Das Schweizer Konsulat in Mühlhausen meldete nach Bern, Rieder sei zwar Schweizer Bürger, aber «vom vaterländischen Standpunkt aus gesehen vollständig landentfremdet».²³ Der zuständige Referent notierte zuhanden der KNV: «An und für sich liegt ein schwerer Fall von nationalsozialistischer Verfolgung vor. Nach dem Bericht des schweizerischen Konsulates in Mühlhausen vernachlässigt aber tatsächlich die ganze Familie Rieder ihre Pflichten gegenüber der Schweiz derart, dass von einer Entfremdung gesprochen werden kann. Es besteht deshalb kein Anlass, diesen Fall ex officio [von Amts wegen, d. Verf.] aufzugreifen, und ich bin damit einverstanden, dass er klassiert wird [definitiv abgelegt wird, d. Verf.].» Was dann auch geschah.

Widerstandskämpfer gegen Hitler hatten aus Sicht der KNV gegen die Neutralitätsmaxime und damit gegen die Interessen der Schweiz verstossen. Sie galten deshalb als «mitschuldig» an ihrer Verfolgung durch das NS-Regime. Zu Armand Mottet, der Flossenbürg und Sachsenhausen überlebt hatte, heisst es in einer Aktennotiz: «Wenn Mottet als Widerstandskämpfer Frankreich gedient hat, so muss er sich nicht verwundern, wenn die damaligen Feinde ihn bestraften.»²⁴ Léon Germain Ruch wurde 1944 in Frankreich als Mitglied der Résistance verhaftet, deportiert und in den KZ Ravensbrück und Sachsenhausen schwer misshandelt. Das Sekretariat der KNV veranschlagte die körperlichen und materiellen Schäden nach 254 Tagen KZ auf 14 490 Franken und notierte: «Ruch hat sich der Widerstandsbewegung in Frankreich angeschlossen. Er wurde bei einer Aktion derselben von den deutschen Truppen gefangen genommen […] und deportiert. Er hätte ebensogut als Franc tireur [Freischärler, Anm. d. Verf.] an die Wand gestellt und erschossen werden können. Die Massnahme der Deportation kann daher nicht als nationalsozialistische Verfolgungsmassnahme qualifiziert werden.» Die Kommission sprach Ruch nur die Hälfte der vorgeschlagenen Entschädigung zu.

Hans Müller, Botschaftsattaché in London, wies schon 1958 auf die Problematik des Kriteriums «Selbstverschulden» hin. In einem Memorandum schrieb er: «Der Mann, welcher Hitler in der Öffentlichkeit einen Idioten nannte […], der Schweizer, der sich weigerte, anti-jüdische Slogans in sein Schaufenster zu hängen, sind sie nicht alle mitverantwortlich dafür, dass sie mit den Nazi-Gesetzen in Konflikt gekommen sind? Soll man diese mutigen Mitbürger, die anderwärts für ihre Haltung gelobt würden, nun nachträglich noch bestrafen, indem man sie an den Vorauszahlungen für Opfer des Nationalsozialismus nicht oder nur teilweise teilhaben lässt?»²⁵ Mit dieser Kritik blieb Müller damals freilich allein.

Insgesamt untersuchte die Kommission 693 Fälle (u. a. Haft, KZ, Vermögensverluste, Diskriminierungen). Für 390 Fälle zahlte sie insgesamt 4,6 Millionen Franken aus, durchschnittlich 12 000 Franken pro Fall.²⁶ 1961 schlossen die Schweiz und Deutschland endlich einen Vertrag über die Entschädigung der Opfer der NS-Verfolgung, die Bundesrepublik Deutschland überwies der Schweiz 10 Millionen D-Mark. Nach Abzug der Vorauszahlungen blieben etwas mehr als 6 Millionen Franken übrig, die grösstenteils für eine zusätzliche Entschädigung der Schweizer Opfer des NS-Regimes verwendet wurden.

Die missbrauchte KZ-Union

In der Schweiz blieben die KZ-Überlebenden sich selbst überlassen. Anders in Frankreich: Dort organisierten sie sich in sogenannten Amicales. Die grösste Vereinigung war die Amicale de Mauthausen, die noch heute besteht, Gedenkfeiern organisiert und Angehörige von Opfern unterstützt. Unter ihren Mitgliedern befanden sich auch einige Schweizer, aber sie kannten sich untereinander kaum. «Deshalb funktionierte auch die Idee einer Schweizer Amicale nicht», sagt Laurent Favre, der sich intensiv mit dem Thema beschäftigt hat. Die Lücke füllten Benno Schachter und Ernst Pollatschek, beide staatenlos, die noch während des Krieges als Flüchtlinge in die Schweiz gekommen waren.[27] Zusammen gründeten sie 1946 in Zürich den «Bund ehemaliger KZ-Häftlinge». Mit dieser Organisation – besser bekannt unter dem Namen KZ-Union – wollten sie KZ-Überlebende in der Schweiz mit Kleidern und Nahrungsmitteln unterstützen.

Schachter, ein 1906 in Österreich geborener Jude, war mit seiner Frau und zwei Kindern im September 1942 aus Frankreich in die Schweiz geflüchtet, um der Deportation nach Polen zu entgehen. Zuvor war er 13 Monate in den Konzentrationslagern von Dachau, Buchenwald und Sachsenhausen inhaftiert gewesen, ehe man ihn mit der Auflage freiliess, das Deutsche Reich zu verlassen. Mit seiner Familie fand er Aufnahme im Kanton Zürich.

Der ursprünglich aus Deutschland stammende ehemalige Spielzeugfabrikant Pollatschek, geboren 1900, protestantisch, war in Frankreich verhaftet und im Pariser Fort de Bicêtre interniert worden. Dort, so gab er an, hatten französische Ärzte an ihm «eine medizinisch gänzlich unbegründete experimentelle Rückenmarkoperation» mit irreparabler Schädigung vorgenommen. Anschliessend sei er im Straflager von Les Vernets festgehalten worden, «wo mit Ausnahme der Verbrennungsöfen dieselben Zustände wie in den Konzentrationslagern in Deutschland herrschten». Nach der Freilassung habe er in ständiger Angst gelebt, erneut verfolgt zu werden. Im Oktober 1942 floh er mit seiner Frau und den drei Kindern in die Schweiz. Die Familie wohnte zunächst in Muttenz BL, später im appenzellischen Walzenhausen.

Unter welchen Umständen sich die Wege der beiden Männer kreuzten, ist unklar. Dokumentiert ist, dass sie Ende März 1946 im Restaurant des Zürcher Hauptbahnhofs eine Pressekonferenz abhielten, um

Benno Schachter, Mitbegründer der Schweizer KZ-Union, die nach dem Krieg KZ-Überlebende unterstützen wollte.

die Öffentlichkeit über die Gründung der KZ-Union zu informieren. Präsident Schachter sagte, er habe die Idee im KZ Buchenwald entwickelt. Mit dem Kameraden Pollatschek und anderen Ehemaligen habe er nach der Flucht in die Schweiz «Rappen auf Rappen» gelegt, sich eine Schreibmaschine geliehen und «hinaus in die Lager und Heime geschrieben», um Mitglieder zu werben.

Von der KZ-Union existiert nur eine undatierte «laufende Mitgliederliste» mit 346 Namen. Aufgeführt sind fast ausschliesslich jüdische Holocaust-Überlebende aus Osteuropa, die in der Schweiz Aufnahme gefunden hatten. Nur ein einziger Schweizer Staatsbürger ist vermerkt: Emil Würth, ein Zürcher Kaufmann mit beachtlicher krimineller Energie, der sich 1941 der Strafverfolgung in der Schweiz durch Flucht entzogen hatte, von den Deutschen verhaftet und in den KZ von Buchenwald, Dachau, Riga und Sachsenhausen gefangen gehalten worden war (siehe Porträt Seite 221). Aktenkundig ist, dass ein weiterer Schweizer vorübergehend der KZ-Union angehörte: der Dachau-Überlebende Albert Mülli. Es deutet vieles darauf hin, dass die überwiegend im Ausland lebenden Schweizer KZ-Überlebenden nichts von der KZ-Union wussten.

Laut Statuten beabsichtigte die KZ-Union, vor allem im Inland zu wirken, «den Rassen-, Religions- und Nationalitätenhass zu überwinden […] und den Mitgliedern moralische und materielle Hilfe zu bieten». Zunächst rief sie die Schweizer Bevölkerung aber auf, Kleider und Schuhe für ehemalige KZ-Häftlinge im Ausland zu spenden. Zudem gab sie in einer Auflage von 2000 Exemplaren das *K.Z. Journal* heraus. Schachter, der stets Schwierigkeiten wegen seiner Aufenthaltsbewilligung hatte, gelang es, die vom französischen Informationsministerium kuratierte Ausstellung «Crimes nazies» in die Schweiz zu holen. 19 784 Besucher sahen die Fotos und Informationstafeln, die unter dem Titel «Nie wieder!» vom Dezember 1946 bis Juni 1947 in St. Gallen, Basel, Liestal, Winterthur, Luzern, Zug, Uster, Zürich, Bern, Biel, Interlaken und Solothurn gezeigt wurden. Die Resonanz in den Zeitungen war beachtlich, worauf die KZ-Union umgehend eine Anzeigenserie schaltete und einen Werbe-Einzahlungsschein kreierte, der unter anderem vom Zürcher Oberrichter Dr. Max Wolff unterschrieben war, was Seriosität signalisierte. Präsident Benno Schachter und der zum ersten Beisitzer ernannte Emil Würth wurden vom Radio interviewt.

Der Aargauer Regierungsrat brachte wenig Sympathien für die Aktivitäten der KZ-Union auf und kritisierte, dass diese im Kanton eine Sammelaktion ohne die nötige Bewilligung gestartet habe. Als die KZ-Union das Gesuch nachreichte, lehnte es der Regierungsrat laut Sitzungsprotokoll vom 26. Juni 1947 mit der Begründung ab, «dass, bei allem Verständnis für das Los ehemaliger Insassen von Konzentrationslagern, doch festgestellt werden muss, dass diese spezielle Sammelaktion zu unserem Lande keine oder jedenfalls eine höchst geringe Beziehung hat».

Als die Sammeltätigkeit der KZ-Union in der Folge stetig zunahm, wurde die Zentralauskunftsstelle für Wohlfahrtsunternehmungen (Zewo) aktiv. Sie überprüfte die Buchhaltung des Hilfswerks und schlug bei der Vormundschaftsbehörde der Stadt Zürich Alarm: Die bisherigen Sammlungen und die Ausstellung «Nie wieder!» hätten zwar einen schönen Brutto-Ertrag von rund 260 000 Franken ergeben. Davon seien aber lediglich 100 000 Franken in Hilfsaktionen geflossen. Schlimmer noch: «Der Rechenschaftsbericht der KZ-Union enthielt falsche Zahlen. Er stellt unseres Erachtens eine Täuschung dar.» Sollte die Zewo von einer weiteren Sammeltätigkeit Kenntnis erhalten, werde sie die Öffentlichkeit warnen. Die Polizeidirektion des Kantons Zürich leitete eine Strafuntersuchung wegen Verdachts auf Veruntreuung von Spendengeldern ein. Schachter schien dies jedoch wenig zu kümmern. Im *KZ-Journal* versprach er wenig später, die Paketaktionen noch auszubauen – wiederum begleitet von einem Einzahlungsschein. Nun ersuchte die Zewo die Polizei, «diesen Leuten das Handwerk zu legen». Man könne doch nicht zusehen, «wie die Bevölkerung veranlasst wird, ein Werk zu unterstützen, das es gar nicht verdient».

An Weihnachten 1947 forderte die Zürcher Polizeidirektion 15 kantonale Polizeistellen auf, ihr «besonderes Augenmerk auf die Aktionen dieser Institution zu richten und uns von eventuell getroffenen Verfügungen Bericht zu geben». Pollatschek schien von all dem nichts mitbekommen zu haben. Als ihm Schachter die Unterschriftsberechtigung für die Postkonten übertrug, weil er für einige Zeit ins Ausland müsse, fühlte er sich geehrt und schlug dem Vorstand vor, diesen im Gegenzug wegen seiner Verdienste «um die schuldenfrei dastehende KZ-Union zum Ehrenpräsidenten zu ernennen». Erst nach und nach kam ans Tageslicht, dass Schachter mit Spendengeldern gekaufte Waren im Ausland auf eigene Rechnung verkauft und den Profit eingesackt hatte. An einer ausserordentlichen Generalversammlung schloss ihn die KZ-Union deshalb aus und zeigte ihn wegen Urkundenfälschung, Veruntreuung und ungetreuer Geschäftsführung an. In derselben Sitzung warf der Vorstand auch Schachters Vertrauten Emil Würth aus dem Verein. Wenig später wurde die KZ-Union aufgelöst.

Schachter setzte sich 1948 in die USA ab. Der gesundheitlich schwer angeschlagene Pollatschek starb 1960 in St. Gallen.

Auschwitz liegt nicht in der Schweiz

Das Mitleid mit den ehemaligen KZ-Häftlingen erschöpfte sich in der Schweiz in gewissen Kreisen rasch. Als die eidgenössischen Räte 1957 über eine Entschädigung für Auslandschweizer und die Opfer der NS-Diktatur diskutierten, meinte *Die Tat*, die Naziopfer hätten sich ja auf eigenes Risiko ins Ausland begeben.[28] Deren Herausgeber Gottlieb Duttweiler, Migros-Gründer und LdU-Nationalrat, zog die Opfer im Parlament fast ins Lächerliche: «Nach der Botschaft [des Bundesrats, d. Verf.] will man sogar feststellen können, welche Schmerzen die betreffenden Opfer in den Konzentrationslagern usw. erlitten haben. Man will ihre seelischen Leiden und ihre moralischen Schäden noch feststellen und vergüten.»[29]

Im Frühjahr 1970 tauchte in Warschau eine Liste ehemaliger Dachau-Häftlinge auf. Der Schweizer Botschafter fragte in Bern nach, ob er beim polnischen Aussenministerium einen Auszug mit den Schweizer Insassen verlangen solle. Bern lehnte ab: «Wir glauben nicht, dass es angebracht ist, nach so vielen Jahren alte Wunden wieder aufzureissen, indem die Angehörigen erneut über das Schicksal ihrer Familienmitglieder unterrichtet werden.»[30]

Ab den 1950er-Jahren wurde nur noch selten über den NS-Terror im Allgemeinen und die Schweizer KZ-Häftlinge im Besonderen berichtet. Die Verfolgung und Ermordung der europäischen Juden trat erst mit der 1979 ausgestrahlten TV-Serie *Holocaust* ins Bewusstsein einer breiten Öffentlichkeit. Mitte der 1990er-Jahre nahm das Interesse anlässlich der Diskussion um die «nachrichtenlosen Vermögen» nochmals stark zu, die Schweizer Opfer wurden dabei allerdings kaum erwähnt.[31]

Historikerinnen und Historiker führen unterschiedliche Gründe für dieses «Verschwinden» der Schweizer NS-Opfer aus der Öffentlichkeit an. Christina Späti zum Beispiel macht dafür unter anderem einen «latenten Antisemitismus» verantwortlich sowie die nach dem Krieg zum staatspolitischen Dogma erhobene Doktrin, dass die Schweiz innerhalb der europäischen Geschichte einen Sonderfall darstelle. Regula Ludi und Anton-Andreas Speck argumentieren, dass die Auseinandersetzung mit dem Schicksal der KZ-Häftlinge auch bedeutet hätte, sich einzugestehen, dass die Schweiz tiefer mit dem Nationalsozialismus verstrickt war, als man gemeinhin glauben wollte.[32] Der Bergier-Bericht hält zudem fest, dass man angesichts der Bedrohung durch den Stalinismus in den 1950er-Jahren die «kaum vergangene Bedrohung durch den Nationalsozialismus vergass. Man ging zur Tagesordnung über».[33] Jedenfalls verfestigte sich das Bild, dass der Holocaust nichts mit der Schweiz zu tun gehabt habe. Anlässlich der Diskussion um die nachrichtenlosen Vermögen insinuierte 1996 der damalige Bundespräsident Jean-Pascal Delamuraz denn auch, Auschwitz liege nicht in der Schweiz.[34]

Von wenigen Ausnahmen abgesehen, zeigten auch die Historiker wenig Interesse an den Schweizer NS-Opfern. Dabei hatte Klaus Urner schon 1980 in seiner Biografie des Hitler-Attentäters Maurice Bavaud geschrieben: «Die Geschichte der während des Zweiten Weltkrieges im Ausland hingerichteten, eingekerkerten, psychisch und physisch zugrunde gemarterten Schweizer ist bisher nicht geschrieben worden.»[35] Und der Bergier-Bericht hielt 2002 fest: «In der Schweiz selbst hätte man sich mit dem Schicksal der schweizerischen Opfer des nationalsozialistischen Deutschlands und des faschistischen Italiens […] zu befassen.»[36] Die Bergier-Kommission selbst wollte ursprünglich die Geschichte der Schweizer Opfer der nationalsozialistischen Verfolgung aufarbeiten. Nach Erscheinen der beiden ersten Berichte konzentrierte sie sich dann aber, vor allem aus Ressourcegründen, auf die in ihrem Mandat vorgesehenen Finanz- und Wirtschaftsthemen.[37]

Dem Walliser Briefträger Laurent Favre, der schon 1972 begann, systematisch Informationen zu den Schweizer KZ-Häftlingen zu sammeln, und der heute ein umfangreiches Archiv besitzt, begegneten sowohl die offiziellen Stellen wie auch die Schweizer Historiker mit Desinteresse und Geringschätzung, wie er sagt. Als Favre sich Anfang der 1990er-Jahre in Bern erkundigte, ob der Bund im KZ Natzweiler-Struthof eine einfache Plakette zur Erinnerung an die Schweizer Opfer mitfinanzieren würde, beschied ihm der Auslandschweizerdienst: «Wir haben keinerlei Einwände gegen ihre Bemühungen, aber die finanzielle Situation des Bundes erlaubt es nicht, sich an dieser Art von Projekt zu beteiligen.»[38]

In einigen Konzentrationslagern erinnern heute Tafeln an die Schweizer Insassinnen und Insassen.[39] Ausserdem hat der Bund seit 2010 über eine Million Franken zur Erhaltung der Gedenkstätte in Auschwitz beigesteuert.[40] Doch in der Schweiz gebe es weder eine nationale Gedächtnisstätte noch andere Formen der offiziellen Erinnerung an die Schweizer NS-Opfer, mahnte der Historiker Jacques Picard 2018.[41] Aufgrund eines Artikels im *Beobachter* hatte das Thema 2017 unvermittelt an Aufmerksamkeit gewonnen. Der Auslandschweizerrat forderte daraufhin eine Gedenkstätte, und ehemalige Mitglieder der Bergier-Kommission um Jacques Picard verlangten vom Bundesrat, die Geschichte der Schweizer Opfer nationalsozialistischer Verfolgung durch eine «unabhängige wissenschaftliche Instanz» aufarbeiten zu lassen. SP-Nationalrat Angelo Barrile reichte eine entsprechende Interpellation ein. Gut möglich, dass diese Bemühungen in nächster Zeit zu einer Form der offiziellen Erinnerung an die Opfer führen werden.[42]

Hat die Schweiz versagt?

Nach dem Krieg ziehen die Behörden Bilanz. Aus ihrer Sicht haben sie für die Schweizer NS-Opfer alles getan, was möglich war.

Im Sommer 1954 berieten die Behörden in Bern, wie die Schweizer Opfer des NS-Regimes entschädigt werden sollten. Heinrich Rothmund plädierte für eine grosszügige Lösung. In einem Schreiben an das Politische Departement legte er die Gründe dar: «Hier darf ohne Überheblichkeit gesagt werden, dass es eine Schwäche unserer Auslandsvertretungen war, Schweizer nicht restlos aus den Konzentrationslagern zu befreien», meinte Rothmund. «Wenn den nationalsozialistischen Behörden, also der Gestapo gegenüber energisch aufgetreten worden wäre, hätte man das nach meinen Erfahrungen erreichen können.»[1] Das war ein happiger Vorwurf. Aber war er auch berechtigt?

  Rothmund war zum Zeitpunkt seines Schreibens verbittert. Er hatte das Gefühl, dass er in der «Beobachter-Affäre» um den berüchtigten «J-Stempel», in deren Folge er Ende 1954 pensioniert wurde, zu Unrecht zum Sündenbock gemacht worden war.[2] Doch Rothmund warf die entscheidende Frage auf: Hatte die Schweiz für ihre Landsleute, denen die Deportation drohte oder die bereits in einem KZ inhaftiert waren, genug getan? Die offizielle Antwort war schnell gefunden: Als der Ständerat wenige Wochen nach Kriegsende den Geschäftsbericht des Bundesrats für das Jahr 1944 behandelte, zog der Berichterstatter Adolf Suter ein durchweg positives Fazit: «Dass [im Berichtsjahr, d. Verf.] auch zahlreiche Verhaftungen vorgekommen sind, ist eigentlich nicht zu verwundern. Es war sicher für unsere Auslandsvertretungen nicht immer leicht, sich für sie einzusetzen und sich dafür zu verwenden, sie wieder frei zu bekommen. Was aber nach dieser Richtung möglich war, wurde getan, und zwar oft unter den allerschwierigsten Umständen.»[3]

  Zwischen den Einschätzungen Rothmunds und Suters liegen Welten. Was kommt der Wahrheit näher? Vergegenwärtigen wir uns noch einmal, wie sich die wichtigsten Akteure verhalten haben. Sowohl der Bundesrat wie die Abteilung für Auswärtiges in Bern und die Gesandtschaften in Berlin und Paris verfügten durchaus über Handlungsspielraum. Doch sie nutzten ihn, zumindest aus Sicht der Betroffenen, zu wenig aus, wie das Beispiel des Schweizer Konsulats in Paris im Fall Rothschild zeigt. Jean Rothschild verlor im Krieg seine Mutter und seine beiden Geschwister. Alle drei waren in der Nacht vom 15. auf den 16. Juli 1942 in der Nähe von Angers in Frankreich von der Gestapo verhaftet und kurz darauf nach Auschwitz deportiert worden. Rothschild war überzeugt, dass das Schweizer Konsulat seine Familie, als diese noch im Gefängnis in Angers sass, mit einer sofortigen Intervention hätte retten können. «Ich mache für den Tod meiner Familie die Schweizer Gesandtschaft verantwortlich», sagte er nach dem Krieg. «Sie hat ihre Aufgabe und ihre Pflicht nicht erfüllt.»[4]

Der zuständige Beamte im EPD, Alfred Zehnder, betonte, dass am Tod der Familie ausschliesslich die deutschen Behörden schuld seien. Das Konsulat in Paris nahm er in Schutz: Es sei im Krieg personell unterdotiert und chronisch überlastet gewesen. Deshalb habe es «nicht daran denken können, einen Beamten aufs Geratewohl nach Angers, 300 km von Paris entfernt, zu entsenden, da nach den gemachten Erfahrungen nicht damit gerechnet werden konnte, dass er zu den Genannten Zutritt finden würde». Zudem habe das Konsulat «beim besten Willen nicht damit rechnen können, dass ihnen [Rothschilds Mutter und Geschwistern, d. Verf.] ein so schlimmes Schicksal beschieden sein werde». Das EPD wies Rothschild auch darauf hin, dass die Schweizer Diplomaten mehrfach schriftlich und mündlich bei den deutschen Behörden in Paris und später beim Auswärtigen Amt in Berlin zugunsten seiner Familie interveniert hätten. Doch das Konsulat in Paris sei gegenüber den deutschen Besatzern hilflos gewesen: «Es standen ihm keine Machtmittel zur Verfügung, mit denen es die getroffenen Massnahmen, über deren Tragweite im Falle Ihrer Angehörigen man sich erst viel später Rechenschaft geben konnte, hätte verhindern können.» Rothschild wollte das nicht so stehen lassen: «Sie wollen mir sicher nicht beweisen, dass die Schweizer Legation [...] die Absicht und Folgen der Deportationen nicht kannte.»

Ein anderer Fall, mit dem sich das Konsulat in Paris zu beschäftigen hatte, war Donald Brown. Der Schweizer Taxifahrer wurde am 25. Februar 1944 in Paris verhaftet, weil er unter anderem Kurierdienste für die Résistance erledigt hatte. Seine Frau bat darauf das Konsulat um Hilfe. Doch dort erklärte man ihr, dass das Konsulat nichts tun könne: Wenn ihr Mann verhaftet worden sei, so habe er sicherlich etwas gegen die Deutschen verbrochen.[5] Nach dem Krieg stellte selbst das EPD dem Konsulat in Paris ein vernichtendes Zeugnis aus. In einem internen Schreiben von 1956 heisst es: «Es ist uns zur Genüge bekannt, dass gerade diesem Posten jede Begründung (Doppelbürger usw.) gut genug war, um den bedrängten Schweizern die Aussichtslosigkeit von Interventionen bei der Besatzungsmacht verständlich zu machen.»[6]

So eindeutig, wie es diese Dokumente erscheinen lassen, ist die Sache jedoch nicht. René Naville, der das Konsulat nach der Verlegung der Gesandtschaft nach Vichy als Verweser leitete, erkannte früh die Gefahr, die den Schweizer Juden in Frankreich drohte, und drängte, im Gegensatz zur Abteilung für Auswärtiges, auf eine Repatriierung. Das Konsulat schreckte auch nicht vor Interventionen zurück, die den deutschen Besatzern missfielen. So ärgerte sich Heinz Röthke, der Leiter des

«Judenreferats» der Gestapo in Frankreich, enorm über den Einsatz des Konsulats für zwei polnische Kinder jüdischen Glaubens. Am 15. März 1943 überlegte er, grundsätzlich alle Anträge des Schweizer Konsulats abzulehnen, wenn es sich weiter so renitent verhalte.[7]

Nachdem Bern der Repatriierung der Schweizer Juden aus Frankreich zugestimmt hatte, organisierte das Konsulat innerhalb kürzester Frist zwei Züge in die Heimat. Im Namen von zehn geretteten Schweizern, die in Drancy inhaftiert gewesen waren, bedankte sich Fernand Lévy: «Ich möchte vor allem Herrn Maurer ein Lob aussprechen, der uns im Namen der Schweizer Regierung wiederholt im Camp besucht hat. Seine würdevolle und barmherzige Art [...] trug wesentlich dazu bei, dass jene, die niedergeschlagen waren, Mut schöpften und die Gefangenschaft ertragen konnten.»[8] Auch später gelang es Naville und seinen Mitarbeitern immer wieder, Gefangene kurz vor der Deportation aus Drancy zu befreien und in die Schweiz zu bringen. In den Akten der Kommission für Vorauszahlungen an schweizerische Opfer der nationalsozialistischen Verfolgung (KNV) finden sich mehrere Briefe, in denen befreite Schweizer Häftlinge dem Konsulat in Paris ihren Dank aussprechen.[9]

Das Bild bleibt widersprüchlich. Den Historikerinnen und Historikern fällt es entsprechend schwer, das Verhalten der Schweizer Diplomaten in Frankreich zu beurteilen. Stephan Winiger kommt zum Schluss, «dass sich die schweizerischen Vertretungen in Frankreich trotz gegenteiliger Ankündigung nachdrücklich und weitgehend erfolgreich für die von der Deportation bedrohten Juden einsetzten».[10] Ruth Fivaz-Silbermann findet es «schockierend», wie wenig sich das Pariser Konsulat für die nach Auschwitz deportierte Marjem Erdmann-Guttmann eingesetzt habe. Sie attestiert den Schweizer Vertretungen in Frankreich aber, dass sie mehrere Freilassungen erreicht hätten.[11] Weiteren Aufschluss werden die bei Drucklegung dieses Buches noch nicht publizierten Arbeiten von Ruth Fivaz-Silbermann, Marc Perrenoud, Christina Späti und Felix Wirth über die Verfolgung von Schweizern in Frankreich bringen.

Die anderen Schweizer Gesandtschaften und Konsulate in den von Deutschland besetzten Gebieten setzten sich in sehr unterschiedlichem Mass für ihre inhaftierten Mitbürger ein. Walter von Burg, Gesandter in Wien, engagierte sich nach dem «Anschluss» Österreichs stark für die Interessen der jüdischen Schweizer.[12] Rudolf von Weiss in Köln sprach im Fall des verhafteten Pfarrers Jean Nicod direkt bei der Gestapo vor.[13] Der Schweizer Konsul in Lyon befreite 1943 einen jüdischen Schweizer Häftling aus dem Gefängnis Montluc,[14] und der Konsul in München wandte sich in einem Fall ohne Umstände an den Kommandanten des KZ Dachau – und erhielt prompt Antwort (siehe auch den Einsatz des Schweizer Konsuls Emile Bonzanigo in Triest. Seite 199 ff.).[15]

In manchen Fällen wurden die Häftlinge und ihre Angehörigen jedoch völlig im Stich gelassen. Als der Landwirt Friedrich Abegg 1944 zusammen mit drei seiner Kinder wegen «reichsfeindlicher Umtriebe» in Österreich verhaftet wurde, riet die Gesandtschaft in Wien Abeggs Frau, einen Anwalt beizuziehen. «Das Generalkonsulat selbst ist nicht in der Lage, einen solchen beizustellen. Ein Anwalt in Leoben ist uns leider nicht bekannt.» (Siehe Porträt Seite 139)

Ähnlich abweisend gab sich Walter Rüfenacht, seit August 1941 Gesandter in Wien. Im Oktober 1944 bat ihn die Abteilung für Auswärtiges, die in Mauthausen inhaftierten René Pilloud und Marcel Gaillard zu besuchen. Rüfenacht antwortete höflich, aber bestimmt: «Was den von Ihnen gewünschten Besuch in Mauthausen anbelangt, so darf ich darauf hinweisen, dass dieser Ort circa 150 km von Wien entfernt ist. Abgesehen davon, dass bei den heutigen Verkehrsverhältnissen und der ständigen Luftgefahr solche Reisen sehr beschwerlich sind, gestattet es die Arbeitsbelastung des Generalkonsulates keineswegs, einen meiner Mitarbeiter nach Mauthausen zu entsenden.»[16] Gaillard starb am 17. Januar 1945 im KZ.

Rüfenacht war, auch wenn er sich nicht für die beiden Schweizer KZ-Häftlinge einsetzen mochte, kein Freund des NS-Regimes. In einem Bericht mit dem Titel *Deutschfeindliches Verhalten der Schweiz* hatte ihn RSHA-Leiter Reinhard Heydrich 1942 als eine von drei Schweizer Persönlichkeiten hervorgehoben, die sich besonders «reichsfeindlich» verhielten.[17]

Frölicher, das EPD und der Bundesrat

Hans Frölicher, innenpolitisch stark umstritten, war während des ganzen Krieges die zentrale Figur für die Beziehungen zu Deutschland und damit auch für alle inhaftierten Schweizerinnen und Schweizer. Betrachtet man seine eigenen Zeugnisse, gibt es nur einen Schluss: Die Schweizer KZ-Häftlinge interessierten ihn lange Zeit nicht. In seinen Aufzeichnungen *Meine Aufgabe in Berlin* kommen sie nicht vor, in seinem Tagebuch nur am Rand. Erst 1944, als er ahnte, dass die Gefangenen als unerwünschte Zeugen der NS-Verbrechen ermordet werden könnten, schenkte er den inhaftierten Landsleuten vermehrt Aufmerksamkeit. Gegen Ende des Krieges versuchte er, die Häftlinge zu retten, auch mit unkonventionellen Kontakten zur SS, die der Bundesrat ablehnte.

Frölicher war ein Diplomat des ausgehenden 19. Jahrhunderts. «Menschenrechte waren in dieser Optik eine nebensächliche Angelegenheit», schreibt sein Biograf Paul Widmer.[18] «Sie durften das Einvernehmen zwischen den Staaten nicht gefährden.» Frölicher wollte das Überleben der Schweiz sichern. Überzeugt davon, dass die existenzielle

Bedrohung der Schweiz nur mit freundlichen Gesten gegenüber dem nationalsozialistischen Deutschland abgewendet werden konnte, lehnte er alle Interventionen ab, von denen er annahm, sie könnten das NS-Regime verärgern.

Grundsätzlich gegen die Verfolgung der Juden oder die Inhaftierung von Schweizer Schutzhäftlingen im KZ zu protestieren, war für den Gesandten undenkbar. Die Lager waren für Frölicher und die Schweizer Regierung eine innerdeutsche Angelegenheit, in die sich ein ausländischer Diplomat nicht einzumischen hatte. Bezeichnend dafür ist eine Aussage von Max König, Frölichers ehemaligem Schwiegersohn und Mitarbeiter in Berlin. König behauptete 1993 an einem Symposium, die Schweizer Gesandtschaft habe über die Massenvernichtung der Juden nichts gewusst. Und selbst wenn es anders gewesen wäre, hätte dies an der Politik der Gesandtschaft nichts geändert. Für solche «Sentimentalitäten», so König, sei kein Platz gewesen. Frölichers Aufgabe habe nicht darin bestanden, Deutschland anzuschwärzen, sondern mit dem Nazi-Regime gute Beziehungen zu unterhalten.[19]

Wie die übrigen ausländischen Diplomaten in Berlin wandte sich Frölicher fast ausschliesslich an das Auswärtige Amt, nie an das Reichssicherheitshauptamt, das in Sachen KZ-Häftlinge weit einflussreicher war. Es gibt auch nur äusserst wenige Hinweise darauf, dass Frölicher oder einer seiner Mitarbeiter, so wie es zum Beispiel der Schweizer IKRK-Delegierte Roland Marti tat, direkt KZ-Kommandanten oder die SS kontaktierten. In der Regel beliess es die Gesandtschaft bei höflichen Erinnerungsnoten, in denen sie das Auswärtige Amt um Auskunft über das Schicksal der Inhaftierten bat. Diese Interventionen wurden von den Deutschen oft gar nicht oder aufschiebend behandelt.[20]

Anton Feldscher von der Schweizer Schutzmachtabteilung verlieh seinen Beschwerden über die Behandlung von Gefangenen mehr Gewicht, indem er beim deutschen Auswärtigen Amt persönlich vorsprach. Als Frölicher davon erfuhr, ärgerte er sich, weil das zu «Verstimmungen» führe. «Schule Dinichert!», notierte er in sein Tagebuch.[21] Mit seinem undiplomatischen, die Deutschen oft brüskierenden Vorgänger Paul Dinichert wollte er nichts zu tun haben.

Frölicher setzte die deutschen Behörden kein einziges Mal unter Druck. Die Auslandschweizerin Martha Goffin, um ein typisches Beispiel zu nehmen, wurde im Sommer 1942 in Brüssel verhaftet, weil sie Flugblätter verteilt hatte. Sie kam nach Ravensbrück, Mauthausen und Bergen-Belsen und blieb verschollen. Zwischen der Verhaftung und dem Ende des Krieges, also über einen Zeitraum von fast drei Jahren, erkundigte sich die Schweizer Gesandtschaft nur gerade vier Mal beim Auswärtigen Amt nach ihr.[22]

Bis weit ins Jahr 1943 verdrängten Frölicher und seine Mitarbeiter die Judenverfolgung.[23] Als Albert Oeri, Chefredaktor der *Basler Nach-*

richten, Ende Oktober 1940 das französische Judenstatut kritisierte, wandte sich Frölicher verärgert an das EPD: «Es scheint mir höchst unangebracht, dass der Leiter eines der angesehensten Blätter sich nun zum Anwalt der Juden gegenüber dem deutschen Antisemitismus macht und dadurch bei den massgebenden Kreisen in Deutschland Verärgerung schafft.»[24]

1943 erklärte das deutsche Auswärtige Amt, es bestünde keine Möglichkeit mehr, «Juden, welche in Arbeitskommandos abgeführt worden sind, vor Kriegsende ausfindig zu machen». Frölicher akzeptierte dies ohne Widerspruch.[25]

Der deutsche Historiker Sebastian Weitkamp hat in seiner Dissertation *Braune Diplomaten* den diplomatischen Verkehr der Referatsgruppe Inland II im Auswärtigen Amt mit den ausländischen Diplomaten minutiös untersucht. Er kommt zum Schluss: «Frölicher hat das, was ihm das Auswärtige Amt vorlegte, sehr schnell als bare Münze genommen und dann weitergegeben.»[26] Wenn ihm die deutschen Diplomaten erklärten, die Berichte über die Tötungen im Osten seien «Greuelmärchen», habe er das einfach so hingenommen. Denn diese Erklärungen waren «angenehme Lügen», wie Weitkamp sagt: «Die Schweizer Gesandtschaft konnte beruhigt zur Tagesordnung übergehen.» Den Umfang des NS-Terrors wollte Frölicher bis zuletzt nicht wahrhaben. Noch im November 1944 notierte er naiv, dass in Auschwitz «schlechte Verhältnisse bestehen».[27] Unseres Wissens erhob Frölicher nie gegen die Deportation von Schweizer Juden Einspruch. Selbst 1944, als «mit einem Protest in Berlin kein grosses Risiko mehr verbunden war», habe Frölicher nie dagegen protestiert, «dass man Schweizer Juden [...] ermordet hat», kritisierte der tschechoslowakische Publizist Johann Wolfgang Brügel.[28]

In der Abteilung für Auswärtiges des EPD hatte man mehrfach den Eindruck, dass sich die Gesandtschaft in Berlin unzureichend für die inhaftierten Schweizer einsetzte. So drängte etwa Charles von Jenner im Oktober 1944 darauf abzuklären, was mit acht deportierten Schweizer Juden geschehen war. «Wir können es nicht zulassen, dass ihr Schicksal noch nicht ermittelt werden konnte», schrieb der Beamte und bat Frölicher, «energisch» beim Auswärtigen Amt vorzusprechen.[29] Ähnlich auch die Kritik Heinrich Rothmunds. Er wollte 1943 versuchen, die nach Völkerrecht unrechtmässig in Haft gehaltenen Schweizer Schutzhäftlinge zu befreien. Dafür sei in erster Linie die Gesandtschaft in Berlin zuständig, so Rothmund. «Die Gesandtschaft darf es aber natürlich nicht bei einer schüchternen Intervention bewenden lassen, der man deutscherseits anmerkt, dass kaum auf einen Erfolg gehofft wird.»[30]

Nach dem Krieg kritisierte auch das EPD in einem Briefentwurf an die Schweizerische Vertretung in Köln die Untätigkeit Frölichers. Darin heisst es: «Bei der Überprüfung der Akten stellten wir fest, dass es den Interventionen der früheren Schweizerischen Gesandtschaft in Berlin vielleicht etwas an genügendem Nachdruck mangelte. Möglicherweise hätte das Leben der Deportierten noch gerettet werden können, wenn die seinerzeitigen Schritte mit etwas mehr Energie und Hartnäckigkeit unternommen worden wären. Ob dies bei der damaligen politischen Lage opportun gewesen wäre oder nicht, wollen wir jedoch dahin gestellt bleiben lassen.» Der Brief wurde nie abgeschickt.[31]

Selbst innerhalb der Gesandtschaft teilten nicht alle Frölichers Ansicht, dass anbiedernde Zurückhaltung gegenüber dem NS-Regime der beste Weg war, um die Schweizer Interessen zu vertreten. Peter Anton Feldscher und Max König, so zeigt die Studie Weitkamps, traten gegenüber den deutschen Stellen einiges energischer auf als ihr Chef. «Wenn Diplomaten wie Feldscher oder König mehr Rückendeckung von oben bekommen hätten, wären sicher mehr Rettungsaktionen für inhaftierte Schweizer möglich gewesen», sagt Sebastian Weitkamp.[32]

Die Abteilung für Auswärtiges im EPD war das Schaltzentrum der Schweizer Aussenpolitik. Für Pierre Bonna, seit Ende 1935 deren Chef, waren gute Beziehungen zu Deutschland zentral. Obwohl hausinterne Juristen zum Schluss gekommen waren, dass die Schutzhaft oder die Massnahmen gegen die Schweizer Juden in Frankreich gegen bestehendes Völkerrecht und die Niederlassungsverträge verstiessen, beschloss der Bundesrat in Übereinstimmung mit der Abteilung für Auswärtiges, in Deutschland keine grundsätzlichen Vorbehalte anzubringen, sondern jeweils nur im Einzelfall zu intervenieren. Dadurch gab die Schweiz zwei Grundprinzipien eines Rechtsstaats auf: die verfassungsmässig garantierte Gleichbehandlung aller Bürger sowie einen Mindestbestand an rechtlichem Schutz ihrer Bürger im Ausland.

Die Beschränkung auf den Einzelfall führte dazu, dass die Schweizer Beamten und Diplomaten stets abwogen, ob ein bedrohter Staatsbürger des diplomatischen Schutzes würdig war oder ob es die Interessen der Schweiz geboten, wenig oder nichts zu unternehmen. Die Beamten und Diplomaten wurden so zu Richtern, wer ein «guter Schweizer» war und wer nicht. Die einzelnen Ämter, Diplomaten und Bundesräte waren sich dabei weitgehend einig: Kriminelle, «Asoziale», Behinderte, Kommunisten, Widerstandskämpfer, Menschen, die Juden geholfen hatten, «Zigeuner», Homosexuelle, Schweizerinnen, die einen Ausländer geheiratet hatten, Doppelbürger sowie Juden galten als Schweizer zweiter Klasse. Dies waren fast exakt die gleichen Menschen, die auch die Nationalsozialisten als «minderwertig» betrachteten – eine Übereinstimmung, an der seitens der Schweizer Behörden offenbar niemand Anstoss nahm.

Im Lauf des Krieges verschoben sich die Kategorien ein wenig, vor allem nach 1944, als die Massenmorde in den Konzentrationslagern nicht mehr verdrängt werden konnten. Aber die Unterscheidung in «schutzwürdige» und «nicht schutzwürdige» Schweizer prägte alle aussenpolitischen Aktionen der Schweiz, bis ganz zuletzt auch die Verhandlungen über einen Gefangenenaustausch. Als das EPD am 14. April 1945 spätnachts Frölicher beauftragte, sich bei der Reichsregierung um die Freilassung von Schweizer KZ-Häftlingen zu bemühen, stand eine einzige Jüdin auf der Liste – obwohl der Bundesrat von weit mehr inhaftierten jüdischen Schweizerinnen und Schweizern Kenntnis hatte. Kriminelle, die mehrfach verurteilt worden waren, fehlten ebenso auf der Liste.[33]

Die Bereitschaft, sich für einen Häftling einzusetzen, war deutlich grösser, wenn dieser aus einer einflussreichen, gut vernetzten Familie stammte und entsprechend prominente Fürsprecher hatte. Das galt nicht nur für die Schweizer, sondern auch für die deutschen Behörden. Der Entscheid Berns, bei der Verfolgung und Verhaftung von Schweizer Bürgern im Ausland (insbesondere von jüdischen), jeweils nur im Einzelfall zu intervenieren, wird bis heute scharf kritisiert. Man sollte dabei aber nicht vergessen, dass durch solche Interventionen eine Reihe von Leben gerettet werden konnten.

Trotz aller ernst zu nehmenden Nachrichten über die Massentötungen in den KZ unterschätzte die Abteilung für Auswärtiges wie alle anderen Schweizer Akteure den Terror des NS-Regimes massiv oder verdrängte ihn wider besseres Wissen. Zur Entlastung kann man anführen, dass die – zensierten – Karten und Briefe von Schweizer KZ-Häftlingen, von denen man in Bern Kenntnis hatte, lange Zeit keine Rückschlüsse auf das tatsächliche Grauen zuliessen. Rudolf Gujer etwa bat am 8. September 1943 seine Schwester, ihm seine Handorgel und zwei Mundharmonikas ins KZ Gusen zu schicken, «da ich hier die Gelegenheit habe, in ein Orchester einzutreten».[34] Anfang 1944 bedankte er sich für die zugesandten Instrumente und bat, ihm Tabak oder Zigaretten zu schicken. «Und ich würde auch ein Stück Speck von Schwester Rosi mit Dank annehmen.» Die Schweizer Diplomaten schlossen daraus blauäugig, dass nichts zugunsten Gujers unternommen werden musste. Er starb am 18. Februar 1945 im KZ.

Zum Teil lassen die Dokumente der Abteilung für Auswärtiges eine Unkenntnis der realen Gegebenheiten erkennen, die nur schwer nachzuvollziehen ist. Der Landwirt Edouard Falquet wurde im September 1943 in Frankreich von der Gestapo verhaftet und während der Verhöre mehrfach geschlagen. Karl Stucki, der Stellvertreter Bonnas, war erstaunt, als er dies vernahm. «Die Mitteilungen des Herrn Falquet sind für uns recht überraschend, da dies der erste Fall ist, in dem ein Schweizerbürger behauptet, während seiner durch deutsche Behörden verfügten Haft misshandelt und ohne Nahrung gelassen worden zu sein.»[35] Dabei war den Schweizer Behörden seit 1933 bekannt, dass bei Gestapo-

Verhören Gewalt angewendet wurde. Zwei weitere Beispiele zeigen, wie gravierend die Lage verkannt wurde: Den KZ-Häftling Paul Egger wollten die Schweizer Unterhändler nicht gegen einen deutschen Spion austauschen – angeblich zu seinem eigenen Vorteil. Bei einem Austausch wäre der Landwirt nämlich in die Schweiz ausgewiesen worden. Dadurch hätte er, in der Logik der Berner Beamten, nicht auf sein Gut in Frankreich zurückkehren und seine Familie unterstützen können. Egger starb kurz danach im KZ Meppen. Erstaunlich auch, dass im März 1945 niemand in der Abteilung für Auswärtiges wusste, was das Kürzel «B.D.S» bedeutete.[36] Die Befehlshaber der Sicherheitspolizei und des Sicherheitsdienstes (BdS) waren in den besetzten Gebieten zentrale Funktionäre des NS-Terrors.

Wir wissen nicht, ob sich die Bundesräte über die Schweizer KZ-Häftlinge unterhalten haben. Es gibt keinen Hinweis darauf, dass das Thema vor 1944 im Kollegium traktandiert worden wäre. War es zu bedeutungslos? Oder zu unangenehm, weil man bei den deutschen Behörden hätte intervenieren und diese allenfalls verärgern müssen? Erst wenige Wochen vor Ende des Kriegs versuchte die Schweizer Regierung, ihre Landsleute im KZ freizubekommen. Dabei musste der Bundesrat allerspätestens seit Beginn der Deportationen der ungarischen Juden und dem Auftauchen der Auschwitz-Protokolle im Frühsommer 1944 wissen, was den «nach Osten» deportierten Menschen drohte. Einige Bundesräte ahnten es wohl und versuchten deshalb, persönliche Bekannte aus den Konzentrationslagern zu befreien. So detailliert einige Berichte über die KZ auch waren, so muss man fairerweise festhalten, dass sie bruchstückhaft blieben. Selbst den Regierungen der Alliierten blieb manches, etwa die genaue Rolle von Auschwitz und Majdanek, lange verborgen.[37]

Allerdings: So genau wollte es der Bundesrat gar nicht wissen. Der Basler Jurist Carl Ludwig, der nach dem Krieg die Schweizer Flüchtlingspolitik aufarbeitete, wunderte sich, wie wenig Beachtung die Landesregierung den Berichten über die Vorgänge im Osten schenkte. «Aufträge an die schweizerische Gesandtschaft in Berlin oder an den Nachrichtendienst zur Abklärung der Verhältnisse sind allem Anschein nach nicht erteilt worden – offenbar deshalb nicht, weil man jene Mitteilungen [...] als haltlose Gerüchte erachtete und die Kundgebungen der Alliierten [...] als Propaganda einschätzte.»[38] Auch von den Verantwortlichkeiten innerhalb der Maschinerie des NS-Terrors, so lässt sich aus den spärlichen internen Dokumenten lesen, wusste die Schweizer Regierung wenig. So monierte Frölicher einmal, der Bundesrat übersehe, dass die SS der «massgebende Faktor» sei, um für die KZ-Häftlinge etwas zu erreichen.[39]

Und noch 1959, bei der Frage der Wiedergutmachung, unterschied die Schweizer Regierung zwischen der «‹gewöhnlichen› Behandlung im KZ» und «darüber hinausgehenden Angriffen auf die körperliche Unversehrtheit».⁴⁰ Mit anderen Worten: Der Bundesrat hielt auch Jahre nach dem Krieg daran fest, dass die Haft in einem Konzentrationslager nicht grundsätzlich eine «schwere Misshandlung» dargestellt habe.

Die grösste Chance, KZ-Häftlinge zu befreien, bot sich bei den Verhandlungen über einen Austausch von Gefangenen. Mehrmals bot das NS-Regime der Schweiz einen «Generalaustausch» an. Doch die Schweizer Regierung, die sich bei den Verhandlungen weitgehend heraushielt, liess diese Möglichkeit ungenutzt verstreichen. Sie gewichtete staatspolitische Bedenken höher als das Schicksal der einzelnen Betroffenen. Und sie wollte gewisse Häftlinge, die sie nicht als «schutzwürdig» betrachtete, gar nicht in die Schweiz zurückholen.

Schäbig verhielt sich der Bundesrat auch nach dem Krieg gegenüber den Häftlingen und ihren Angehörigen. Aussenminister Petitpierre weigerte sich, sie auch nur für ein paar Minuten zu empfangen. Eine Anerkennung jener Menschen, die im Kampf gegen den Nationalsozialismus ihr Leben aufs Spiel setzten oder gestorben sind, ist bis heute ausgeblieben.

Vergleich mit dem Ausland

Ein detaillierter Vergleich des Verhaltens der Schweiz gegenüber ihren vom NS-Terror bedrohten Landsleuten mit jenem anderer Staaten würde den Rahmen dieses Buchs sprengen. Doch es gibt Ansatzpunkte: Eine Studie der International Holocaust Remembrance Alliance (IHRA) verglich 2016, wie die neutralen Staaten Europas auf die Shoa reagiert haben.⁴¹ Ähnlich wie Portugal, Spanien und die Türkei sträubte sich die Schweiz lange, ihre bedrohten jüdischen Landsleute in Deutschland und den besetzten Gebieten zu repatriieren. Auf das deutsche Ultimatum reagierte sie dann aber vergleichsweise schnell. Portugal, Spanien und die Türkei hielten sich länger zurück. «In Lissabon, Ankara und Madrid herrschte das Gefühl, dass jeder Jude einer zuviel war», heisst es im IHRA-Bericht.⁴²

Anders als die Schweiz protestierte die Türkei allerdings verschiedentlich gegen die antijüdischen Massnahmen in Frankreich mit dem Hinweis, dass die türkische Verfassung keinen Unterschied zwischen den Bürgern verschiedener Religionen mache. Die türkischen Diplomaten in Frankreich intervenierten auch mehrmals erfolgreich für die Freilassung inhaftierter Juden.⁴³ Im Gegensatz zum Engagement einzelner türkischer Diplomaten vor Ort versuchte die Regierung in Ankara dagegen, die Rückwanderung von Juden möglichst zu verhindern. Schon in den 1930er-Jahren entzog das Land vielen türkischen Juden im Ausland die Staatsbürgerschaft und verunmöglichte ihnen so die Einreise. Insgesamt wurden gegen 900 türkische Juden repatriiert, rund 2500 starben in Konzentrations- und Vernichtungslagern.⁴⁴ Soweit bekannt, intervenierte die Türkei auf Botschafterebene ein einziges Mal in Berlin für deportierte türkische Juden.

Spanien verweigerte dem grössten Teil der heimkehrwilligen spanischen Juden in Frankreich die rettende Einreise.⁴⁵ Portugal erkannte die Staatsbürgerschaft der portugiesischen Juden, die in den Niederlanden lebten, nicht an. Dennoch rühmten sich nach dem Krieg beide Länder für ihren Einsatz zugunsten der Juden.⁴⁶

Offener zeigte sich Schweden. In den 1930er-Jahren verhielt sich das Land gegenüber jüdischen Flüchtlingen sehr restriktiv.⁴⁷ Auf das deutsche Ultimatum bot es aber auch schwedischen Juden ohne vollständige Dokumente oder Juden, die auf ihre Staatsbürgerschaft verzichtet hatten, die Rückkehr an. Als einziges der neutralen Länder setzte Schweden gegenüber NS-Deutschland einen gewissen Druck auf und drohte eine Verschlechterung der schwedisch-deutschen Beziehung an. Da die deutsche Rüstungsindustrie auf die schwedische Erzförderung angewiesen war, ging das NS-Regime tatsächlich mehrmals auf schwedische Forderungen ein.⁴⁸

Die Schweizer Behörden verfolgten die schwedischen Bemühungen sehr aufmerksam, vor allem bei Kriegsende. Genauso wie das IKRK die Rettungsaktionen des Schwedischen Roten Kreuzes unter Graf Folke Bernadotte skeptisch beäugte, nahm das EPD Schweden als Konkurrenz um die Gunst der Alliierten wahr. Das hing auch mit der Schweizer Presse zusammen, die den Einsatz Schwedens für die bedrohten Juden immer wieder als vorbildlich darstellte – so etwa bei der Rettung der dänischen Juden im Oktober 1943⁴⁹ oder 1944 bei den Deportationen aus Ungarn.⁵⁰

Einiges mutiger und hartnäckiger als die Schweiz setzte sich auch das besetzte Dänemark für seine von der Deportation bedrohten oder bereits im KZ inhaftierten Landsleute ein.⁵¹ Staatliche Stellen und Private protestierten vehement dagegen, dass dänische Häftlinge in deutsche KZ deportiert wurden. Später erreichten sie, dass die dänischen Häftlinge Lebensmittelpakete und Kleider empfangen durften, was deren Überlebenschancen stark erhöhte. Dänische und norwegische Häftlinge besassen in den KZ oft einen privilegierten Status. Dem dänischen Diplomaten Frants Hvass gelang es im Dezember 1944, etwa 200 alte und kranke dänische Polizisten sowie später einige «Asoziale» und politische Häftlinge aus dem KZ zu befreien. Die Schweiz hatte zu diesem Zeitpunkt rund 20 Häftlinge ausgetauscht.

Fazit

Wer das Verhalten der damaligen Akteure beurteilen will, steht vor der schwierigen Frage, welchen Spielraum sie besassen, um Gefangene vor der Deportation zu bewahren oder aus den KZ zu befreien. «Es war sehr schwierig, aber nicht unmöglich, Menschen auf ‹diplomatischem› Weg zu retten», meint der Historiker Sebastian Weitkamp.[52] Sicher ist, dass die Spielräume nicht immer gleich gross waren. So war es zum Beispiel für die Schweiz 1940, als das NS-Regime auf dem Höhepunkt seiner militärischen Macht war, sicher schwieriger, mutig aufzutreten, als gegen Ende des Krieges. Zu bedenken ist auch, dass 1942 im besetzten Frankreich zwischen Verhaftung und Deportation der Juden nur wenige Tage lagen. Die Zeitspanne für eine diplomatische Intervention war also sehr kurz. 1943 oder 1944 waren diese Zeitspannen dagegen aus verschiedenen Gründen länger und der Raum für Interventionen grösser.[53]

Angehörige von Verhafteten, Vertreter kantonaler Verwaltungen, aber auch Heinrich Rothmund oder der Gesandte Paul Dinichert schlugen vor, dass die Schweiz Gegenmassnahmen ergreifen sollte, um Gefangene freizupressen. Repressalien wären das «wirksamste Mittel», meinte Rothmund 1943, um den Gedanken gleich wieder zu verwerfen, denn die Schweiz dürfe «den Rechtsstandpunkt nicht verlassen».[54]

Gemäss dem Historiker Jacques Picard wäre die Schweiz durchaus legitimiert gewesen, «auf völkerrechtswidrige Handlungen gegen schweizerische Staatsangehörige im Ausland mit diplomatischen Gegenmassnahmen zu reagieren».[55] Unseres Wissens wurde die Frage von allfälligen Gegenmassnahmen jedoch weder in der Abteilung für Auswärtiges noch im Bundesrat jemals ernsthaft diskutiert. Erst am 16. Februar 1945 blockierte der Bundesrat die deutschen Vermögen in der Schweiz, um ein Pfand für spätere Ansprüche gegenüber Deutschland in der Hand zu haben.

Ob Gegenmassnahmen etwas gebracht hätten, darüber kann nur spekuliert werden. Hätten sie Vergeltungsmassnahmen des NS-Regimes gegen die Schweiz ausgelöst, allenfalls sogar einen militärischen Angriff? Oder hätte das NS-Regime Schweizer KZ-Häftlinge freigelassen? Aus den Akten des deutschen Aussenministeriums wird zumindest deutlich, dass Deutschland mögliche Gegenmassnahmen durchaus fürchtete. «Den deutschen Stellen war an aussenpolitischer Ruhe in der ‹Judenpolitik› gelegen», erklärt Sebastian Weitkamp. Ein Beispiel: Im Frühjahr 1943 wollte das NS-Regime das Vermögen der Schweizer Jüdin Nelly Traxler in Deutschland einziehen. Eberhard von Thadden, der «Judenreferent» im Auswärtigen Amt, riet jedoch dringend davon ab. Denn die Einziehung des Vermögens, so von Thadden, «wird möglicherweise erhebliche Rückwirkungen auf das Vermögen Reichsdeutscher in der Schweiz haben, die unbedingt vermieden werden sollten».[56] Traxlers Vermögen wurde später trotzdem beschlagnahmt.

Es ist durchaus möglich, dass Gegenmassnahmen oder deren Androhung zur Freilassung von KZ-Häftlingen geführt hätten. Das lassen die Verhandlungen über den Gefangenenaustausch vermuten und das zeigen auch interne Diskussionen im NS-Machtapparat über die Freilassung von chilenischen Juden. Aus Angst vor Repressalien an Deutschen in Chile willigte Eichmann offenbar 1943 ein, einige chilenische Häftlinge freizulassen.[57]

Um sich für Schweizer Opfer der NS-Verfolgung einzusetzen, nutzte die Schweiz in der Regel nur den «geräuschlosen» klassischen, diplomatischen Weg. Auf die Vorschläge von Opfer-Anwälten etwa, direkt beim Reichssicherheitshauptamt zu intervenieren oder den Deutschen Gesandten in Bern zu zitieren, trat das EPD nicht ein. Dabei war die Schweiz für das NS-Regime unter anderem wegen des Alpentransits, der Produktion kriegswichtiger Güter und der Beschaffung von Devisen unentbehrlich. 1942, kurz nach Kriegseintritt der USA, erklärte Himmler, «in der augenblicklichen politischen Lage haben wir ein Interesse daran, mit der Schweiz nicht unnötig in Konflikt zu kommen».[58]

Hatte Heinrich Rothmund mit seiner Behauptung also recht, dass die Freilassung aller Schweizer KZ-Häftlinge möglich gewesen wäre? Wohl nicht ganz. In der letzten Verhandlungsrunde über den Austausch von Gefangenen zeigte sich, dass das NS-Regime vor allem kommunistische Gefangene oder als besonders gefährlich eingestufte Résistance-Kämpfer nicht freigelassen hätte. Bei den jüdischen Häftlingen stellt sich die Frage, wie viele die Schweiz nach erfolgter Deportation noch hätte befreien können.

Regula Ludi und Anton-Andreas Speck sind wie Sebastian Weitkamp der Ansicht, dass die Schweiz während des NS-Regimes nicht alle zur Verfügung stehenden Mittel eingesetzt hat, um das Leben von bedrohten Landsleuten zu retten.[59]

Nach vierjähriger Recherche besteht für uns kein Zweifel: Die Schweiz hätte Dutzende Leben retten können, wenn sie sich mutiger und mit mehr Nachdruck eingesetzt hätte.

II Schicksale

Es konnte jeden und jede treffen

Deportiert von den Nationalsozialisten, vergessen von ihrem Land – Lebensgeschichten von Schweizerinnen und Schweizern, die in einem Konzentrationslager inhaftiert waren.

Nichts erinnert in der Schweiz daran, dass Bürger dieses Landes in Konzentrationslager deportiert wurden. Wir haben sie vergessen. Albert Mülli zum Beispiel, der seinen Eltern sagte, er gehe kurz nach Basel, und dann für sechseinhalb Jahre verschwand; Anna Böhringer, die Mutter von sieben Kindern, die sich in ihre Basler Heimat retten wollte und von den Schweizer Behörden den Nazis in die Hände getrieben wurde; die Jüdin Marcelle Giudici, auf die in Frankreich ein rettender Sonderzug gewartet hatte, der ohne sie losfuhr.

In den Konzentrationslagern waren sie Nummern. Im Schweizerischen Bundesarchiv sind sie Entschädigungsfälle. In diesem Buch sollen sie wieder Menschen werden.

Zehn ausgewählte Biografien erzählen ihre Geschichten. Die Zusammenstellung widerspiegelt die unterschiedlichen Hintergründe der Schweizer KZ-Häftlinge. Fast alle waren Auslandschweizer. Die meisten von ihnen wohnten in Frankreich. Sie wanderten entweder selbst aus wie der Lebenskünstler Gino Pezzani oder kamen als Kinder von Schweizer Migranten zur Welt wie der Lehrling René Pilloud.

Es konnte jeden und jede treffen: die Bauernfamilie Abegg in der Steiermark, den Hochstapler Emil Würth und seine Geliebte Nelly Hug in Berlin. Der bekannte Kunstmaler Gino Parin wurde in Italien zum Opfer des nationalsozialistischen Rassenwahns.

Der deutsche Repressionsapparat erfasste Schweizerinnen und Schweizer aus denselben Gründen wie Bürger anderer europäischer Länder: Weil sie Juden waren wie Gino Parin, zum Widerstand gehörten wie Anne-Françoise Perret-Gentil-dit-Maillard, nicht ins Gesellschaftsbild passten wie die Zeugin Jehovas Emma Kübler-Schlotterer – oder einfach, weil sie zum falschen Zeitpunkt am falschen Ort waren.

Für viele Schweizerinnen und Schweizer bedeutete die Deportation den Tod. Aber nicht für alle. Einige kehrten in ihre Heimat zurück. Auch ihre Geschichten gerieten in Vergessenheit.

Die zehn Porträts basieren auf Archivmaterial und Gesprächen, die wir mit Angehörigen an der französischen Atlantikküste, in Österreich, im deutschen Baden-Baden, in Lausanne oder Zürich führten. Verwandte in New Jersey und Connecticut (USA) stellten uns Dokumente aus ihren Privatarchiven zur Verfügung.

Für viele Nachkommen ist die Erinnerung an die Leidensgeschichte ihrer Vorfahren noch immer schmerzhaft – dass sich jemand ausserhalb der Familie für das Schicksal ihrer Verwandten interessiert, ist ihnen ein Trost. Gilles Perret, Grossneffe der Schweizer Résistance-Kämpferin Anne-Françoise Perret-Gentil-dit-Maillard, schrieb uns: «Es macht mich glücklich zu sehen, dass Sie die Taten meiner Grosstante so schildern, wie sie immer handeln wollte, nämlich zugunsten der Menschen.» Marie-Claire Giudici, Tochter der Jüdin Marcelle Giudici, die in Auschwitz ermordet wurde, teilte in einer E-Mail mit: «Danke, dass ich öffentlich Zeugnis über die schreckliche Geschichte meiner Familie ablegen durfte.» Und die pensionierte Lehrerin Inge Rosenkranz aus dem badischen Müllheim, die die Nachkommen der Zeugin Jehovas Emma Kübler-Schlotterer bei der Aufarbeitung ihrer Geschichte unterstützt hat, schrieb: «Durch Ihre Arbeit machten Sie der Familie Mut, das Schicksal von Emma Kübler bis zu ihrer letzten Stätte aufzuarbeiten.»

Marcelle Giudici-Foks

Eine junge Jüdin in Frankreich soll am 29. Januar 1943 mit dem Zug in die sichere Schweiz ausreisen. Doch ihr Schicksal nimmt eine tragische Wendung.

Marcelle Giudici-Foks, 1944 nach Auschwitz deportiert und ermordet.

Es ist nicht viel, was Marie-Claire Giudici von ihrer Mutter geblieben ist. Zwei Dutzend Fotos aus den 1940er-Jahren, eine Handvoll Briefe, das Programm einer Tanzaufführung in Paris, Abschriften von Polizeiakten, die Marie-Claire Giudici in ihrer Wohnung im französischen Royan sorgfältig hütet. Eigene Erinnerungen an ihre Mutter hat sie keine. Marie-Claire war einjährig, als ihre Mutter Marcelle im Februar 1944 nach Auschwitz deportiert wurde. Und nicht mehr wiederkam.

Ihren Anfang nimmt diese Geschichte im Sommer 1940. Am 23. Juni, einen Tag nach der Kapitulation Frankreichs, fahren gegen 17 Uhr deutsche Soldaten in Royan ein. In einem Blitzkrieg haben Hitlers Truppen die Niederlande, Belgien, Luxemburg und Frankreich überrannt und besetzen nun strategisch wichtige Orte. Dazu gehört auch Royan, das etwa 120 Kilometer nördlich von Bordeaux an der Mündung der Gironde liegt. Die Stadt an der Atlantikküste ist ein mondäner Badeort mit Grandhotels, Kinos, einem Casino und einer kleinen Bahn, die die verschiedenen Strände miteinander verbindet. In den 1930er-Jahren zählte Royan rund 12 000 Einwohner, im Sommer 1940 sind es rund 60 000 Menschen, darunter etwa 19 000 Ausländer, von denen die meisten vor dem Krieg aus Belgien, Holland oder Paris geflohen sind. Unter ihnen ist auch Pablo Picasso, der am 2. September 1939 aus Paris gekommen ist. Der Maler hat am Boulevard Thiers, in der Nähe des Hafens, ein Atelier gemietet. Sein bekanntestes Werk aus seiner Zeit in Royan ist ein Bild des Café des Bains, das sich unweit des Ateliers befindet.

Ein Foto aus jenen Sommertagen zeigt, wie deutsche Soldaten selbstgewiss auf dem Boulevard Thiers Richtung Stadtzentrum fahren. Im Hintergrund erkennt man die Fassade des Grand Café Judici, auf dem Trottoir ein paar leere Tische. Das zweistöckige Kaffeehaus ist eine der Attraktionen Royans. Wenn abends Kapellen wie Les Roméos oder das Orchestre des Cosaques aufspielen, ist das Lokal bis auf den letzten Platz besetzt. Es gehört der Schweizer Familie Giudici. Um der bitteren Armut im Tessin zu entkommen, verliessen die Eltern einst ihren Heimatort Malvaglia und suchten ihr Glück als Eisverkäufer und Waffelbäcker in Frankreich. Sie arbeiteten in Paris, Tours, Bordeaux und schliesslich Royan, 1935 eröffnete die Familie das Grand Café. Weil die Franzosen ihren Namen nicht richtig aussprechen konnten, schrieben sie ihre Stände und Lokale schon kurz nach der Jahrhundertwende mit Judici an.

Fünf Giudici-Geschwister führen das Lokal, alle müssen anpacken. Jean, Jahrgang 1901, ist der Zweitjüngste, ein eleganter Mann, der in seiner Jugend boxte. Später baute er ein kleines Flugzeug, mit dem er abstürzte, aber unverletzt davonkam. Jean Giudici war einmal verheiratet, doch seine Frau starb kurz nach der Hochzeit an Krebs.

Jean Giudici geht schon gegen die 40, als er sich in die 16 Jahre jüngere Marcelle Céline Foks verliebt. Zeitzeugen schildern sie als lebenslustige, strahlende Frau, die schnell Kontakt findet und bei allen beliebt ist. Marcelle stammt aus einer säkularen, in Frankreich eingebürgerten jüdischen Familie. Vor dem Krieg lebten die Foks an der Rue Rochechouart in Paris. Der Vater Jacob handelt mit Textilien. Die drei Töchter Henriette, Marcelle und Liliane tragen typisch französische Vornamen und wachsen gutbürgerlich auf. Marcelle schliesst an der berühmten, noch heute bestehenden Schule von Irène Popard eine Ausbildung zur Lehrerin für rhythmischen Tanz ab. Im Programm der jährlichen Vorstellung von 1937 ist Marcelle Foks als Lehrerin aufgeführt. 1939 fliehen die Eltern mit Marcelle und Liliane nach Royan. Die älteste Tochter Henriette wird den Krieg in einem Versteck in Holland überleben. Die Foks kennen die Atlantikküste gut. Als ihre Kinder noch klein waren, verbrachten sie hier oft die Sommerferien.

Wie Jean Giudici und Marcelle Foks zusammenfanden, wissen wir nicht. «Mein Vater hat mir wenig über diese Jahre erzählt», sagt Marie-Claire Giudici. Gewiss ist: Jean und Marcelle heiraten am 31. Oktober 1940 auf dem Standesamt von Royan. Durch die Heirat erwirbt Marcelle das Schweizer Bürgerrecht. Jean Giudici arbeitet weiter im Grand Café, Marcelle gibt Tanzunterricht für Kinder und Jugendliche. Auf Fotos aus jener Zeit ist zu sehen, wie Marcelle und ihre Schwester Liliane unbeschwert am Strand posieren. Nichts auf diesen Fotos deutet auf die Gefahr hin, die ihnen droht.

Die deutschen Besatzer ziehen in Royan ein strenges Regime auf: Verwaltung und Polizei werden den Militärbehörden unterstellt, in den Strassen patrouillieren bewaffnete Soldaten. Die Flüchtlinge müssen die Stadt verlassen, Hotels und Villen werden beschlagnahmt, es gilt die Zeitzone von Berlin, die Lokalzeitungen werden zensuriert, es ist verboten, die Marseillaise zu singen. Wenige Tage nach der Besetzung wird

vor dem «Golf-Hotel» ein deutscher Wachsoldat getötet. Um die Tat aufzuklären, nehmen die Besatzer Kommunisten und Juden als Geiseln, als Vergeltungsmassnahme wird der Strand für «Juden und Franzosen» gesperrt. Pablo Picasso verlässt Royan fluchtartig.

Schon kurz nach der Kapitulation Frankreichs haben die deutschen Besatzer damit begonnen, die Juden systematisch zu erfassen und aus dem politischen, wirtschaftlichen und sozialen Leben zu eliminieren. Im Herbst 1940 müssen sich sämtliche Juden registrieren lassen, sie werden von allen öffentlichen Ämtern und freien Berufen ausgeschlossen, ihre Geschäfte müssen sie einem nichtjüdischen Administrator übergeben. Im Oktober 1940 registrieren die Behörden in Royan 88 jüdische Familien mit 370 Mitgliedern. Auf diese Listen werden die Besatzer später zurückgreifen.

Die Schweizer Diplomaten in Frankreich verfolgen die antijüdischen Massnahmen, von denen auch Schweizer Bürger betroffen sind, mit Sorge. Immer wieder intervenieren sie bei den deutschen Behörden. Doch das Eidgenössische Politische Departement (EPD) in Bern mahnt zur Zurückhaltung.

Marcelle Giudici-Foks an einem Strand in Royan an der französischen Atlantikküste. Die deutschen Besatzer hatten Jüdinnen und Juden den Aufenthalt am Strand verboten.

Im Mai und August 1941 werden in Paris Tausende von Juden verhaftet, darunter auch Schweizer. René Naville, der das Schweizer Konsulat in Paris interimistisch leitet, warnt seine Vorgesetzten in Bern und spricht im Oktober erstmals davon, die Schweizer Juden in die Heimat zurückzubringen. Er wünscht, dass die Gesandtschaft in Berlin bei den deutschen Behörden zugunsten der bedrohten Landsleute interveniere. Doch nichts passiert.

1942 beginnt im besetzten Frankreich die letzte Phase der Judenverfolgung – die Phase der Deportation und Vernichtung. Am 27. März 1942 werden die ersten Juden aus Frankreich nach Deutschland deportiert. Am 16./17. Juli verhaftet die französische Polizei in Paris über 10 000 Juden und sperrt sie im Vélodrome d'Hiver ein, viele werden kurz darauf nach Auschwitz deportiert. Unter den Verhafteten sind auch einige Schweizer. Zahlreiche besorgte Schweizer Juden melden sich beim Konsulat in Paris. Nicht zuletzt, weil ihre Telefonleitungen von den Besatzern gekappt worden sind. René Naville fordert den Schweizer Gesandten in Berlin auf, sich beim dortigen Auswärtigen Amt für die Schweizer Juden einzusetzen. Doch Hans Frölicher lehnt das Ansinnen ab, es sei aussichtslos: «Es wird einer Besatzungsmacht kaum das Recht bestritten werden können, ihr unsicher scheinende Bevölkerungsteile von der Benutzung des Telephons auszuschliessen.»

Auch in Royan werden die Gesetze und Verordnungen gegen die Juden mit aller Härte durchgesetzt. Am 13. Juli 1942 teilt der Polizeikommissar von Royan den deutschen Behörden pflichtbewusst mit, dass das Tragen des Judensterns und das Einhalten der Ausgangssperre streng kontrolliert würden. Wer sich nicht an die Vorschriften hält, riskiert sein Leben. Ende September 1942 wird zum Beispiel die französische Jüdin Esther Pitcho verhaftet, weil sie unerlaubterweise den Markt besucht hat. Fünf Monate später wird sie nach Auschwitz deportiert. Esther Pitcho ist das Opfer einer Denunziation. Doch es gibt auch Menschen, die sich mit den Juden solidarisieren. Mehrere nichtjüdische Gymnasiasten in Royan tragen aus Protest einen Judenstern.

Die meisten Juden verlassen Royan. Von den 370 im Herbst 1940 registrierten Personen sind Ende 1942 nur noch 72 in der Stadt. Die jüdischen Geschäfte wie der Palais du Vêtement oder das Maison de Paris existieren nicht mehr oder haben neue, nichtjüdische Besitzer. Auch Marcelle Giudici muss ihre Tanzschule schliessen. Doch sie und ihre Schwester Liliane, die inzwischen den Metzger Pierre Xavier aus dem benachbarten Saujon geheiratet hat, lassen sich nicht beeindrucken. Sie spazieren ohne Judenstern am Strand und besuchen das Grand Café Judici – obwohl ihnen das verboten ist. Auch sie werden, entweder von Privatleuten oder den etwa 20 Gestapo-Agenten in der Stadt, denunziert. Anfang August 1942 beauftragt SS-Leutnant Werner Goy, der Gestapo-Verbindungsmann in La Rochelle, die französischen

Behörden, gegen die Schwestern Foks vorzugehen. Umgehend sucht der Polizeikommissar von Royan die beiden auf, kontrolliert, ob sie die Ausgangssperre einhalten, und droht ihnen schwerwiegende Folgen an, falls sie die Gesetze erneut verletzen sollten.

Auch Jean Giudici ist von den Erlassen gegen die Juden betroffen. Weil seine Ehefrau jüdisch ist, dürfen deutsche Zivilisten und Soldaten das Grand Café nicht mehr betreten. Eine wichtige Einnahmequelle bricht weg. Beim Eingang muss Giudici zudem ein Schild anbringen: «Für Hunde und Juden verboten.» Giudici beschwert sich beim Schweizer Konsulat in Paris über die Massnahmen und fragt, ob seine Frau als Schweizerin überhaupt den Judenstern tragen müsse. Die Antwort lautet Nein. Doch der Gestapo in Royan ist das egal. Etwas hilflos klingt auch die Erklärung des Konsulats zu den Schwierigkeiten mit dem Grand Café. Vermutlich, so schreibt es Jean Giudici im Sommer 1942, würden die deutschen Besatzer wegen des Namens «Judici» annehmen, er sei Jude. Viele Jahre später wird Marie-Claire Giudici erfahren, dass ihre Eltern damals darüber sprachen, sich zum Schein scheiden zu lassen, damit die Massnahmen gegen das Café aufgehoben würden.

Vom Grand Café Judici ist heute nichts mehr zu sehen. Das Zentrum Royans wurde am 5. Januar 1945 durch Bombardements der Alliierten vollständig zerstört.

Im Herbst 1942 ist die Gefahr, die den Schweizer Juden im besetzten Frankreich droht, nicht mehr zu übersehen. Verweser René Naville warnt die Abteilung für Auswärtiges in Bern, dass sich die deutsche Sicherheitspolizei offenbar entschieden habe, «das Judenproblem in Frankreich so rasch wie möglich auf eine radikale Art zu lösen». Anfang November stellt er eine Liste mit 21 Schweizer Juden zusammen, die in Frankreich inhaftiert oder schon nach Deutschland deportiert worden sind.

SS-Obersturmführer Heinz Röthke, Leiter des «Judenreferats» der Gestapo in Frankreich, macht den Schweizer Diplomaten am 5. November 1942 klar, «dass von deutscher Seite nichts dagegen einzuwenden ist, dass alle Schweizer Juden in ihr Land zurückkehren». Ein paar Tage später warnt René Naville Bern erneut, dass eine Massendeportation von Juden aus Frankreich bevorstünde.

Doch Bern sträubt sich weiter. Erst Anfang 1943 ändert sich die Haltung. Am 4. Januar spricht der deutsche Gesandte Otto Köcher im EPD vor und eröffnet ultimativ, dass künftig alle Juden in den besetzten Westgebieten, also auch Juden neutraler Staaten wie der Schweiz, den Massnahmen wie Zwangsinternierung und Deportation unterworfen würden. Eine Heimschaffung der Schweizer Juden sei möglich. Diese müsse aber vor dem 31. Januar erfolgen, danach würden die Massnahmen in Kraft treten. Am gleichen Tag willigt das EPD ein, die Schweizer

Juden aus dem besetzten Frankreich, Belgien und den Niederlanden zu repatriieren. In einem Telegramm an die Gesandtschaft in Berlin heisst es: «Da andere Lösung als Heimnahme aussichtslos scheint, müssen wir uns damit abfinden.»

Die Frist, die die Deutschen festgelegt haben, setzt das Schweizer Konsulat in Paris, das die Rückreise organisieren muss, unter enormen Druck. Es schaltet Zeitungsinserate und kontaktiert die Betroffenen direkt. Am 9. Januar informiert das Konsulat Jean Giudici. «Sie haben vielleicht Kenntnis davon erhalten, dass gegen alle in Frankreich domizilierten Juden schwerwiegende Massnahmen ergriffen werden», heisst es im Schreiben. Das Konsulat habe sich um eine Heimschaffung der bedrohten Landsleute bemüht. Nun bestehe die Möglichkeit, in die Schweiz zurückzukehren. Die Reise müsse vor dem 31. Januar 1943 erfolgen. Danach seien auch die Schweizer Juden denselben Massnahmen unterworfen wie die französischen.

Jean Giudici beschliesst, zusammen mit Marcelle in die Schweiz auszureisen. Am 14. Januar stellt ihm das Konsulat in Paris eine Bescheinigung aus, dass er und Marcelle vor dem 31. Januar in die Schweiz repatriiert würden. Das Konsulat teilt ihm zudem mit, der Konvoi werde Paris zwischen dem 25. und dem 31. Januar verlassen. Es bestehe also grosse Eile.

Doch zwei Tage später schreibt Giudici dem Konsulat, seine Frau sei hochschwanger, die Geburt stünde unmittelbar bevor. «Meine Frau ist absolut ausserstande, zu reisen. Wir können also nicht vom Konvoi zur Heimschaffung profitieren.» Er will wissen, ob eine Rückschaffung auch noch zu einem späteren Zeitpunkt möglich sei. «Zudem würde ich gerne wissen, worin genau die schwerwiegenden Massnahmen gegen die Israeliten bestehen.» Das Konsulat antwortet, es sei nur ein einziger Konvoi vorgesehen. Wer zurückbleibe, tue dies auf eigene Gefahr. Die Schweiz könne nicht mehr für den Schutz garantieren. Wie die Massnahmen gegen die Juden genau aussähen, wisse man nicht. Um Genaueres zu erfahren, rät das Konsulat Giudici, sich an den «Befehlshaber der Sicherheitspolizei und des SD im Bereich des Militärbefehlshabers in Frankreich, 84, Avenue Foch in Paris» zu wenden. In der Regel, so lässt das Konsulat wissen, würden Doppelbürgerinnen wie Marcelle Giudici in Drancy interniert und nicht nach Deutschland deportiert.

Ob Marcelle und Jean Giudici tatsächlich in die Schweiz gereist wären, wenn Marcelle reisefähig gewesen wäre, wird sich nicht klären lassen. «Vermutlich wäre sie nicht gefahren», sagt ihre Tochter Marie-Claire. «Meine Tanten erzählten mir später, dass meine Mutter ihre Eltern und die Schwester nicht alleine ihrem Schicksal überlassen wollte.»

So verlässt der Schweizer Rettungskonvoi am 29. Januar 1943 Paris ohne Marcelle und Jean Giudici. Der Zug mit 90 Schweizer Juden trifft tags darauf in Genf ein. Am 1. Februar folgt ein zweiter Konvoi mit

Kurzer Moment des Glücks im Sommer 1943 in Thénac. Schwester Liliane Xavier-Foks und ihr Mann Pierre Xavier, Marcelle Giudici-Foks mit der kleinen Marie-Claire und ihre Mutter Hélène Foks (stehend von links). Das Mädchen und die beiden Sitzenden waren vermutlich Nachbarn.

101 Personen. Noch im Zug verfassen die Geretteten einen Dankesbrief an den Bundesrat.

In Royan erleben Marcelle und Jean Giudici nochmals einen kurzen Moment des Glücks. Am 19. Januar 1943 kommt Tochter Marie-Claire zur Welt. Drei Tage später wird sie von einem Vikar, der zur Résistance gehört, katholisch getauft. Die Nottaufe wird ihr später das Leben retten.

Das Glück währt nur kurz. Ende Januar 1943 muss Marcelle Giudici Royan mit dem Neugeborenen verlassen. Die deutschen Besatzer haben den ganzen Küstenstreifen zur Sperrzone für Juden erklärt. Marcelle zieht mit ihrer Schwester Liliane und den Eltern Foks in das etwa 40 Kilometer landeinwärts gelegene Thénac. Hélène und Jacob Foks richten sich in einem kleinen Haus ein, Marcelle und Marie-Claire bekommen ein Zimmer in einem Gebäude neben dem Rathaus. Liliane wohnt bei einer Tante ihres Mannes Pierre Xavier. Dort bringt sie am 23. November 1943 eine Tochter namens Anne-Marie zur Welt.

Alle drei Tage müssen sich die Vertriebenen im Rathaus von Thénac melden. Jean Giudici bleibt in Royan. Über das Wochenende besucht er seine Familie mit dem Fahrrad. Auch andere Verwandte kommen vorbei. Ab und zu schreiben Marcelle und Liliane Briefe an die Familie in Royan. «Oft packt uns eine Beklemmung», schreibt Liliane Anfang Dezember 1943. «Wann geht dieser schreckliche Krieg endlich zu Ende?» Kurz darauf schreibt Marcelle ihren Tanten Herminie und Thémis: «Es gibt Tage, an denen man schwächer ist als an anderen, und an denen einen der Katzenjammer packt. Ich kann euch sagen, die Stimmung hier ist nicht immer fröhlich.» Ihre Mutter leide unter Depressionen. Liliane und sie müssten alles tun, um sie aufzumuntern. «Doch sprechen wir von etwas Fröhlicherem», fährt sie fort. «Das heisst von meiner geliebten Tochter. Es ist so schade, dass ihr derzeit nichts von ihr habt. Sie ist so süss, sie hat ziemlich zugenommen und viele Haare. Mit ihrem Lächeln erfreut sie alle.»

Zu diesem Zeitpunkt ist die systematische Verfolgung und Ermordung der französischen Juden längst in vollem Gang. 1942 und 1943 sind rund 60 000 Juden aus Frankreich in die Vernichtungslager im Osten deportiert worden.

Marcelle Giudici hat ihren Mut und ihre Lebensfreude nicht verloren. Am 20. Januar 1944, anlässlich des ersten Geburtstags von Marie-Claire, fährt sie zusammen mit Jean und ihrer Cousine Yolande, genannt Yoyo, mit dem Fahrrad von Thénac nach Royan, die kleine Marie-Claire gut eingepackt in einer Kiste vorn auf dem Gepäckträger. Die Fahrt ist strengstens verboten. In Royan lässt sich die junge Mutter die Haare frisieren und besucht ihre Freundinnen. Der Ausflug verläuft ohne Zwischenfall. Zurück in Thénac gratuliert Marcelle ein paar Tage später Yoyo zu ihrem 21. Geburtstag. «Ich wünsche dir, meine liebe Yoyo, ein langes, gesundes und glückliches Leben.» Nach einigen Neckereien schliesst sie den Brief mit einer Erinnerung an den Besuch in Royan: «Umarme alle ganz fest von mir, so wie ich es letzte Woche selber tun konnte. Ich war so glücklich!»

Es sind die letzten Worte, die von Marcelle Giudici schriftlich überliefert sind.

Einen Tag, bevor Marcelle den Brief an Yoyo schreibt, hat die deutsche Sicherheitspolizei in Poitiers dem Regionalpräfekten befohlen, «in den Morgenstunden des 31. Januar, spätestens um 3:00 Uhr, alle noch in der Region anwesenden Juden ohne Rücksicht auf ihre Staatsangehörigkeit oder ihr Alter festzunehmen» und sie so schnell wie möglich ins Sammellager Drancy zu überführen.

Am Sonntag, den 30. Januar 1944, besuchen Marcelle Giudici, Liliane Xavier mit ihren Kindern und den Eltern die befreundete Familie Lis im nahen Saintes. Pierre Lis ist Lehrer und Mitglied der Résistance. Er soll, so erzählt man es später Marie-Claire Giudici, falsche Pässe für die Flucht nach Spanien beschaffen. Die Gruppe kommt spät nach Thénac zurück. Kurz nach Mitternacht klopfen französische Gendarmen an die Tür. Alle sechs Familienmitglieder, die Eltern und die beiden jungen Mütter mit ihren Babys, werden verhaftet. Sie müssen sich anziehen, ein paar Sachen zusammenpacken, dann werden sie nach La Rochelle gebracht. Im Schulgebäude Paul Doumer treffen sie auf rund 90 weitere verhaftete Juden aus der Region.

In den frühen Morgenstunden des 31. Januar erfährt Pierre Xavier von der Verhaftung. Mit dem Auto eines befreundeten Garagisten, so erzählt es Marie-Claire Giudici, fahren Xavier und ihr Vater Jean sofort nach La Rochelle zum Schulgebäude, wo ihre Frauen und Kinder festgehalten werden. Was dann genau passiert, ist nur bruchstückhaft überliefert. «Mein Vater hat nie darüber gesprochen», sagt Marie-Claire Giudici. Auf jeden Fall gelingt es den beiden Männern, die Gendarmen davon zu überzeugen, dass ihre Kinder nicht jüdisch sind, sondern katholisch getauft. Marie-Claire Giudici und Anne-Marie Xavier werden darauf ihren Vätern übergeben. Ob die beiden Männer noch einmal mit ihren Ehefrauen sprechen durften, wissen wir nicht. In seinem Rapport notiert der für die Verhaftungen zuständige Adjutant Lefebvre am 2. Februar, die beiden Kinder seien von ihren Vätern abgeholt worden, diese müssten ihm tags darauf als Beweis die Taufurkunden bringen.

In der Familie erzählt man sich später, dass auch Marcelle und Liliane hätten fliehen können. Doch sie hätten es abgelehnt, weil sie ihre betagten Eltern nicht allein lassen wollten. Eine Rolle mag gespielt haben, dass die Verhafteten nicht wussten, was auf sie zukam. Marcelle und Liliane sollen nicht besonders verängstigt gewesen sein. «Sie haben nicht geglaubt, dass sie der Tod erwartet», sagt Jean Giudici später. Unter den inhaftierten Juden in La Rochelle befindet sich auch ein Veteran, der im Ersten Weltkrieg ein Bein verloren hatte. «Schlimmer als das kann es ja nicht werden», soll er gesagt haben.

Jean Giudici bringt Marie-Claire, eingewickelt in den weissen Schal ihrer Mutter, im Auto nach Royan zurück. Marcelle soll ihrer einjährigen Tochter einen Brief mitgegeben haben. Doch der ist verschollen.

Ein Beamter in La Rochelle meldet später den Vollzug der Razzia: «Auf Befehl der Sicherheitspolizei (SD Kommando) von Poitiers wurden alle im Departement Charente-Maritime wohnhaften Juden von der Polizei in den ersten Stunden des 31. Januar verhaftet. In La Rochelle wurden 87 gesammelt, sie wurden am 2. Februar ins Lager von Drancy gebracht.» Als sich Jean Giudici später bei der Gestapo nach dem Verbleib seiner Frau erkundigt, herrscht man ihn an. Er solle mit der Suche aufhören. Sonst werde auch er verhaftet.

Von Drancy aus werden Marcelle Giudici, Liliane Xavier und ihre Eltern am 10. Februar nach Auschwitz deportiert. Der «Konvoi No. 68» zählt 1500 Menschen, die in Viehwaggons zusammengepfercht sind, darunter 295 Kinder und Jugendliche. Am 13. Februar erreicht der Zug

Auschwitz. 210 Männer und 61 Frauen werden zum Arbeitseinsatz selektioniert, die übrigen 1229 Menschen werden in den Gaskammern ermordet. Als Auschwitz am 27. Januar 1945 von russischen Truppen befreit wird, sind von den 1500 Juden des «Konvois No. 68» noch 60, nach anderen Angaben 42 am Leben. Marcelle Giudici, Liliane Xavier und ihre Eltern Jacob und Hélène Foks sind nicht unter ihnen.

Jean Giudici stirbt 1984 in Royan. Noch Jahre nach dem Krieg hoffte er, dass Marcelle eines Tages zurückkehren würde.

Quellen: Gespräche mit Marie-Claire Giudici, Pontaillac-Royan (F), 9. bis 11. Mai 2017; Privatarchiv Marie-Claire Giudici; schriftliche Mitteilungen von Jean-Christophe Vautrin, La Rochelle (F), vom 4. und 8.1.2018. Der Rapport des Adjutanten Lefebvre befindet sich im Dossier «Arrestations des juifs domiciliés dans le département de la Charante-Maritime», Archives Départementales de la Charante-Maritime; cote: 15 J 26; Schweiz. Bundesarchiv, Bern: E2001-08#1978/107#631*; Bouchet-Roy, Marie-Anne: *Royan 39-45. Guerre et plage*. Vaux-sur-Mer 2015; Gayot, Henri: *Charente-Maritime 1940-1945. Occupation, Résistance, Libération*. La Rochelle 1973; Guéraiche, William: «Administration et répression sous l'occupation: Les ‹affaires juives› de la préfecture de Charente-Inférieure (Septembre 1940-Juillet 1944)». In: *Revue d'histoire moderne et contemporaine*, 45-2, avril-juin 1998, p. 380-403; Richet, François: *Souvenirs de Royan*, Vol. 2 et 4. Saintes 2005/11.

Friedrich, Fritz, Frieda und Werner Abegg

Der älteste Sohn und die Tochter der Bauernfamilie unterstützen österreichische Partisanen. Die Nazis üben Vergeltung und nehmen die Familie in Sippenhaft. Der Vater stirbt im KZ Mauthausen bei Linz, der Älteste bleibt verschollen, zwei Geschwister überleben.

Am 21. September 1944 steigt ein Trupp Gefangener schwer bewacht den steilen Hügel vom Bahnhof zum Konzentrationslager Mauthausen hoch, darunter zwei Schweizer: der gebürtige Obwaldner Friedrich Abegg (64) und sein 27-jähriger Sohn Fritz. Die Gestapo wirft ihnen vor, auf ihrem Bauernhof in der Steiermark «kommunistische Widerstandskämpfer» beherbergt und mit Nahrungsmitteln versorgt zu haben. Hinter dem steinernen Eingangstor mit den zwei Wachtürmen müssen sie sich an der «Klagemauer» aufstellen, die so heisst, weil SS-Funktionäre die Neuankömmlinge dort stundenlang warten lassen und schikanieren. Vater und Sohn bekommen die Häftlingsnummern 103974 und 103972.

Die Nacht verbringen sie in einer der Baracken, die für 300 Gefangene ausgelegt sind, in die aber bis zu 2000 gezwängt werden. Auf einer

Mutter Aloisia und Vater Friedrich Abegg mit ihren Kindern Fritz, Frieda, Walter und Werner (v. l.) um 1934 auf dem «Zachgut».

Gedenktafel wird der Überlebende Lodovico Barbiano de Belgiojoso zitiert: «Wenn nach und nach die Leute einschliefen, begann ein Konzert aus Geschnaufe und Gezisch, aus Hustenanfällen, Rülpsen und Furzen, ein Geschnarche und Gesäge in mehreren Tonlagen, leises Klagen, Schluchzen und Schimpfen. Diese Geräusche drangen aus hundert Körpern und verquickten sich zu einem einzigen schrecklichen Ton, erzeugt wie von einem riesigen, abscheulichen Wesen, das sich im Dunkeln verkrochen hatte.»

Der Tagesablauf ist immer gleich. Nach dem Morgenappell verlassen die Häftlinge das Lager durch das grosse Tor. Das leicht abfallende Strässchen mündet nach 100 Metern rechts in einen schmalen Weg, der oberhalb eines 50 Meter hohen Steinbruchs verläuft. Manchmal stossen die Bewacher Gefangene über die Kante, wo sie am Fuss der Wand zerschmettert liegen bleiben oder in einem der Wasserlöcher ertrinken. Die SS-Männer bezeichnen sie zynisch als «Fallschirmspringer». Manche Häftlinge stürzen sich selbst in die Tiefe, um ihren Qualen ein Ende zu bereiten.

Dem Rand des Steinbruchs entlang führt die steile «Todesstiege» mit 186 Stufen aus roh behauenen Felsblöcken hinunter zum Grund. Es gibt Wachleute, die sich einen Spass daraus machen, die Männer in den letzten Reihen der abwärts gehenden Kolonne durch Fusstritte und Kolbenhiebe zum Stolpern zu bringen, sodass sie die Stufen hinunterstürzen und ganze Häftlingsgruppen mit sich reissen.

Während die einen Gefangenen in den nahen Fertigungshallen Flugzeugteile für die Firma Messerschmitt produzieren, hauen die anderen im Steinbruch für die Deutsche Erd- und Steinwerke GmbH Quader aus den Felsen, bestimmt für Bauten der Nationalsozialisten. Sie arbeiten ohne Sicherheitsvorkehrungen mit Hämmern und Meisseln, um anschliessend die schweren Brocken auf dem Rücken die «Todesstiege» hinauf zum Lager zu tragen, 12 bis 15 Gänge pro Tag.

In alten Filmaufnahmen, die heute in der Gedenkstätte gezeigt werden, erzählt ein Überlebender von den vielen Toten, die auf der Stiege lagen – Vernichtung durch Arbeit. Auf einer Informationstafel steht, wie Häftlinge unten im Steinbruch zu Tode geschunden wurden: «Mit einem oft bis zu 50 kg schweren Stein auf der Schulter, im Laufschritt unter ständigen Schlägen durch den Steinbruch gejagt, brach das Opfer bald zusammen, um dann in irgendeinem Winkel hilflos zu sterben.» In dieser Hölle bleiben Vater und Sohn Abegg einen Monat lang zusammen.

Auf dem Bauernhof in der Steiermark ist die damals 46-jährige Aloisia Abegg allein zurückgeblieben. Ihr jüngster Sohn Werner, gerade mal 15 Jahre alt, und ihre 24-jährige Tochter Frieda sind ebenfalls von der Gestapo verhaftet und deportiert worden. Der 21-jährige Walter bleibt

«Todesstiege» im Steinbruch von Mauthausen. Häftlinge tragen bis zu 50 kg schwere Granitsteine 186 Treppenstufen hoch zum Lager.

nur verschont, weil er nach dem Angriff eines jungen Stiers namens Magnet lebensgefährlich verletzt im Krankenhaus liegt.

Als Aloisia erfährt, dass ihr Mann und ihr Sohn Fritz im KZ Mauthausen gefangen gehalten werden, schickt sie ihnen ein Paket mit Lebensmitteln und ein wenig Geld. Nach bangem Warten erhält sie von Fritz eine Karte: «Vorerst herzliche Grüsse und teile Dir mit, dass ich und Vater gesund sind. Es geht mir gut und hoffe auch, dass es Dir gut geht. Wir waren jetzt immer beisammen. Ich bin jetzt auf Arbeit. Was machen meine Geschwister? Ich hoffe, dass auch sie gesund sind. Ich danke für das Paket, welches ich in Ordnung erhalten habe. Es grüsst Dich nochmals herzlich Dein Dich liebender Sohn Fritz.»

Tage später bringt ihr der Postbote auch noch einen Gruss ihres Mannes, von Hand mit Bleistift geschrieben und von der SS zensuriert: «Liebe Mutter, wie geht es Dir? Bist Du wohl gesund? Ich hoffe es. Wie geht es Walter? Wie geht es beim Vieh? Mit der Weide wird es bald fertig sein. Wie steht es mit den Kälbern? Was macht der junge Magnet? Wie steht es mit den Kartoffeln und Grummet? Was macht Werner und Frieda? Ich bin [hier sind Wörter ausradiert, d. Verf.] gesund. Ich muss schliessen. Bleibt gesund und seid herzlich gegrüsst von Vater. Auf Wiedersehn!»

Ein Wiedersehen gibt es für Aloisia weder mit ihrem Mann noch mit ihrem ältesten Sohn. Friedrich Abegg hält die Torturen in Mauthausen nicht lange aus und wird krank. Mit geschwächten Häftlingen verfährt die Lagerleitung gnadenlos. Wer sich auf der Krankenstation, dem «Revier», nicht innerhalb nützlicher Frist erholt, wird ins «Sanitätslager» geschafft, das sich ausserhalb der KZ-Mauern neben dem Exerzier- und Sportplatz der SS befindet. «Es handelte sich dabei um kaum mehr als eine Einrichtung zur Auslagerung des Sterbens», erläutert Peter Egger von der KZ-Gedenkstätte Mauthausen, «es gab kaum medizinische Versorgung, was zu einer immens hohen Todesrate führte.» SS-Ärzte beschleunigen den Prozess, indem sie Häftlinge mit Injektionen ins Herz töten oder sie zur Vergasung ins nahe Schloss Hartheim schaffen. Friedrich Abegg stirbt nach 137 Tagen im KZ am 5. Februar 1945, offiziell an «Herzmuskelentzündung, akute Herzschwäche».

Zu diesem Zeitpunkt sind Vater und Sohn schon seit mehr als drei Monaten getrennt. Am 19. Oktober 1944 hat man Fritz ins 100 Kilometer entfernte Aussenlager Ebensee geschafft, wo KZ-Häftlinge bombensichere Stollen für die deutsche Rüstungsindustrie graben müssen. Diese tragen Tarnnamen wie «Zement», «Solvay» oder «Kalk». Laut seiner Häftlingskarte wird Fritz zunächst als Hilfsarbeiter im Stollen «Zement» eingesetzt, wo er nach kurzer Zeit erkrankt, für einige Tage aufs «Revier» kommt und sich erholt, um anschliessend in der Anlage «Solvay» zu schuften.

Gegen Kriegsende treffen immer neue «Evakuierungstransporte» aus den KZ im Osten ein. Das Aussenlager Ebensee ist mit 18 000 Häftlingen völlig überbelegt. Weil die Kapazität des Krematoriums nicht ausreicht und die Leichen sich stapeln, legt die SS zwei Massengräber an, in denen sie 2167 Tote verscharrt. Kurz vor dem Anrücken der US-Truppen Anfang Mai 1945 will Lagerleiter Anton Ganz die Gefangenen in die Stollen treiben und diese sprengen lassen, um alle Zeugen seiner Gräueltaten zu beseitigen. Der Plan scheitert, weil sich die Sträflinge wehren. Von diesem Tag an gilt Fritz Abegg als vermisst.

Häftlinge beim Lagerappell im KZ Mauthausen, wo Friedrich und Fritz Abegg inhaftiert waren.

In den Monaten vor der Verhaftung im Herbst 1944 liegt der Bauernhof der Abeggs inmitten eines heiss umkämpften Gebiets. Partisanen der Österreichischen Freiheitsfront (ÖFF) verüben im Umland eine Reihe von Anschlägen. Bei Leoben versuchen sie mehrmals die Bahnlinie zu sprengen, um den Nachschub der Wehrmacht für die Ostfront zu unterbrechen. Die Deutschen errichten Sperrgebiete und durchkämmen die ganze Gegend. Wenn sie Widerstandskämpfer erwischen, kennen sie keine Gnade. In seinem Buch *Die Partisanengruppe Leoben-Donawitz* schreibt Max Muchitsch, der selbst mitgekämpft hatte: «Obwohl der Terror der Nazis in den Betrieben, bei der Reichsbahn und in den verschiedenen Ämtern immer grösser wurde und eine Verhaftungswelle nach der andern immer neue Opfer forderte, konnten wir die Organisation weiter ausbauen und festigen.» Rückhalt finden die Kämpfer unter anderem bei Bauern in und um St. Peter-Freienstein.

Auch Fritz Abegg schliesst sich der Organisation Leoben-Donawitz an. Ein Familienfoto zeigt ihn als energisch dreinblickenden, entschlossenen jungen Mann. Es braucht nicht viel Fantasie, sich ihn als Widerstandskämpfer vorzustellen. Frieda engagiert sich ebenfalls. Max Muchitsch zählt sie in seinem Buch zu den «tapferen Frauen, die Medikamente und Sanitätsmaterial für die Partisanen sammelten oder im Kurierdienst, als Fernmelderinnen und als Sanitätshelferinnen arbeiteten». In den vorliegenden Akten deutet nichts darauf hin, dass die Eltern von den gefährlichen Einsätzen ihrer Kinder wussten oder selbst am Befreiungskampf teilgenommen hätten.

Sohn Walter und Mutter Aloisia, nach den Verhaftungen allein auf dem Hof zurückgeblieben, mit einem Pferdegespann bei der Arbeit um 1945.

Vater Friedrich Abegg, ein gebürtiger Kernser, hatte seinen Heimatkanton Obwalden kurz nach Ausbruch des Ersten Weltkriegs wegen der schlechten Wirtschaftslage verlassen, um in Österreich Arbeit zu suchen. Er heiratete die 19 Jahre jüngere Aloisia Birkner und verdingte sich zunächst als Melker auf verschiedenen Gutshöfen. 1917 kam Fritz zur Welt, 1919 Frieda, 1923 Walter und 1929 Werner. Zwei Jahre später konnten Friedrich und Aloisia, die jeden Schilling beiseitelegten, das «Zachgut» in Liesingau/Mautern pachten, dessen Erträge die Familie gut ernährten.

Nach dem «Anschluss» Österreichs ans nationalsozialistische Deutschland im März 1938 dauert es nicht lange, bis Funktionäre mit Hakenkreuzen an den Ärmeln auf dem «Zachgut» erscheinen und Friedrich auffordern, der NS-Bauernschaft beizutreten, was er ablehnt. Von da an gilt er als Staatsfeind und wird schikaniert. Werner erinnert sich Jahre später an eine Schilderung seines Vaters. Bei einer Hofbegehung habe ihm der Ortsgruppenleiter ins Gesicht geschrien: «Die Schweiz ist das Nest, in welchem jedes Attentat ausgebrütet wird, sie ist ein faules Gerippe, welches vom Erdboden weggefegt gehört!» Kurz zuvor hat der Schweizer Maurice Bavaud in München versucht, Hitler zu töten.

Als sich im Juni 1942 ein NS-Parteigänger um das «Zachgut» bewirbt, kündigt die «Deutsche Ansiedlungsgesellschaft» den Abeggs den Pachtvertrag. Sie weist ihnen das kleine Bauerngut «Im Tollinggraben» auf 1000 Metern Höhe im unwegsamen Berggebiet bei St. Peter-Freienstein zu. Dass sie überhaupt noch irgendwo unterkommen, verdanken sie der Fürsprache eines Gutsherrn, bei dem Friedrich früher als Melker arbeitete.

Am 15. August 1944 umstellt eine Einheit der Gestapo den Hof. Die Nazis haben aus der Bevölkerung Hinweise erhalten, dass sich die Abeggs im Widerstand engagieren. In der Scheune kommen Munitionsvorräte und Gewehre zum Vorschein. Mutter Aloisia muss hilflos zusehen, wie die Deutschen ihren Mann, die beiden Söhne und die Tochter mit Fäusten und Füssen traktieren und abführen. Sie beschlagnahmen alle Tiere, Futtervorräte und Lebensmittel. Bevor sie abziehen, sprengen sie die Munition. In Leoben misshandeln die SS-Schergen die Hauptverdächtigen Fritz und Frieda brutal, um ihnen weitere Namen von Partisanen zu entlocken. Als Fritz regungslos in einer Blutlache liegt, sagt einer zu Frieda: «Der ist erledigt.»

Der Schweizer Generalkonsul in Wien erfährt schon nach wenigen Tagen von der Verhaftung und erkundigt sich bei der Aussendienststelle der Gestapo Leoben über die Gründe. Der verzweifelten Mutter rät er, einen Anwalt beizuziehen, das Generalkonsulat selbst sei «nicht in der Lage, einen solchen beizustellen».

Nach einem Monat im Gefängnis wird Frieda mit einem sogenannten Sondertransport von Graz ins KZ Ravensbrück deportiert und später ins Aussenlager Graslitz des KZ Flossenbürg in der Tschechoslowakei überführt. Den 15-jährigen Werner schafft die Gestapo zunächst ins KZ Flossenbürg und anschliessend ins KZ Buchenwald. Von dort schreibt er seiner Mutter, was seine Bewacher zulassen: Er sei gesund, und es gehe ihm gut. Sie schickt ihren Kindern Geld und Lebensmittel. Die Lebensmittel erhalten sie, das Geld verschwindet.

Kurz vor Kriegsende, im April 1945, kann sich Frieda in Graslitz einer geplanten Liquidierung von KZ-Häftlingen durch eine waghalsige Flucht entziehen und sich hinter einer Hecke verstecken, bis die Alliierten eintreffen. Werner wird nach rund achtmonatiger Gefangenschaft von US-Truppen aus dem KZ Buchenwald befreit. Anfang Juni kehren die Geschwister zu ihrer Mutter und ihrem Bruder Walter zurück, der sich von seinem Unfall mit dem Stier nur langsam erholt, aber auf dem Hof Schwerarbeit verrichten muss. Auch Frieda geht zum Arzt. Sie klagt über nervöse Beschwerden und Gallenkoliken. Er stellt eine Reizgallenblase, Lidflattern und Bewegungsstörungen verbunden mit Schweissausbrüchen fest – eine Folge der im KZ erlittenen Torturen und der Todesangst vor der Flucht.

Im Oktober 1945 trifft bei der Vertretung des Schweizerischen Generalkonsulats in Salzburg ein Brief von Aloisia Abegg ein. Sie bittet um Lebensmittel und Schuhe, um die gröbste Not der Familie zu lindern. Das Konsulat fordert sie auf, zusätzliche Informationen zu liefern. Sie schreibt:

Mein Mann, geb. am 6. Oktober 1879, ist im K.Z. Lager Mauthausen gestorben. Mein Sohn Fritz Abegg, geb. am 30.7.1917, wurde angeblich nach der

Befreiung vom K.Z. Mauthausen durch das Internationale Rote Kreuz in die Schweiz gebracht. Da er krank und sehr schwach war. Werner kam vom K.Z. Buchenwald am 4.6.45 nach Hause. Frieda kam vom K.Z. Graslitz am 6.6.45 nach Hause. Frieda ist nicht ganz gesund, doch auf der Besserung. Walter ist zu Haus u. ziemlich gesund. Um meinen Sohn Fritz hab ich durchs rote Kreuz angefragt. Habe aber noch keine Antwort. Durch die Russenbesetzung haben wir gelitten. Jetzt sind die Engländer hier. Ich danke für Ihre Mühe u. zeichne mit Achtungsvollem Schweizergruss, Abegg Aloisia.

Der Schweizer Delegierte in Salzburg bittet das Politische Departement in Bern um Abklärungen zum Verbleib des Sohnes Fritz. Dieses zieht bei der Zentralstelle für Ausländerfragen, der Schweizer Grenzkontrolle und beim Kriegsfürsorgeamt Erkundigungen ein – ohne Erfolg. Anfragen bei Verwandten in Obwalden, ob er sich dort gemeldet habe, bleiben ebenfalls ergebnislos. Inzwischen erfährt Aloisia Abegg von ihrem Nachbarn Zündmeier, der ebenfalls im Aussenlager Ebensee gefangen war, dass Fritz nach der Befreiung «nicht marschfähig» gewesen sei. Fritz habe zu ihm gesagt, «jetzt, bei den Amerikanern, da geht es mir nicht schlecht und ich warte, bis ein Zug verkehrt».

Während das Schweizer Konsulat in Frankfurt den Suchdienst «International Tracing Service» (ITS) in Bad Arolsen um Hilfe bittet, wendet sich die Wiener Niederlassung ans österreichische Rote Kreuz, das Nachforschungen einleitet, die aber ergebnislos bleiben; man müsse sich gedulden, bis die Mauthausener Dokumente komplettiert seien. Von österreichischen Freiheitskämpfern erfährt Mutter Aloisia derweil, dass Fritz nach der Befreiung in einem Auto fortgebracht worden sei, «in welchem sich Franzosen befanden». Sie vermutet ihn deshalb in Frankreich und bittet die Vertretung in Wien, die Pariser Niederlassung einzuschalten – doch auch hier ergibt sich nichts. Kurz darauf geht eine Meldung des ITS ein: «We regret to inform you that we have been unable to locate the missing person.»

Für die Mutter muss die Ungewissheit um das Schicksal ihres Ältesten schlimm sein, so unerträglich, dass sie sich an jeden Strohhalm klammert. Sie schildert dem Wiener Konsulat im Dezember 1949 eine merkwürdige Begebenheit, wiederum in einem der vielen Briefe, die von ihr erhalten geblieben sind:

Es hat vielleicht nicht viel Sinn, aber doch will ich von einem Ereignis berichten. Ende Juli dieses Jahres kam bei unserer Feldarbeit ein Mann in unsere Nähe. Wir kümmerten uns nicht um ihn, da wir ihn für einen Engländer hielten. Am nächsten Tag sagte uns eine Nachbarin, sie habe an des Mannes Gesichtszügen genau unseren Fritz erkannt. Wir haben daraufhin in Leoben bei den Engländern angefragt, aber ohne Erfolg [...] Ich weiss nun nicht mehr, wo ich anfragen soll und doch glaube ich, er müsste in Österreich zu finden sein. Ich bitte meine ungenaue Mitteilung zu entschuldigen und grüsse in Hochachtung, Abegg Aloisia.

Alexander Abegg, 1972 geboren, ist der Enkel von Frieda. Der schweizerisch-österreichische Doppelbürger wohnt mit seiner Frau und zwei Töchtern in St. Peter-Freienstein. Er unterhält das Familiengrab mit dem schwarzen Marmorstein, auf dem ein Eintrag besonders auffällt: «Fritz Abegg, geb. 30.7.1917, vermisst seit KZ Haft in Mauthausen-Ebensee». Alexander Abegg fährt seinen Besucher mit dem Auto bereitwillig zum Hof «Im Tollinggraben», wo seine Vorfahren lebten. Die Naturstrasse führt ungefähr 3 Kilometer hoch durch dichten Wald, man denkt unwillkürlich: richtiges Partisanengebiet. Die neuen Besitzer haben die Scheune, in der damals die Munition lagerte, längst abgerissen und das ehemalige Bauernhaus zu einem Feriendomizil umgebaut. Alte Fotos vermitteln jedoch eine Vorstellung davon, wie bescheiden die Verhältnisse damals gewesen sein müssen.

Zu Hause bewahrt Alexander Abegg in Holzschachteln und Plastikbehältern Bilder, Briefe und Dokumente auf. Seine Unterlagen und Erinnerungen helfen, die wechselvolle Geschichte der Familie nach dem Krieg zu rekonstruieren.

Am 13. November 1949 bringt die inzwischen 30-jährige Frieda ein uneheliches Kind zur Welt: Gottfried, Alexanders Vater. Die Abeggs ziehen ihn gemeinsam auf, weil sich der Vater des Kindes, ein junger Arbeiter aus der Gegend, nicht um den Kleinen kümmert.

Das Schicksal meint es weiterhin nicht gut mit der Familie. Als Schweizerin erhält Aloisia in Österreich keine KZ-Witwenrente, und in Deutschland haben sie und ihre Kinder kein Anrecht auf Entschädigung, weil sie nicht innerhalb der Grenzen der Bundesrepublik leben. Die daraufhin angerufene Schweizerische Kommission für Vorauszahlungen an die Opfer der nationalsozialistischen Verfolgung entsendet am 7. April 1960 einen Vertreter nach St. Peter-Freienstein, um abzuklären, ob Abeggs in der Lage wären, mit einer grösseren Entschädigungssumme umzugehen. Noch ehe der Beamte eintrifft, stirbt der gesundheitlich angeschlagene Walter im Landeskrankenhaus an einem Aortariss. Die Ärzte gehen von einer Spätfolge der damaligen Stierattacke aus. In seinem Bericht lobt der Inspizient, die Familie lebe «äusserst sparsam» und gebe nur Geld «für die unumgänglich notwendigen Lebensmittel aus». Sie habe 128 000 Schilling gespart [rund 20 000 Franken, d. Verf.], die auf drei Sparbüchern lägen, und erwäge, mithilfe der Entschädigung des Bundes einen eigenen Bauernhof zu kaufen.

Etwa zur selben Zeit bringt der Postbote einen Brief des Sonderstandesamts Arolsen auf den Hof. Aloisia öffnet ihn und hält die Todesbescheinigung ihres Sohnes Fritz in Händen – nach 15 Jahren Hoffen und Bangen. Er sei zwischen dem 15. und 16. Mai 1945 gestorben, liest sie, Tag und Stunde seien nicht bekannt. Basis für diese Information ist eine Totenliste aus polnischer Quelle, auf der Fritz Abegg als «Abek Frat»

Gottfried, Aloisia, Frieda und Werner Abegg um 1970.

mit der Häftlingsnummer 103912 aufgeführt ist – die 7 seiner Häftlingsnummer 103972 wurde fälschlicherweise als 1 interpretiert.

Mit der Entschädigung, die sie aus der Schweiz erhalten, kaufen die Abeggs dann doch keinen Hof. Friedas Sohn Gottfried wird mit 23 Vater und lebt fortan mit seiner Familie im Tal. Er stirbt schon mit 37 Jahren. Da ist sein Sohn Alexander erst 14. Er verliert in den folgenden Jahren den Kontakt zu seiner Grossmutter Frieda und seinem Grossonkel Werner. 1995 müssen die beiden Geschwister den Hof «Im Tollinggraben» nach mehr als 50 Jahren verlassen. Sie ziehen miteinander in eine Mietwohnung.

Alexander Abegg sagt, seines Wissens hätten weder Frieda noch Werner im Familienkreis jemals ausführlich über ihre Erlebnisse in den Konzentrationslagern gesprochen. Doch als Ende 1996 in einer Lokalzeitung ein verharmlosender Artikel über das Hitler-Regime erscheint, bricht der inzwischen 67-jährige Werner sein Schweigen und schreibt dem Verfasser:

Ich sehe mich dazu berufen, zu Ihren Druckerzeugnissen Stellung zu nehmen. Weil ich den vielen Nazi-KZ-Opfern, die ich als grosse Haufen nackter Leichen in meiner Haftzeit in den KZ-Lagern Flossenbürg und Buchenwald als damals 15-Jähriger täglich gesehen habe, verpflichtet bin!!! Und weil Sie nicht zu der falschen Meinung gelangen sollen, dass Sie mit Ihren Schriften meine aus bitterster persönlicher Erfahrung stammende Meinung über das Nazi-Blutregime mit seiner bewaffneten Macht irgendwie verändern konnten. Niemand kann mir die lebenslange Erinnerung an die gefürchteten Uniformen der SS-Mörder, die uns wie Schlachtvieh durch das Lager gejagt haben, wegwischen. Und niemand kann den grausamen Tod meiner Angehörigen in Mauthausen ungeschehen machen. Das Einzige, was man ihnen nach einem Leben voll harter Arbeit und christlicher Ehrlichkeit vorwerfen konnte, war, dass sie keine Nazis waren. Nehmen Sie das zur Kenntnis und unterlassen Sie es wenigstens in Zukunft, eine vergangene Macht zu rühmen, die so viel Unrecht und Unglück über unschuldige Menschen gebracht hat.

Von den vier Abegg-Kindern hat keines geheiratet. Alexander Abegg geht davon aus, dass die ganze Familie wegen der Verfolgung durch die Nazis schwer traumatisiert war: «Ich glaube, sie haben sich von der Welt abgewandt und nur noch ihren Angehörigen sowie einigen wenigen Nachbarn vertraut.»

Frieda stirbt am 4. März 1999 mit 79 Jahren, Werner als 71-Jähriger am 3. August 2000.

Quellen: Gespräche mit Alexander Abegg am 9. und 10. Mai 2018 in St. Peter-Freienstein, umfangreiche Familienakten; Schweiz. Bundesarchiv, Bern: E2200.53-04#1000/1768#572*, E2001-08#1978/107#74*, E2200.53-05#1977/146#244*; Anzenberger, Werner; Ehetreiber, Christian; Halbrainer, Heimo (Hrsg.): *Die Eisenstrasse 1938-1945: NS-Terror – Widerstand – neues Erinnern*. Graz 2013; Halbrainer, Heimo: *Archiv der Namen: ein papierenes Denkmal der NS-Opfer aus dem Bezirk Leoben*. Graz 2003; Muchitsch, Max: *Die Partisanengruppe Leoben-Donawitz*. Wien 1966; Freund, Florian: *Arbeitslager Zement. Das Konzentrationslager Ebensee und die Raketenrüstung*. Wien 1991; Hördler, Maria u. Prenninger, Alexander: «Verstreute Quellen – verlässliche Quellen», in: *Gedenkbuch für die Toten des KZ Mauthausen. Kommentare und Biografien*. Wien 2016.

Gino Pezzani

Die Nationalsozialisten deportieren ihn aus Frankreich ins KZ Sachsenhausen nördlich von Berlin. Wieder in Freiheit, legt Gino Pezzani detailliert Zeugnis ab.

Ich trete ins Büro des SS-Chefarztes ein. Auf dem Tisch vor ihm liegt ein Telegramm. Ich kann es nicht entziffern.

«Sind Sie Gino Pezzani?»

Ja, sage ich.

«Sind Sie gesund? Haben Sie etwas zu sagen über Ihr Kommando?»

Ich habe nichts zu berichten, antworte ich. Aus Erfahrung weiss ich, wie ich mich gegenüber diesen Leuten zu verhalten habe.

Mir wird befohlen abzutreten.

Das war's.

Wenig eigentlich. Aber genug, um zu wissen: Jemand ausserhalb des Lagers interessiert sich für mich. Vielleicht das Rote Kreuz? Der Konsul? Vielleicht die Botschaft in Berlin? Die Meldungen, die ich heimlich aus den Lagern Fresnes und Neue Bremm abgeschickt habe, sind sie vielleicht angekommen? Das Herz weitet sich vor Hoffnung.

Als der 33-jährige Gino Pezzani am 29. Januar 1945 aus dem Büro des SS-Lagerarztes tritt, herrscht im KZ Sachsenhausen Ausnahmezustand. Die Lager im Osten sind aufgelöst worden. Allein im letzten Monat hat

Bis zu seinem Tod verarbeitete der Tessiner Maler Gino Pezzani seine Erlebnisse in Gemälden – wie hier den «Todesmarsch».

die SS rund 10 000 Häftlinge aus Auschwitz in Güterwagen ins KZ Sachsenhausen verlegt. Der Hunger wird immer unerträglicher.

Gino Pezzani ist seit fast einem Jahr in Sachsenhausen. Und seit über 600 Tagen in den Händen der SS. Am 3. Mai 1943 haben ihn Gestapo-Beamte wegen Spionageverdachts an seinem Wohnort im südfranzösischen Agde verhaftet, wo er als Übersetzer für die Deutschen gearbeitet hatte. Sein Leidensweg führt ihn quer durch Frankreich und Deutschland. Vom Folterkeller in der Rue des Saussaies Nr. 11 in Paris in die Zellen des Gestapo-Gefängnisses von Fresnes, weiter in das Lager Neue Bremm bei Saarbrücken und die Gefängnisse von Trier, Hannover, Hamburg und Berlin-Alexanderplatz bis ins KZ Sachsenhausen. «Wir schicken Dich an einen Ort, von wo man nicht mehr lebend zurückkommt», haben ihm die Folterknechte der Gestapo in Paris gesagt.

Ende Januar 1945 ist der Tod in Sachsenhausen allgegenwärtig. Die SS hat damit begonnen, gezielt Häftlinge zu ermorden. Bei der Räumung des Lagers sollen jene tot sein, die die SS als «gefährlich» einstuft. Gino Pezzani lebt noch. Und er verspürt wieder Hoffnung. Jemand von draussen interessiert sich für ihn!

Was Gino Pezzani hoffte, was er dachte und fühlte – das wissen wir, weil er etwas Aussergewöhnliches hinterlassen hat. 1949 erscheint in einem kleinen Tessiner Verlag sein Buch *Notte e Nebbia! – Odyssee durch die Lager des Schreckens in Deutschland*. Der Titel bezieht sich auf die sogenannten Nacht- und Nebel-Häftlinge, des Widerstands verdächtigte Personen, die gemäss einem Erlass Hitlers von 1941 spurlos zum Verschwinden gebracht werden sollten. Sie wurden heimlich deportiert und von der Aussenwelt isoliert. Gino Pezzani illustriert seine Erzählung mit eigenen Zeichnungen. Das Buch bleibt von der Öffentlichkeit unbemerkt.

Nicht alles, was Pezzani erzählt, ist überprüfbar. Einige Aussagen änderte er im Lauf der Zeit. So heisst es in *Notte e Nebbia*, er habe nie gegen die Nazis spioniert, später gibt er an, unter dem Tarnnamen «Petit Louis» für die Résistance tätig gewesen zu sein. Es soll Pezzani sein, der hier sein Schicksal erzählt. Die kursiven Passagen stammen alle aus *Notte e Nebbia* und sind nur leicht redaktionell bearbeitet.

Gino Pezzani stammt aus einer Tessiner Familie. Sein Heimatort Biogno-Beride liegt knapp 9 Kilometer westlich von Lugano. Mit 22 wandert der Restaurateur nach Frankreich aus. In Toulon besucht er eine Kunstakademie und lässt sich in Agde, 45 Kilometer südwestlich von Montpellier, als Kunst- und Strassenmaler nieder. Wochenlang segelt er mit seinem Boot «Tati 2» über das Mittelmeer. Später gibt er an, mit dem Boot Flüchtlinge des Spanischen Bürgerkriegs nach Frankreich geschleust zu haben. Auch das lässt sich nicht überprüfen. Sicher ist: Gino Pezzani liebt die Freiheit.

Häftlingsnummer von Gino Pezzani im KZ Sachsenhausen. «Sch.» steht für Schweizer.

Sachsenhausen bei Oranienburg, 30 Kilometer nördlich von Berlin, ist darauf ausgelegt, den Häftlingen sämtliche Freiheiten zu nehmen. Das KZ ist ein Musterlager der nationalsozialistischen Vernichtungspolitik. 1936 erbaut, gemäss Befehl des Reichsführers-SS Heinrich Himmler als ein «vollkommen neues, jederzeit erweiterungsfähiges modernes und neuzeitliches Konzentrationslager». Von 1936 bis Kriegsende quälen die Nazis hier rund 200 000 Menschen. In den Jahren 1939/40 ist Sachsenhausen das grösste Konzentrationslager überhaupt. Die genaue Zahl der Toten kennt bis heute niemand. Historiker schätzen sie auf 35 000 bis 40 000.

In Sachsenhausen beuten die Nationalsozialisten die Häftlinge entweder als Arbeitssklaven aus, bis sie vor Erschöpfung sterben. Oder sie töten sie direkt, mit allen Methoden, die das NS-Vernichtungssystem kennt: Vergasen, Erschiessen, Hängen, Erschlagen, den Hunden zum Frass vorwerfen.

Gino Pezzani trifft am 13. April 1944 im Alter von 32 Jahren in Sachsenhausen ein.

Die bewaffnete SS-Wachmannschaft hatte uns am Bahnhof Oranienburg empfangen. In einer Fünferreihe lassen sie uns in Richtung Lager marschieren. Unter Beschimpfungen und Misshandlungen laufen wir vorbei an Villen der SS.

Das Lager Sachsenhausen ist umgeben von einer vier Meter hohen Mauer, auf die Stacheldrähte gezogen sind, die unter Hochspannung stehen. Ein grosses Eisentor wird von der SS Wachtmannschaft geöffnet. Dann hebt sich eine Barriere.

Wir gehen immer im Marschschritt noch hundert Meter und befinden uns dann vor dem eigentlichen Eingang. Wir stehen vor der Lagerkommandantur.

Im zweiten Stock verbindet eine Passerelle die beiden Flügel des Gebäudes. Dort stehen vier SS-Leute, die ein Maschinengewehr und drei gewaltig starke Scheinwerfer bedienen. Sie haben sogar einen Steuerungsapparat für die Starkstromdrähte, die das Lager sichern. Bevor man ins eigentliche Lager tritt, passiert man den Kontrollposten unter dem massiven Eingangsgebäude. Ein kolossales, geschweisstes Tor. In weissen, schmiedeeisernen Lettern steht dort «Arbeit macht frei». Welch reinste Blasphemie! In Tat und Wahrheit ist es Dantes Höllentor, das wir durchschreiten.

Das Lager versetzt die Ankömmlinge schon von aussen in Angst und Schrecken. Es ist der gewollte Effekt einer Architektur der totalen Kontrolle. Von der Maschinengewehrposition auf der Lagerkommandantur kann jeder Winkel des Lagers beschossen werden. Wer hier eintritt, so die Botschaft, der gibt die Hoheit über sein Leben ab.

Gino Pezzani erhält die Nummer 77192 und ein rotes Dreieck, das ihn als politischen Häftling markiert. Dazu sind die Buchstaben «Sch.» auf seine Jacke genäht, ein Hinweis auf seine Nationalität. Als «Nacht- und Nebel»-Häftling ist er in Sachsenhausen einem besonders schweren Haftregime unterworfen, ihm ist jeder Briefkontakt untersagt. Pezzani glaubt, die Härte sei auf seinen Schweizer Pass zurückzuführen.

Die Polen, die Belgier, die Holländer und ab und zu auch die Franzosen erhalten Pakete vom Internationalen Roten Kreuz in Genf. Aber ich, der ich Schweizer bin, darf keine Pakete erhalten.

Jedes Mal, wenn Pakete ankommen, nehme ich an der Verteilung teil und muss mich damit begnügen, den anderen beim Rauchen der Schweizer Zigaretten «Capitol» zusehen zu müssen, oder wie sie die Kondensmilch trinken oder den Käse essen, den ihnen die Schweiz mit Hilfe des Roten Kreuzes grosszügig zukommen liess!

Jedes Paket des Internationalen Roten Kreuzes ist von einer Adresskarte begleitet. Um das Rote Kreuz in Genf über meine Anwesenheit im Lager zu benachrichtigen, erhalte ich von einem Holländer eine dieser Karten. Ich schreibe darauf meinen Namen und meine Adresse und füge sie den Hunderten von Karten bei, die auf den Versand warten. Endlich kann ich mich beim Roten Kreuz anmelden.

Drei Tage später wird die Karte an Pezzanis Block zurückgeschickt mit dem Vermerk: «Schreibverbot». Die Briefe an seinen Vater kommen ebenfalls retour.

Die Schweiz ist über das Schicksal Pezzanis früh unterrichtet. Das Schweizer Konsulat in Marseille erfährt bereits Anfang Mai 1943 von seiner Verhaftung. Ab dann lassen sich regelmässige diplomatische Briefwechsel zum Fall Pezzani nachweisen, die darin gipfeln, dass die Deutsche Gesandtschaft in Bern am 25. August 1944 anbietet, Pezzani könne «nach der Äusserung der zuständigen inneren Stelle [...] gegen entsprechende Gegenleistung für den Austausch nach der Schweiz zur Verfügung gestellt werden». Es ist möglich, dass Pezzanis Aufgebot zum Lagerarzt im Januar 1945 in Zusammenhang mit diesem Gefangenenaustausch steht. Klar ist: Es kommt nicht dazu. Aus welchen Gründen, lässt sich nicht mehr rekonstruieren.

In Sachsenhausen hat Pezzani Glück im Unglück. Er ist in einer «Norweger-Baracke» untergebracht. In Sachsenhausen sind zeitweise 1550 norwegische Häftlinge inhaftiert – sie bewohnen eigene Baracken wie den Block 25, dem auch Pezzani zugeteilt ist. Die Norweger zählen zu den privilegierten Häftlingen von Sachsenhausen. Sie dürfen Nahrungsmittelpakete und Geld empfangen. Davon profitiert auch Gino Pezzani.

Im Block der Norweger kann ich oft die Suppe oder das Stück Brot vom Frühstück verschlingen, das von einem Kameraden stammt.

Pezzani beschreibt die Norweger als «gut erzogen und ruhig». Er nimmt seinen Mithäftlingen oft Arbeiten ab oder führt heimlich Zeichenarbeiten aus, um im Gegenzug Lebensmittel oder Zigaretten zu erhalten. Die Einteilung in den Block 25 hat Pezzani gemäss eigenen Aussagen dem Barackenchef Hans Zimmermann zu verdanken. Zimmermann ist in Basel aufgewachsen, spricht Dialekt, ist aber Deutscher. Der 44-Jährige ist bereits seit dem 3. Februar 1937 in Sachsenhausen und in dieser Zeit innerhalb der KZ-Hierarchie zum «Funktionshäftling» aufgestiegen. Diese übernehmen im Lagersystem der Nationalsozialisten Kontroll- und Überwachungsfunktionen – und erhalten im Gegenzug Privilegien. Sie verfügen über viel Macht, solange sie die Befehle der SS befolgen. Zimmermann ist in seinem Block berüchtigt. Er gilt als brutal und grausam. Für Pezzani aber sorgt er.

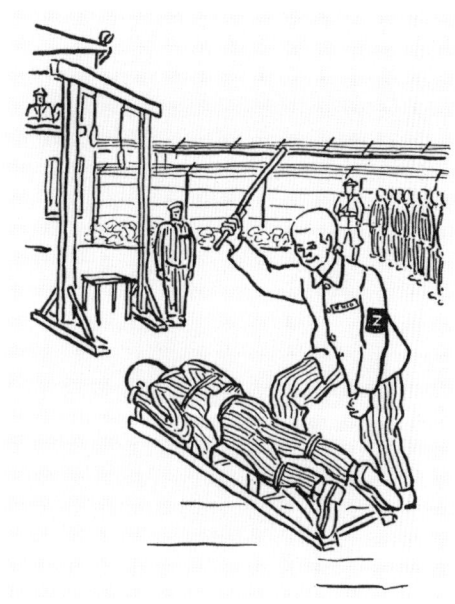

1949 veröffentlicht Gino Pezzani seine Erlebnisse in Sachsenhausen und illustriert sie mit Zeichnungen: Ein Funktionshäftling schlägt einen festgebundenen KZ-Insassen.

Gino Pezzani wird im KZ sofort zur Arbeit gezwungen. Eines seiner Arbeitskommandos heisst «Schützengilde».

Das Arbeitsamt, das es im Lager gibt, hat mich in dieses Kommando eingeteilt, das zwei Kilometer vom Lager entfernt liegt. Wir gehen um sieben Uhr in der Früh im Marschschritt los und werden von den SS und den Hunden begleitet. Ich leide noch immer unter wundgescheuerten Füssen. Es mangelt mir an Socken. Ich muss mir mit Papierstreifen aushelfen.

Beim Kommando «Schützengilde» hat es Arbeit für alle. Man baut Baracken für die SS, ersetzt die Kasernen, die von der Royal Air Force bombardiert worden sind.

In der Gegend befinden sich viele kriegswichtige Einrichtungen. In unmittelbarer Nähe des Kommandos «Schützengilde» liegt zum Beispiel das Schloss Friedenthal. Die Waffen-SS nutzt den Gutshof aus dem 19. Jahrhundert als Agentenschule. Sie steht seit 1943 unter dem Kommando des SS-Hauptsturmführers Otto Skorzeny, den die NS-Propaganda zum Helden hochstilisiert, weil er die Befreiung des italienischen Faschistenführers Benito Mussolini am Gran Sasso kommandiert hat.

Unter den SS, die uns jeden Abend ins Lager zurückführen, befindet sich auch ein Tessiner. Er sagt mir leise, er sei aus der Schweiz geflüchtet, um sich der Verhaftung zu entziehen. Er habe sich der Waffen-SS angeschlossen, um in Deutschland leben zu können. Er bietet mir an, mich vom Lager zu befreien mittels Fürsprache bei seinem Kommandanten Skorzeny. Ich müsste ihm nur schriftlich meinen Namen und die Zusammenfassung meines Falls geben. Ich lehne empört ab! Besser sterben als Opfer des Nazismus, als in der Uniform der SS.

Ein Wachhund der SS greift einen Häftling an.

Während seiner Zeit in Sachsenhausen arbeitet Pezzani in mindestens vier Kommandos. Kurz nach der Ankunft wird er im Quarantäne-Block bei der gefürchteten Strafkompanie «Schuhprüfstrecke» eingeteilt. Dort lässt das Reichsamt für Wirtschaftsausbau seit dem Frühjahr 1940 Schuhe für die Wehrmacht testen. Rund um den Appellplatz verläuft eine 700 Meter lange Bahn, die in verschiedene Abschnitte mit unterschiedlichen Strassenbelägen eingeteilt ist: 58 Prozent Betonpiste, 10 Prozent Schlackenweg, 12 Prozent Sandgruben, 8 Prozent Lehmweg, 4 Prozent Splitt, 4 Prozent Schotter, 4 Prozent Pflaster. Pro Häftling und Tag erhält das Reichsamt von privaten Schuhherstellern eine Entschädigung von 6 Reichsmark. Dafür marschieren täglich 80 bis 120 Häftlinge 30 bis 40 Kilometer, bepackt mit Rucksäcken voller Sand. Jeden Tag brechen mehrere der geschwächten und unterernährten Häftlinge zusammen. Die Aufseher verteilen manchmal absichtlich Schuhe, die zu klein sind.

Gegen Ende seiner Zeit in Sachsenhausen wird Pezzani auch noch dem Kommando «Hundezwinger» zugeteilt.

Dort werden Hunderte von Hunden aufgezogen. Es sind unsere Wachhunde und diejenigen, die an der Front eingesetzt werden. Sie tragen auf den Rücken links und rechts zwei Stoffscheiben, auf denen schwarz aufgestickt das Kürzel «SS» prangt. Das Kommando Hundezwinger ist eines der besten angesichts der Tatsache, dass der Häftling, der in diesem Kommando arbeitet, eine zusätzliche Ration Suppe und Biscuits essen darf, die für die Hunde bestimmt sind.

Als Arbeitsort mag das Kommando Vorteile bringen, doch es wird immer wieder zum Schauplatz schrecklicher Vorfälle. So holt SS-Hauptscharführer Gustav Sorge einmal vor den Augen des Lagerkommandanten einen Häftling aus dem Arrestraum und wirft ihn in den Zwinger zu den Bluthunden. Sie zerfleischen den Mann.

Das Leben im KZ ist geprägt von der Alltäglichkeit des Terrors. Der Tag beginnt und endet mit dem Appell.

Dann stehen wir in Reih und Glied für den Appell. Er dauert eine Stunde, manchmal auch zwei Stunden und mehr. Es ist eine Tortur, in Achtungsstellung zu verharren, nachdem man schon elf Stunden auf den Füssen war, um zu arbeiten. Von Zeit zu Zeit, wenn der Appell vorbei ist, wohnen wir Hinrichtungen bei.

Für ein Todesurteil reichen Lappalien. Pezzani schildert, wie ein Ukrainer gehängt wird, weil er in einer Werkstatt ein Stück Leder von einer Tasche abgeschnitten hat, um damit seine Schuhe zu reparieren. Oder wie eine Hinrichtung durchgeführt wird, obwohl die Häftlingsnummer des Opfers nicht mit derjenigen des Mannes übereinstimmt, der hingerichtet werden soll.

Der Lagerkommandant betrachtete den Häftling, macht eine Geste der Gereiztheit und sagt: «Ein Fremder mehr oder weniger ...» und befiehlt, ihn zu hängen.

Jeder Häftling muss jederzeit damit rechnen, schikaniert oder bestraft zu werden. Oder zu sterben. Wegen Unregelmässigkeiten und Verdachts auf Schiebereien installiert die SS im Herbst 1944 eine «Sonderkommission», die am 11. Oktober 27 Häftlinge erschiessen und 102 ins KZ Mauthausen überführen lässt, viele von ihnen sind Funktionshäftlinge. Unter ihnen ist auch Pezzanis Blockchef Hans Zimmermann. Er wird im Mai 1945 in Österreich befreit.

Trotz permanenten Terrors schaffen es Häftlinge bis zum Schluss, sich heimlich zu organisieren und Informationen auszutauschen. Gino Pezzani ist bestens über den Kriegsverlauf informiert.

Ich kenne einen Kameraden, der in der Verschrottung für defekte Radios arbeitet. In seiner Baracke steht ein funktionierender Radioapparat, der den Wachen der SS dient, aber jeden Tag, wann immer er kann, das heisst, wenn die Wachen abgezogen werden, hört er Radio London! Jeden Abend geh ich in seinen Block, und er flüstert mir die neuesten Nachrichten der Alliierten ins Ohr. Ein anderer Kamerad aus Norwegen, der Coiffeur der SS ist, flüstert mir am Abend zu, was sich die SS erzählt haben, während er sie rasiert hat.

Verbotenerweise Radio zu hören ist weit verbreitet. Bei einer Razzia finden die Wachleute in einer Lagerwerkstatt sogar einen Matrizendrucker, der der Vervielfältigung der Radionachrichten dient.

Als Gino Pezzani am 29. Januar 1945 aus dem Büro des SS-Arztes von Sachsenhausen tritt, überschreitet die Rote Armee gerade die Vorkriegsgrenzen des Deutschen Reichs. Im Westen stehen die Alliierten am Rhein. Die ans Lager grenzende Stadt Oranienburg wird mittlerweile fast täglich bombardiert.

Mit grosser Befriedigung konstatieren wir, dass die Aktivität der Fliegergeschwader der Alliierten an Intensität gewinnt, während die deutschen Flugabwehrbatterien still bleiben.

Pezzani wird ausserhalb des Lagers als Bombenräumer eingesetzt, eine gefährliche Arbeit, die viele nicht überleben. Innerhalb des Lagers wird

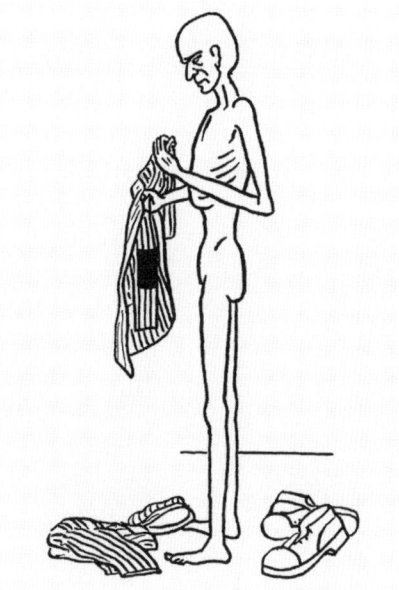

Zu dieser Zeichnung notiert Gino Pezzani: «Wir sahen aus wie Skelette.»

die Situation immer chaotischer. Es gibt kaum noch Nahrung. Im März werden die Norweger von Lastwagen des Schwedischen Roten Kreuzes abgeholt und evakuiert. Die Kommandantur vernichtet Akten und Karteikarten, um Spuren zu beseitigen. Pezzani schreibt über diese Zeit:

Die Gaskammer und das Krematorium laufen rund um die Uhr.

Im Hintergrund arbeiten die SS-Lagerleitung und ihre Vorgesetzten bereits seit Anfang 1945 an Räumungsplänen für Sachsenhausen. Einer sieht vor, das Lager durch Bomber oder Artilleriebeschuss selbst zu zerstören und die Häftlinge so umzubringen. Ein anderer, das Gelände zu verminen und die Gebäude beim Anrücken des Feindes zu sprengen. Keiner dieser Pläne wird umgesetzt.

Am Morgen des 21. April erreicht uns der Befehl, das Lager zu evakuieren. Man bildet Kolonnen mit fünfhundert Häftlingen. Meine Kolonne verlässt das Lager um zwei Uhr nachmittags. Man verlässt Sachsenhausen Richtung Nordwesten.

33 000 Häftlinge sollen gruppiert nach Nationalitäten auf zwei Routen ins rund 175 Kilometer entfernte Schwerin marschieren. Die ersten Kolonnen erhalten noch Proviant. Die anderen nicht mehr. Im Lager bleiben rund 3000 Häftlinge zurück. Es sind vor allem Kranke. Am 22. April werden sie von der Roten Armee befreit. Viele sterben trotz medizinischer Betreuung in den Tagen und Wochen danach.

Die Kolonne mit Gino Pezzani quält sich langsam voran. Der Zug wird angeführt von 25 Häftlingen, die einen Karren mit Lebensmitteln und Material der SS-Wachmannschaft schieben. Hinter dem Wagen folgen erst die deutschen, dann die 135 französischen Häftlinge, zu denen auch Gino Pezzani gehört, danach holländische, polnische und russische Häftlinge. Alle 50 Meter läuft ein bewaffneter SS-Wachmann mit. Nach drei Tagen trifft die Kolonne auf einen Konvoi des Internationalen Komitees vom Roten Kreuz (IKRK), das mit einigen Fahrzeugen die Evakuierungsroute abfährt. Die SS hat das IKRK über die Räumung des Lagers informiert. Die Delegierten verteilen Lebensmittelpakete und ziehen sich wieder zurück.

Ich empfinde unsägliche Emotionen als ich feststelle, dass das Fahrzeug des Roten Kreuzes ein Schweizer Fahrzeug ist. Es trägt Nummernschilder des Kantons Genf. Zu unserer grossen Überraschung verteilen sie jeweils ein Paket auf vier Häftlinge. Wir bekommen zwar kein Brot, aber das bisschen Schokolade, Milch und Käse bewirkt in uns ein momentanes Hochgefühl.

Es sollten für Pezzani die letzten Lebensmittel für Tage bleiben. Die meisten Häftlinge sind zum Zeitpunkt der Evakuierung völlig entkräftet. In den letzten drei Tagen vor der Räumung haben sie keine Nahrung mehr erhalten. Pro Tag legen die Marschkolonnen zwischen 15 und 40 Kilometer zurück. Die Temperaturen liegen um den Nullpunkt. Übernachtet wird fast immer unter freiem Himmel. Es regnet oft.

Die Erschöpfung wird auf diesen «Todesmärschen» zum Instrument der nationalsozialistischen Vernichtungspolitik, schreibt die Historikerin Antje Zeiger. Das SS-Wachpersonal erschiesst zudem systematisch Häftlinge, die beim Marschtempo nicht mehr mithalten können:

Die Kolonne hatte am Eingang eines Dorfes gehalten. Wir essen Gras. Dann ertönt ein Pfiff, und wir stehen langsam auf. Ein, zwei Kameraden bleiben am Boden liegen. Sie sagen: «Lasst uns hier, wir können nicht mehr.» Der Sanitäter der SS tritt vor und macht sie mit einem Schuss aus dem Revolver kalt. Wir verstummen vor Entsetzen. Die Kameraden abschlachten, die nicht mehr weitergehen können, ist also die verbrecherische Aufgabe unseres Sanitäters!

Es ist unklar, wie viele Sachsenhausen-Häftlinge auf dem «Todesmarsch» nach Norden ihr Leben verlieren. Einige Schätzungen gehen von 6000 Opfern aus. Gesicherte Angaben existieren für mindestens 1500 Getötete. Pezzani schreibt:

Die Leichen der Kameraden, die rechts und links entlang der Strasse liegen bleiben, weisen uns den Weg.

Vom SS-Wachpersonal am 21. April 1945 auf dem «Todesmarsch» erschossener Sachsenhausen-Häftling.

Auch Delegierte des IKRK dokumentieren die Erschiessungen. Einer schreibt in einem Rapport: «Am Morgen des 22. April entdeckten wir die ersten 20 erschossenen Häftlinge am Strassenrand. Alle waren durch Kopfschuss getötet worden. In dem Masse, in dem wir vorankamen, stiessen wir auf eine immer grössere Anzahl von erschossenen Häftlingen am Strassenrand oder in den -gräben. Es war uns unmöglich, die genaue Anzahl der Getöteten in Erfahrung zu bringen. Auf unserer Strecke haben wir insgesamt mehrere Hundert Tote gesehen.»

Pezzani und seine Gruppe sind in der Nacht in einer Scheune unter Mörserfeuer geraten und haben den Ort fluchtartig verlassen. Sie stehen nun vor Parchim im heutigen Bundesland Mecklenburg-Vorpommern. Die Rote Armee hat Berlin befreit. Von Westen her rücken die Alliierten vor. Sie sind noch 20 Kilometer entfernt.

Am Abend des 4. Mai ist Pezzanis Treck blockiert. Flüchtlinge und Militär verstopfen die Strasse. Es sind nun genau zwei Jahre her, seit die Gestapo Pezzani in Agde verhaftet hat. Der Kommandant von Pezzanis Marschkolonne gibt den Befehl, an Ort und Stelle zu übernachten. Von den 500 Häftlingen, die in Sachsenhausen in Pezzanis Gruppe abmarschierten, leben nur noch ungefähr 300. Die Häftlinge versuchen zu schlafen, Gino Pezzani aber schläft nicht. Gegen 1 Uhr weckt er zwei Kameraden, die er Roger und Lachèvre nennt.

Langsam erheben wir uns und treten zwei Meter aus unserer Gruppe weg. Wir tun so, als müssten wir ein natürliches Bedürfnis befriedigen.

Die SS-Wachleute rauchen eine Zigarette nach der anderen und sprechen leise miteinander. Still verharren wir ein paar Minuten. Wir haben unsere Decken über die Schultern geworfen und verbergen unseren Kopf darunter. Leise schleichen wir nah an den Zivilfahrzeugen vorwärts. Unser Leben steht auf dem Spiel! Wir kriechen unter einem Lastwagen hindurch. Auf der andren Seite angekommen, erheben wir uns und gehen weiter, jeder für sich allein. Bevor wir auf der Hauptstrasse ankommen, biegen wir nach Süden ab, wo wir früher oder später auf die Alliierten stossen müssen.

Wir marschieren die ganze Nacht ohne Unterbruch weiter. Als der Tag anbricht, verstecken wir uns in einem Wald, um uns auszuruhen. Es ist unsagbar schön, die Luft der Freiheit einatmen zu können! Wir setzen die Flucht fort und gehen immer Richtung Süden im Schutz der Wälder. Plötzlich sehen wir durch die Bäume hindurch einen deutschen Panzer, über dem ein weisser Fetzen Tuch weht. Es ist wohl einer, der sich ergeben hat. Unsere Freude ist unsäglich. Wir gehen auf die Landstrasse hinunter, die durch verschiedene Fahrzeuge mit weisser Fahne verstellt ist. Links und rechts befinden sich Haufen von Waffen aller Kaliber. Wir stossen auch auf Soldaten der Wehrmacht, die uns mehr mit überraschten als mit feindlichen Augen betrachten. Wir gehen immer weiter und halten nur, wenn wir etwas Essbares finden. Wir stossen auf ein Dorf. Weisse Fahnen auch hier!

Wir sind frei.

Nach dem Krieg lebt Pezzani erst in der Stadt Zürich, später in Schlieren. In seinem Dossier der Kommission für Vorauszahlungen an schweizerische Opfer der nationalsozialistischen Verfolgung findet sich ein Bericht des Leiters der Psychiatrischen Universitätsklinik Zürich. Er beschreibt Pezzani als «gebrochenen Mann, der innerlich nicht mehr über die im Konzentrationslager empfangenen Eindrücke hinwegkommt». Pezzani malt bis zu seinem Tod im Jahr 2005 immer und immer wieder Motive aus dem KZ Sachsenhausen.

Quellen: Schweiz. Bundesarchiv, Bern: E2001-08#1978/107#1312*; Internationales Komitee vom Roten Kreuz: *Die Tätigkeit des IKRK zugunsten der in den deutschen Konzentrationslagern inhaftierten Zivilpersonen*. Genf 1947; Höft, Jennifer; Pape, Anika; Kotzan, Peter: *Liro. KZ-Nebenlager Lieberose*. Museum am Mahnmal Lieberose 1996; Kaienburg, Herrmann: *Der Militär- und Wirtschaftskomplex der SS im KZ-Standort Sachsenhausen-Oranienburg*. Berlin 2015; Morsch, Günter u. zur Nieden, Susanne: *Jüdische Häftlinge im Konzentrationslager Sachsenhausen*. Berlin 2004; Morsch, Günter: *Die Baracken 38 und 39*. Berlin 1995; Pezzani, Gino: *Notte e Nebbia!* Bellinzona 1949 (für dieses Buch übersetzt von Jakob Urech); Storeide, Annette: *Das Schreiben über die KZ-Gefangenschaft*. Oslo 2007; Weiss, Arnold: *Nacht und Nebel*. Berlin-Potsdam 1949; Zeiger, Antje: «Die Todesmärsche». In: *Befreiung Sachsenhausen 1945*. Berlin 1996.

Anna Böhringer-Bürgi

Die siebenfache Mutter aus Basel hat ihre Schweizer Staatsbürgerschaft nach der Heirat mit einem Deutschen verloren. Die Schweiz beharrt auf einem Landesverweis wegen «liederlichen Lebenswandels» und liefert die 54-Jährige gnadenlos den Nazis aus.

Drei Wochen nach Beginn des Zweiten Weltkriegs verhaftet die Basler Polizei die mit einem Landesverweis belegte Anna Böhringer, die an der Erlenstrasse 14 in der Nähe des Badischen Bahnhofs bei einer Witwe namens Tröger Zuflucht gesucht hat. Anna ist als Schweizerin in Basel aufgewachsen und hat dort fünf ihrer sieben Kinder geboren. Ihre Schweizer Staatsbürgerschaft hat sie nach der Heirat mit einem Deutschen verloren. Am 22. September 1939 schafft die Polizei sie als Ausländerin, die sich unbefugt in der Schweiz aufhält, über die Grenze nach Lörrach. Die Gestapo verhaftet sie und bringt sie ins KZ Ravensbrück, wo sie bis 1945 überlebt und nur zwei Monate vor der Befreiung des Lagers durch sowjetische Truppen stirbt. Auf der Zugangsliste des KZ vom 9. November 1939 steht neben der Häftlingsnummer 2339: «Böhringer, geb. Bürgi, Anna, 30.11.85, asozial».

Anna Bürgi, Tochter eines Eisengiessers und einer Hausfrau, ist eine schwierige Jugendliche: Mit 17 wird sie vom Basler Strafgericht wegen «Ehrbeleidigung» und mit 18 wegen einfacher Körperverletzung zu Bussen verurteilt, mit 19 ist sie schwanger und kommt wegen «liederlichen Lebenswandels» in ein Heim, aus dem sie entweicht. Noch minderjährig, bringt sie im Mai 1905 ihre erste Tochter, Alice, zur Welt. Ein uneheliches Kind ist zu jener Zeit eine Schande.

Wenig später heiratet sie in Basel den sechs Jahre älteren deutschen Maschinenmeister Arnold Böhringer. Das Zivilstandsamt trägt Anna als «Ladentochter» ins Eheregister ein. Mit knapp 22 bekommt sie ihr zweites Kind: Arnold. Gesellschaftliche Regeln kümmern sie nach wie vor wenig. Sie kommt mehrmals vor Gericht und wird verurteilt wegen Beschimpfung, einfacher Körperverletzung, «Vernachlässigung der schuldigen Pflege» ihrer beiden Kinder und schlechtem Leumund. Das genügt den Behörden von Basel-Stadt, um sie aus dem Halbkanton auszuweisen. Sie weicht nach Baselland aus.

Nach der Geburt ihres dritten Kindes – Julia – im April 1913 wird sie die heimliche Geliebte des 32 Jahre älteren, seit drei Monaten verwitweten Spenglermeisters Schaub, der ein Geschäft in der Stadt Basel führt und auch dort wohnt. Zu Beginn des Ersten Weltkriegs wird ihr Mann Arnold ins Deutsche Heer aufgeboten. Anna bleibt mittellos zurück. Schaub will ihr helfen und stellt sie trotz Kantonsverweises als Haushälterin an. Arnold Böhringer ist froh, dass sich der Spenglermeister, den er seit Längerem kennt, um seine Familie kümmert. Von der intimen Beziehung ahnt er nichts.

Annas Lage ist verzweifelt, auch wenn Schaub sie unterstützt. Sie muss drei Kinder im Alter von 3, 9 und 11 Jahren ernähren und dürfte sich eigentlich nicht mehr in der Stadt aufhalten – weder bei ihrem Vater noch bei ihrem Geliebten. Sie wird von der Polizei ertappt, was ihr weitere Strafen wegen «Verweisungsbruchs» und Konkubinats einträgt. Als sie kein Geld mehr hat, prostituiert sie sich in Lörrach, was ihr in der deutschen Stadt eine Verurteilung wegen «Gewerbsunzucht» einträgt.

Anfang 1917 bringt sie im Basler Frauenspital Anna zur Welt, ihr viertes Kind. Im Geburtsregister ist kein Vater eingetragen. Daraufhin verlängert die Stadt Basel den Kantonsverweis. Anna wohnt inzwischen in Reinach (BL) in der Nähe ihrer Schwiegermutter und bekommt kurz vor Ende des Ersten Weltkriegs ihr fünftes Kind: Margret. Als der elfjährige Arnold beim Diebstahl eines Handkarrens erwischt wird, beklagt sich ihre Schwiegermutter gegenüber der Polizei bitterlich: Der Knabe «vagante» in der Stadt herum und stehle, was ihm unter die Augen komme, um das Beutegut anschliessend zu verkaufen – Fahrräder, Kinderwagen, Gemüse, Hühner. Sie bittet dringend darum, ihn in einem Heim zu versorgen.

Obwohl mittellos, kann Anna in Reinach ein Haus kaufen. Sie trägt es im Grundbuch auf den Namen ihres Mannes ein, der seit Kriegsende in Lörrach lebt, weil ihn die Schweizer Grenzpolizei nicht mehr einreisen lässt. Die Anzahlung von 1500 Franken leistet ihr Liebhaber Schaub.

Die Polizeidirektion Baselland fragt den Reinacher Gemeinderat an, ob er sich mit einem versuchsweisen Aufenthalt des Ehemanns in der Schweiz einverstanden erklären könne oder ob er die Ausweisung Anna Böhringers samt ihrer Kinder nach Deutschland verlange. Es folgt ein Wink mit dem Zaunpfahl: «Letztere Massnahme dürfte am Platz sein.» Das Gesuch des Ehemanns wird daraufhin abgelehnt. Zu dieser Zeit ist Annas Tochter Alice im Spital Liestal wegen einer Geschlechtskrankheit in Behandlung.

Einige Frauen aus Reinach beklagen sich beim Regierungsrat in einem anonymen Brief über Annas Lebenswandel und fordern Massnahmen. Offiziell geht die Regierung nicht darauf ein, verfügt aber wenig später die Ausschaffung der ganzen Familie innerhalb 20 Tagen. Anna und ihre Kinder Alice (15), Arnold (13), Julia (7), Anna (3) und Margret (2) werden nicht nur unbefristet aus dem Kanton Baselland gewiesen, sondern auch aus der Schweiz. Als rechtliche Grundlage dient die eben erst eingeführte Verordnung des Bundesrats über die Kontrolle der Ausländer.

Der Basler Rechtsanwalt Fritz Böhringer (nicht mit Anna verwandt) erhebt beim Regierungsrat Einspruch gegen diesen harten Entscheid. Ob ihn Spenglermeister Schaub damit beauftragt hat, geht aus den Akten nicht hervor. Er rechne damit, dass der Ehemann doch noch eine Einreiseerlaubnis bekomme, argumentiert der Anwalt. Immerhin habe er bis zum Ausbruch des Ersten Weltkriegs 35 Jahre lang in Basel gelebt. Der Rekurs wird abgelehnt.

Anna muss mit ihren Kindern die Schweiz kurz vor Weihnachten 1920 verlassen. In Lörrach gerät sie erneut mit dem Gesetz in Konflikt: Beamtenbeleidigung, Diebstahl, verbotene Währungsgeschäfte, Betrug, gewerbsmässige Unzucht. Besuche bei ihrem kranken Vater in Basel tragen ihr ausserdem mehrere Strafen wegen «Verweisungsbruchs» ein.

Obwohl im September 1925 die Verbannung aus der Stadt Basel abläuft, darf sie sich nicht dort aufhalten, weil der Regierungsrat von Baselland ihr Gesuch, den unbefristeten Kantons- und Landesverweis ebenfalls aufzuheben, als unbegründet ablehnt. Daraufhin schreibt der Basler Detektiv Bertschi dem Bundesrat einen Brief und bittet um Verständnis für Annas Notlage. Ihr betagter Vater und dessen zweite Frau seien bereit, vorerst zwei der fünf Kinder bei sich in Basel aufzunehmen, sofern Anna ihnen den Haushalt besorge. Voraussetzung sei, dass Baselland die Landesverweisung aufhebe.

Das Eidgenössische Justiz- und Polizeidepartement (EJPD) fordert die Polizeidirektion Baselland zu einer Stellungnahme auf. Diese beharrt auf dem Kantonsverweis, erklärt sich aber mit der Aufhebung des Landesverweises einverstanden – unter der Bedingung, dass Anna im Ausland wohnen bleibe und nur zu Familienbesuchen nach Basel reise. Das Polizeidepartement Basel-Stadt weist diesen Kompromiss zurück, denn dann werde man «nur zu oft von der Anwesenheit dieser Person beglückt werden». Das EJPD fügt sich.

In der Folge wird Anna Böhringer in Lörrach wegen Beihilfe zur Abtreibung zu drei Wochen Gefängnis verurteilt. Sie bringt Ende November 1927 in Deutschland ihr sechstes Kind zur Welt: Gertrud, und im Mai 1929 ihr siebtes: Hulda.

Am 17. März 1931 lässt sie sich am Landgericht Freiburg i. Br. von ihrem Mann Arnold scheiden. Zusammen mit dem nunmehr 78-jährigen Spenglermeister Schaub reicht sie beim Justizministerium Karlsruhe das Gesuch ein, sie «vom Ehehindernis des Ehebruchs zu befreien». Beide bestätigen, seit beinahe 20 Jahren miteinander «intimste, noch fortdauernde Beziehungen» zu pflegen; diese wollten sie so bald als möglich legalisieren, um in der Schweiz zu heiraten. Es ist Schaubs letzter, verzweifelter Versuch, Anna und ihren Kindern die Rückkehr in die Heimat zu ermöglichen. Mit der Heirat bekäme sie ihre Schweizer Staatsbürgerschaft zurück. Doch daraus wird nichts: Schaub stirbt noch im selben Jahr. In seinem Testament setzt er Anna als Alleinerbin ein.

1933 übernehmen die Nationalsozialisten in Deutschland die Macht. Um Anna bleibt es zwei Jahre lang ruhig, möglicherweise, weil sie wegen des Erbes vorübergehend keine existenziellen Sorgen hat. Doch dann folgen weitere Verurteilungen in Freiburg und Lörrach, unter anderem wegen Hausfriedensbruchs, unehelichen Zusammenlebens und Betrugs. Sie verbringt mehrere Monate im Gefängnis.

Als Anna wieder einmal ihren Vater in Basel besucht, wird sie verhaftet und kommt vor Gericht. In der *Arbeiterzeitung* erscheint im Frühjahr 1939 nach der Verhandlung ein kritischer Leserbrief: Nicht einmal der Richter habe verstanden, warum die Ausweisung für diese Frau nach beinahe 20 Jahren nicht längst aufgehoben worden sei. Er habe der Verurteilten den Rat gegeben, «sich für die Aufhebung ernstlich zu wehren».

Nun nimmt Annas 34-jährige Tochter Alice, die inzwischen wieder in Basel lebt, das Heft in die Hand. Sie erwirkt bei der Polizeidirektion Baselland eine befristete Bewilligung, um zusammen mit Anna nach Bern reisen zu können. Alice hofft auf eine Wiedereinbürgerung ihrer Mutter in ihrem Heimatort Schelten im Berner Jura. Die beiden wollen auch bei Fremdenpolizeichef Heinrich Rothmund vorsprechen. Zurück in Basel erzählen sie, Rothmund habe ihnen eine wohlwollende Prüfung der Aufhebung des Landesverweises schriftlich zugesichert, weil Anna bei einer Rückschaffung nach Deutschland von den Nazis verfolgt würde. Auch der Kanton Bern habe ihnen Hoffnungen gemacht. Ob diese Behauptungen zutrafen oder das Produkt purer Verzweiflung waren, muss offenbleiben. Ein entsprechendes Schriftstück Rothmunds ist niemals aufgetaucht, und in den Berner und Basler Archiven sind keine Hinweise auf eine mögliche Wiedereinbürgerung zu entdecken.

In Basel schaltet sich der Rechtsanwalt Leo Mann ein und wird beim Regierungsrat Baselland vorstellig: Es ziehe Anna «mit allen Fasern in ihr erstes Heimatland zurück». Sie werde unverhältnismässig hart bestraft. Es gebe viele Fälle, in denen schwerere Delikte lediglich mit fünf bis zehn Jahren Landesverweisung geahndet worden seien. Annas Familie sei durchaus angesehen, drei Geschwister hätten in New York gut gehende Geschäfte und könnten ihr Geld zukommen lassen, sodass sie niemandem zur Last fallen würde. Der 71-jährige Vater wohne in Basel, habe jahrzehntelang in einer Basler Firma als Maschinist gearbeitet und geniesse einen einwandfreien Ruf, stehe inzwischen aber allein im Leben, sei krank und benötige dringend Hilfe. Seine Tochter könnte ihn pflegen und den Haushalt übernehmen: «Es wäre hart und unbillig, wenn eine Aufnahme der Beziehungen zwischen Vater und Tochter durch Landesverweis unterbunden würde.»

Der Vorsteher der Administrativabteilung des Polizeidepartements Basel-Stadt verfasst am 26. Juli 1939 zuhanden des Regierungsrats Baselland eine Stellungnahme. Er widerspricht der Darstellung des

Rechtsanwalts Mann, wonach Anna sich nichts mehr habe zuschulden kommen lassen. Sie sei seit ihrer Wegweisung aus der Schweiz in Deutschland nicht weniger als 13 Mal straffällig geworden und habe «immer einen sehr schlechten Eindruck hinterlassen». Einer geregelten Beschäftigung sei sie nie nachgegangen; sie habe sich immer von ihren jeweiligen Liebhabern aushalten lassen, und wenn dies nicht möglich gewesen sei, von den Einkünften aus strafbaren Handlungen gelebt. Die Stellungnahme schliesst mit persönlichen Verunglimpfungen: «Aus all dem ergibt sich mit aller Deutlichkeit, dass es sich bei der Böhringer um eine notorische Dirne und Rechtsbrecherin handelt […] Auf irgendwelches Entgegenkommen kann diese Person wirklich keinen Anspruch erheben. Eine Wiedereinbürgerung ist vollständig ausgeschlossen. Der Kanton Bern wird sich schwer hüten, ein solches Weibsbild wieder ins Berner Kantonsbürgerrecht aufzunehmen.»

Gestützt auf diese Einschätzung, schmettert der Regierungsrat Baselland das Gesuch am 8. August 1939 ab. Am 1. September beginnt der Zweite Weltkrieg, am 22. September wird Anna Böhringer ausgeschafft, von der Gestapo verhaftet und am 9. November ins KZ Ravensbrück überführt.

Offensichtlich haben weder Rechtsanwalt Mann noch Annas Angehörige Kenntnis von dieser Deportation. Denn einen Monat nach der Abschiebung bittet Mann die Polizeidirektion Baselland «im Namen und Auftrage der Anna Böhringer, zur Zeit wohnhaft in Lörrach/Neukirch, um eine ‹Tolloranzbewilligung›, zeitlich beschränkt auf 14 Tage, damit die Böhringer in die Lage versetzt ist, während dieser Zeit sich in der Schweiz aufzuhalten». Der Gesundheitszustand des Vaters habe sich verschlimmert: «Der alte, kranke Vater sehnt sich nach seiner Tochter, er möchte Solche gerne einmal sprechen.» Annas Tochter Alice doppelt nach und bittet darum, der Mutter die Grenze zu öffnen.

Die Basler Stadtregierung, die den Fall nach wie vor aufmerksam verfolgt, ersucht die Kollegen vom Land, hart zu bleiben. Gravierende Konsequenzen nehmen sie in Kauf: «Wenn die Böhringer nun ereilt, was sie schon längst verdient hat, hat sie dies nur ihrem unmoralischen Lebenswandel zuzuschreiben. Leute dieser Sorte haben auch in der Schweiz Zwangsmassnahmen zu gewärtigen.»

Am 24. November 1939 schickt Alice dem Polizeidirektor von Baselland einen handschriftlichen, dreiseitigen Brief. Sie habe seit neun Wochen nichts mehr von ihrer Mutter gehört, aber inzwischen erfahren, dass sie in ein Konzentrationslager gebracht worden sei. Noch bestehe die Möglichkeit, sie zu befreien, sofern eine amtliche Bestätigung vorliege, dass sie zumindest vorübergehend in die Schweiz einreisen könne. Drei Tage vor Weihnachten fordert das Amt Alice Böhringer auf, Beweise für ihre Behauptung beizubringen. Offenbar schreckt die Nachricht die Polizeidirektion auf. Sie entwirft einen Brief an das Eid-

Entwurf
Nicht abgesandt

Liestal, den

An das Eidg. Justiz= u. Polizeidepartement, Polizeiabteilung

Bern.

Herr Abteilungschef !

Im Jahre 1920 ist Frau Anna B ö h r i n g e r - Bürgi, geb. 30.Nov.1885, von Obermünsterthal (Baden), damals in Reinach (Baselland), geschieden, auf Grund der fremdenpolizeilichen Vorschriften aus dem Gebiet der Schweiz ausgewiesen worden. Mehrere Gesuche um Aufhebung der Ausweisungsverfügung im Laufe der Zeit sind abgewiesen worden. Es liegt nunmehr ein neues Begehren der in Basel wohnhaften Tochter Anna Böhringer vor. In diesem Gesuche wird darauf hingewiesen, dass Frau Böhringer infolge Denunziation in Deutschland in ein Konzentrationslager verbracht worden sei; es bestehe jetzt die Möglichkeit, sie zu befreien, sofern eine amtliche Bestätigung vorliege, wonach der Einreise der Frau Böhringer in die Schweiz, auch wenn nur für vorübergehende Zeit, nichts entgegenstehe. Unseres Erachtens könnte nur eine Bewilligung für kürzere Zeit (ca. 4 Wochen) in Frage kommen. Die Tochter Alice Böhringer würde die Mutter zu sich nehmen.

Wir erlauben uns, Ihnen dieses neue Begehren um Erteilung einer Aufenthaltsbewilligung vom 24.Nov.1939 nebst den übrigen Akten zum Entscheid zu übermitteln. Wir können uns mit einer Einreiseerlaubnis für Frau Böhringen für die Dauer von 4 Wochen einverstanden erklären, wenn damit die Befreiung aus dem Konzentrationslager erreicht werden kann.

Mit vorzügl. Hochachtung

Dieses amtliche Schreiben hätte Anna Böhringer retten können – wenn es abgeschickt worden wäre. Oben links die Notiz «nicht abgesandt».

Frauen im KZ Ravensbrück schaufeln Sand in Kipploren.

genössische Justiz- und Polizeidepartement, der im Staatsarchiv Basel-land aufbewahrt wird. Darin heisst es: «Wir können uns mit einer Einreiseerlaubnis für Frau Böhringer für die Dauer von 4 Wochen einverstanden erklären, wenn damit die Befreiung aus dem Konzentrationslager erreicht werden kann.» Zum ersten Mal seit 20 Jahren macht die Polizeidirektion Anstalten, von ihrer harten Linie abzurücken.

Der Gesinnungswandel ist aber nur ein scheinbarer. Wer sich intern widersetzt, lässt sich nicht mehr eruieren. Auf dem mit Maschine getippten, noch undatierten Schreiben steht die handschriftliche Bemerkung «Entwurf, nicht abgesandt, T.». Wäre der Brief nach Bern geschickt worden, läge er wohl dort bei den Akten – und Anna Böhringer hätte möglicherweise überlebt.

Anfang November 1939 umfasst das in Brandenburg gelegene KZ Ravensbrück ein 300 Meter langes und 150 Meter breites Areal. Innerhalb der hohen Mauern befindet sich ein Holzbau mit Dusch- und Küchenanlagen. Beidseits der «Lagerstrasse» sind lange Holzbaracken aufgereiht, von denen heute nur noch Umrisse im schwarz gekiesten Boden sichtbar sind. Erhalten geblieben sind das Krematorium mit den drei Öfen, das vergitterte Lagergefängnis und die lange, schmale Gasse zwischen zwei Mauern, in der Hunderte von Frauen mit Genickschüssen hingerichtet wurden. Kerzen, Kränze und Blumen erinnern an die Opfer. Ausserhalb des Lagers stehen noch immer die vier Einfamilienhäuser («Führerhäuser»), in denen damals ranghohe SS-Offiziere mit ihren Familien lebten, die zehn Zweifamilienhäuser für Anführer der

167

mittleren Ränge («Unterführerhäuser») sowie die acht grossen Gebäude für die Aufseherinnen.

Verglichen mit den späteren Zuständen sind die Lebensbedingungen im KZ anfangs noch einigermassen erträglich, wie dem Buch *Les Françaises à Ravensbrück* zu entnehmen ist, das in der Bibliothek der Gedenkstätte steht. Es gibt ausreichend zu essen, sonntags eine Art Gulasch und sogar Zuteilungen von Weissbrot. Ordnung und Disziplin werden grossgeschrieben. Jede Frau hat ihr eigenes Bett, einen Strohsack, zwei Decken, saubere Kleidung und einen schmalen Schrank zur Aufbewahrung ihrer Sachen. Den Fussboden müssen die Gefangenen jeden Tag auf Knien schrubben. Die Appelle nehmen vier bis fünf Stunden pro Tag in Anspruch.

Die Arbeit dient allein der «Umerziehung»: In militärischem Takt müssen die Frauen in ihren gestreiften Häftlingskleidern Sand in Kipploren füllen, wie sie in Bergwerken verwendet werden, und dann die schweren Wagen über eine Schiene ans andere Ende des Geländes ziehen, um den Sand auf einen Haufen zu schaufeln – sinnlos hin und her. Andere ziehen eine schwere Steinwalze hinter sich her und planieren damit bis zur Erschöpfung Wege und Strassen. Dazu darf kein Wort gesprochen werden. Wer sich nicht an die Regeln hält, wird von den Aufseherinnen geohrfeigt, gestossen oder auf einen Bock geschnallt und verprügelt.

Zwei Baracken beherbergen den Häftlingskrankenbau, das sogenannte Revier. In zwei weiteren Baracken befinden sich diverse Magazine, eine Baracke dient als Strafblock und eine weitere bis zur Fertigstellung des Zellenbaus Ende 1939 als Lagergefängnis. In den restlichen Baracken sind die Frauen untergebracht. Im Februar 1940 notiert Lagerkommandant Max Koegel: «Das derzeitige Lager, das 16 Baracken umfasst, hat ein Fassungsvermögen von 2400 Häftlingen, vorgesehen war beim Bau des Lagers ein Fassungsvermögen von 1600 Häftlingen. Somit werden jetzt in einer Baracke statt 100 bereits 150 Häftlinge untergebracht. Der Häftlingsstand ist z. Zt. 2170. Nach den laufenden Zugängen zu urteilen, dürfte die Belegstärke in 8 Wochen 2400 Häftlinge erreicht haben.»

Koegel unterschätzt den Zustrom massiv: Innerhalb eines Jahres werden 4024 Frauen nach Ravensbrück deportiert. In jeder Baracke drängen sich nun 250 Frauen. Die Unterkünfte der Sinti, Roma und «Asozialen» sind mit bis zu 300 Frauen belegt. Gefangene aus dem Männerlager erstellen fortwährend neue Behausungen. Nachdem Transporte mit Österreicherinnen, Tschechinnen und Polinnen eingetroffen sind, befinden sich 10 000 Frauen im Lager. 1941 kommen Holländerinnen, Norwegerinnen, Jüdinnen und «Ernste Bibelforscherinnen» (Zeuginnen Jehovas) hinzu. Statt Sand zu schaufeln, arbeiten die Frauen inzwischen in umliegenden Betrieben und kriegswichtigen Fabriken.

Die Firma Siemens errichtet in unmittelbarer Nähe des Lagers 20 Werkhallen. Die Leiter aller KZ haben den Befehl erhalten, die Arbeitskräfte «bis zum Letzten» auszunutzen. In Ravensbrück wird die tägliche Arbeitszeit von 14 auf 16 Stunden erhöht.

Anfang 1942 findet die erste grosse Selektionswelle statt: 1600 Frauen werden nach Bernburg bei Dessau deportiert und dort in den Gaskammern ermordet. In Ravensbrück beginnen die Exekutionen während des Abendappells, die sogenannten Gnadenschüsse. Die Blocks sind völlig überlegt. Jeden Abend kommt es zu einem erbitterten Kampf um einen Platz auf den Pritschen. Wer ihn verliert, muss auf dem Fussboden oder in den Wasch- und Toilettenräumen schlafen. Von der überlebenden Polin Helana Dziedzicka ist folgender Bericht überliefert: «Die hygienischen Zustände wurden im Laufe der Jahre schlechter und schlechter. Die Blocks waren so verlaust, dass manchmal Läuse in der Suppe gefunden wurden. Die Kanalisation und die Wasserversorgung waren zusammengebrochen, und das Lager machte den Eindruck eines einzigen grossen Misthaufens. Unterwäsche und Bekleidung wurden nicht gewechselt. Und wenn wir frische Kleider

Zwangsarbeit in der «Schneiderei» im KZ Ravensbrück: Propagandabild der Nazis.

bekamen, waren sie verlaust. Es waren noch Spuren von Blut und Eiter daran. Wir hatten keine Socken und trugen Holzpantoffeln. Wir schliefen auf schmutzigen Strohsäcken, die voll Eiter und Exkrementen waren, zugedeckt mit einer Decke, die wir uns zu dritt teilen mussten. Wir hatten nicht genug Schüsseln für unser Essen, und wir assen aus Dosen, die wir im Abfallhaufen fanden.»

Am schlimmsten sind die Zustände in einem 50 Meter langen Armeezelt, das aufgebaut worden ist, weil in der morastigen Senke die hölzernen Barackenfundamente verfault wären. In diesem Zelt vegetieren mehr als 3000 Frauen, viele mit Kindern. Sie schlafen auf einer dünnen Schicht Stroh. Es gibt keine Decken, kein Wasser, kein Licht, keine sanitären Anlagen und keine Heizung. Viele Frauen werden wahnsinnig. Epidemien brechen aus. Nur wenige überleben.

Innerhalb der Lagermauern leisten die Frauen Zwangsarbeit in einem eigens erstellten Komplex. In diesen «mechanischen Werkstätten», auch «Schneiderei» genannt, herrscht ein Klima der Gewalt. Die Überlebende Zofia Janczy berichtet: «Der Mensch hatte hier keinen Wert, es zählte nur die Arbeitskraft. Wenn ein Sklave keine Kraft mehr zum Arbeiten hatte, wurde er gegen einen andern ausgetauscht. Sie zählten uns täglich wie Vieh, und so haben sie uns auch behandelt. Nicht nur die schwere Arbeit, der Hunger und der Schlafmangel zehrten an unseren Lebenskräften, nicht nur der Schmutz und die Krankheiten machten uns fertig, sondern oft gab uns die SS-Faust noch den letzten Stoss. In den Nähwerkstätten wurden wir erbarmungslos geschlagen, man schlug uns dafür, dass wir die Maschinen nicht bedienen konnten, dass wir, durch die nächtliche Arbeit erschöpft, gegen Morgen bei der Arbeit einschliefen. Wir wurden geschlagen, weil wir an unseren Körpern Geschwüre hatten, die unsere Bewegungsmöglichkeiten einschränkten, weil wir krank und schwach waren. Das waren unsere Vergehen, unsere Straftaten, die strengste Strafen hervorriefen.»

Obwohl sie in dieser Hölle fast fünf Jahre lang überlebt, hinterlässt Anna Böhringer in Ravensbrück praktisch keine Spuren. In der Datenbank der Gedenkstätte gibt es zwei Karten von ihr. Auf der einen wird sie als «Asoziale» geführt, auf der anderen als «Politische». Unter «Schicksal» steht «Schwarzer Transport», was laut Archivleiterin Monika Schnell gleichbedeutend ist mit «Transport in den Tod». Als Todesort wird das «Frauen-Konzentrationslager Ravensbrück» angegeben. Gemäss Eintrag im Totenbuch stirbt sie am 20. Februar 1945.

Ihre Familie erfährt von all dem nichts. Die Berliner Gesandtschaft fragt nicht nach ihr, weil sie seit der Heirat keine Schweizerin mehr ist. Nach Kriegsende bemüht sich die drittälteste Tochter Anna, die im Elsass wohnt, das Schicksal ihrer Mutter aufzuklären. Sie wendet sich mit bewegenden Briefen ans IKRK in Genf, ans Politische Departement in Bern und ans Schweizer Konsulat in Mühlhausen. Darin berichtet sie auch von ihrem Bruder Arnold, der als Kriegsdienstverweigerer im KZ Dachau inhaftiert war und im August 1940 im KZ Mauthausen starb – mit 33 Jahren. Er habe sich geweigert, für Deutschland zu kämpfen, «weil er, wie wir alle, im Schweizer Sinne erzogen worden ist, wenn wir auch gezwungen worden sind, im Auslande zu leben, so sind wir doch im Herzen der Schweiz treu geblieben».

Ende Juni 1952 erfährt Anna vom Suchdienst des Roten Kreuzes, dass der Name ihrer Mutter auf einer Liste von Häftlingen stehe, «die am 20. Februar 1945 vom KZ Ravensbrück, Kommando Uckermark, ins Hauptlager Ravensbrück zurücktransportiert wurden. Es ist dies die einzige und letzte Nachricht, die dort über die Obgenannte vorliegt».

Monika Schnell, Leiterin der Dokumentationsstelle in Ravensbrück, spricht von einer Fehlinterpretation der Liste. Mit «Kommando Uckermark» sei das ehemalige «Jugendschutzlager Uckermark» in Gehdistanz zum KZ Ravensbrück gemeint. Anna Böhringer sei nicht vom «Jugendschutzlager» ins KZ Ravensbrück zurückgebracht worden, sondern vom KZ ins ehemalige «Jugendschutzlager».

Im «Jugendschutzlager» werden bis Dezember 1944 etwa 1000 Mädchen und junge Frauen gefangen gehalten und gequält. Dann wird es schrittweise geräumt und in der Folge als Selektions- und Sterbelager des KZ genutzt. Am 22. Januar 1945 werden die ersten 1500 Frauen aus dem KZ überstellt: «Bedingt arbeitsfähige», arbeitsunfähige sowie fast 800 körperlich behinderte Frauen. Die Kriterien für die Selektion ändern sich ständig, heisst es in Sigrid Jacobeits Buch *Ich grüsse Euch als freier Mensch* über die Befreiung des KZ Ravensbrück. Oft bedeutet es schon das Todesurteil, wenn eine Frau Krampfadern an den Unterschenkeln hat, blasse Wangen oder graue Haare. Anna Böhringer ist nun 59 Jahre alt.

Eine überlebende Polin schildert im Buch *Das KZ Ravensbrück – Geschichte eines Lagerkomplexes* die Zustände im Sterbelager wie folgt: «Nach dem Mittagessen wurden wir zur Abgabe aller Decken aufgefordert. Die folgende Nacht verbrachten wir nur noch auf den kahlen Strohsäcken ohne jede Bedeckung. Völlig durchfroren schlossen wir uns eng zusammen, einander gegenseitig wärmend. Vor dem Morgenappell wies man uns an, desgleichen auch unsere Mäntel abzugeben, und nur im Kleid trieb man uns vor die Baracke. Es schneite vom frühen Morgen an, und wir standen da, unbeweglich in Hoffnungslosigkeit, bewacht von schreienden SS-Leuten.»

Die Frauen sterben an Erschöpfung, erfrieren, werden mit Giftspritzen ermordet, bei Massenexekutionen erschossen oder in einer eilends errichteten provisorischen Anlage umgebracht, in der gleichzeitig

150 bis 180 Menschen mit Gas getötet werden können. Die Erschiessungen kommandiert SS-Oberscharführer Otto Moll; kriminelle Männerhäftlinge töten die entkräfteten Frauen im langen Gang neben dem Krematorium durch Genickschüsse mit Kleinkaliberwaffen.

Während die sowjetischen Truppen immer näher rücken, ermorden die deutschen Schergen von Januar bis April 1945 von den 6000 ins Sterbelager überführten Frauen rund 5000. Von den 132 000 Frauen und Kindern, 20 000 Männern und 1000 weiblichen Jugendlichen, die von 1939 bis 1945 ins KZ Ravensbrück deportiert worden sind, sterben 25 000 bis 40 000.

1958 stellt Annas älteste Tochter Alice bei der Kommission für Vorauszahlungen an schweizerische Opfer der nationalsozialistischen Verfolgung einen Antrag auf Entschädigung. Dieser wird am 31. März 1959 mit folgender Begründung abgewiesen: Ihre Mutter sei zum Zeitpunkt ihrer Verhaftung deutsche Staatsangehörige gewesen und nie rückgebürgert worden.

Quellen: Schweiz. Bundesarchiv, Bern: E2001-08#1978/107#241*, E4264#1985/196#1594*, E2200.135-01#1970/191#91*; Staatsarchiv Baselland, Liestal, StABL, NA 2172 Niederlassung D1.14 Reinach; Staatsarchiv Basel-Stadt, StABS, Straf und Polizei M 8.109, Journal Jahrgänge 1920, 1939 und 1940, Geburtsregister 1905 bis 1918; «Strafkontrolle» Bezirk Aarwangen B 1928, fol. 88, Nr. 67; Deutsche Arbeitsübersetzung von *Les Françaises à Ravensbrück*. Paris 1965 (Bibliothek Gedenkstätte Ravensbrück: Signatur F.6.1.22.AÜ, 1965); Jacobeit, Sigrid (Hrsg.): *Ich grüsse Euch als freier Mensch. Quellenedition zur Befreiung des Frauen-Konzentrationslagers Ravensbrück im April 1945*; Strebel Bernhard: *Das KZ Ravensbrück – Geschichte eines Lagerkomplexes*. Paderborn 2003.

Albert Mülli

Ein Zürcher Sozialdemokrat gerät in die Fänge der Wiener Gestapo und wird im KZ Dachau inhaftiert. Nach dem Krieg bespitzelt ihn der Schweizer Nachrichtendienst.

Am 20. November 1938 besteigt ein junger, arbeitsloser Sanitär- und Heizungsmonteur in Zürich den Nachtzug nach Wien. Fahrplanmässige Abfahrt 23.12 Uhr. Seinen Eltern hat er gesagt, er müsse kurz nach Basel, um ein paar Apparate zu holen. Albert Mülli, so heisst der 22-jährige Reisende, hat einen Koffer bei sich. Gut 15 Stunden soll die Fahrt dauern.

Wenige Stunden zuvor haben die Schweizer Fussballer in Bologna 0:2 gegen Italien verloren, Radio Beromünster strahlte *Bern rüstet sich auf den Ziebelimärit* aus und im Zürcher Kino Kosmos lief *Die Umwege des schönen Karl* mit Heinz Rühmann in der Hauptrolle. Ein ruhiger Sonntag, scheinbar. Doch Unheil liegt in der Luft. Die ganze Woche lang haben die Zeitungen über die Ausschreitungen gegen die Juden in Deutschland berichtet, die später als Novemberpogrome bezeichnet werden. Auch in Wien, das seit dem «Anschluss» Österreichs im März 1938 zum nationalsozialistischen Deutschen Reich gehört, sind zahlreiche Juden misshandelt, verhaftet und getötet worden.

Am 21. November kommt Albert Mülli gegen 15 Uhr im Wiener Westbahnhof an. Er stellt seinen Koffer ein, bezieht im Hotel Goldenes Lamm ein günstiges Zimmer und begibt sich an die Gusshausstrasse 23. Dort soll er dem Schuhmacher Rudolf Tylmann seinen Gepäckschein geben. Doch als er ins Geschäft tritt, fährt ihn ein Mann an: «Was

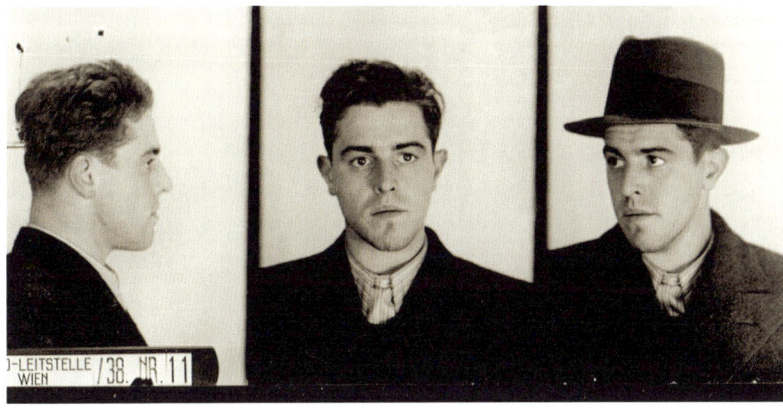

Albert Mülli nach seiner Verhaftung am 21. November 1938 durch die Gestapo in Wien.

wollen Sie?» Sekunden später kommen hinter einem Vorhang zwei weitere Männer hervor. «Die hatten die Knarre da, die Pistole, und da stellte sich dann heraus, dass das drei Gestapomänner waren», wird Albert Mülli viele Jahre später in einer Radiosendung erzählen. Mülli wird verhaftet und ins Gestapo-Hauptquartier im Hotel Metropol gebracht.

In Zürich beginnen sich Müllis Eltern Sorgen zu machen, die Schwester gibt eine Vermisstenanzeige auf. Erst einige Tage später herrscht Klarheit. Über das Schweizer Generalkonsulat in Wien erfahren die Eltern, dass ihr Sohn verhaftet worden sei, «weil er in einem Koffer kommunistische Flugschriften von Zürich nach Wien geschmuggelt hat». Im Koffer sei zudem ein Brief an einen österreichischen Kommunisten gefunden worden.

Albert Mülli, geboren 1916, wohnhaft an der Gamperstrasse 7 im Kreis 4, stammt aus einer traditionellen Arbeiterfamilie. Der Vater, gelernter Schmied und seit über 20 Jahren SP-Mitglied, arbeitet bei einer Kohlenhandelsfirma. Mit zwölf Jahren tritt Albert den «Roten Falken» bei, einer Art linke Pfadfindergruppe, später der Sozialistischen Arbeiterjugend Zürich (SAJ). Während der Lehre als Sanitär- und Heizungsmonteur ist er im Vorstand der Metallarbeiterjugend. Die SAJ beschäftigt sich früh mit dem Aufstieg Hitlers und unterstützt den antifaschistischen Widerstand im Ausland. 1934 tritt Mülli der gleichen SP-Sektion wie sein Vater bei und verlässt die SAJ. Mehrmals kommt es in diesen Jahren zu Saalschlachten zwischen Frontisten und linken Gruppierungen, Mülli gehört dabei dem «Ordnerkorps» der SP an.

Nach der Verhaftung in Wien versuchen Parteigenossen und Freunde, ihm zu helfen. So setzen sich ein sozialdemokratischer Richter und der Zentralvorstand des Schweizerischen Metall- und Uhrenarbeiter-Verbands für ihn ein. Auch das Generalkonsulat in Wien erkundigt sich immer wieder bei der Gestapo nach ihm. Bei den Behörden in Bern löst Müllis Festnahme dagegen weniger Besorgnis als Interesse aus – Interesse an den geschmuggelten kommunistischen Schriften und den Hintermännern Müllis.

Im April 1939, Mülli ist inzwischen ein halbes Jahr in Haft, fordert die Bundesanwaltschaft in Bern die Zürcher Kantonspolizei auf, einen Bericht über Mülli und sein Umfeld zu erstellen. Einige Wochen später versucht sie über die Schweizer Gesandtschaft in Berlin, an das Original des von Mülli geschmuggelten Briefes zu gelangen, «um für unsere Nachforschungen zur Bekämpfung illegaler kommunistischer Schriften Anhaltspunkte zu sammeln». Und um herauszufinden, auf welcher Schreibmaschine der Brief verfasst worden ist. Die Zusammenarbeit zwischen den Schweizer Behörden und der Wiener Gestapo funktio-

niert bestens: Anfang November 1939 trifft der Originalbrief bei der Bundesanwaltschaft ein. Zwei Wochen später schickt sie ihn mit Dank zurück und ordnet «diskrete polizeiliche Nachforschungen» über drei Kollegen Müllis in Zürich an. Der Bericht, der sich viele Jahre später in den Staatsschutzakten Müllis wiederfinden wird, ergibt keinerlei Anhaltspunkte für eine illegale Tätigkeit.

In Wien ziehen sich die Untersuchungen derweil hin. Während seiner Vernehmung gibt Mülli an, dass er im Herbst 1938 in einem Zürcher Café einen etwa 35-jährigen Mann namens Alfred kennengelernt und diesen in der Folge etwa acht- oder neunmal getroffen habe. Am 17. November sei er ihm zufällig auf der Strasse begegnet. Alfred habe gewusst, dass Mülli arbeitslos war. Im Lauf des Gesprächs, so Mülli, habe er ihm deshalb den Vorschlag gemacht, nach Wien zu fahren und einen Koffer mit Kleidern mitzunehmen, der einem Mann gehöre, der in die Schweiz ausreisen wolle. Alfred, so führt Mülli weiter aus, habe ihm 70 Franken fürs Bahnbillett und den Auftrag gegeben, den Koffer in Wien einzustellen und den Gepäckschein beim Schuhmacher Tylmann abzugeben. Dass im Koffer kommunistische Schriften versteckt waren, habe er nicht gewusst. Er stehe der kommunistischen Ideologie vollkommen fern. Doch die Gestapo und die Staatsanwaltschaft in Wien glauben ihm kein Wort. Sie unterstellen ihm, an Umsturzplänen beteiligt zu sein.

Albert Mülli in einer Kindergruppe der sozialdemokratischen Jugendorganisation «Rote Falken» bei einem Umzug Ende der 1920er-Jahre.

Albert Mülli hat nie preisgegeben, ob er die wahre Identität «Alfreds» kannte. Denkbar ist, dass dieser ein Funktionär der Kommunistischen Partei Österreichs (KPÖ) war und Mülli als unwissenden Kurier missbrauchte. Der Text der 1000 geschmuggelten Flugblätter *Der Kampf um die Befreiung Oesterreichs* jedenfalls war im August 1938 vom Zentralkomitee der KPÖ verabschiedet worden.

Sicher ist: Albert Mülli war sich 1938 bewusst, dass er etwas Illegales tat. Seinen drei Töchtern wird er später erzählen, er habe angenommen, gefälschte Papiere für verfolgte Sozialdemokraten nach Wien zu schmuggeln und ihnen so die Flucht vor den Nazis zu ermöglichen. Wenige Wochen zuvor ist ein Kollege Müllis mit einem ähnlichen Auftrag von Zürich nach Prag gereist. Da sei der Auftrag, nach Wien zu reisen, grad etwas für ihn gewesen, sagte Mülli in der Radiosendung von 1987. Zumal ihn der Meister wenige Wochen zuvor entlassen hatte, weil es im Winter auf dem Bau keine Arbeit gab.

Was der junge Zürcher an jenem 20. November 1938 nicht wusste: Die Wiener Gestapo überwachte die Funktionäre der verbotenen KPÖ seit Monaten. Wenige Tage, bevor Mülli in Wien eintraf, hatte sie den Schuhmacher Tylmann verhaftet, dessen Laden eine Anlaufstelle für Kuriere war. Auch den kurz vor Mülli aus Zürich angereisten österreichischen Kommunisten Ernst Burger hatte die Gestapo festgenommen. In dessen Brieftasche entdeckte sie einen kleinen Schlüssel – er passte zu Müllis Koffer.

Über zwei Jahre sitzt Mülli in Haft, ohne dass gegen ihn Anklage erhoben wird. Im Dezember 1940 kommt es endlich zum Prozess. Das Schweizer Generalkonsulat hat ihm auf Anraten des EPD den Anwalt Erich Führer vermittelt. Führer, seit 1932 Mitglied der NSDAP und SS-Hauptsturmführer, hat 1934 die nationalsozialistischen Attentäter des österreichischen Kanzlers Engelbert Dollfuss verteidigt. Vermutlich hoffen die Schweizer Diplomaten, dass ein nationalsozialistischer Anwalt eine mildere Strafe erwirken könne. Mülli selbst wird sich später bitter über den «200-Prozent-Nazi»-Anwalt Führer beklagen, dem es nur ums Geld gegangen sei. Am Prozess taucht Führer gar nicht erst auf, ein Pflichtverteidiger übernimmt. Am 12. Dezember 1940 verurteilt der Volksgerichtshof des Oberlandesgerichts Wien Mülli wegen «Vorbereitung zum Hochverrat» zu drei Jahren Zuchthaus. Der Schuhmacher Tylmann erhält ebenfalls drei, Ernst Burger knapp drei Jahre. Burger wird später nach Auschwitz deportiert, wo er 1944 nach einem Gefangenenaufstand von der SS hingerichtet wird.

Mülli kommt zunächst ins Zuchthaus Stein an der Donau, wo die Bedingungen einigermassen erträglich sind. Er liest viel, Zeitungen, Bücher über Agrarwirtschaft, Geografie und das Gesundheitswesen. Da ihm die Untersuchungshaft angerechnet wird, müsste er im Dezember

1941 freikommen. Am 7. Dezember 1941 schreibt er den Eltern: «Ich freue mich mit Euch, dass meine Strafzeit zu Ende geht.» An Weihnachten, so ist Mülli sicher, wird er wieder in Zürich sein. Doch der Termin verstreicht, ohne dass etwas passiert. Bald ist klar, weshalb. Mülli könne nicht freigelassen werden, über ihn müsse die Schutzhaft verhängt werden, teilt die Gestapo in Berlin den Schweizer Behörden mit. Diese Massnahme werde bei allen politischen Häftlingen angewandt, damit sie sich nicht weiter feindselig gegen das Deutsche Reich betätigen könnten. Wie lange die Schutzhaft dauere, sei offen.

Am 1. März 1942 wird Albert Mülli ins KZ Dachau überstellt. «Es hatte viel Schnee», wird er nach dem Krieg in einem Vortrag erzählen. «Wir kamen zuerst in die politische Abteilung, wo unsere Personalien überprüft wurden. Es regnete Fusstritte und Ohrfeigen. Dann wurden wir rasiert und fotografiert. Ein Häftling schnitt uns die Haare weg, und wir kamen ins Brausebad. Nach dem Einpinseln mit einer verflucht scharfen Lösung gegen Läuse wurden wir eingekleidet. Eine Drillichhose, ein Rock, ein paar verflickte Socken, Holzpantoffeln. Uns fror es erbärmlich.» Als politischer Gefangener bekommt Mülli die Häftlingsnummer 29331 und einen roten Winkel, den er mit der Spitze gegen unten auf die Jacke nähen muss. Schlechter ergeht es jenen Häftlingen, die nicht angeben können, weshalb sie hier sind. «Sie wurden so zusammengeschlagen, dass sie blutüberströmt liegen blieben.»

Über das, was Albert Mülli im KZ durchmachte, hat er, wie viele andere Überlebende des NS-Terrors, nach dem Krieg wenig gesprochen. «Wenn man nachfragte, blockte er ab», sagt seine älteste Tochter Alice Zweifel rückblickend. «Was ich über den Vater wusste, wusste ich von Mama.» Ihre Schwestern Vreni Sommer und Ursula Zellweger berichten von Reisen nach München, die sie als Kinder zusammen mit den Eltern unternahmen. «Vater und Mutter gingen dann nach Dachau. Aber wir durften nie mit.» Das sei Erwachsenensache, hiess es.

Albert Mülli hat, so wird er später selbst sagen, Glück im Unglück: Er wird einem deutschen Block zugewiesen. Dieser ist weniger überfüllt als etwa die polnischen oder russischen Blöcke, und die Behandlung der Häftlinge ist etwas weniger brutal. Er darf nach einiger Zeit seine eigenen Schuhe tragen und Pakete empfangen. Und vor allem: Als gelernter Sanitär- und Heizungsmonteur ist er ein gefragter Fachmann. «Das hat mir das Leben gerettet», wird er seinen Töchtern immer wieder sagen und sie ermahnen, unbedingt einen Beruf zu erlernen.

Mülli arbeitet zunächst in einer Putzkolonne der SS-Kommandantur, später in verschiedenen Aussenkommandos. So muss er für den SS-Verein Lebensborn, der beruhend auf der NS-Rassenideologie das Ziel verfolgte, die Geburtenziffer «arischer» Kinder zu erhöhen, zwei Häuser in München umbauen. Später wird er, unter der Aufsicht der

Münchner Sanitär- und Heizungsfirma Lechner, auch in privaten Villen von SS-Führern eingesetzt. Die Bedingungen in den Aussenkommandos sind besser als im Stammlager, doch auch hier sind Misshandlungen durch die SS an der Tagesordnung. Gearbeitet wird von 6 Uhr morgens bis 7 Uhr abends, am Sonntag nur morgens. Gegen Ende des Krieges kommt Mülli nach Garmisch-Partenkirchen, wo die KZ-Häftlinge zwei Hotels in SS-Lazarette umbauen müssen.

Die Behörden in Bern sind befremdet, dass Mülli nach Verbüssung seiner Haft nicht in die Schweiz ausreisen darf. Die Schweizer Gesandtschaft in Berlin weist das deutsche Auswärtige Amt darauf hin, dass es «nicht angängig erscheine, Schweizer Staatsangehörige in Schutzhaft zu halten und zu diesem Zwecke in Konzentrationslagern unterzubringen». Doch das Auswärtige Amt wiegelt ab: Mülli müsse in Schutzhaft bleiben, weil die Gefahr bestehe, dass er sich nach einer Ausweisung in die Schweiz dort weiterhin «im kommunistischen Sinne zum Nachteile des Reiches betätigen würde». Der Hinweis der Schweizer Diplomaten, dass in der Schweiz jede kommunistische Betätigung verboten sei, läuft ins Leere.

Einmal pro Monat darf Mülli nach Hause schreiben. Die Briefe sind zensiert und klingen entsprechend harmlos, mit keinem Wort erwähnt er die unmenschlichen Lebensbedingungen im Lager, Misshandlungen, Hunger, Kälte und Verzweiflung. «Lasst euch nicht von den Schicksalsschlägen bedrücken», tröstet er einmal seine Eltern. «Ich arbeite in meinem Beruf auf Heizung und Sanitäre Anlagen und kann mich sehr gut weiterbilden.» Regelmässig erkundigt sich Mülli, wie es den Verwandten geht, oder er bedankt sich für Dörrobst, Milchpulver und Bauernwurst aus der Schweiz. Auf diese Weise können die Eltern kontrollieren, ob alles bei ihrem Sohn angekommen ist oder das Wachpersonal etwas gestohlen hat – was oft vorkommt: Dem Schweizer Charles Humbert beispielsweise, der in den KZ von Buchenwald, Dachau und Neuengamme inhaftiert war, schickte die Familie insgesamt 59 Pakete. Nur drei kamen bei ihm an. Einmal, in einem Aussenkommando, gelingt es Mülli, einen unzensierten Brief nach Hause zu schicken. Er ist später verloren gegangen. Aber Müllis Töchter vermuten, dass die Familie in Zürich daraus erfuhr, was das KZ in Wirklichkeit bedeutete.

Im Herbst 1942 betritt erneut Erich Führer, Müllis nationalsozialistischer Anwalt aus Wien, die Bühne. Das Honorar für seine Arbeit hat er längst in der Schweiz abgeholt. Nun deutet er den Schweizer Behörden an, dass Mülli eventuell gegen einen in der Schweiz inhaftierten Deutschen ausgetauscht werden könne. Das Angebot stellt die Berner Behörden vor ein Dilemma. «Es liegt uns fern, uns für einen Strafgefangenen besonders einzusetzen, dessen kommunistische Tätigkeit auch in der Schweiz gesetzeswidrig gewesen wäre», erklärt Pierre Bonna, Chef der Abteilung für Auswärtiges, am 22. Oktober 1942. «Wir möchten Mülli aber nicht einfach seinem Schicksal überlassen.» Ein Austausch kommt für Bern aber nicht infrage. Man fürchtet, dass die Deutschen in der Folge willkürlich weitere Schweizer in «Schutzhaft» nehmen könnten, um damit deutsche Häftlinge, meist verurteilte Spione, freizupressen. So belässt es die Schweizer Gesandtschaft in Berlin von 1942 bis Kriegsende bei drei lauen diplomatischen Noten ans deutsche Aussenministerium, man möge Mülli doch in die Schweiz ausschaffen.

In Dachau fühlt sich Mülli zunehmend alleingelassen. «Muss Euch sagen, dass ich das Gefühl nicht loswerde, dass ich mit Ausnahme von Euch so ziemlich in Vergessenheit geraten bin», schreibt er im Juni 1944 seinen Eltern. Kurz zuvor ist in der Schweiz erstmals ein Sozialdemokrat Bundesrat geworden: Ernst Nobs. Auf ihn setzen Müllis Freunde nun ihre Hoffnungen. Der Gewerkschafter Arnold Brüderli, den Mülli von der Metallarbeiterjugend her kennt, bittet Nobs um Hilfe und fragt, ob Mülli nicht doch gegen einen deutschen Häftling ausgetauscht werden könne. Nobs leitet die Bitte an Aussenminister Marcel Pilet-Golaz weiter. Doch dieser erklärt, dass sich die deutschen Behörden weigern würden, Mülli ausreisen zu lassen.

Nach dem Krieg wird Nobs die Schweizer Behörden in Schutz nehmen. Das Eidgenössische Politische Departement (EPD) habe, schreibt er Mülli im Sommer 1945, das Möglichste getan, um ihn aus Dachau zu befreien. «Leider war es nutzlos.» Im persönlichen Gespräch mit ihrem Vater sei Nobs allerdings deutlich geworden, erzählen die Töchter Müllis. Ihr Vater habe stets gesagt: «Nobs hielt zu mir, aber er rannte im Bundesrat gegen eine Wand.» Die anderen Bundesräte hätten Hitler nicht gegen die Schweiz aufbringen wollen, weil sie einen Einmarsch befürchteten. Deshalb habe sich der Bundesrat nicht für die Schweizer KZ-Häftlinge eingesetzt. «Unser Vater hatte den Eindruck, dass ihn die Schweizer Behörden im Stich liessen», sagt Ursula Zellweger.

Ein Dokument im Politischen Archiv des deutschen Auswärtigen Amts legt allerdings nahe, dass selbst ein beherztes Engagement der Schweizer Behörden für eine Befreiung Müllis nichts genützt hätte: 1944 führen die Schweiz und Deutschland Verhandlungen über einen Austausch von Gefangenen. Zu diesem Zweck erstellen die Deutschen eine Liste der in Deutschland inhaftierten Schweizer. Bei jedem Häftling vermerkt die sogenannte Sicherheitspolizei des Reichsführers-SS (Sipo), ob sich dieser für einen Austausch eigne. Bei Mülli steht: «Da keine Gewähr für nicht erneutes Aufnehmen kommunistischer Tätigkeit, kann Chef Sipo ihn nicht entlassen.» Immerhin: Ganz am Ende des Krieges, am 14. April 1945, nimmt das EPD Mülli doch noch auf eine Liste möglicher Austauschhäftlinge. Doch da ist das Dritte Reich schon in sich zusammengebrochen. Der Austausch kommt nicht zustande.

Welche Torturen Mülli in Dachau erlitt, was er mitansehen musste, liess er nach dem Krieg nur anklingen. Offenbar wurde er von den Wachmännern verprügelt, etwa, wenn er das Bett nicht ganz korrekt gemacht hatte. Als Sanitärmonteur bekam er auch mit, wie 1944 in Dachau eine Gaskammer gebaut wurde. «Die Kammer sah aus wie ein grosses Brausebad, aber die Brausen waren nicht an der Wasserleitung angeschlossen...», berichtete er 1945 in einem Vortrag. Mülli wurde vermutlich auch Zeuge medizinischer Versuche im Lager. «Unser Vater erzählte, dass die SS Menschen zu Versuchszwecken in siedend heisses Wasser geworfen habe», sagt Ursula Zellweger. «Die Schreie seien überall zu hören gewesen.»

Von 1933 bis 1945 starben in Dachau und seinen Aussenlagern nachweislich 41 566 Menschen, nicht mitgezählt sind Tausende hingerichteter Kriegsgefangener und die nicht mehr arbeitsfähigen Häftlinge, die nach Schloss Hartheim, einer Tötungsanstalt in Oberösterreich, oder nach Auschwitz deportiert und dort ermordet wurden.

Zweimal gerät Mülli in Lebensgefahr: Einmal ist er für einen «Transport» vorgesehen – was häufig den Tod bedeutete. Doch der Inhaber der Münchner Sanitär- und Heizungsfirma Lechner, die im Auftrag der SS mehrere Gebäude umbaut und saniert, braucht Mülli als Arbeitskraft und setzt sich für ihn ein. Häftling 29331 kann in Dachau bleiben. Kurz vor Kriegsende, im Aussenlager Garmisch-Partenkirchen, erfährt Mülli, dass er ins Stammlager zurückkehren soll. Mülli fürchtet, dass er als Mitwisser erschossen wird, weil er über die Gaskammer und die Menschenversuche Bescheid weiss. Doch der Chefarzt des Lazaretts, so erzählt er es 1987 dem Zürcher *Volksrecht*, rettet ihn, indem er ihm ermöglicht, in Garmisch-Partenkirchen zu bleiben.

Am 29. April 1945 wird Albert Mülli in Garmisch-Partenkirchen von US-Truppen befreit. Über Strassburg und Basel kehrt der inzwischen 29-Jährige, noch immer in den KZ-Kleidern, nach Zürich zurück. Wenige Wochen später fordern ihn die Behörden auf, die Militärsteuer für die letzten sechs Jahre nachzuzahlen.

Nach so langer Zeit im Gefängnis und im Konzentrationslager ist die Rückkehr in den Alltag schwierig. Mülli hat nach all den Jahren in Österreich und Bayern einen fremden Akzent angenommen. In Zürich, so berichten seine Töchter, wird er zum Teil angefeindet. «Viele dachten, wer im KZ sass, konnte doch kein ehrbarer Mensch sein», sagt Vreni Sommer. Wo immer sich Mülli bewirbt, wird er schräg angeschaut. Woher kommt der? Warum war er so lange in Haft? Ist das ein Krimineller? Als er bei einer jüdischen Sanitär- und Heizungsfirma im Zürcher Seefeld Arbeit findet, ist Mülli «sehr dankbar».

Wenige Wochen nach seiner Rückkehr wird der KZ-Überlebende eingeladen, öffentlich über seine Erlebnisse zu berichten. Am 21. Juli

1945 tritt er im grossen Saal des Basler Volkshauses auf. 120 Personen hören zu, wie er von den sadistischen SS-Wachen, Hinrichtungen und Tausenden von Typhustoten in Dachau erzählt. Er ahnt nicht, dass an diesem Abend auch ein Spitzel im Publikum sitzt und für die Politische Abteilung der Kantonspolizei Basel einen Bericht erstellt. Auch dieser findet sich später in Müllis Staatsschutzakten. Bis Ende 1945 tritt Mülli mit seinem Vortrag «Ich war als Häftling in Dachau» in Dutzenden von Deutschschweizer Gemeinden auf, meist eingeladen von linken oder kirchlichen Gruppierungen. Nicht immer ist er willkommen. Das Hausierpatentamt Aargau etwa teilt mit, es werde ihm künftig keine Bewilligung mehr erteilen, «bevor uns vom Arbeitsamt in Zürich der Nachweis erbracht wird, dass Sie nicht zu anderer Arbeit tauglich wären».

In den ersten Jahren nach dem Krieg hält Mülli regen Kontakt mit ehemaligen Mithäftlingen. «Ich hätte nie gedacht, dass ich in Dir einen so treuen und herzlichen Freund finden würde. Du warst immer so still und sachlich in Dachau, ohne viele Worte», schreibt ihm ein KZ-Überlebender aus Paris. Ein anderer bedankt sich für ein Paket, das ihm Mülli geschickt hat. «Dem Inhalt des Paketes nach schliessend, lebt ihr ja in der Schweiz in paradiesischen Verhältnissen.» Viele seiner ehemaligen Kameraden aus Dachau leiden Hunger, haben keine Arbeit und keine richtige Unterkunft. «Dass sich soviel schwierige Probleme vor uns auftürmen, hätte niemand von uns vorausgeahnt», schreibt ein früherer Mithäftling im Mai 1947.

Mülli geht es vergleichsweise gut. Er beginnt als Kondukteur bei den Verkehrsbetrieben der Stadt Zürich (VBZ) zu arbeiten, heiratet und gründet eine Familie. In den 1950er-Jahren kommen drei Töchter zur Welt. 1956 wechselt er zur städtischen Liegenschaftsverwaltung, von 1966 bis zur Pensionierung arbeitet Mülli als Abwart im Zürcher Schulhaus Letten.

Vier Jahre sitzt Mülli für die SP im Kantonsrat, er engagiert sich in der Kreisschulpflege und nimmt immer an den Sitzungen seiner SP-Sektion teil. Dass er so lange im KZ inhaftiert war, ist ihm nicht anzumerken. «Er machte auf mich einen zufriedenen Eindruck», sagt Koni Loepfe, der über 20 Jahre an der Sihlfeldstrasse im gleichen Haus wie Mülli lebte und der gleichen SP-Sektion angehörte. «Er war nicht verbittert, er hatte sich mit dem Leben gut arrangiert.» Loepfe, langjähriger Präsident der Stadtzürcher SP sowie Besitzer und Redaktor der sozial-

Inserat im *Aargauer Tagblatt* für einen Vortrag Albert Müllis in Suhr über seine Zeit im KZ Dachau.

Albert Mülli (79) mit seinen Häftlingskleidern im Jahr 1995.

demokratischen Wochenzeitung P.S., hat Mülli mehrmals auf seine Zeit im KZ angesprochen. «Aber er erzählte kaum etwas.» Mülli sei ein bescheidener, eher stiller Mensch gewesen, der nicht gerne im Zentrum stand. «Er machte kein Geheimnis draus, dass er im KZ war, aber es war ihm eher peinlich, darüber zu erzählen.» Vielleicht habe er es auch verdrängt. Nie habe Mülli versucht, aus seinem Widerstand gegen Hitler politisches Kapital zu schlagen. Dabei seien die Antifaschisten nach 1968 in der SP heroisiert worden.

Erst nach der Pensionierung, so Loepfe, sei Mülli gesprächiger geworden. Er begann in Schulklassen von seinen Erlebnissen zu erzählen, trat in einer Sendung des Schweizer Radios auf und wurde in zwei Zeitungsartikeln porträtiert. «Im Alter merkte er, dass er etwas zu erzählen hatte, dass er etwas durchlebt hatte, das ihn auszeichnete.»

Einen Hass auf die Deutschen habe Mülli zeit seines Lebens nie erkennen lassen. Er habe stets betont, dass er auch gute Deutsche kennengelernt habe, erzählen seine Töchter. In einem Aussenkommando in München etwa habe ihm eine ältere Frau immer wieder heimlich etwas zu essen zugesteckt und ihm so geholfen, zu überleben.

1989 platzt in der Schweiz der sogenannte Fichenskandal. Es wird bekannt, dass der Schweizer Staatsschutz seit 1900 rund 700 000, zumeist linke Personen und Organisationen bespitzelt und Fichen über sie angelegt hat. Nach einigem Hin und Her können Betroffene diese einsehen. Auch Albert Mülli verlangt Einsicht. Nach der Lektüre der 83 Seiten umfassenden Akte ist er empört. Noch 1961 hörte der Staatsschutz ein Telefongespräch ab, als er an einem Treffen ehemaliger KZ-Häftlinge teilnehmen wollte. Besonders wütend macht ihn aber etwas anderes: Die Namen der Informanten, die ihn bei der Polizei verleumdeten, sind in den Fichen geschwärzt. Und viele Einträge sind falsch. Vor allem den Vorwurf, ein Kommunist gewesen zu sein, weist er immer wieder zurück, etwa in einem Brief an den Sonderbeauftragten für Staatsschutzakten: «Die kommunistischen Schauermärchen, die zum Teil von der Polizei übernommen wurden, haben bei mir eine schwere Bitterkeit hinterlassen.»

Rehabilitiert wird Mülli dafür im Ausland. 1955 hebt das Landesgericht für Strafsachen in Wien das Urteil von 1940 auf und anerkennt Mülli als «Kämpfer gegen Nationalsozialismus und Faschismus». Ein Jahr darauf spricht ihm die Schweizer Kommission für Vorauszahlung an Opfer nationalsozialistischer Verfolgung eine Wiedergutmachung von 40 000 Franken zu, mit dem Vermerk: «Nazischaden unbestritten, es liegt aber ein grosses Selbstverschulden vor.»

Kurz vor seinem Tod 1997 holt ihn seine Vergangenheit ein. An Demenz erkrankt, kommt Albert Mülli ins Pflegeheim Entlisberg. Nacht für Nacht quälen ihn Albträume, immer wieder durchlebt er seine Zeit im KZ. «Manchmal brach es aus ihm heraus», erzählt seine älteste Tochter Alice Zweifel. Auch tagsüber. Wie ein Maschinengewehr rattert er dann Häftlings- und Blocknummern herunter und meldet sich an, wie damals beim Appell in Dachau. «Das mitansehen zu müssen», sagt Alice Zweifel, «tat sehr weh.»

Quellen: Gespräch mit Vreni Sommer, Ursula Zellweger und Alice Zweifel am 25. Mai 2018 in Zürich; Gespräch mit Koni Loepfe am 11. Juli 2018 in Zürich; Nachlass Albert Müllis im Archiv für Zeitgeschichte, Zürich (NL Albert Mülli); Schweiz. Bundesarchiv, Bern: E2001-08#1978/107#1229*, E2200.53-04#1000/1768#609*, E4320B#1975/40#430*; Mitteilung der KZ-Gedenkstätte Dachau vom 17. August 2018; Kälin, Urs: *Leben heisst kämpfen». Bilder zur Geschichte der sozialistischen Arbeiterjugend Zürich, 1926-1940*. Zürich 2001; *Kinder für den «Führer». Der Lebensborn in München*. Hrsg. von Angelika Baumann und Andreas Heusler. München 2013; Mugrauer, Manfred: «Ernst Burger (1915-1944). Funktionär des Kommunistischen Jugendverbandes und führendes Mitglied der ‹Kampfgruppe Auschwitz›». In: *Feindbilder. Dokumentationsarchiv des österreichischen Widerstandes* (Hrsg.). Wien 2015.

Emma Kübler-Schlotterer

Die Zeugin Jehovas aus Basel steht in Deutschland unerschrocken zu ihrem Glauben, überlebt mehr als sieben Jahre in Konzentrationslagern – und stirbt nur wenige Tage nach der Befreiung Bergen-Belsens.

Mit der Weichsel-Oder-Offensive leitet die sowjetische Armee am 12. Januar 1945 die letzte Phase des Krieges gegen Deutschland ein. Kurz darauf beginnt die SS mit der Räumung des Konzentrationslagers Auschwitz. Sie zwingt Zehntausende von Häftlingen auf «Todesmärsche» Richtung Westen. Unter ihnen die 59-jährige Emma Kübler-Schlotterer, eine sogenannte Ernste Bibelforscherin aus dem süddeutschen Städtchen Badenweiler, in Basel geboren und aufgewachsen. An ihrer Seite ist Berta Pater aus Frankfurt am Main, auch sie eine Zeugin Jehovas. Nach einer 40-tägigen Odyssee treffen die beiden am 26. Februar im KZ Bergen-Belsen nördlich von Hannover ein.

Am 13. Juni, zwei Monate nach der Befreiung Bergen-Belsens durch britische Truppen, schreibt Berta Pater einen Brief an Emma Küblers Ehemann Gustav und gibt ihn einer Bekannten aus Badenweiler mit, die im selben Konzentrationslager gefangen war. Auf diese Weise erfährt Gustav Kübler vom Tod seiner Frau:

Wir sind am 18. Januar von Auschwitz weg, wo wir einige Tage zu Fuss wandern mussten und dann mit der Eisenbahn bis Gross-Rosen befördert wurden; dort waren wir 8 Tage, dann wurden wir in offenen Kohlewagen weiterbefördert, bis Buchenwalde. Das Lager dort konnte uns nicht aufnehmen, dann ging es weiter nach Mauthausen. Es waren dies furchtbare Strapazen im offenen Wagen zusammengepfercht, schlimmer als das Vieh und fast keine Verpflegung. Das Lager Mauthausen liegt ganz oben auf dem Berge; von der Bahn zwei Stunden zu Fuss mit unserem Gepäck. Was das für Strapazen waren,

Registrierung im KZ Auschwitz am 26. März 1942: Emma Kübler erhält die Häftlingsnummer 339.

kann ich Ihnen nicht beschreiben, wir konnten fast alle nicht mehr, und viele blieben unterwegs liegen. Ihre liebe Frau hing sich fest an meinem Arm, ich glaubte, wir würden beide nicht mehr hinaufkommen; aber Jehova unser guter himmlischer Vater hat uns mehrmals die Kraft gegeben, dass wir es schaffen konnten. Wir durften überall seine Hilfe verspüren.

In Mauthausen waren wir 2 Tage, dann ging es wieder weiter, diesmal im Personenzug nach Bergen-Belsen, wo wir am 26. Februar eintrafen. Hier herrschte der Tyfus im höchsten Grade, und viele von meinen Geschwistern sind ihm zum Opfer gefallen. Auch Ihre liebe Frau ist an dieser Krankheit am 22. April 1945 gestorben. Sie hätte die Krankheit wohl überstanden, aber eine allgemeine Schwäche trat ein, und so ist sie ruhig am Vormittag eingeschlafen. Zwei polnische Brüder, die uns an diesem Tage besuchten, haben ihr ein Grab geschaufelt und sie beerdigt. Sie liegt also in Bergen-Belsen begraben. Sie hätte so gerne ihre Liebsten noch einmal gesehen, aber der Herr hat es anders gewollt; sein Wille geschehe in allem.

Der malerische Kurort Badenweiler liegt auf halbem Weg zwischen Basel und Freiburg im Breisgau. Die pensionierte Lehrerin Inge Rosenkranz hat für uns ein Treffen mit Emmas Enkel Werner Kübler und dessen Tochter Beate Müller-Kübler organisiert. Inge Rosenkranz kennt die Familie, weil Beate bei ihr zur Schule ging und weil sie in Badenweiler im Jahr 2008 mit Schülerinnen und Schülern ein Stolpersteinprojekt umgesetzt hat. Einer der acht Pflastersteine zum Gedenken an die Opfer der nationalsozialistischen Verfolgung ist vor der ehemaligen Metzgerei Kübler im Gehsteig eingelassen. Die Inschrift auf der kleinen Messingtafel lautet: «Hier wohnte Emma Kübler, geb. Schlotterer, Jg. 1885, verhaftet 1936, KZ Mauthausen, Ravensbrück/Auschwitz. Tot 1945 in Bergen-Belsen.»

Beate Müller hat Briefe und Dokumente zum Gespräch mitgebracht, darunter das Hochzeitsfoto von Emma und Gustav aus dem Jahr 1906 sowie ein jüngeres Bild, das das Paar mit den Kindern Gustav, Max und Emma Sophie zeigt. Max – 1909 geboren, 1978 gestorben – war Werner Küblers Vater. Anhand der Rechercheergebnisse aus verschiedenen Archiven und Büchern sowie Unterlagen und Erinnerungen der Familie versuchen wir gemeinsam, Emma Küblers Lebens- und Leidensweg nachzuzeichnen.

Wegweisend für ihr Schicksal ist der Internationale Kongress der Zeugen Jehovas in Luzern vom 4. bis 7. September 1936, den sie zusammen mit ihrer Schwester Sophie besucht und an dem sie auch ihrer späteren Leidensgefährtin Berta Pater begegnet. Die Luzerner Kantonspolizei überwacht den Anlass und protokolliert, es seien «2500 Delegierte aus der Schweiz, Deutschland, Österreich, Ungarn, Tschechoslowakei, den Balkanstaaten, Frankreich, Belgien, Holland, Polen, Schweden, Dänemark, Spanien, England und Amerika» angereist. Am Tag zuvor haben die *Basler Nachrichten* gemeldet, dass ein Sondergericht in Mannheim zwölf Mitglieder der in Deutschland seit 1933 verbotenen religiösen Vereinigung zu Gefängnisstrafen von drei bis acht Monaten verurteilt hat. Emma, die mit ihrem Mann und ihren Kindern seit acht Jahren im süddeutschen Badenweiler lebt, weiss also um die Risiken.

Am letzten Abend des Kongresses verurteilt Joseph Franklin Rutherford, der amerikanische Präsident der Internationalen Bibelforscher-Vereinigung (IBV), die Nazi-Gewaltherrschaft in einem öffentlichen Vortrag aufs Heftigste, obwohl die Luzerner Regierung politische Äusserungen verboten hat. Der Kongress beschliesst eine Resolution, die in der Schweiz in 100 000-facher Auflage gedruckt und in Deutschland verteilt wird. Ein Exemplar geht per Einschreiben an «Herrn Hitler». Weitere Adressaten sind – nebst Tausenden von deutschen Haushalten – Beamte, Funktionäre der NSDAP, Richter, Staatsanwälte und Pfarrer. In der Resolution heisst es: «Wir rufen alle gut gesinnten Menschen auf, davon Kenntnis zu nehmen, dass Jehovas Zeugen in Deutschland, Österreich und anderswo grausam verfolgt, mit Gefängnis bestraft und auf teuflische Weise misshandelt und manche von ihnen getötet werden.» Die gerechte Strafe für diese Schandtaten werde die «vollständige Vernichtung» der Nazis sein.

Emma und Gustav Kübler um 1916 mit Emma Sophie, Max und Gustav.

Hitler, über diese Aktion aufs Äusserste erzürnt, veranlasst im ganzen Reich Hausdurchsuchungen und lässt Tausende von Zeugen Jehovas verhaften. Am 15. Dezember 1936, zwei Tage nach ihrem 51. Geburtstag, wird auch Emma Kübler festgenommen, zusammen mit ihrem damals 27-jährigen Sohn Max, der noch zu Hause wohnt und den Bibelforschern ebenfalls nahesteht. Emma wird im Gefängnis im benachbarten Müllheim über Wochen mehrmals «eingehend vernommen», wie es in den Untersuchungsakten heisst. Ob sie wie andere Zeugen Jehovas gequält wird, bleibt offen. Eine der grausamsten Methoden der Gestapo bestand gemäss den Erinnerungen des Bibelforschers Emil Wilde darin, «den Ehepartner und andere Glieder der Familie die Qualen, die ihre Lieben bei den Verhören zu ertragen hatten, unmittelbar miterleben zu lassen». Er sei gezwungen worden, von seiner Zelle aus mit anzuhören, wie seine Frau «buchstäblich zu Tode gemartert wurde» – so ist es nachzulesen in einem Jahrbuch der Zeugen Jehovas.

Das NS-Regime verfolgt die Bibelforscher seit 1933, denn die Nazis sehen in ihnen «eine der Sekten, die sich unmittelbar staatsfeindlich betätigen», wie es der Chef des Sicherheitshauptamts formuliert. Die Zeugen Jehovas lehnen es ab, mit «Heil Hitler» zu grüssen, verweigern den Wehrdienst und schicken ihre Kinder nicht an Veranstaltungen der Hitlerjugend. Sie sagen, das Heil komme nicht von Hitler, sondern allein von ihrem himmlischen Herrscher Jehova. Die Nazis konfiszieren das Eigentum vieler Glaubensbrüder und -schwestern, insbesondere auch Fahrräder und Motorräder, um ihre Bewegungsfreiheit einzuschränken und sie daran zu hindern, Propagandamaterial zu verteilen. In Magdeburg, wo sich die zentrale Druckerei der Vereinigung befindet, lassen sie 65 Tonnen Bibeln und Druckschriften verbrennen. Angehörige der Sturmabteilung (SA) überfallen in ganz Deutschland Bibelforscher auf offener Strasse, misshandeln sie in SA-Heimen und beschädigen ihre Häuser.

Als Reaktion auf diese Repressionen beschliessen die Zeugen Jehovas Anfang 1934 an einem internationalen Kongress in Basel, an dem auch Emma Kübler teilnimmt, trotz Verbots den Predigtdienst in Deutschland wiederaufzunehmen. Damit verstossen sie gegen das vom Nazi-Regime verhängte religiöse Betätigungsverbot. Nach dem Erlass des «Gesetzes gegen heimtückische Angriffe auf Staat und Partei» am 20. Dezember 1934 werden in einer ersten Welle Tausende von Bibelforschern festgenommen und verurteilt. Von den Nazis als «Himmelskomiker», «Jordan-Scheiche», «Gethsemane-Soldaten» und «Bibelwürmer» verhöhnt, drängt man sie aus ihren Stellen bei Behörden und privaten Betrieben, streicht ihnen die Renten und schliesst sie von der staatlichen Arbeitsvermittlung und der Arbeitslosenversicherung aus. Im April 1935 verbietet das Reichs- und Preussische Ministerium des Innern die Zeugen Jehovas in ganz Deutschland.

Vor diesem Hintergrund hat Emma Kübler 1937 vom Sondergericht in Mannheim keine Nachsicht zu erwarten. In den vorangehenden Vernehmungen hat sie gestanden, den Bibelforschern seit 1920 anzugehören. Ihren Sohn Max habe sie bereits als Kind zu Veranstaltungen mitgenommen. Die Gestapo vermerkt in den Akten, Emmas Ehemann Gustav, von Beruf Metzgermeister, sei «schon seit Jahren und seit dem Verbot erst recht gegen die Betätigung der Frau Kübler gewesen. Es hat deswegen in der Familie Kübler schon manchen Streit gegeben. Es handelt sich aber bei Frau Kübler und auch ihrem Sohn Max um zwei fanatische Angehörige der Ernsten Bibelforscher, die sich darin gefallen, verfolgt zu werden».

Die Oberstaatsanwaltschaft wirft Emma in der Anklageschrift vier Gesetzesverstösse vor: Sie habe, erstens, «seit Mitte 1933 in ihrer Wohnung in Badenweiler Druckschriften der verbotenen Vereinigung Ernster Bibelforscher aufbewahrt». Sie habe, zweitens, «seit Mitte 1933 regelmässig aus der Schweiz [...] illegale Druckschriften der verbotenen Vereinigung [...] bezogen oder solche selbst aus der Schweiz eingeführt». Sie habe, drittens, «seit Mitte 1933 bis Ende 1936 [...] mit der ihr als Anhängerin der verbotenen Sekte der Bibelforscher bekannten Marie Leininger [...] sowie mit dem Jagdaufseher Karl Bolantz regelmässige Besprechungen abgehalten». Und sie habe, viertens, «seit Mitte 1933 ihrem Sohn Max Kübler zahlreiche illegale Druckschriften der Ernsten Bibelforscher [...] weitergegeben und auf diese Weise den organisatorischen Zusammenhalt der verbotenen Sekte [...] aufrechterhalten».

Die Hauptverhandlung findet am 12. März 1937 vormittags um 10.30 Uhr statt. Auf eine persönliche Befragung verzichten die Richter mit der Begründung, aus den Ermittlungsakten gehe hervor, dass sich die Angeklagte «dem heutigen Staat gegenüber völlig teilnahmslos» verhalte. Es sei «sicherlich nicht zu viel gesagt, dass sie es war, die, ohne eigentliche Ortsdienstleiterin in Badenweiler zu sein, den Zusammenhalt unter den Bibelforschern in Badenweiler und Umgegend aufrechterhalten hat». Der «bewusste Verstoss gegen das Verbot» verlange «eine strenge Ahndung».

Emma Kübler wird wegen Zuwiderhandlung gegen die «Notverordnung zum Schutz von Volk und Staat» zu zehn Monaten Gefängnis abzüglich zwei Monate und drei Wochen Untersuchungshaft verurteilt. Ihr Sohn Max, Angestellter bei der Kurverwaltung Badenweiler, wird in einem Parallelverfahren mit acht Monaten Gefängnis bestraft. Emma Kübler wird am 23. März 1937 im Frauenstrafgefängnis Gotteszell in Schwäbisch-Gmünd inhaftiert. Ihre Strafe soll am 22. Oktober enden. Der Weg ihres Sohnes führt ins KZ Dachau.

Emma wird am 13. Dezember 1885 in Basel als Kind deutscher Eltern geboren und evangelisch-reformiert getauft. Vater und Mutter führen an der Hegenheimerstrasse 1 beim Spalenring eine Metzgerei. Kurz vor Emmas siebtem Geburtstag lässt sich die Familie Schlotterer einbürgern. Noch nicht volljährig, verliebt sie sich in den Deutschen Gustav Kübler, der im elterlichen Geschäft eine Metzgerlehre macht. Die beiden heiraten am 20. September 1906 und ziehen nach Lörrach-Stetten, um dort die Bahnhofswirtschaft zu übernehmen, keine 500 Meter hinter der Landesgrenze.

Durch die Heirat verliert Emma ihre Schweizer Staatsbürgerschaft. Bis zu ihrem 26. Geburtstag bringt sie drei Kinder zur Welt. Sie scheint eine tüchtige Wirtin mit klaren Grundsätzen gewesen zu sein, wie eine im Schweizerischen Bundesarchiv abgelegte Aussage der Lörracher Bibelforscherin Emilie Müller belegt: «Wenn dann am Freitagabend die Männer mit ihrem Zahltag kamen und so richtig trinken wollten, konnte sie sagen: ‹Für den Durst habt Ihr genug gehabt, die ganze Woche wollt Ihr doch auch noch essen, geht jetzt mit dem Geld nach Hause›.» 1919 gibt das Paar die Wirtschaft aus unbekannten Gründen auf, ein Jahr später tritt Emma den Ernsten Bibelforschern bei. Warum sie das tat und von welchen Einkünften die Familie in der Zeit unmittelbar nach dem Ersten Weltkrieg lebte, wissen ihre Angehörigen nicht.

1928 bietet sich dem Paar die Chance, die Metzgerei an der Luisenstrasse 7 in Badenweiler zu übernehmen. Im selben Jahr besucht Emma den Basler Kongress der Zeugen Jehovas – wahrscheinlich mit ihrer jüngeren Schwester Sophie, die nach wie vor in Basel lebt – und drei Jahre später auch jenen in Paris. Zu Hause verteilt sie religiöse Schriften und verschickt bei Todesfällen Beileidskarten mit Bibelsprüchen. Nach der Machtübernahme Hitlers Anfang 1933 äussert sie sich in der Metzgerei, die sie mit ihrem Mann und ihrem ältesten Sohn führt, kritisch gegenüber der Politik der Nazis und verweigert den Kunden den Hitlergruss. Damit provoziert sie den Ortsgruppenleiter der NSDAP und jene Mitbürgerinnen und Mitbürger, die hinter dem NS-Regime stehen.

Um unerschrockene Glaubensbrüder und -schwestern wie Emma Kübler besser unterstützen zu können, hat die Watch Tower Bible & Tract Society New York im Jahr 1930 in Bern eine europäische Zweigniederlassung gegründet, die Publikationen wie den *Wachturm* verteilt, in denen die Nazis scharf angegriffen werden. Zeugen Jehovas, die Verwandte in der Schweiz besuchen, schmuggeln bei der Rückkehr Schriften wie *Der göttliche Plan der Zeitalter* oder *Die neue Schöpfung* über die Grenze. Schweizer Politiker und der Nachrichtendienst befürchten deswegen politischen Schaden für das Land. Die Nazis reagieren mit gezielten Falschmeldungen in der deutschen Presse und beschuldigen die Bibelforscher, mit den Kommunisten gemeinsame Sache zu machen und mit den Juden eine «Weltverschwörung» zu planen. Schweizer Zeitungen drucken diese Propaganda zuweilen unbesehen ab. Die Zeugen Jehovas wehren sich dagegen mit Inseraten – im *Anzeiger der Stadt Bern* beispielsweise gegen eine Falschmeldung des *Essener Blattes* vom 23. Januar 1937, wonach Bibelforscher in Düsseldorf Zettel verteilt hätten, auf denen zu lesen gewesen sei: «Bald wird eine ehrliche, rechtmässige Regierung errichtet werden zugunsten der Menschheit, unter der Oberaufsicht des grossen Messias, unseres Heiligen Vaters Josef Stalin von Neu-Russland der Sowjetrepubliken».

Während sich die Zeugen Jehovas in der Schweiz gegen solche Lügengeschichten wehren, verbüsst Emma Kübler in Schwäbisch Gmünd ihre Gefängnisstrafe. Dass sie anschliessend nicht freikommt, ist einem Erlass der Gestapo vom 22. April 1937 geschuldet, wonach sämtliche Zeugen Jehovas nach der regulären Haft in «Schutzhaft zu nehmen und in Konzentrationslager zu überführen» seien. Emma schickt einen Brief nach Hause: «Mein lieber Gustav, ich muss Euch schreiben, dass ich nicht heimkommen darf. Am Freitag komme ich in Schutzhaft. Es tut mir leid, dass es so ist.» Sie bittet um ein Hemd, ein Unterleibchen, eine Hose und etwas Wolle, um Socken stricken zu können.

Im KZ Moringen südlich von Hannover, wohin sie gebracht wird, stellen die Bibelforscherinnen die mit Abstand grösste Gruppe. Daneben sind im Lager auch Frauen aus dem politischen Widerstand inhaftiert, jüdische Emigrantinnen, Frauen, die angeblich oder tatsächlich verbotene Liebesbeziehungen mit ausländischen Zwangsarbeitern hatten, «Berufsverbrecherinnen», Prostituierte sowie Frauen, die einen Schwangerschaftsabbruch vorgenommen oder sich abfällig über die NSDAP und ihre Funktionäre geäussert hatten.

Den Bibelforscherinnen wird die sofortige Freilassung angeboten, wenn sie eine «Verpflichtungserklärung» mit folgendem Wortlaut unterschreiben: «Ich verpflichte mich, nach meiner Entlassung aus der Schutzhaft mich jeder umstürzlerischen und staatsgefährdenden Tätigkeit zu enthalten. Ich bin darüber belehrt, dass ich keine Ersatzansprüche gegen den Staat auf Grund der erfolgten Inschutzhaftnahme habe.» Später wird der Text ergänzt und verschärft: «Ich bin auf die Folgen einer erneuten Betätigung für die Internationale Bibelforscher-Vereinigung hingewiesen worden. Mir ist bekannt gegeben, dass eine Unterlassung der Propaganda keinesfalls genügt, sondern eine völlige innere Abkehr von mir erwartet wird. Es wurde mir bekannt gegeben, dass der Schutzhaftbefehl erst dann endgültig aufgehoben wird, wenn mein Verhalten einwandfrei ist, und dass ich im entgegengesetzten Falle bei dem geringsten Anlass mit meiner Festnahme zu rechnen habe.»

Wie die meisten ihrer Glaubensgenossinnen verweigert Emma Kübler die Unterschrift. Die Bibelforscherinnen versuchen vielmehr, Mitgefangene für ihre religiöse Überzeugung zu gewinnen, und sie lehnen es ab, Kleider für das NS-Winterhilfswerk (WHW) zu nähen, weil sie die Nazis in keiner Weise unterstützen wollen. Zur Strafe untersagt ihnen die Lagerleitung alle familiären Kontakte. Aus dem Buch *Das Frauen-KZ Moringen 1933–1938* des Göttinger Historikers Hans Hesse geht hervor, dass Moringen zwar keine Tötungsanstalt war, die Führung es aber darauf anlegte, «die gefangenen Frauen zu zerbrechen». Bei den Bibelforscherinnen gelingt dies nur in den seltensten Fällen. Eine dort inhaftierte Kommunistin wird im Archiv der Gedenkstätte mit folgendem Satz zitiert: «Am mutigsten waren immer wieder die Zeugen Jehovas.»

Als immer mehr Glaubensgenossinnen eingeliefert werden, ist das Lager bald überfüllt. Deshalb werden rund 500 Frauen ins KZ Lichtenburg bei Torgau gebracht. Emma Kübler kommt mit dem Transport vom 21. Februar 1938 dort an. Aussen wird die Anlage von 120 SS-Männern bewacht, innen schikanieren SS-Aufseherinnen die Gefangenen. Im Zellenbau sind Prostituierte, «Asoziale» und «Kriminelle» untergebracht, im benachbarten alten Schloss die Bibelforscherinnen, die «Politischen» und die Jüdinnen.

Weil das Lager marode ist und nicht erweitert werden kann, wird Emma Kübler im Mai 1939 zusammen mit 866 weiblichen Häftlingen in das neu gebaute Frauen-KZ Ravensbrück in Brandenburg verlegt. Auf ihrer gestreiften Häftlingskleidung trägt sie wie ihre Glaubensgenossinnen einen lila Winkel und die Häftlingsnummer 321. In den drei Jahren, in denen sie dort gefangen ist, erhalten ihre Angehörigen nur zwei Karten. Beide tragen auf der Rückseite einen blauen Stempel, der erklärt, warum ihr der sonst zulässige Briefwechsel verboten wird: «Die Schutzgefangene ist nach wie vor hartnäckige Bibelforscherin und weigert sich, von der Irrlehre der Bibelforscher abzulassen.»

Den Widerstandswillen schildern überlebende Zeitzeuginnen auf der DVD *Jehova's Witnesses Stand Firm Against Nazi Assault*. Im Winter 1939 versammelt der Lagerkommandant 400 Bibelforscherinnen in den Schneiderwerkstätten und stellt sie vor die Wahl: Wer bereit ist, Taschen für die Soldaten an der Front zu nähen, soll auf die rechte Seite treten, die anderen auf die linke. Alle treten zur linken Seite. Zur Strafe müssen die Frauen stundenlang regungslos in der Kälte ausharren und fünf Nächte ohne Stroh und Decken auf eiskalten Zellenböden verbringen. Danach sperrt man sie ein und setzt sie auf Hungerration.

SS-Reichsführer Heinrich Himmler erscheint persönlich, um sich die «Querulantinnen» anzuschauen. Er sagt zu ihnen: «Die Macht liegt auf unserer Seite. Allem Anschein nach hat Euch Euer Gott verlassen.» Er bekommt zur Antwort: «Wir dienen nur Jehova, Euch dienen wir nicht.» Daraufhin führt Himmler im Ravensbrücker Zellenbau die Prügelstrafe ein. So steht es in Sarah Helms Buch *Ohne Haar und ohne Namen – Die Frauen im Konzentrationslager Ravensbrück*.

Laut Monika Schnell vom Archiv der Gedenkstätte Ravensbrück werden am 26. März 1942 mit einem Gefangenentransport von 1000 Frauen auch ungefähr 40 bis 50 Bibelforscherinnen nach Auschwitz deportiert, unter ihnen Emma Kübler. Dort erhält sie bei der Registrierung die Häftlingsnummer 339. Die von der SS aufgenommenen Fotos zeigen eine trotz aller Leiden stolze, ungebrochene Frau. In ihrem

Kalendarium der Ereignisse im Konzentrationslager Auschwitz-Birkenau 1939-1945 notiert die polnische Historikerin Danuta Czech: «Aus dem KL Ravensbrück wird der erste Transport weiblicher Häftlinge in das KL Auschwitz überstellt. Sie sind die ersten Häftlinge in der Frauenabteilung, die zunächst der Kommandantur des KL Ravensbrück untersteht. In dem Transport befinden sich 999 deutsche weibliche Häftlinge, die als asoziale, kriminelle und einige, die als politische Häftlinge eingestuft worden sind. Sie erhalten die Nummern von 1 bis 999 und werden in den Blöcken 1 bis 10 untergebracht. Die deutschen kriminellen und asozialen weiblichen Häftlinge sollen sozusagen als Gründerinnen des Frauenlagers die Funktionen der Blockältesten und Kapos übernehmen.»

Emma Kübler erhält eine andere Aufgabe. Am 30. September 1942 schreibt Lagerkommandant Rudolf Höss in seinem Befehl Nr. 19/42 unter Punkt 3, dass Bibelforscherinnen fortan als «Haushilfen» beschäftigt werden können. Offenbar ist der Bedarf gross, denn die Kommandantur ersucht das SS-Wirtschaftsverwaltungshauptamt in den Folgemonaten mehrmals, weitere 30 Bibelforscherinnen aus dem KZ Ravensbrück nach Auschwitz zu schicken. Sie sollen «in kinderreichen Haushaltungen sowie in Familien, wo Ehefrauen erkrankt sind, zum Einsatz kommen».

In ihrem Buch *Für den Glauben in Haft – Zeugen Jehovas im KZ Auschwitz* zeigt Teresa Wontor-Cichy ein Dokument vom 7. Mai 1943, wonach im Lager zum damaligen Zeitpunkt 99 Bibelforscherinnen in Haushalten von SS-Offizieren beschäftigt sind. Um die SS-Offiziere und ihre Familien vor Ansteckung mit übertragbaren Krankheiten zu schützen, werden sie aus den Baracken ins Stabsgebäude umquartiert. Die Frauen bekommen einen Ausweis mit Passbild, der es ihnen erlaubt, sich ohne Begleitperson zwischen dem Stabsgebäude und den SS-Haushalten zu bewegen.

In der Villa, die Kommandant Höss mit seiner Frau und seinen vier Kindern nur ein paar Meter ausserhalb des elektrischen Lagerzauns bewohnt, arbeiten zwei Bibelforscherinnen, Sophie Stippel und Emma Kübler-Schlotterer. Höss, der sie «Bibelbienen» und «Bibelwürmer» nennt, schreibt in seinen Aufzeichnungen: «Ich hatte zwei ältere Frauen über drei Jahre lang im Haushalt. Meine Frau sagte oft, sie selbst könne nicht besser um alles besorgt sein als die beiden Frauen. Besonders rührend waren sie um die Kinder besorgt, um alle, die grossen wie die kleinen. Diese hingen auch an ihnen, als wenn sie zur Familie gehörten. In der ersten Zeit befürchteten wir, dass sie die Kleinen für Jehova retten wollten. Aber nein, das taten sie nicht. Nie haben sie in religiösen Dingen zu den Kindern gesprochen. Dies war eigentlich verwunderlich bei ihrer fanatischen Einstellung.» An anderer Stelle begründet er, warum er ausschliesslich Bibelforscherinnen als Haushaltshilfen vertraut: «Weil diese am ungefährlichsten und am ehrlichsten waren.»

Vom Mai 1942 bis Dezember 1944 erhält die Familie Kübler von Emma insgesamt acht Briefe aus Auschwitz. Wegen der Zensur schreibt sie Unverdächtiges: «Wie schön wird es einmal sein, wenn Friede auf Erden, weidende Herden, goldenes Kornfeld, blühende Auen, wo silberne Bächlein säumen den Wald ein.» Oder: «Wegen dem vielen Blutvergiessen hat der Fluch die Erde verzerrt, und es büssen alle ihre Bewohner. Ein Glück, dass unser himmlischer Vater ein Ende wird machen.»

Wojciech Płosa, Leiter des Archivs der Gedenkstätte Auschwitz, findet in den Unterlagen nebst den Fotos nur noch eine Karte der «hygienisch-bakteriologischen Untersuchungsstelle der Waffen-SS» vom Juli 1943 mit der Anordnung, Emma Küblers «Urin-Stuhl» zu untersuchen. Die Nazis, so schreibt er, hätten bei der Räumung des Lagers den grössten Teil der Unterlagen zerstört, um ihre Verbrechen zu vertuschen.

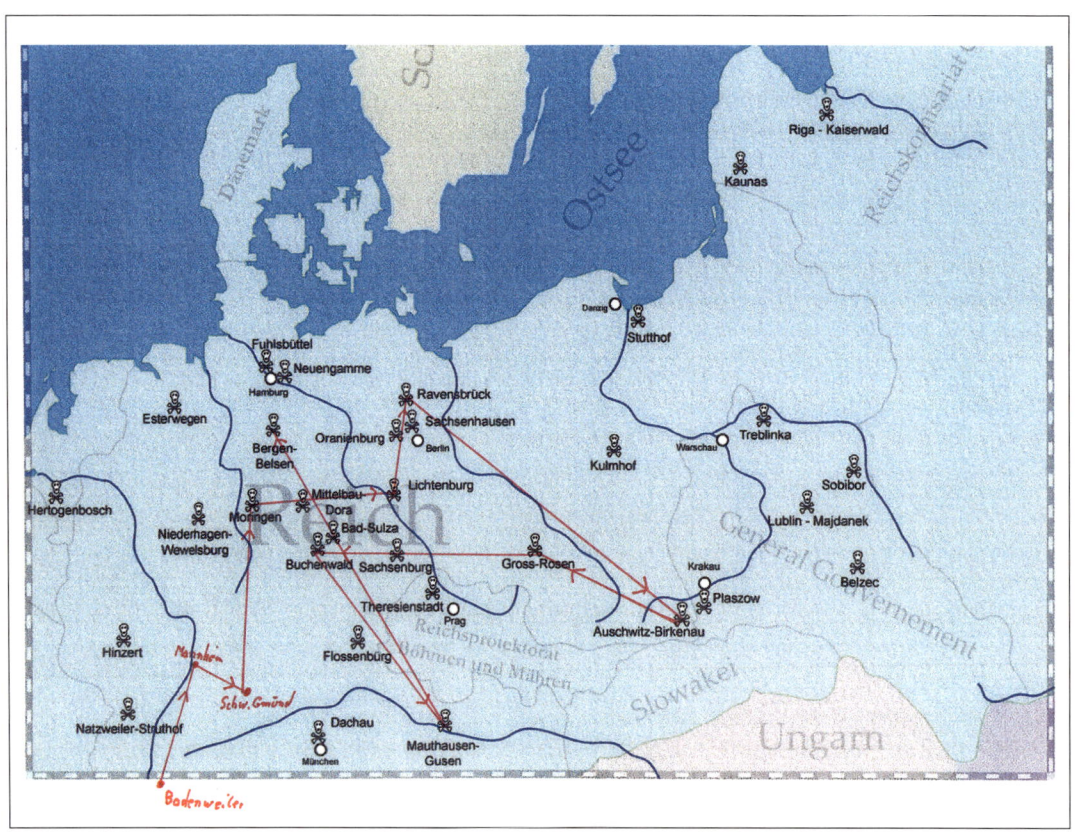

Leidensweg von Emma Kübler-Schlotterer, nachgezeichnet von ihren Angehörigen.

Die Bibelforscherin Berta Pater, Häftlingsnummer 8334 in Auschwitz, die mit Emma jahrelang zusammen ist, nimmt im eingangs erwähnten Brief, den sie den Angehörigen in Badenweiler kurz nach der Befreiung schickt, grösstmögliche Rücksicht. Die furchtbaren Leiden während der Odyssee durch Deutschland deutet sie nur an. Der Überlebende Jurianus Haak, auch er ein Zeuge Jehovas, beschreibt die Evakuierung des KZ Auschwitz im Januar 1945 drastischer: «Wir marschierten in Kolonnen von je 3000 Häftlingen. Es war sehr kalt, zirka minus 25° C, und überall lag viel Schnee. Wer nicht mehr marschieren konnte, wurde gnadenlos getötet. Ich hatte ein Brot und eine Fleischdose dabei, aber es war zu kalt, das Brot zu schneiden oder die Dose zu öffnen. Glücklicherweise marschierte ich zusammen mit anderen Glaubensbrüdern. Wir rückten vor elf Uhr nachts aus und sollten die ganze Nacht lang im Schnee marschieren. Schon nach kurzer Zeit sah ich die ersten Toten. Später sah man die Leichen von Frauen und Kindern aus dem Frauenlager. Die ganze Zeit – nur Leichen an beiden Strassenseiten.»

Als Emma Kübler am 26. Februar mit einer Gruppe von Bibelforscherinnen im KZ Bergen-Belsen eintrifft, herrschen dort katastrophale Zustände. Hunger und Seuchen raffen die Menschen zu Tausenden dahin; auch sie erkrankt an Typhus. Die britischen Soldaten, die das Lager am 15. April befreien, finden Leichenhaufen und Zehntausende todkranke Menschen vor. Sie richten in der ehemaligen Wehrmachtskaserne und unter freiem Himmel Notspitäler ein und bestatten die Toten in Massengräbern. Emma Kübler, die mehr als siebeneinhalb Jahre in Konzentrationslagern überlebt hat, stirbt am 22. April 1945, eine Woche nach der Befreiung.

Emmas Sohn Max überlebt die Gefangenschaft im KZ Dachau. Er wird am 4. Oktober 1938 nach knapp zehnmonatiger Haft mit der Auflage entlassen, sich in Badenweiler jeden Tag bei der Gestapo zu melden und niemandem von den Zuständen im Lager zu erzählen. Ob er eine «Verpflichtungserklärung» unterschrieben und als Zeuge Jehovas seinem Glauben abgeschworen hat, bleibt offen, ist aber wahrscheinlich. Sein Sohn Werner erzählt bei unserem Treffen, der Vater habe nach der Rückkehr die täglichen Demütigungen im Städtchen schon bald nicht mehr ertragen und sich deshalb im April 1940 freiwillig zum Wehrdienst gemeldet. Das Kommando setzt ihn zunächst an der Westfront in Dünkirchen beim Küstenschutz ein und verlegt ihn dann nach Russland, wo er vier Mal verwundet wird. Er erhält wegen «Tapferkeit vor dem Feind» zunächst das Eiserne Kreuz zweiter Klasse und später – als Unteroffizier – auch noch jenes der ersten Klasse. Während eines mehrmonatigen Lazarettaufenthalts in Badenweiler reicht er beim Ortsgruppenleiter der NSDAP zwei Gesuche um Entlassung seiner Mutter aus dem KZ ein. Er bekommt die Anträge mit dem Vermerk zurück, «dass man so eine Frau in Badenweiler nicht mehr dulden kann». Dank seiner militärischen Auszeichnungen darf er sie jedoch zweimal in Auschwitz besuchen. Beide Male, so erzählt er zu Hause, habe er sie in der Küche der Villa von Lagerkommandant Höss getroffen.

Einen Monat nach der Kapitulation der deutschen Wehrmacht bekommt Max Kübler wieder eine Anstellung im Bürgermeisteramt Badenweiler. Als Zeuge Jehovas tritt er nicht mehr öffentlich in Erscheinung. Er heiratet am Tag vor Weihnachten 1947, neun Monate später kommt sein einziger Sohn Werner zur Welt. Max Kübler ist krank und sehr geschwächt. Seiner Familie erzählt er kaum etwas über die Kriegsjahre und seine Leiden. Nur das: Lazarettärzte hätten ihm nach einer Verwundung im Rahmen eines medizinischen Menschenversuchs radioaktive Substanzen zur Schmerzbekämpfung gespritzt. Mehr habe sein Vater weder von seinen Besuchen in Auschwitz noch von seiner eigenen Gefangenschaft im KZ oder vom Krieg erzählt, sagt Werner Kübler: «Seine Erlebnisse und die Geschichte meiner Grossmutter Emma waren in unserer Familie tabu.» Max Kübler lebt mit seiner Ehefrau Hilda und der Familie seines Sohnes bis zu seinem Tod im Jahr 1978 zusammen.

Im Oktober 1945 lassen die Angehörigen von Emma Kübler in den *Freiburger Nachrichten* folgende Todesanzeige erscheinen: «Am 22. April 1945 starb im Konzentrationslager Bergen-Belsen nach 8 Jahren 4 Monaten Haft infolge der menschenunwürdigen Behandlung als Zeugin ihres Glaubens meine liebe Frau, uns. gute Mutter, Schwiegermutter und Grossmutter Frau Emma Kübler-Schlotterer im 60. Lebensjahr. Unser Trost ist, dass sie den jahrelang vorausgesagten Untergang des Verbrecherregimes noch erleben durfte.» Vier Jahre später hebt die deutsche Justiz die Urteile des Sondergerichts Mannheim gegen Emma und Max Kübler auf und tilgt ihre Gefängnisstrafen aus dem Register.

Vom Leidensweg ihrer Urgrossmutter habe sie erst im Jahr 2008 durch das Stolpersteinprojekt erfahren, sagt Beate Müller, die heute als Lehrerin arbeitet. Die Aktion von Inge Rosenkranz und ihren Schülern stösst bei den Badener Zeitungen auf grosse Resonanz. Viele Leute bekunden ihre Sympathie, andere verstehen nicht, «warum man dauernd in der Vergangenheit wühlen muss». Dritte vertreten die Meinung, Emma Kübler sei selbst schuld gewesen an ihrem Schicksal: «Sie hätte ihrem Glauben ja abschwören und nach Hause zurückkehren können.» Einzelne Verwandte beklagen sich bei Beate Müller: «Warum tut ihr uns das an?»

Im Sommer 2018 besucht sie mit ihrem Vater und ihrem Ehemann erstmals die Gedenkstätte in Bergen-Belsen. Von einer Mitarbeiterin des Dokumentationszentrums hat sie vorab erfahren, dass keines der noch vorhandenen Einzelgräber eindeutig Emma Kübler zugeordnet werden könne. An ihrem Todestag, dem 22. April 1945, seien die Verstorbenen in aller Regel unter britischer Aufsicht in Massengräbern bestattet worden, man wisse aber aus Zeitzeugenberichten, dass es auch Einzelbestattungen gegeben habe. Es sei möglich, dass Emma Kübler im Bereich des ehemaligen Frauenlagers ihre letzte Ruhestätte gefunden habe. Dort gibt es tatsächlich zwei Einzelgräber, welche die Inschrift ‹Ein unbekannter Toter› tragen.

Beate Müllers Anspannung war vor dem Besuch in Bergen-Belsen gross. Sie hatte sich über das ehemalige KZ informiert und wusste, dass die Gebäude nicht mehr stehen, weil die Engländer sie wegen der Seuchengefahr kurz nach der Befreiung niedergebrannt hatten. Ihre Befürchtung, «an einen bedrückenden Ort zu gelangen, überall Sand und die Standorte der Baracken mit Steinen gekennzeichnet, so in Reih und Glied korrekt nebeneinander», bewahrheitet sich nicht. Die Gedenkstätte sei «ein friedlicher Ort, fast schon ein Park, ein kleiner Wald». Sie sagt, es sei für sie und ihren Vater tröstlich gewesen, «dass nichts mehr von diesem düsteren, traurigen, schmerzvollen, leidvollen, qualvollen Ort übrig ist». Sie sei froh, «dass wir, mein Vater, mein Mann und ich, diesen Weg gemeinsam gehen konnten».

Quellen: Gespräch mit Werner Kübler, Beate Müller-Kübler und Inge Rosenkranz am 8. Februar 2018 in Badenweiler. Zuvor und danach mehrfacher Austausch von E-Mails. Unterlagen und Fotos aus dem Privatarchiv der Familie; Schweiz. Bundesarchiv, Bern: E9500.239A#2003/53#576* (mit dem Aufsatz «Zeugen Jehovas - vergessene Opfer?» von Milton, Sybil), E4320B# 1974/47#131*, E4320B#1974/47#132*, E4320B#1974/67#39*; Generallandesarchiv Karlsruhe: Dossier 507 Nr. 1171-1172 (Bestand Sondergericht Mannheim); Kater, Michael H.: Die Ernsten Bibelforscher im Dritten Reich (Vierteljahreshefte für Zeitgeschichte des Instituts für Zeitgeschichte München-Berlin, Jahrgang 17/1969, Heft 2); Helm, Sarah: Ohne Haar und ohne Namen - Im Frauen-Konzentrationslager Ravensbrück. Stuttgart 2016; Roser, Hubert (Hrsg.): Widerstand als Bekenntnis - die Zeugen Jehovas und das NS-Regime in Baden und Württemberg. Konstanz 1999; Website der Zeugen Jehovas: https://www.jw.org/de (Zugriff: Januar und Februar 2018); Czech, Danuta: Kalendarium der Ereignisse im Konzentrationslager Auschwitz-Birkenau 1939-1945. Hamburg 1989; DVD der Watch Tower Bible and Tract Society of Pennsylvania: Jehova's Witnesses Stand Firm Against Nazi Assault. Pennsylvania 2008; Wontor-Cichy, Teresa: Für den Glauben in Haft - Zeugen Jehovas im KZ Auschwitz. Oswiecim 2006.

Gino Parin

Der jüdische Maler gehört zur besseren Gesellschaft Triests. Er porträtiert den König Italiens. Darum glaubt er auch nach der deutschen Besetzung, ihm werde nichts passieren.

Es ist kurz vor 15 Uhr, als der Schweizer Konsul Emile Bonzanigo (59) am 21. April 1944 das Gestapo-Hauptquartier an der Piazza Oberdan in Triest betritt. Es geht um Leben und Tod.

Der Posten als Konsul in Triest, den Bonzanigo seit 1938 innehat, hätte eigentlich die Krönung seiner Beamtenkarriere werden sollen: ein eigenes Konsulat in einer italienischen Küstenstadt, die noch immer die Opulenz der Habsburger Monarchie verströmt, zu der sie einst gehörte. Doch die Gegenwart Triests im Frühjahr 1944 ist deutsch. Seit einer Woche versucht der Schweizer Konsul beim regionalen Befehlshaber der Sicherheitspolizei und des Sicherheitsdienstes vorzusprechen. SS-Obersturmbannführer Ernst Weimann hält drei jüdische Schweizer Bürger in Haft: Vittoria Spierer (48) mit ihrer 19-jährigen Tochter Hélène und den 67-jährigen Gino Parin. Die drei sind Opfer eines Dramas, das seine Kreise bis nach Berlin und Bern ziehen wird.

Der Maler Gino Parin verkehrte in den vornehmen Kreisen von Triest und war ein Lebemann.

Als der Konsul an diesem Freitagnachmittag zu SS-Obersturmbannführer Weimann eilt, um die sofortige Freilassung der drei Schweizer Gefangenen zu verlangen, ist er der letzte Vertreter eines ausländischen Staates in der Stadt. Alle anderen Konsuln haben die Region nach der deutschen Besetzung Italiens im September 1943 verlassen.

In welcher Atmosphäre die Unterredung zwischen Weimann und Bonzanigo am 21. April verläuft, ist nicht überliefert. In einer Aktennotiz mit dem Titel «Besuch bei Oberst Dr. Weimann, Chef der deutschen Sicherheitspolizei» skizziert Bonzanigo nüchtern die Ergebnisse der Besprechung: Über Vittoria und Hélène Spierer sei Weimann unterrichtet gewesen, «über Parin konnte er mir im Moment nichts sagen». Weimann stellt Bonzanigo in Aussicht, ihm in einigen Tagen zu schreiben oder ihn anzurufen, um ihn auf dem Laufenden zu halten.

Emile Bonzanigo, der Schweizer Konsul in Triest, versuchte Gino Parin sowie Vittoria und Hélène Spierer aus deutscher Gefangenschaft zu befreien.

Als Bonzanigo 1938 in Triest eintraf, war Gino Parin längst ein in ganz Italien bekannter Maler. Er porträtierte die Wichtigen und Mächtigen der Stadt, der Region, ja des Landes. Jeden Donnerstag traf sich die Schweizer Gemeinde Triests zu einer Soirée. Der neue Schweizer Konsul und der alteingesessene Schweizer Künstler freundeten sich an, wie Verwandte Parins in Briefen, die sich im Nachlass des Künstlers befinden, beschreiben.

Gino Parin kam 1876 als Federico Guglielmo Jehuda Pollack in Triest zur Welt, das ein Schmelztiegel der Habsburger Monarchie war. In der Stadt lebten damals Italiener, Österreicher und Slowenen, Christen und Juden. Parins Vorfahren stammten aus Osteuropa, waren assimilierte aschkenasische Juden, die ihr Leben nicht mehr nach den jüdischen Riten ausrichteten. Die Familie – zu der auch der Schweizer Psychoanalytiker Paul Parin gehörte – hatte Verbindungen in die Schweiz; bereits in den 1860er-Jahren liessen sich erste Mitglieder im Tessin naturalisieren. 1898 wurde Gino in der Gemeinde Campo (Blenio) eingebürgert. Er legte den Namen Pollack ab und nannte sich fortan Parin, wie viele in seiner Familie. Man habe sich so von den jüdischen Wurzeln lösen wollen, vermuten die Nachfahren.

Sofort nach der Besetzung gehen die Deutschen im Herbst 1943 systematisch gegen die jüdische Bevölkerung Triests vor, damals die drittgrösste jüdische Gemeinde Italiens. Triest steht seit September 1943 als Teil der Operationszone «Adriatisches Küstenland» unter deutscher Zivilverwaltung. In der für die Judenverfolgung zuständigen SS sind viele Offiziere im Einsatz, die Erfahrung von der Ostfront mitbringen: In der «Aktion Reinhardt» löschten sie im heutigen Polen und in der Ukraine systematisch die jüdische Bevölkerung aus. Nun etablieren sie auch in der Operationszone innerhalb kürzester Zeit ein System des Terrors. Im Stadtteil San Sabba errichtet die SS ein Sammellager. Die Nazis deportieren 1200 jüdische Männer, Frauen und Kinder aus Triest, die anderen rund 6000 Juden fliehen. Ziel der Deutschen ist es, Triest bis Dezember 1943 für «judenfrei» zu erklären.

Gino Parin aber bleibt. Auf die Frage, warum er nicht flüchtete, gibt es keine abschliessende Antwort. Doch es existieren Indizien im Schweizerischen Bundesarchiv und im Politischen Archiv des Auswärtigen Amts in Berlin, vor allem aber in Aufzeichnungen und Briefwechseln, die heute im Besitz von Nachfahren und Verwandten Gino Parins sind, die an der amerikanischen Ostküste leben. Und in einem Interview, das die 92-jährige Hélène Spierer, die 1944 zusammen mit Parin inhaftiert war, im Jahr 2017 dem Genfer Filmemacher Michael Lew gab.

Klar ist: Ginos Bruder Vittorio Ugo wanderte schon in den späten 1930er-Jahren aus Italien in die Schweiz zurück. Er drängte seinen Bruder mitzukommen – vergeblich. In einem Brief an Edgar, den Sohn Gino Parins, schrieb er später: «Er liebte sein Land. Aber er meinte, er könne in der Schweiz nicht richtig arbeiten.» Vielleicht habe er aber auch einfach bei seiner Geliebten Magda Springer bleiben wollen. Parin führte ein bewegtes Liebesleben. 1898 heiratete er die Amerikanerin Ella Auler und hatte zwei Kinder mit ihr: Edgar und Marietta. Beide wanderten später in die USA aus, wo Edgar zu einem berühmten Kinderbuchautor wurde. Gino und Ella Parin liessen sich 1906 scheiden. Über seine späteren Liebschaften erzählte man sich in der Familie Geschichten. So soll er seine Muse und spätere Geliebte Fanny Tedeschi von seinem Atelier aus im gegenüberliegenden Haus entdeckt haben. Mit der verheirateten Fanny und ihrem Mann führte Parin offenbar eine Ménage-à-trois. Sie sollen zu dritt Arm in Arm durch die Strassen Triests flaniert sein.

Gino Parin konvertierte schon früh, nämlich am 11. Juni 1898, zum Katholizismus. In Triest verkehrte er in der deutschen katholischen Gemeinde, in der sich die Intellektuellen der Stadt um einen deutschen Geistlichen namens Vater Johannes Dittrich scharten, der liberalere Ansichten vertrat als die italienische Kirche. Gino Parin hatte zeitle-

1930 malte Gino Parin den italienischen König Vittorio Emanuele III. und 1931 Königin Elena.

bens eine enge Beziehung zur deutschsprachigen Welt. Er besuchte als Kind eine deutschsprachige Schule und absolvierte seine künstlerische Ausbildung in München, wo er an der Akademie der bildenden Künste studierte, einer Schule von Weltruf, mit Absolventen wie Wassily Kandinsky und Paul Klee.

Die Machtergreifung der italienischen Faschisten unter Benito Mussolini 1922 tat Parins Popularität vorerst keinen Abbruch, im Gegenteil. Er war in den 1920er-Jahren enorm produktiv und stellte international aus. 1930 malte er sogar den italienischen König Vittorio Emanuele III. und 1931 Königin Elena. Vittorio Emanuele schlug ihn zum Ritter und verlieh ihm den Orden «Croce da Cavaliere dell'Ordine della Corona d'Italia». Dann begann sich die antisemitische Verfolgungspolitik des faschistischen Italiens zu verschärfen; denn «je enger das Verhältnis von Italien zu Deutschland [wurde], desto strenger die antisemitischen Massnahmen», schreibt der deutsche Historiker Michael Wedekind, der unter anderem zur deutschen Annexionspolitik in Norditalien forscht.

Noch 1937 nahm Gino Parin auf Einladung an der Ausstellung der regionalen faschistischen Gewerkschaft der Künste teil und wurde mit dem «Premio del Duce» ausgezeichnet. Zu diesem Zeitpunkt stand bereits ein Federico Pollack auf einer Liste der Präfektur Triest, auf der Juden registriert wurden. Dabei handelte es sich wahrscheinlich um Gino Parin. Nach 1938 unterschrieb Vittorio Emanuele III. eine Reihe von «Rassengesetzen», die auch seinen ehemaligen Porträtisten mit einem Arbeitsverbot belegten. Im September 1939 hielt Mussolini in Triest eine Rede, in der er die Juden zu Feinden der Nation erklärte.

1939 erhielt Gino Parin vom italienischen König Vittorio Emanuele III. den Orden «Croce da Cavaliere dell'Ordine della Corona d'Italia».

Im September 1943 beginnen auch in Triest deutsch-italienische Greifkommandos Juden zu verhaften. Ein Grund dafür, dass Gino Parin dennoch in der Stadt ausharrt, könnte auch Emile Bonzanigo sein. Parins Bruder Vittorio Ugo schreibt dazu später: «Er verliess sich auf die Protektion des Konsuls.» An seiner Wohnungstür hängt ein offizieller Schutzbrief der Schweiz. Auch Hélène Spierer erzählt im erwähnten Interview, der Konsul habe an der Wohnungstür ihrer Familie ein Schreiben angebracht, das sie als Schweizer Bürger auswies: «Wir wurden nicht belästigt.» Bis zum 14. April 1944.

An diesem Tag nimmt die Gestapo Gino Parin bei einer Razzia zur «Eliminierung der Hetze gegen Deutschland» fest. Am selben Tag werden auch Vittoria und Hélène Spierer verhaftet, die aus einer Genfer Familie von Tabakindustriellen stammen, die in Triest eine Fabrik betreibt. Parin und die Familie Spierer kennen sich. Als Bonzanigo von den Verhaftungen erfährt, schreibt er sofort einen empörten Brief an SS-Obersturmbannführer Weimann: «Diesem Konsulat wurde seiner Zeit die Erklärung abgegeben, dass Schweizerbürger, wenn auch israe-

Die elfjährige Hélène Spierer (links) auf einer Fotografie aus dem Jahr 1935 und ihre Mutter Vittoria, porträtiert von Gino Parin.

litischer Abstammung, von den Auswirkungen der anti-semitischen Gesetzgebung, speziell von der Internierung und der Beschlagnahme ihrer Güter, nicht getroffen werden würden.»

Innerhalb weniger Tage formuliert der Schweizer Konsul weitere eindringliche Schreiben an führende Repräsentanten der deutschen Behörden – unter anderem an Friedrich Rainer, Gauleiter von Kärnten und Chef der regionalen Zivilverwaltung in den besetzten Gebieten Nordostitaliens und Teilen Sloweniens, sowie an dessen Stellvertreter Ferdinand Wolsegger. «Es ist unbegreiflich, dass eine so scharfe Massnahme gegen Schweizerbürger, die immer einen guten Ruf genossen haben, ergriffen worden ist.» Weiter mahnt er die sofortige Rückgabe von entwendeten Gemälden aus Parins Wohnung an; und er fordert ein Besuchsrecht, um «dem Wunsche meiner Regierung, welche über diesen Fall unterrichtet wurde, Folge zu leisten».

In Deutschland und in der Schweiz setzt sich eine diplomatische Maschinerie in Bewegung. Im Schweizer Bundesarchiv und im Politischen Archiv des Auswärtigen Amts in Berlin lagern Dutzende Dokumente zum Fall Spierer/Parin: Telegramme, Briefe, Interventionen, Aktennotizen. Der Fall interessiert bis in höchste Kreise: Auf Schweizer Seite ist der Chef der Abteilung für Auswärtiges, Pierre Bonna, involviert.

Auf deutscher Seite sind es Eberhard von Thadden – als sogenannter Judenreferent des Auswärtigen Amts zuständig für die Umsetzung antisemitischer Massnahmen – und Wilhelm Harster, Befehlshaber der Sicherheitspolizei und des Sicherheitsdienstes und damit Kommandant des SS-Repressionsapparats in Italien.

Es gibt zwei Gründe, warum der Fall so viel Aufmerksamkeit erhält. Einerseits verfügt die Familie Spierer über gute Beziehungen zur Schweizer Verwaltung und zu deutschen Wirtschaftskreisen. Andererseits gibt die aktuelle politische Lage dem Fall Gewicht: Die Schweiz und das Deutsche Reich befinden sich im Frühjahr 1944 in Verhandlungen über einen Gefangenenaustausch. Auf Schweizer Seite werden vor allem deutsche Spione und Saboteure festgehalten.

Anfangs sieht es tatsächlich so aus, als hätten die Schweizer Interventionen Erfolg. 15 Tage nach dem Besuch in Weimanns Büro kann Bonzanigo am 6. Mai die drei Gefangenen besuchen. Die SS hat sie nach 24 Stunden im Sammellager San Sabba ins Gefängnis Coroneo verlegt, wo sie in Einzelzellen gesperrt sind. Bonzanigo erreicht für sie Hafterleichterungen: Die Spierers und Parin dürfen nun täglich vom Konsulat organisierte warme Mahlzeiten empfangen. Der Konsul bringt sogar Ovo-Pulver. Nachts hören sie die Schreie der anderen Gefangenen.

Weimann verspricht Bonzanigo, die Freilassung stehe kurz bevor. Drei Tage später erhält das Schweizer Konsulat vom SS-Obersturmbannführer einen Brief: Die Spierers und Parin würden noch am selben Tag Richtung Schweizer Grenze überstellt, die Schlüssel zu ihren Wohnungen im Konsulat abgegeben und die beschlagnahmten Gemälde zurückgestellt. Kurz vor der versprochenen Abreise kann Konsul Bonzanigo Gino Parin, Vittoria Spierer und ihre Tochter Hélène nochmals besuchen. Am nächsten Tag rapportiert er nach Bern, die drei hätten während der letzten vier Wochen «physisch und moralisch» schwer gelitten. Bonzanigo bereitet die Bundesverwaltung auf ein baldiges Eintreffen der Gefangenen an der südlichen Landesgrenze vor. Es sei ihm leider unmöglich gewesen, sie schon in Triest zu befreien. Bonzanigo schliesst mit den Worten: «Man muss hoffen, dass sie gut in Chiasso ankommen.»

Die Abteilung für Auswärtiges informiert unverzüglich die Zollstelle in Chiasso und bittet, bei Eintreffen der Landsleute «sofort Bescheid zu geben».

Ein Tag vergeht. Zwei Tage vergehen. Nach sechs Tagen schreibt ein Mitarbeiter der Abteilung für Auswärtiges in einer Notiz an seinen Vorgesetzten, die drei Gefangenen seien noch immer nicht an der Schweizer Grenze eingetroffen. Nach 17 Tagen, am 26. Mai, meldet sich der besorgte Vittorio Ugo und bittet um Aufklärung über den Verbleib seines Bruders. Auch die Angehörigen von Vittoria und Hélène Spierer verfassen Briefe. Sie übermitteln via Schweizer Gesandtschaft in Berlin auch ein Schreiben an ihre deutschen Bekannten Hermann und Philipp Reemtsma in Hamburg-Altona. Die deutschen Zigarettenfabrikanten zählen seit der Machtübernahme zu den wichtigen Spendern der NSDAP. Ein Beamter des Schweizerischen Aussenministeriums notiert, die Familie Reemtsma habe «exzellente Verbindungen» zu einflussreichen Persönlichkeiten in Berlin. Die Familie Spierer erhoffe sich Hilfe von ihnen. Gegenüber den Angehörigen versucht das Eidgenössische Politische Departement (EPD) in Bern ruhig zu bleiben. Ein Beamter schreibt an Vittorio Ugo, er solle sich «noch nicht zu grosse Sorgen machen».

Wenige Tage später erfährt das EPD, dass die Deutschen die drei Gefangenen statt an die Schweizer Grenze ins Durchgangslager Fossoli di Carpi bei Modena gebracht haben, an den Ort, von dem aus die italienischen Juden deportiert werden.

Nun ist es in Bern mit der Ruhe vorbei. Das EPD schaltet die Schweizer Gesandtschaft in Berlin ein. Emile Bonzanigo kontaktiert von Triest aus die Schweizer Konsulate in Mailand und Venedig. Ausserdem interveniert er erneut beim örtlichen Befehlshaber der Sicherheitspolizei und des Sicherheitsdienstes, Weimann. Dieser gibt ihm am 2. Juni bekannt, er habe dem für das Durchgangslager zuständigen Befehlshaber die gemeinsam mit dem Obersten Kommissar getroffene Entscheidung mitgeteilt, dass die drei Schweizer Bürger freizulassen und auszuschaffen seien. Die Verzögerungen seien bloss technischer Natur, versichert Weimann. Er rät Bonzanigo, SS-Sturmbannführer Friedrich Kranebitter in Verona anzuschreiben, der in Fossoli die Namenslisten für die Deportationen erstellt.

Die Entscheidungsträger werden nun von den Ereignissen überrollt. Ein Schweizer Diplomat beklagt sich in einem Schreiben, die Verbindungen nach Italien seien «schwierig». Zu den Kommunikationsproblemen kommen Missverständnisse und komplizierte Zuständigkeiten auf deutscher Seite. Erst Wochen später wird der Befehlshaber der Sicherheitspolizei und des Sicherheitsdienstes in Italien, Wilhelm Harster, den Schweizer Generalkonsul von Mailand dahin gehend aufklären, dass Weimann in Triest mit seiner Verfügung zur Freilassung der Schweizer einen übergeordneten Befehl des Reichsführer-SS Heinrich Himmler missachtet habe. Dieser habe darin die Order gegeben, Juden mit einflussreichen Verwandten in einem Sonderlager zu internieren. «Dort sollen sie zwar arbeiten, jedoch unter Bedingungen, dass sie gesund sind und am Leben bleiben.» Die Gefangenen sollten als menschliches Pfand dienen, um Geld oder deutsche Gefangene freizupressen.

Zum Zeitpunkt, als Bern und Berlin noch über eine Freilassung von Gino Parin, Vittoria und Hélène Spierer verhandeln, sind die drei bereits in Bergen-Belsen. Das KZ in der Nähe von Hannover diente unter anderem als sogenanntes Austauschlager für «Juden, die als

Geiseln und als politische oder wirtschaftliche Druckmittel brauchbar sein können». Die Schweizer Behörden notieren später, Vittoria Spierer habe ausgesagt, die Behandlung sei gut und das Essen «gut, aber nicht reichlich» gewesen. Tatsächlich sind die Haftbedingungen in Bergen-Belsen im Frühsommer 1944 weniger schlimm als in anderen Lagern, die Häftlinge müssen für den Austausch am Leben bleiben, deshalb gilt es, Tote zu vermeiden. Gegen Kriegsende ändert sich das, allein im März 1945 sterben in Bergen-Belsen über 18 000 Menschen.

Der Bergen-Belsen-Überlebende Rudolf Levy zeichnet in einem Bericht, der in den Archiven der Holocaust Gedenk- und Forschungsstätte Yad Vashem in Jerusalem liegt, ein genaues Bild des Lebens im «Neutralenlager» für Juden aus neutralen Staaten, wo die Spierers nach ihrer Ankunft inhaftiert sind. Ausser Reinigungs- und Unterhaltsarbeiten gibt es dort keine Arbeitspflicht. Levy schreibt: «Die wichtigste und regelmässigste Berührung mit den Deutschen bildete der tägliche Appell, der meist am Vormittag, manchmal auch am Nachmittag, in der letzten Zeit auch gar nicht abgehalten wurde. Der Appell dauert in der Regel nicht allzu lange, jedenfalls bei weitem nicht so lange wie im Allgemeinen Lager.» Zwar ist auch im «Neutralenlager» Nahrung knapp, doch Kaffee ist gemäss Levy zumindest im Frühsommer 1944 im Überfluss vorhanden, «er wurde nicht nur zu seinem eigentlichen Zweck verwendet, sondern auch zu Fussbädern, Wärmeflaschen, zum Rasieren usw.». Levy erwähnt in seinem Bericht zwei Schweizerinnen, «Frau und Tochter eines grossen Tabakindustriellen». Gino Parin erwähnt er nicht.

In der Schweiz weiss man zunächst nichts über das Schicksal der Verhafteten. Dem Auswärtigen Amt in Berlin kommt die Entwicklung des Falles ungelegen. Am 6. Juni 1944 hält ein Beamter in einer Aktennotiz fest, dass ein Mitarbeiter der Schweizer Gesandtschaft interveniert habe, weil Parin und die Spierers «trotz der zugesagten Heimschaffung schweizerischer Juden» nach Fossoli gebracht worden seien. «Es wird um Prüfung gebeten, warum die erneute Verhaftung erfolgte und gegebenenfalls für die Heimschaffung Sorge zu tragen.»

Zu dieser Zeit intensiviert das Auswärtige Amt die Verhandlungen mit der Schweiz über einen gross angelegten Austausch von politischen Gefangenen. Die deutsche Seite drängt auf eine rasche Einigung. Die Schweizer Verhandlungsführer bringen gemäss Quellen aus dem Politischen Archiv des Auswärtigen Amts mehrfach ein, dass eine Freilassung von Schweizer Staatsbürgern jüdischen Glaubens den Verhandlungen helfen würde.

Wie umfassend die diplomatische Intervention der Schweiz für Gino Parin und Mutter und Tochter Spierer ist, belegen mehrere Schreiben aus dem Bundesarchiv. So lässt der Schweizer Generalkonsul in Mailand die Zentrale in Bern am 9. Juni 1944 wissen, er sei beim obersten Chef des SS-Repressionsapparats in Italien, Wilhelm Harster, vorstellig geworden. Am 21. Juni erhält das Büro Harsters ein weiteres Schreiben des Generalkonsuls. Darin steht unter anderem: «Da es sich hierbei um sehr angesehene Schweizerbürger handelt, interessieren sich meine Oberbehörden sehr für diesen Fall. Es würde in der ganzen Schweiz grosses Aufsehen erregen, wenn den drei verhafteten Personen etwas passieren würde, sodass sie nicht heil und gesund in die Schweiz gelangen könnten.»

Ein deutscher Beamter versichert den Schweizer Diplomaten, dass die Gefangenen «bei nächster Gelegenheit an die Schweizergrenze und an die Schweizer Grenzorgane überstellt werden». Die Verzögerung beruhe auf einer rein technischen Transportfrage. Das Schreiben erreicht Bern über einen Monat nach der Deportation nach Bergen-Belsen. Noch am 28. Juni herrscht in Bern Zuversicht, denn der Schweizer Generalkonsul meldet aus Mailand, Generalmajor Harster habe ihm versichert, dass er in der Sache wiederholt in Berlin vorstellig geworden sei. Überdies habe er eingeräumt, «dass die deutschen Behörden die verhafteten ausländischen Juden zu Kompensationszwecken brauchen, indem sie vom betreffenden Staate für die Auslieferung eine Gegenleistung verlangen». Harster habe ihm versichert, dass den Schweizer Häftlingen «nichts Schlimmes passieren» werde.

Am 29. Juni 1944 schreibt Vittorio Ugo an das Aussenministerium in Bern. Er hat erfahren, dass sein Bruder in einem «Sammellager für Neutrale» interniert sein soll. «Wenn dies zutrifft, besteht wenigstens die Hoffnung, dass die Behandlung dort besser ist als die Internierung in einem Konzentrationslager.» Vittorio Ugo schliesst mit der Bitte, ihn sofort zu informieren, falls Genaueres über die Ankunftszeit an der Grenze bekannt würde, damit er Gino abholen könne. Er befürchte, dass sein Bruder in «schlechtem Zustand und vollkommen ratlos eintreffen wird».

Vittorio Ugo weiss nicht, dass die Abteilung für Auswärtiges in Bern am selben Tag um 17 Uhr ein Telegramm aus der Gesandtschaft Berlin empfängt: «Mutter und Tochter Spierer verlassen heute Hannover Richtung Schweiz Stop Federico Parin verstorben».

Noch am selben Tag meldet Hans Frölicher, der Schweizer Gesandte in Berlin, dass er vom «Referent für Judensachen» des Auswärtigen Amts, Eberhard von Thadden, einen Anruf erhalten habe. Dieser habe die Verhaftung der drei Schweizerbürger als «ein bedauerliches Missverständnis» bezeichnet. Spierers und Parin seien nach Bergen-Belsen überführt worden, «bevor es dem Auswärtigen Amt gelungen ist, ihren Aufenthalt ausfindig zu machen und seine Anweisung für ihre Freilassung durchzugeben». Auch in einer internen Notiz des Auswärtigen Amts hält von Thadden fest, bei den dreien handle es sich «nicht um politische Häftlinge, sondern um normale Heimschaffungsaktion Schweizer Juden aus Haft».

SS-Sturmbannführer Friedrich Kranebitter, in Fossoli zuständig für die «Transportlisten», gibt gegenüber einem Schweizer Delegierten des Internationalen Roten Kreuzes zu, dass er gewusst habe, dass die drei Gefangenen eigentlich in die Schweiz hätten gebracht werden müssen. Doch ihm habe das Personal für eine Begleitung an die Grenze gefehlt, und darum habe er sie einem Sammeltransport nach Deutschland zugeteilt.

Vittoria und Hélène Spierer treffen am 20. Juli 1944 mit dem Zug in Basel ein. Am 29. Juli schickt Léon Spierer an Ginos Bruder Vittorio Ugo einen Brief. Er habe seine Schwiegertochter «über die schmerzlichen Umstände des Ablebens Ihres bedauernswerten Bruders, Herrn Gino Parin, befragen können». Er habe dabei erfahren, dass er an Magenkrebs und Angina pectoris gelitten habe. In den letzten Tagen sei er in Pflege gewesen, und Frau Spierer hätte ihn wiederholt besuchen können. «Er wurde nie spezifisch misshandelt», schreibt Spierer, doch die psychischen und physischen Strapazen der Deportation und des Konzentrationslagers dürften dazu beigetragen haben, «dass sich sein Gesundheitszustand verschlimmerte und seinen Tod beschleunigten». Er sei wegen Herzbeschwerden in die Krankenabteilung von Bergen-Belsen eingeliefert worden, wo sich sein Zustand nach einigen Tagen rapide verschlechtert habe und er kurz danach verstorben sei.

Im März 1945 schickt die Schweizer Gesandtschaft in Berlin den Totenschein Parins nach Bern. Für das EPD ist der Fall damit abgeschlossen.

In der Schweiz ist Parin in Vergessenheit geraten. In Triest aber wird der Künstler noch immer ausgestellt: 2003 erschien in Italien ein aufwendiger Bildband, auch eine «Via Gino Parin» erinnert an ihn.

Die Verantwortlichen für Parins Deportation erfahren nach dem Krieg Milde. SS-Obersturmbannführer Weimann wird im Sommer 1944 nach Bergen in Norwegen versetzt. Ein norwegisches Gericht verurteilt ihn nach dem Krieg zum Tode, 1953 wird er begnadigt und des Landes verwiesen. In Westdeutschland kommt er anschliessend offenbar in der sogenannten Organisation Gehlen unter, der Vorläuferin des Bundesnachrichtendienstes. Wilhelm Harster, verantwortlich für die Deportation Zehntausender Juden, wird zu zwölf Jahren Haft verurteilt, von denen er nur sechs verbüssen muss. Eberhard von Thadden wird nie verurteilt und stirbt 1964 als wohlhabender Geschäftsmann. Friedrich Kranebitter, unter anderem zuständig für die Erstellung der Namenslisten für die Deportationen und verantwortlich für die Erschiessung von 67 Gefangenen in Fossoli, arbeitet nach seiner Entlassung aus dem Gefängnis 1949 unter anderem als Inspektor der oberösterreichischen Landes-Brandschadenversicherung. 1957 stirbt er an Krebs. Auf seinem Grab steht: «Sein Leben war nur aufopfernde Liebe und treuste Pflichterfüllung.»

Quellen: Lew, Michael: Gespräch m. Hélène Spierer, Genf 2017 (https://collections.ushmm.org); E-Mail Bernd Horstmann, Stiftung Niedersächsische Gedenkstätten, 23.6.18 und 12.7.18, an die Verfasser; E-Mail Michael Wedekind an die Verfasser, 3.8.18; Archiv Christine LaBastille, Normandy Beach, New Jersey, USA; Persönliches Archiv Per Ola D'Aulaire, Connecticut, USA; Schweiz. Bundesarchiv, Bern: E2001-08#1978/107#1291*; Ball-Kaduri, K. J.: «Testimony of Dr. Rudolf Levy regarding his experiences in Amsterdam, the Netherlands, at the Westerbork camp and Bergen-Belsen». In: *Collection of Testimonies and Reports of German Jewry, Yad Vashem*; Benz, Wolfgang u. Distel, Barbara (Hrsg.): *Der Ort des Terrors. Geschichte der nationalsozialistischen Konzentrationslager. Band 7: Niederhagen/Wewelsburg, Lublin-Majdanek, Arbeitsdorf, Herzogenbusch (Vught), Bergen-Belsen, Mittelbau-Dora*. München 2008; Bergen, Doris L., Hàjkovà, Anna u. Löw, Andrea: *Alltag im Holocaust*. München 2013; Ragazzoni, Claudia: *Gino Parin*. Triest 2003; Wedekind, Michael: *Nationalsozialistische Besatzungs- und Annexionspolitik in Norditalien 1943 bis 1945: Die Operationszonen Alpenvorland und Adriatisches Küstenland*. München 2003.

Anne-Françoise Perret-Gentil-dit-Maillard

Als Paris besetzt wird, schliesst sich die Schweizer Buchbinderin dem Widerstand gegen die Deutschen an. Ihr Bruder arbeitet für die Wehrmacht. Die Geschwister werden zu Feinden.

Paris wirkt leer, als die deutsche Wehrmacht am 16. Juni 1940 einmarschiert. Drei Millionen Einwohner hatte die Stadt vor dem Krieg, jetzt sind es noch 800 000. Geblieben sind auch die 40-jährige Anne-Françoise Perret-Gentil-dit-Maillard und ihr vier Jahre jüngerer Bruder Daniel. Die Schweizer Geschwister wohnen nur knapp 3 Kilometer voneinander entfernt: Anne-Françoise am Boulevard de Port-Royal, Daniel an der Rue de l'Université, doch zwischen ihnen liegen Welten. Als sich im Sommer 1940 Widerstandsgruppen zu formieren beginnen, gehört Anne-Françoise zu den Ersten, die den Kampf gegen die deutschen Besatzer aufnehmen. Für die gaullistische Résistance-Gruppe «Armée des Volontaires» verteilt sie unter Lebensgefahr Untergrundpublikationen, die Titel tragen wie *Der pangermanische Plan von 1911 und seine Umsetzung 1916 und 1941*. Daniels Auftrag lautet ganz anders: Zerstörung des Widerstands. Unter dem Tarnnamen «Duval» arbeitet er für die Abteilung III F der militärischen Gegenspionage der deutschen Wehrmacht.

Anne-Françoise Perret-Gentil-dit-Maillard, Widerstandskämpferin der ersten Stunde im besetzten Paris.

Begonnen hatte das Leben für beide gleich: Sie wuchsen in der einflussreichen Neuenburger Familie Perret-Gentil-dit-Maillard auf. Der Vater Politiker im kantonalen Parlament und im Nationalrat, die Mutter Anne Julie Schriftstellerin und als Anti-Suffragette eine politische Kämpferin gegen mehr Frauenrechte. Der Grossvater war gar ein Held der Republik Neuenburg gewesen: Er hatte 1848 die liberalen Truppen angeführt, die den Kanton aus dem Herrschaftsbereich der Preussen befreiten und an die Schweiz banden. Doch Anne-Françoise und Daniel entwickelten sich früh in verschiedene Richtungen.

Die resolute Anne-Françoise verlässt die Schweiz 1929 als 29-Jährige in Richtung Paris und lebt dort bis zum Krieg als Buchbinderin. Daniel dagegen gerät früh ins Visier der Schweizer Behörden. Die Bundesanwaltschaft legt in den 1930er-Jahren ein Dossier über ihn an, das

Anne-Françoise Perret-Gentil-dit-Maillard am 29. November 1930 am Bahnhof Neuchâtel.

mit jedem Jahr wächst. Es ist unklar, was die Behörden an Daniel, der als Journalist für verschiedene Zeitungen arbeitet, mehr beunruhigt: seine Verbindungen zu faschistischen Kreisen und dem italienischen Nachrichtendienst oder seine Homosexualität. 1936 regt das Eidgenössische Militärdepartement gar eine «dauerhafte Versorgung» an. Daniels Spur ist schwer zu verfolgen. Er wechselt Länder und Anstellungen. Konstant bleiben Geldprobleme und seine Nähe zum Faschismus. 1937 lässt auch er sich in Paris nieder.

Ein Foto vom 7. April 1931 zeigt Daniel und Anne-Françoise mit ihrer Mutter Anne Julie. Die Fotografie ist Teil eines umfangreichen Nachlasses, der heute beim Grossneffen Gilles Perret in Lausanne lagert. Anne-Françoise lächelt auf dem Bild in die Kamera, Daniel schaut skeptisch, die Hände in den Hosentaschen vergraben.

Anne-Françoise sprach nach dem Krieg kaum mehr über ihren Bruder. Doch Briefe und Berichte aus ihrem Nachlass geben Einblick in eine Geschwisterbeziehung, in der sich die Grausamkeiten des Zweiten Weltkriegs in allen Facetten spiegeln. Auf diese Quellen stützt sich diese Geschichte. Dazu kommen umfangreiche Dossiers aus dem Schweizerischen Bundesarchiv: Einvernahmeprotokolle der Bundesanwaltschaft, Rapporte der Bundespolizei, diplomatischer Briefverkehr und Berichte der Geschwister.

Nach der Kapitulation Frankreichs errichten die Nationalsozialisten in den besetzten Gebieten einen umfassenden Unterdrückungsapparat und gehen erbarmungslos gegen jede Form des Widerstands vor, auch in Paris. Dafür zuständig sind in erster Linie die Geheime Feldpolizei und die Abteilung III F der militärischen Gegenspionage, genannt Abwehr. Daniel arbeitet für beide.

Im Sommer 1941 schreibt er einen Brief an seine Schwester. Er sitzt damals aus unbekannten Gründen in Fresnes bei Paris in Haft und bittet Anne-Françoise, ihn zu besuchen. Im Gefängnis gibt er ihr den Auftrag, mit einem einflussreichen deutschen Mittelsmann Kontakt aufzunehmen. Dieser werde ihn befreien, sagt Daniel. Und dann bittet er sie noch, an seinem Arbeitsplatz bei der *Pariserzeitung* einen Aktenkoffer abzuholen und für ihn aufzubewahren. Obwohl Daniel es ihr verboten hat, öffnet Anne-Françoise den Koffer und findet darin Rapporte, Meldungen und Notizen. Es sind die Ergebnisse verdeckter Überwachungsoperationen gegen Mitglieder der Résistance in Paris. Adressat dieser Observationen ist Daniel.

Anne-Françoise mit ihrer Mutter Anne Julie und ihrem Bruder Daniel am 7. April 1931 in Lausanne.

Sechs Tage später kommt Daniel tatsächlich frei. Und Anne-Françoise weiss jetzt, dass er ein Agent der Deutschen ist. «Darauf habe ich mich entschlossen, die Arbeit meines Bruders zu neutralisieren», wird sie der Schweizer Bundesanwaltschaft nach dem Krieg in einer Einvernahme nüchtern sagen. Im September 1941 wird sie in der Aufklärungseinheit «Réseau Kléber» als M103 registriert. Ihre Gruppe hat den Auftrag, die Arbeit eines Postens der Geheimen Feldpolizei zu überwachen. Anne-Françoise soll also jene Geheimpolizei der Wehrmacht observieren, für die ihr Bruder arbeitet.

Die Geschwister sind nun Feinde. Daniel ist nicht irgendwer: Im Bundesarchiv lagern abgefangene Briefwechsel zwischen ihm und Gesinnungsgenossen aus der Nachkriegszeit. Darin gibt Daniel an, dass er ein Netzwerk aus 40 Agenten betrieben habe, das «eine grosse Zahl von Meldungen über kommunistische und gaullistische Gruppen verfasste».

Im Februar 1942 setzen Anne-Françoises Kommandanten sie direkt auf ihren Bruder an: «Auf die Bitte meiner Vorgesetzten habe ich meinem Bruder gesagt, dass ich mich um seinen Haushalt kümmern wolle.» Anne-Françoise lässt sich von ihren Chefs garantieren, dass Daniel kein Haar gekrümmt wird. Vom Februar bis Juli 1942 lebt sie bei

213

ihrem Bruder und leitet in dieser Zeit zahlreiche Meldungen an den Widerstand weiter. In der Empfehlung für die Auszeichnung «Médaille de la Résistance» wird es nach dem Krieg heissen, Anne-Françoise habe «die Leben einer grossen Anzahl von Franzosen gerettet, weil man sie auf Grund der durch sie abgefangenen Denunziationen rechtzeitig warnen konnte».

Wie Anne-Françoise arbeitet, zeigt der Fall des Pariser Zahnarztes und Fabrikanten Paul Barré, der sich im Widerstand engagiert und Kontakt zum britischen Geheimdienst hält. In ihrem Nachlass findet sich ein Bericht, in dem Barré beschreibt, wie es im Frühsommer 1942 kurz vor 8 Uhr morgens bei ihm klingelt. An der Tür steht Anne-Françoise. Sie trägt dunkle Kleider und sagt: «Monsieur, gegen Sie und einige Ihrer Kameraden wurde Klage eingereicht. Sie werden bald Besuch von der Gestapo erhalten.» Barré flüchtet. Nach dem Krieg wird er sich in einem Brief erinnern: «Dank Mademoiselle Perret lebe ich.»

Den Deutschen fällt bald auf, dass es in ihren Reihen ein Leck gibt. Sie verdächtigen erst Daniel. Dieser bewegt sich im besetzten Paris in einem Netzwerk von Schweizer Faschisten, das nach dem Krieg als «Clan des Suisses» bekannt wird. Zentrale Figur ist der frontistische Schweizer Politiker Georges Oltramare, der rechtsextreme Zeitungen herausgibt und radikal antisemitische Radiosendungen moderiert. Das Bundesgericht verurteilt ihn 1947 wegen Vergehens gegen die Unabhängigkeit der Schweiz zu drei Jahren Zuchthaus, die französische Justiz 1950 in Abwesenheit gar zum Tod. Sterben wird er allerdings erst 1960 in Genf, und zwar eines natürlichen Todes. An einem von Daniel organisierten Empfang will Anne-Françoise gehört haben, wie Oltramare sagt, er sei der künftige Gauleiter der Schweiz.

Anne-Françoise behält die Namen sämtlicher Schweizer Kollaborateure, die ihr begegnen, im Kopf. Doch sie ist unzufrieden damit, was ihr Vorgesetzter mit ihren nachrichtendienstlichen Erkenntnissen anfängt: «Ich hatte den Eindruck, dass meine Berichte nichts nützen.» Ihr Führungsoffizier will vor allem den Verrat von Überläufern für die Zeit nach dem Krieg dokumentieren. Anne-Françoise hat ein anderes Ziel: «Ich zog es vor, sofort Kameraden vor dem Gefängnis oder dem Erschiessungskommando zu retten.» Auch über die Arbeitsweise ihres Vorgesetzten ist Anne-Françoise verärgert. Er verspricht viel und hält wenig. Es mangelt ihr ständig an Geld, um Informanten zu bezahlen.

Frustriert nimmt sie Anfang 1942 Kontakt mit einem Mann auf, den sie lose kennt und der ihr gegenüber andeutet, ebenfalls für die Résistance tätig zu sein. Dieser stellt sie Max Stöcklin vor, einem Schweizer Geschäftsmann, der sein Büro in einer Seitenstrasse der Champs-Elysées hat. Stöcklin gilt als Schlüsselfigur auf dem Pariser Schwarzmarkt und hat enorm viel Geld. Die Zusammenarbeit beginnt schnell zu fruchten: «Stöcklin hat mir und meinen Kameraden alles gegeben, was wir wünschten.» Im Verlauf weniger Monate habe sie 120 000 Francs erhalten, nach heutigem Wert mehr als 20 000 Franken. Mit dem Geld will Anne-Françoise mit ihren Kameraden mehrere Funk-Sendestationen eingerichtet haben.

Doch schon früh stellt sich bei Anne-Françoise Unbehagen ein. Sie hört ihren Bruder Daniel von einem Stöcklin reden, den er vor der Besetzung Frankreichs im Gefängnis kennengelernt habe. Dieser sei zu Beginn des Krieges von den Franzosen verhaftet und zum Tode verurteilt worden, die Deutschen hätten ihn befreit. Anne-Françoise konfrontiert Stöcklin mit diesen Aussagen, doch er windet sich heraus. Obwohl bei Anne-Françoise ein schlechtes Gefühl zurückbleibt, arbeitet sie weiter mit Stöcklin zusammen. Im Nachhinein wird sie über diese Zeit schreiben: «Wir vertrauten uns zu schnell und zu leicht.»

Stöcklin arbeitet auch für die deutsche Abwehr. Er verrät den Deutschen, dass Anne-Françoise ihren Bruder ausspioniert. Ende Juli 1942 erhält sie eine Warnung. Sie solle sofort in die «Zone libre», den unter der Kontrolle der Vichy-Regierung stehenden Teil Frankreichs, reisen. Anne-François lässt sich über die Demarkationslinie schleusen.

In der freien Zone trifft sie sich im Untergrund mit mehreren hohen Offizieren des Widerstands. Diese warnen sie, Stöcklin sei ein Verräter. Anne-Françoises Verhältnis zu ihm bleibt zwiespältig. Bis nach Kriegsende glaubt sie, Stöcklin habe nie jemanden denunziert. Sie glaubt sogar, er habe Juden und Franzosen gerettet. Die französische Justiz sieht es anders. Nach dem Krieg wird er in Frankreich zu 20 Jahren Arbeitslager verurteilt, im August 1952 auf Intervention der Schweiz jedoch begnadigt und ausgewiesen.

In Vichy nimmt Anne-Françoise auch Kontakt zum Schweizer Militärattaché Richard de Blonay auf. Sie stellt ihm in Aussicht, Namen von Schweizer Bürgern zu liefern, die mit ihrem Bruder zusammenarbeiten. In einem Brief vom 5. August 1943 informiert das Schweizer Konsulat in Paris die Schweizer Bundespolizei, dass Daniel für die deutsche Sicherheitspolizei arbeite und einen «40-köpfigen Agenten-Ring» beschäftige, ausserdem spioniere er Mitglieder der Schweizer Kolonie aus. Diese Informationen stammen höchstwahrscheinlich von Anne-Françoise.

Als im November 1942 die Nazis auch die «Zone libre» besetzen, flüchtet sie vorerst nach Lyon und kehrt dann in den Pariser Untergrund zurück. Die ganze Zeit über arbeitet sie weiter für die Résistance. In Paris ist der Widerstand mittlerweile stark dezimiert. Verhaftungswellen der Nazis haben ganze Zellen ausgelöscht. Auch Anne-Françoises alte Gruppierung, die «Armée des Volontaires», ist in Auflösung begriffen. In Paris angekommen, nimmt die Schweizerin Kontakt zu ihren versprengten ehemaligen Kameraden auf. Nach dem Krieg beschreibt der legendäre Résistance-Kommandant Michel Cailliau, Befehlshaber der Zelle «Charette», ihre Arbeit: «Im August 1943 kehrt sie nach Paris zurück, um Kämpfer in vier Sektoren der ehemaligen ‹Armée des Volontaires› neu zu sammeln. [...] Die vier Sektoren, ungefähr 350 Männer und einige Frauen, haben tapfer an der Befreiung von Paris mitgewirkt.»

Doch so weit ist es noch nicht, auch wenn man in der Résistance zu dieser Zeit bereits von einer bevorstehenden Invasion der Alliierten spricht. Gegen Ende 1943 verhaften die Deutschen mehrere Kameraden und einen Vorgesetzten von Anne-Françoise. Der deutschen Abwehr fällt kompromittierendes Material in die Hände, unter anderem ihre Identitätskarte. Anne-Françoise weiss nun, dass die Gestapo «mit einem [...] Passfoto von mir herumspaziert», wie sie später sagen wird. Doch Anne-Françoise macht weiter. Ihr Widerstandwille wächst. Alle seien «bereit für den Tag X» gewesen, erzählt sie.

Im Januar 1944 – die Landung der Alliierten steht kurz bevor – bittet ihr Kommandant sie darum, Kontakt mit Max Stöcklin und ihrem Bruder Daniel aufzunehmen. Sie soll die beiden überreden, die Seite zu wechseln. Anne-Françoises Freunde sind entsetzt von der Idee. Auch sie hat Angst: «Mehr als Stöcklin fürchtete ich seine Entourage, das gleiche gilt auch für ‹Duval› [Tarnname ihres Bruders, d. Verf.].» Trotzdem versucht sie mehrere Male, Stöcklin in seinem Büro zu treffen. Vergeblich. Sie lässt die Sache vorerst ruhen.

Am 6. Juni 1944 landen die Alliierten in der Normandie und rücken rasch vor. Ende Juli, die amerikanischen und französischen Truppen stehen bereits kurz vor Paris, entschliesst sich Anne-Françoise, ihren Bruder zu kontaktieren. Warum geht sie dieses Risiko ein? Aus den Quellen lässt sich diese Frage nicht beantworten. Ist es Mitgefühl? Oder die bevorstehende Befreiung, die sie leichtsinnig macht?

Die deutschen Besatzungstruppen beginnen zu diesem Zeitpunkt bereits mit dem Rückzug. Anne-Françoise sucht Daniel in Nogent-sur-Marne ausserhalb von Paris auf, wo er mittlerweile eine Villa bewohnt. «Ihr Besuch wurde bemerkt», gibt Daniel nach dem Krieg zu Protokoll. Seine deutschen Vorgesetzten raten ihm zuerst, den Vorschlag seiner Schwester anzunehmen und zum Widerstand überzulaufen, «um nach der Evakuierung der Stadt vor Ort bleiben zu können» und weiter für die Deutschen zu spionieren. Beim zweiten Treffen wenige Tage später bietet sie an, ihn zu retten und zu verstecken. Als sie Daniel kurz darauf in Paris ein drittes Mal trifft, ist er nicht allein. «Mein Bruder machte den Eindruck, als wisse er Bescheid, was mit mir passieren würde», sagt Anne-Françoise.

Neun Tage vor der Befreiung von Paris hat Daniel seine Schwester in eine Falle gelockt. Die Gestapo verhaftet Anne-Françoise am 10. August 1944 am Square Henri-Pathé Nr. 12 im 16. Arrondissement. Ihr Bruder begründet den Verrat nach dem Krieg wie folgt: «Mein Verbindungsmann wies mich an, dass es unausweichlich sei, sie zu verhaften. Ich habe erst unter der Bedingung nachgegeben, dass man ihr nichts antut und sie an die Schweizer Grenze bringt.» Der Verbindungsmann habe ihm darauf sein Ehrenwort gegeben.

Anne-Françoise wird zunächst ins Gestapo-Hauptquartier an der Rue des Saussaies gebracht, wo die Beamten der Besatzungsmacht bereits Akten verbrennen. Am 15. August wird sie in einem der letzten Deportationszüge aus Paris ins Deutsche Reich geschafft. Nach acht Tagen im Viehwagen kommt sie im KZ Ravensbrück an, das ungefähr 75 Kilometer nördlich von Berlin liegt. Anne-Françoise erhält die Nummer 57759.

Ihre Aussagen über die Zeit im KZ Ravensbrück sind knapp. Das Leben im Lager sei «für eine gesunde Natur zum Aushalten». Das Essen sei «beinahe genügend und geniessbar» gewesen. Misshandlungen hätten sich in anderen Teilen des Lagers abgespielt, wo polnische und russische Frauen untergebracht waren. In einem Protokoll des Eidgenössischen Politischen Departements heisst es: «Frl. P. erwähnt, dass man oft Hunde auf diese Frauen gehetzt habe.»

Nach etwas mehr als zwei Wochen wird Anne-Françoise am 5. September 1944 mit 500 weiteren Frauen, vorwiegend Mitglieder der Résistance, in Viehwaggons nach Torgau gebracht, einem Aussenlager des KZ Buchenwald in der Nähe von Leipzig. 20 Minuten Fussweg vom Lager entfernt steht die Heeresmunitionsanstalt Torgau, in der die Frauen Patronen und Bomben herstellen und Blindgänger mit einer Säure reinigen müssen, die Haut und Atemwege verätzt. Schon in den ersten Wochen sterben zwei Frauen.

Anne-Françoise verweigert gemäss eigenen Aussagen mit rund 250 weiteren Frauen nach kurzer Zeit die Arbeit. Die Reaktion erfolgt sofort. Die Leitung des Rüstungsbetriebs interveniert beim KZ Buchenwald, man möge die 500 Französinnen aus Torgau abziehen, sie seien zu schwach für die Arbeit. Darauf werden 250 Frauen in ein BMW-Werk im thüringischen Abteroda abkommandiert. Anne-Françoise und die übrigen Frauen sollen am 4. Oktober 1944 mit einem Zug zurück nach Ravensbrück gebracht werden.

Als der Zug am Abend in der brandenburgischen Kleinstadt Jüterbog hält, gelingt es ihr, zusammen mit einer französischen Mitgefangenen durch ein kleines Fenster des Viehwaggons zu entkommen. Die Flucht rettet sie vor dem fast sicheren Tod. Nur 20 Frauen des Rücktransports aus Torgau überlebten gemäss Anne-Françoise den Krieg. Sie und ihre Fluchtkameradin marschieren die ganze Nacht und den ganzen nächsten Morgen durch. Ziel ist die Schweizer Gesandtschaft im mehr als 70 Kilometer entfernten Berlin. Französische Zwangsarbeiter, die sie treffen, geben ihnen eine Adresse in einem Berliner Vorort an, wo sie übernachten können. Unterwegs wechseln sie die

Kleider. Wegen einer Polizeikontrolle müssen sie schon im Morgengrauen des nächsten Tages überhastet aufbrechen.

Müde erreicht Anne-Françoise Berlin. Dort meldet sie sich auf der Schweizer Gesandtschaft, «in der Hoffnung und in der Gewissheit, dass ich als Schweizerin Papiere, Zugang zu einem Luftschutzkeller und die Möglichkeit, nach Frankreich zurückzukehren, erhalten würde». Doch daraus wird nichts. Sie trifft auf den Vizekonsul Otto Spring, der sie für eine Abenteurerin hält. In einem achtseitigen Bericht über ihre Zeit in Berlin schreibt sie später: «Das einzige, was ich erhielt, war den Ratschlag, ein Passbild zu besorgen! In einer Ruinen-Stadt und ohne Papiere. Erst wenn ein aktuelles Bild vorliege und man mich eindeutig identifiziert hätte, würde man sich um mich kümmern. Und das würde mindestens drei Wochen dauern. Ich erhielt auch den Ratschlag, mich in die Hände der deutschen Behörden zu begeben. Angesichts meiner Konsternation gab mir der Botschaftssekretär die Adresse der Heilsarmee, wo ich schlafen könne. Als ich dort ankam, stand ich vor einer ausgebombten und ausgebrannten Ruine, die seit über einem Jahr verlassen war.»

Fünfzehn Tage irrt sie «wie ein gehetztes Tier» durch Berlin und sucht nach Fluchtmöglichkeiten. Sie sagt, die Polizeikontrollen seien immer stärker geworden. Einmal habe man sie kurzzeitig festgehalten, sie sei aber wieder freigekommen. Am 28. Oktober verhaftet sie die Kriminalpolizei im Buffet des Bahnhofs Friedrichstrasse und wirft sie ins berüchtigte Gestapo-Gefängnis am Alexanderplatz. Die Bedingungen sind hart. «Der Lärm der Bomben und der Luftabwehr ist fürchterlich; manchmal hören wir die einstürzenden Mauern, und durch den Luftdruck der Detonationen bröckelt Schutt von der Decke im Gefängnis. Aus dem Männertrakt hallen nach Bombentreffern Schreie. Die männlichen Gefangenen dürfen die Zellen während des Alarms nicht verlassen.»

Im Gefängnis ist spürbar, wie das nationalsozialistische Regime bröckelt. «Die Zellenmauern sind übersät mit Graffiti in allen Sprachen. Zahlreich sind Hammer und Sichel und auch die Inschrift: ‹Krieg dem Kriege! – Heil dem wahren Sozialismus – Heil Stalin!›», berichtet Anne-Françoise. Im Gang, wo die Gefangenen auf die Verhöre warten müssen, prangt in grossen Lettern das Wort «Vengeance» (Rache).

Anne-Françoise lebt in der Haft unter ständiger Angst, dass ihre wahre Identität auffliegen könnte: «Jeden Tag erwartete ich meine Deportation ins KZ.» Hilfe von der Schweizer Gesandtschaft erhofft sie sich keine mehr. Doch am 1. Dezember wird sie zusammen mit zwei deutschen Frauen, die in ein KZ deportiert werden sollen, aus der Zelle geholt. Als sich die Kontrolltür zur Etage öffnet, nehmen die Wächter die beiden Frauen mit und übergeben Anne-Françoise einem Zivilbeamten. Er überreicht ihr ein paar lumpige Kleider und ein Schriftstück, auf dem sie aufgefordert wird, das Deutsche Reich innerhalb von sieben Tagen zu verlassen, sonst ... «Weiter habe ich nicht gelesen.» Dazu bekommt sie einen Schweizer Pass ausgehändigt, den ihr die Gesandtschaft am 20. November 1944, acht Wochen nach ihrem Antrag, doch noch ausgestellt hat. Am 3. Dezember reist sie in St. Margrethen in die Schweiz ein.

Ihre nachrichtendienstliche Arbeit setzte Anne-Françoise auch in der Gefangenschaft und auf der Flucht fort. Mit unsichtbarer Tinte schrieb sie sogar in ihren temporären Pass Notizen. Im Nachlass finden sich detaillierte Berichte über Arbeitslager, die sie nie selbst gesehen hat, wahrscheinlich basierend auf Erzählungen von Mitgefangenen. Auch über das tägliche Leben in Berlin verfasste sie einen präzisen Rapport. In der Schweiz stellt sie den Behörden in Aussicht, der Schweizer Gesandtschaft in Paris Dokumente über Schweizer Nazi-Spitzel zu überreichen.

Anne-Françoise will möglichst schnell ins befreite Paris zurück, wo sie noch Dokumente für den französischen Nachrichtendienst versteckt hält. In einem Brief vom 14. Dezember 1944 bittet sie um ein Einreisevisum nach Frankreich. Sie gibt unter anderem folgende Gründe an: «Meine Arbeit ist noch nicht zu Ende. Ich habe nachrichtendienstliche Erkenntnisse abzuliefern, gesammelt in Ravensbrücke [...] Ich habe in Deutschland französische Offiziere getroffen, die nützlich sein könnten und die aus militärischen Gründen dringend kontaktiert werden sollten. Diese Offiziere können 90 000 Mann mobilisieren.» Am 17. April 1945 kehrt sie nach Frankreich zurück.

Daniel hat sich nach der Befreiung von Paris im September 1944 zum Fronteinsatz gemeldet und gemäss eigenen Aussagen in Strassburg und im Schwarzwald bis Kriegsende im Frontaufklärungstrupp 355 der Wehrmacht gedient. Danach lebt er als Sprachlehrer in München. Im Februar 1947 wird er verhaftet und nach Frankreich ausgeliefert, wo ihn der Cour de Justice de la Seine am 5. August 1948 wegen Nachrichtendiensts für den Feind und Denunziationen zum Tode verurteilt.

Anne-Françoise, die von ihrem Bruder an die Gestapo ausgeliefert und danach ins KZ deportiert wurde, bittet im Mai 1949 den französischen Staatspräsidenten Vincent Auriol in einem Brief, «diese Zeilen zur Kenntnis zu nehmen, bevor Sie über das Schicksal meines Bruders Daniel Perret-Gentil entscheiden»:

Ich bin Schweizerin und seit zwei Jahren auch französische Staatsbürgerin und möchte darauf verzichten, meine Verdienste für die Résistance aufzuführen. Ich diente völlig selbstverständlich einer Sache, die auch jene Frankreichs war. Es war die Sache aller freien Nationen, auch jene meines kleinen Landes. Ich habe gedient ohne Lohn und selbstverständlich ohne eine Gegen-

leistung zu verlangen. Ich würde heute wieder genau so handeln. Wenn ich nun bei Ihnen interveniere, dann aus anderen Gründen. Ich verlange nicht, dass meinem Bruder die Bestrafung erspart bleibt, aber ich verlange, dass ihm das Leben gelassen wird. Weil ich gläubig bin. Weil mein Bruder Schweizer ist. Und weil mir im September 1941, ohne dass ich es verlangt hätte, das Versprechen gegeben wurde, dass man sich an die Franzosen, die ich rettete, indem ich sie vor der Verhaftung warnte, erinnern und meinen Bruder verschonen werde. Es ist dieses Versprechen, dieses Ehrenwort, dessen Einhaltung ich heute von ihnen fordere, Herr Präsident.

Daniel wird von Präsident Vincent Auriol begnadigt. Am 28. Mai 1949 erhält Anne-Françoise vom Sekretär der Schweizer Gesandtschaft in Paris einen Brief. Darin steht: «M. Vincent Auriol hat unserer Legation in Paris erklärt, dass er diese Entscheidung nicht wegen des zum Tode Verurteilten traf, sondern wegen des mutigen Verhaltens seiner Schwester im Dienste des Widerstands während des Krieges.»

Daniel wird im September 1955 wegen guter Führung aus der Haft entlassen. Er zieht nach Deutschland, wo er schnell Anschluss bei alten Kameraden aus dem militärischen Nachrichtendienst findet, die zum Teil wieder hohe Posten bekleiden. Am 19. August 1957 wird er in Wiesbaden deutscher Staatsbürger. Seine Spur verliert sich danach.

Anne-Françoise stirbt am 14. Oktober 1993 in Issy-les-Moulineaux bei Paris, wo sie die letzten Jahre in einem Altersheim für Auslandschweizer verbracht hat. Eine Entschädigung als Opfer des Nationalsozialismus wird ihr 1961 durch die Schweiz verwehrt. Die Begründung der Behörden: «Nachdem Fr. Perret-Gentil ihr freiwilliges Mitwirken an der französischen Widerstandsbewegung zugestanden hat, dürfte in ihrem Falle keine nationalsozialistische Verfolgung vorliegen.»

Quellen: Gespräch mit Gilles Perret, 12. Oktober 2017, Lausanne. Persönliches Archiv Gilles Perret, Lausanne. Schweiz. Bundesarchiv, Bern: E2001-08#1978/107#1305*, E4264#1988/2#16231*, E2001E#1969/121#2771*, E4320(B)1970/25 Bd. 8, E4320B#1987/187#1829*, E2001E#1969-121#2778. Seidel, Irmgard: *Der Ort des Terrors. Band 3: Sachsenhausen, Buchenwald.* Hrsg. von Wolfgang Benz u. Barbara Benz. München 2008.

Emil Würth und Nelly Hug

Weil die Schweizer Justiz eine Strafuntersuchung wegen Betrugs eröffnet, weicht das Zürcher Liebespaar nach Deutschland aus. Zweifelhafte Geschäfte in Berlin bringen beide in Konzentrationslager.

Mitten im Zweiten Weltkrieg fädelt der Schweizer Handelsreisende Emil Würth für Deutschland ein brisantes Geschäft ein. Als Mittelsmann bestellt er bei der Zürcher Werkzeug- und Maschinen-Export AG Werkzeugmaschinen im Wert von 250 000 Franken. Die kriegswichtige Lieferung soll mit Steinkohle und Mineralien aus besetzten osteuropäischen Ländern bezahlt werden. Würth arbeitet nach eigenen Angaben im Auftrag des Münchner SS-Waffenamts.

Der Deal scheitert in letzter Minute. Gemäss Würth, weil die Wehrmacht ihr Veto eingelegt habe. Würths deutsche Partner sind empört, die Schweizer Firma fordert Schadenersatz. Als er am 23. April 1942 von einer seiner zahlreichen Geschäftsreisen aus Budapest nach Berlin zurückkehrt, wo er jeweils im noblen Hotel Eden absteigt, kommt es zu einer turbulenten Aussprache. Unmittelbar danach verhaftet ihn die Gestapo. Offizieller Grund: «Spionageverdacht». Gegenüber Schweizer Diplomaten behaupten die Deutschen jedoch, Würth sitze wegen krimineller Delikte im Gefängnis – Betrug, Unterschlagung, versuchte Erpressung, Devisen- und Zigarettenschmuggel. Einen Gerichtsprozess gibt es nicht. Am 10. September 1942 kommt der 35-Jährige als sogenannter Schutzhäftling ins KZ Buchenwald. Auf seiner Karteikarte steht der Vermerk «Politische Organisation: Nationale Front, Schweiz».

Nur wenige Tage nach Würth verhaftet die Gestapo auch seine Geliebte Nelly Hug, eine 29-jährige Coiffeuse aus Zürich, die ihn nach Berlin begleitet hat. Sie behauptet später, man habe ihr Kleider, Schmuck und Bargeld im Wert von 26 500 Franken abgenommen, darunter zwei Pelzmäntel und zwei Armbanduhren. Nach längerem Verhör in einem Berliner Frauengefängnis überstellt man sie am 11. September ins KZ Ravensbrück. Auch sie wird als «Politische» registriert.

Zu jenem Zeitpunkt hat Emil Oskar Würth bereits ein bewegtes Leben hinter sich. Zunächst macht der gebürtige Rorschacher eine Lehre bei der Schweizerischen Bankgesellschaft, wo sein Vater als Kassier arbeitet. Als dieser überraschend stirbt, reist der 19-Jährige zu seinem Onkel nach Kalifornien. Der ist Abteilungsleiter in einer Filmgesellschaft und besorgt seinem Neffen einen Bürojob.

Zwei Jahre später kehrt Würth in die Schweiz zurück. Er verdingt sich als Volontär im Parkhotel Kandersteg, tritt dann eine Stelle als

Sekretär im Berner Hotel Bristol an und landet schliesslich als Reklamechef beim Zürcher Kino Capitol. Wegen eines Nervenleidens muss er schon bald zur Kur in die Moorpension Freistatt in Norddeutschland, gemäss Eigenwerbung ein «Heim für führungsbedürftige Herren des gehobenen Standes». Zurück in der Schweiz versucht er sich als Handelsreisender bei verschiedenen Firmen. Dazwischen ist er arbeitslos – und mit 26 erstmals verheiratet.

1933 schliesst er sich den Frontisten an, denn er glaubt, dass sich der Rechtsextremismus auch in der Schweiz durchsetzen wird. Das «Judenproblem» habe ihn ganz besonders interessiert, bekennt er Jahre später gegenüber der Schweizer Bundesanwaltschaft. Zwar gibt er seine Mitgliedschaft bald wieder auf, «weil nichts herausschaute», pflegt aber weiterhin Umgang mit den «Frontkameraden» und verteilt für sie Flugblätter.

Beruflich tut er sich nach wie vor schwer. Der Versuch, als Teilhaber bei einer Zürcher Kohlenhandelsfirma einzusteigen, scheitert. Er übernimmt vorübergehend die Maxime-Bar in Genf, arbeitet als Champagner-Vertreter in Bern und als Assistent des Geschäftsführers bei einer Zürcher Brennbedarfsfirma. Dort wird er nach einer Buchhaltungsrevision zusammen mit seinem Chef fristlos entlassen. Seine zweite Frau Genovefa muss sich einer Reihe von Operationen unterziehen, was seine finanziellen Probleme verschärft.

Zu jener Zeit lernt er in Zürich die Coiffeuse Petronella – Nelly – Hug kennen, die nebenbei auch als Büroangestellte arbeitet, weil sie in ihrem angestammten Beruf zu wenig verdient. Er wird ihr, wie er der Bundesanwaltschaft nach dem Krieg in einer Vernehmung erzählt, schon nach kurzer Zeit sexuell hörig. Nelly möchte ihn heiraten und hofft, dass er sich scheiden lässt. Er vertröstet sie auf später. Zunächst verschaffen sich die beiden mit einem Schurkenstück Geld: Nelly verlobt sich im Oktober 1940 mit einem wohlhabenden Zürcher Ingenieur. Dann bittet sie diesen um Hilfe: Sie habe 4000 Franken Schulden. Würth anerbietet sich als «guter Freund» von Nelly, die Hälfte der Schulden zu übernehmen, sofern der Ingenieur die andere Hälfte beisteuere, was dieser gutgläubig tut. Das Pärchen sackt die 2000 Franken ein, und Nelly löst die Verlobung auf. Der Geschädigte reicht Strafanzeige ein. Würth kommt in U-Haft, wird nach drei Tagen aber wieder freigelassen.

Mit der Justiz hat er schon seit Jahren zu tun: Zwischen 1931 und 1940 sammelt er Akteneinträge wegen fahrlässiger Körperverletzung, Pfändungsbetrugs und Erpressungsversuchen, mehr als 100 Betreibungen und 13 Bussen wegen Nichtanmeldens, verbotener Reklame auf öffentlichem Grund, zu schnellen Autofahrens, Beschäftigung eines Ausländers ohne Bewilligung, Nachtruhestörung sowie Nichtversteuern eines Hundes. Dazu kommen Ermittlungen wegen Unterschlagung einer Schreibmaschine, Verdachts auf Wechselbetrug und Schwarzhandels mit Benzinmarken. In einem Polizeibericht heisst es: «Genannter wird richtiggehend als Aufschneider bezeichnet, wie verlautet soll er immer gut angezogen sein, auch habe er immer seine Cigaretten geraucht und den grossen Herrn gespielt, trotzdem er ein Habenichts war.»

Als ihm sein Anwalt mitteilt, er müsse wegen der Betrugsvorwürfe des geprellten Ingenieurs und der geschädigten Brennbedarfsfirma mit einer Zuchthausstrafe rechnen, entschliesst er sich im Februar 1941, die Schweiz zu verlassen. In Kriegszeiten ist das nicht ohne Weiteres möglich, doch Würth findet einen Weg: Er verschafft sich eine militärische Urlaubsbescheinigung für 30 Tage zwecks Besuchs der Leipziger Mustermesse, einen befristeten Reisepass sowie ein Einreisevisum beim deutschen Generalkonsulat. In Feldkirch trifft er Nelly Hug, die sich ebenfalls einen Reisepass mit einjähriger Gültigkeitsdauer besorgt hat. Würths stille Hoffnung, sie werde an der Grenze aufgehalten, erfüllt sich nicht. In einer späteren Einvernahme sagt er: «Ich hatte schon damals die Nase ziemlich voll von ihr.» Sie wiederum gibt an, sie sei nicht nur wegen der versprochenen Heirat mit ihm nach Deutschland gegangen, sondern auch, weil er ihr für Sekretariatsarbeiten ein stolzes Gehalt von 1000 Reichsmark pro Monat versprochen habe – plus Lebensunterhalt.

Während Würth und Hug im Schweizerischen Polizeianzeiger zur Fahndung ausgeschrieben werden, steigen sie in München zunächst in einem feudalen Hotel ab, um dann als Untermieter in eine Wohnung zu ziehen. Würth ist ein gewiefter Geschäftsmann und weiss Kontakte zu knüpfen. Er organisiert unter anderem einen Kohlentransport aus Bulgarien in die Schweiz, gründet in Sofia mit dem Bruder des Privatsekretärs des bulgarischen Königs zwei Firmen für Import-Export-Geschäfte und knüpft Beziehungen zu einer Reihe deutscher Regierungs- und Parteileute. Für Angehörige des SS-nahen Amts für Technik in München besorgt er nach eigenen Angaben «vom Nagellack bis zum Pelzmantel» alles, was in Kriegszeiten auf dem Schwarzmarkt erhältlich ist.

Weil Würth an der Beziehung zu seiner zweiten Frau Genovefa festhält, kühlt sich die Beziehung zu Nelly Hug ab. Bei den immer häufigeren Auseinandersetzungen wird er tätlich. Im Mai 1941 muss sie sich mit einer Schädelfraktur für einen Monat in Spitalpflege begeben. Würth sagt, sie hätten sich gestritten, weil er Fotos von Genovefa bei sich getragen habe.

Wenn seine Ehefrau für einige Tage nach München oder Berlin zu Besuch kommt – zuweilen per Flugzeug, was in dieser Phase des Krieges noch möglich ist –, steigt sie in den besten Hotels ab. Seine Geliebte bringt Würth dann jeweils andernorts unter, beispielsweise in einem Hotel am Tegernsee. Seiner Frau überweist er jeden Monat 600 bis 700 Franken, damit sie die teure Wohnung in Zürich behalten kann. 27 Betreibungen und 12 Verlustscheine zeugen allerdings davon, dass sie weit über ihre Verhältnisse lebt.

Trotz permanenter Streitereien bleiben Emil Würth und Nelly Hug zusammen – bis zu jenem verhängnisvollen 23. April 1942, an dem ihn die Gestapo in Berlin verhaftet.

Im KZ Buchenwald leidet Würth offenbar unter schweren gesundheitlichen Problemen. Nach eigenen Angaben wiegt er nur noch 48 Kilo, als man ihn einen Monat später mit einem sogenannten Invalidentransport nach Dachau bringt, wo er die Häftlingsnummer 37850 erhält. In den «Invalidenblöcken» befinden sich kranke Inhaftierte, die nicht mehr arbeiten können und deshalb als «unnütze Esser» gelten. Viele sterben an Unterernährung, Entkräftung und fehlender medizinischer Betreuung. Würth sagt, er verdanke sein Leben einem Polen, der ihn aus seiner Baracke herausgeholt und ins Lazarett gebracht habe.

Kaum genesen, verlegt man ihn nach Allach bei München, einem Aussenlager des KZ Dachau, wo die Häftlinge bei BMW arbeiten müssen sowie als angelernte Bohrer, Schlosser und Fräser bei der paramilitärischen «Organisation Todt». Diese realisiert unter Einsatz von Zwangsarbeitern, Kriegsgefangenen und KZ-Häftlingen kriegswichtige Bauprojekte für das NS-Regime. Würth gelingt es am 17. März und 21. Juni 1943, Briefe an den Schweizer Generalkonsul in München aus dem Lager zu schmuggeln. Er werde «entgegen allen internationalen Bestimmungen» im KZ festgehalten, schreibt er. Man habe ihn «aus reiner Willkür der Freiheit beraubt» und ihm «zu Unrecht Spionage vorgeworfen». Er würde sich gerne vor einem Schweizer Gericht verantworten, falls er von der Zürcher Polizei noch gesucht werde, denn er sei unschuldig. Bei seiner Befreiung müsse aber «ganz energisch vorgegangen werden, denn sonst ist es zu spät. Was ein Konzentrationslager ist, wissen Sie bestimmt auch. Bitte veranlassen Sie so schnell wie möglich eine Freilassung meiner Person».

Würth wird in schneller Kadenz von Lager zu Lager verlegt – immer dorthin, wo die Nachfrage nach Arbeitskräften gross ist. Er versteht es offenbar auch in diesem Umfeld, sich mit den Mächtigen zu arrangieren. Möglicherweise machen ihn die SS-Schergen sogar zum Aufseher über die Mitgefangenen. Auf einer Glückwunschkarte an einen Häftling unterschreibt er jedenfalls mit «Emil Würth, Capo».

Gemäss Archivunterlagen wird Würth am 25. November 1943 aus dem KZ Dachau «entlassen und überführt». Der Bestimmungsort ist nicht eingetragen. Er selbst gibt an, man habe ihn für ein halbes Jahr ins KZ Riga-Kaiserwald im Baltikum gebracht. Danach sei er ins KZ

Sachsenhausen gekommen, wo man ihn als Sanitäter eingesetzt habe. Diese Angaben sind gemäss Günter Morsch, Direktor der Stiftung Brandenburgische Gedenkstätten, nicht überprüfbar, weil die SS gegen Kriegsende gezielt Akten vernichtete.

Gegenüber der Schweizer Bundesanwaltschaft behauptet Würth nach dem Krieg, er sei am 21. April 1945 mit Tausenden KZ-Häftlingen auf einen «Todesmarsch» geschickt worden, habe flüchten können und am 3. Mai die amerikanischen Linien erreicht. Belegt ist, dass Würth in Braunschweig landet und dort mit den Amerikanern gut zurechtkommt. Doch die Engländer, die die US-Truppen in dieser Region wenig später als Besatzungsmacht ablösen, stellen ihn vor ein Militärgericht. Dieses verurteilt ihn am 28. Juni 1945 wegen «unbefugter Requirierung von Sachen» zu 15 Monaten Freiheitsentzug. Im Gefängnis Wolfenbüttel wird er Helfer des Anstaltsarztes. Er will in dieser Zeit unter dem Titel «Mützen ab!» einen 224-seitigen Bericht über seine Erlebnisse in den Konzentrationslagern verfasst haben, der sich allerdings nicht mehr auffinden lässt. Fast gleichzeitig mit seiner Verlegung ins englische Gefängnis in Hameln reicht seine Frau Genovefa in der Schweiz die Scheidung ein.

Mit einem gewissen Sinn für Humor schreibt Würth am 28. Oktober 1945 aus dem Gefängnis einen Brief an den Schweizer Generalkonsul und bittet ihn, von seinem «neuen Wohnort» Kenntnis zu nehmen. Seine Gesundheit sei «sehr stark zerrüttet». Ausserdem sei er seit Jahren ohne Nachricht von seiner Familie, «das ist es auch, was mich seelisch so fertigmacht». Der Bittbrief wirkt: Nach einer Intervention der Schweizer Vertretung kommt Würth vorzeitig frei. Am 26. Februar 1946 trifft er mit einem Transport von Rückwanderern in der Schweiz ein, wo man ihn sogleich in Untersuchungshaft nimmt. Bei der Einvernahme schiebt er Nelly Hug die Schuld für den Betrug am Zürcher Ingenieur in die Schuhe. Weil das Gegenteil nicht zu beweisen ist, stellt die Zürcher Staatsanwaltschaft das Verfahren gegen ihn ein.

Auch Nelly Hug überlebt die Torturen im KZ. Nach einigen Monaten in Ravensbrück überstellt man sie ins Aussenlager Neu Rohlau in Tschechien, wo sie nach eigenen Angaben – wie alle Neueintretenden – auf ein Brett gelegt wird und 25 Stockhiebe erhält. Jeder Schmerzenslaut sei mit zwei zusätzlichen Schlägen bestraft worden. Man habe ihr wegen «Spionageverdachts» mit Erschiessung gedroht, sie dann aber als Zwangsarbeiterin im SS-eigenen Porzellanbetrieb Bohemia eingesetzt. Wer die Vorgaben nicht erfüllt habe, sei von der Aufsicht mit Füssen getreten worden. Viele Frauen seien an den Misshandlungen und Entbehrungen gestorben. Im Frühjahr 1945 verschlechtern sich die Bedingungen zusätzlich, weil Häftlinge aus den Konzentrationslagern im Osten nach Neu Rohlau verlegt werden.

Einige Monate nach ihrer Befreiung und vor der Heimreise in die Schweiz liess sich Nelly Hug Ende 1945 in ihrer gebügelten Häftlingskleidung fotografieren.

Am 22. April 1945 gibt die SS auch Neu Rohlau auf. Nelly Hug schildert ihre Erlebnisse im November 1959 gegenüber der Kommission für Vorauszahlungen so: Sämtliche Häftlinge seien unter strenger Bewachung auf einen langen Fussmarsch Richtung KZ Theresienstadt geschickt worden, offenbar, um sie dort zu töten. Es habe entsprechend viele Fluchtversuche gegeben. Die deutschen Bewacher hätten jeweils «Jagdschiessen» auf die Flüchtenden veranstaltet; die wenigsten seien durchgekommen. Als die Russen nahten, seien die Deutschen verschwunden. Sie sei mit anderen Frauen in ein Lager gebracht worden und erst nach Monaten freigekommen. Wegen fehlender Papiere sei es ihr nicht mehr gelungen, den letzten Repatriierungszug des Roten Kreuzes in die Schweiz zu erreichen. Zum Glück habe sie bei Verwandten eines Mithäftlings im Sudetenland Unterschlupf gefunden, wo sie sich habe erholen können. Aus jenen Monaten stammt das Foto, das sie gut frisiert und in sorgfältig gebügelter Sträflingskleidung zeigt. Am 26. März 1946 kehrt Nelly Hug in die Schweiz zurück, einen Monat nach Emil Würth.

Wie sie die Nachkriegsjahre übersteht und ob sie Würth noch einmal trifft, lässt sich nicht mehr rekonstruieren. Aktenkundig ist, dass sie 1954 wegen Konkubinats mit 50 Franken gebüsst wird. Sie übernimmt einen Coiffeursalon an der Seidengasse 8 in Zürich und nennt ihn «Salon Nelly». Für ihre KZ-Internierung macht sie gegenüber der Bundesrepublik Deutschland einen Schaden von 69050 D-Mark geltend, wird aber abgewiesen, weil sie an den erforderlichen Stichtagen keinen festen Wohnsitz in Deutschland hatte. Daraufhin wendet sie sich an die Kommission für Vorauszahlungen an schweizerische Opfer der nationalsozialistischen Verfolgung in Bern. Der zuständige Sachbearbeiter begegnet ihr mit Wohlwollen. Er notiert, sie sei nur deshalb verhaftet worden, weil sie die ständige Begleiterin Würths gewesen sei. Es fehle bei ihr «der geringste Anhaltspunkt eines Verschuldens». Von den Geschäften ihres Partners habe sie «wirklich gar keine Ahnung gehabt». Er beantragt die maximal mögliche Entschädigung von 50 000 Franken.

Die Kommission sieht den Fall kritischer und kürzt die Entschädigung «wegen Selbstverschulden» auf 35 000 Franken. Ihr Lebenswandel sei nicht gerade vorbildlich gewesen. Nachdem die Deutschen mehr Geld als erwartet in den Entschädigungstopf einbezahlt haben, profitiert sie jedoch von einer Nachzahlung in Höhe von 22 720 Franken. Dafür bedankt sie sich bei der Kommission überschwänglich: «Diese erhöhte Zulage ist mein schönstes Weihnachtsgeschenk und wird mir für mein weiteres Leben einen bedeutenden moralischen Halt geben. Ich sehe daraus, dass die Gerechtigkeit und Wahrheit doch noch siegt.» Nelly Hug ist nun 50 Jahre alt.

Emil Würths Leben beruhigt sich auch nach der Entlassung aus der Untersuchungshaft kaum. Er heiratet zum dritten Mal, doch lässt sich die neue Ehefrau bald wieder von ihm scheiden; zu drückend sind seine finanziellen Sorgen. Die Eidgenössische Zentralstelle für Auslandschweizerfragen (EZAF) lehnt es ab, ihn finanziell zu unterstützen; seine Notlage sei selbst verschuldet.

Undatiertes Foto von Emil Würth, der in den Konzentrationslagern Buchenwald, Dachau und Sachsenhausen überlebte.

Nach dieser Abfuhr verlegt er seine Aktivitäten wieder ins Ausland. Er hält sich in Deutschland, Frankreich, Holland und Belgien auf. In Italien ist er in verschiedene Prozesse wegen Devisenvergehen verwickelt; auch betrügt er einen Hotelier um 200 000 Lire und bezahlt einen Geschäftspartner mit einem ungedeckten Scheck. In Österreich ermittelt man gegen ihn wegen Verdachts auf Betrug. Fortan konzentriert er sich auf Geschäfte in der Tschechoslowakei, behält aber den Kontakt zu Zürich und tritt in den Vorstand des Bundes ehemaliger KZ-Häftlinge ein. Als es dort zu finanziellen Unregelmässigkeiten kommt, streichen ihn seine Vorstandskollegen einstimmig und ohne Begründung von der Mitgliederliste.

Inzwischen herrscht Kalter Krieg. Die Bundesanwaltschaft stuft Würth wegen seiner Ostkontakte als «gefährlichen kommunistischen Agenten» ein. Es heisst, seine guten Beziehungen zu tschechischen Politikern rührten daher, dass er im KZ den späteren Gesundheitsminister Josef Plojhar und den späteren Minister für innere Sicherheit, Jaroslav Kopriva, kennengelernt habe, beides führende Kommunisten. Er habe ihnen unter Lebensgefahr Erleichterungen verschafft. Das Dachauer Archiv bestätigt, dass Würth und Plojhar tatsächlich während fünf Monaten gleichzeitig inhaftiert waren.

Gemäss Akten der Bundesanwaltschaft beschreiben in Prag lebende Schweizer Würth als «Plauderi» und «Plagöri», also als Schwätzer und Aufschneider. Auf selbst gedrucktem Briefpapier und Visitenkarten gibt er sich als Direktor von Schweizer Handelsgesellschaften aus, die jedoch nichts davon wissen. Mehrere Firmen wenden sich deshalb an die Gesandtschaft in Prag und beschweren sich über das unseriöse Geschäftsgebaren des Landsmanns. Im Februar 1950 verliert Würth den Rückhalt auch bei seinen tschechischen Freunden und wird des Landes verwiesen. Nach der erneuten Rückkehr in die Schweiz gerät er sofort wieder in finanzielle Bedrängnis und prellt Geldgeber um ihre Darlehen. Zwischen 1954 und 1959 wohnt er in Zürich an neun verschiedenen Adressen, meist als Untermieter. Als Vertreter eines Textilunternehmens lebt er in bescheidenen Verhältnissen.

Wie Nelly Hug wendet auch er sich an die Kommission für Vorauszahlungen und beziffert seinen Schaden für die 1099 Tage in den Konzentrationslagern und im Gefängnis auf insgesamt 1 064 600 Franken. «Selbstverständlich sind diese Zahlen völlig aus der Luft gegriffen», notiert der zuständige Sachbearbeiter. Als der Entscheid der Kommission auf sich warten lässt, beklagt sich Würth am 17. November 1959 in einem langen Brief: «Wenn einer gekämpft hat bis zum Letzten, und wenn einer sich immer wieder heraufgearbeitet hat, dann bin ich es gewesen. 6 Jahre war ich nun mit kurzen Intervallen dauernd krank, war in keiner Krankenkasse und musste mich schweren Operationen unterziehen. Alles eine Folge des Lagers. Immer wieder gelang es mir, wenn ich gesund war, zu arbeiten. [...] Habe ich nicht im Lager das Ansehen der Schweiz hochgehalten, wo ich nur als ‹der Schweizer› bekannt war und vielen Tausenden meiner Kameraden als Sanitäter helfen konnte. [...] Hätte mir die tschechische Regierung eine Auszeichnung verliehen und wäre ich in das goldene Buch der Stadt Prag eingetragen worden, wenn nicht ehemalige Häftlinge mich in Prag der Regierung empfohlen hätten? [...] Kann es nicht einen ‹Justizirrtum› in diesem Falle geben? Wie schnell ist dann ein ‹Urteil› gesprochen und ein Mensch verdammt? Geben Sie mir doch bitte die Gelegenheit, mich vor Ihrem Gremium vorzustellen und persönlich zu Wort kommen zu können. Ist das wirklich nicht möglich? Ich schwöre Ihnen, dass ich nur die reine Wahrheit sagen werde.»

Die Kommission lässt sich nicht darauf ein und lehnt die Auszahlung einer Entschädigung ab. Würth informiert sie vorderhand nicht über den Entscheid. Dieser stirbt am 27. Mai 1960 im Alter von 53 Jahren im Spital seiner Heimatgemeinde Rorschach, ohne Nachkommen zu hinterlassen. Als die Nachricht von Würths Tod zur Kommission durchdringt, notiert der Sachbearbeiter: «Der abweisende Bescheid ist dem Gesuchsteller noch nicht eröffnet worden. Nach unserer Ansicht dürfte dies nunmehr unterbleiben, sodass die Angelegenheit ad acta gelegt werden kann.»

Nelly Hug bleibt ledig und kinderlos. Sie führt ihren Damensalon in der Zürcher Innenstadt, bis sie weit über 60 ist, und wohnt mehr als 45 Jahre lang in einem Mehrfamilienhaus im Zürcher Kreis 3. Die Hausbesitzerin kann sich gut an sie erinnern. Sie wisse, dass die Mieterin in einem Konzentrationslager gewesen sei. Sie habe zurückgezogen gelebt und kaum Kontakt zu den Nachbarn gehabt. Nelly Hug stirbt am 8. Mai 2003 im Alter von 86 Jahren in ihrer Wohnung.

Quellen: Schweiz. Bundesarchiv, Bern: E-2001-08#1978/107/1865*, E-2001-08#1978/107/840*, E2001E#1969/121#5465*, E2200.156-01#1974/60#618*, E2200.32-02#1975/28#131*, E2200.173-03#1000/1783#266*, E2200. 186-01# 1969/298#193*, E2200.190-03#1968/210#64*, E4264#1988/ 2#18641*, E4264#1988/2#18639*, E4264#2004/103#864*, E4264#2004/103#865*, E4320B#1990/266#3329*, E4110A#1000/1807#293*, E4260C#1974/34#1141*, E2200.156-01#1974/60#406*; Stadtarchiv Zürich: Meldekarten Einwohnerkontrolle, Adressbücher.

René Pilloud

Ein Jugendlicher fährt in Frankreich mit seinen Kollegen zu einem Sportwettkampf. Sie geraten in eine Operation der Wehrmacht gegen die Résistance. Seine Leidenszeit im KZ Mauthausen dauert 444 Tage.

Der Auftrag für den Bundespolizisten Pache kommt von ganz oben. Der Bundesanwalt persönlich interessiert sich für den Jugendlichen, der am 26. November 1945 im Zimmer 39 des Sanatoriums Beau-Site in Leysin (VD) liegt: René Pilloud. Abgemagert, traumatisiert, tuberkulosekrank. In der *National-Zeitung* und im *St. Galler Tagblatt* sind erschütternde Berichte über den 19-Jährigen erschienen. Nun wollen auch die Beamten im Eidgenössischen Politischen Departement (EPD) mehr wissen. Mindestens ebenso sehr interessiert sie, wie die Zeitungen an die heiklen Informationen über Pilloud gelangt sind.

Die Befragung verläuft schwierig. Es sei kaum möglich gewesen, mit dem geschwächten Patienten ein normales Protokoll zu führen, notiert der Inspektor, als er später in seinem Büro in Bern den Bericht verfasst. Pache versucht es trotzdem. Er tippt die Aktennummer c.16.5772 ins Rapportformular und beginnt zu schreiben. Fünf Seiten umfasst sein Protokoll. Es beschreibt die Geschichte eines lebensfrohen Jugendlichen, der nur kurz zu einem Sportwettkampf fahren wollte, dann während 15 Monaten im KZ Mauthausen inhaftiert wurde und bei seiner Befreiung noch 39 Kilo wog.

René Pilloud kommt am 16. Juli 1926 in Fribourg zur Welt. Seine Eltern ziehen kurz danach ins französische Bellegarde-sur-Valserine im Département Ain, 25 Kilometer südwestlich von Genf. Die Region ist seit dem 19. Jahrhundert ein bevorzugtes Ziel von Schweizer Auswanderern. Erst sind es vor allem Käser, Melker und Bauern, die in der Gegend ein besseres Leben suchen. Später dann auch Arbeiter wie Renés Vater, der in einer Kalziumkarbidfabrik angestellt ist, bis er 1930 stirbt. René Pilloud ist da vier Jahre alt. Er erzählt: «Nachdem ich die Schule abgeschlossen hatte, begann ich Geld zu verdienen, um meiner Mutter zu helfen, zuerst bei Bauern, dann als Hilfsarbeiter.»

Als das nationalsozialistische Deutschland am 10. Mai 1940 Frankreich angreift und innerhalb von sechs Wochen besiegt, ist Pilloud 13 Jahre alt. Bellegarde liegt in der Südzone, die unter Kontrolle des mit Deutschland verbündeten Vichy-Régimes von Marschall Pétain steht. Der junge Schweizer beginnt eine Lehre als Werkzeugmacher bei der Radios S. A. in Bellegarde. Und er ist Mitglied der «Entente Sportive Bellegarde Coupy Arlod», dem lokalen Sportverein.

Im November 1942 besetzen die Deutschen auch die Südzone Frankreichs – und mit ihr das Département Ain. In der Bugey genannten unwegsamen, hügeligen Gegend im Osten des Departements, an der Grenze zur Schweiz, formieren sich bewaffnete Résistance-Gruppen, die schnell an Zulauf gewinnen. Am 11. November 1943 defilieren rund 200 Kämpfer durch das Dorf Oyonnax, legen am Denkmal für die Toten des Ersten Weltkriegs Blumen nieder und singen die Marseillaise – ein bis dahin beispielloser Akt des Widerstands gegen die Besatzungsmacht. Bilder der Propagandaaktion verbreiten sich in ganz Frankreich und über die Grenzen hinaus. Sie gilt als Initialzündung für die Résistance und soll den britischen Premier Winston Churchill überzeugt haben, den französischen Widerstand mit Waffen zu versorgen.

Doch das Defilee von Oyonnax hat auch kurzfristige Konsequenzen. Paramilitärische Gruppierungen der Vichy-Regierung führen Ende 1943 zwei Aktionen gegen die Widerstandskämpfer in der Region durch – vorerst ohne grossen Erfolg. Dann übernehmen die deutschen Besatzer: Anfang 1944 geben sie Befehl zu einem Anti-Partisanen-Einsatz in dem von «Terroristen verseuchten Gebiet». Am 5. Februar 1944 beginnt unter dem Kommando von Generalleutnant Karl Pflaum die «Aktion Korporal», die als erster grosser Einsatz der Wehrmacht gegen die französische Résistance gilt.

Der damals 17-jährige René Pilloud und seine vier Freunde Roger Fonteray, Armand Triquet, Raymond Giorgio und Jean Chadelaud – alle zwischen 16 und 20 Jahre alt – scheinen davon nichts mitbekommen zu haben. «Ich habe mich nie mit Politik beschäftigt und hatte auch nie Probleme mit den deutschen Besetzern», zitiert Inspektor Pache in seinem Bericht Pilloud.

Die Jünglinge versammeln sich am Morgen des 6. Februar. Alle sind Mitglieder des Sportvereins von Bellegarde, tragen ihre Vereinstrikots und wollen zu den Meisterschaften im Geländelauf in Bourg-en-Bresse, dem rund 75 Kilometer entfernten Hauptort des Departements. Der 31-jährige Fahrer Charles Cadet startet seinen mit einem Holzvergaser betriebenen Wagen und rollt los in die Hügel des Bugey. Es schneit. Der Weg nach Bourg-en-Bresse führt direkt durch das Partisanengebiet. Als sie die Hügel hinter sich haben und in die Ortschaft Saint-Martin-du-Frêne kommen, stoppt eine Gruppe Soldaten den Wagen an einer Strassensperre. Seit einem Tag läuft die «Aktion Korporal»: Knapp 2500 Deutsche haben eine Zone abgeriegelt, in der eine strikte Ausgangssperre gilt und Telefon- und Telegrafenleitungen gekappt sind. Greifkommandos jagen Unterstützer und Sympathisanten der Résistance. Der Präsident des Sportvereins von Bellegarde wird später sagen, seine Sportler hätten doch einen anderen Weg gewählt, wenn sie von der Ausgangssperre gewusst hätten.

Ziel der Operation ist es, den Widerstandswillen der Bevölkerung zu brechen. Am Ende des neuntägigen Einsatzes sind 40 Menschen tot, davon 30 Zivilisten. Doch die Wehrmacht verfehlt ihr Ziel: Das Departement Ain bleibt bis Kriegsende ein Zentrum des französischen Widerstands, das die Deutschen nie unter Kontrolle bekommen. Der Blutzoll aber ist hoch: Über 600 Bewohner des Departements fallen der Besatzung bis Kriegsende zum Opfer.

In Saint-Martin-du-Frêne weist sich René Pilloud bei den deutschen Soldaten sofort als Schweizer aus. Seine Kollegen zeigen ihre Wettkampflizenzen. Es nützt alles nichts. Die Misshandlungen beginnen schon bei der Verhaftung: «Man schlug uns mit Gewehrkolben, mit Stöcken und Gummiknütteln», erzählt Pilloud Inspektor Pache. Noch vor Ort übergeben die Wehrmachtsoldaten die Jugendlichen an Einheiten der deutschen Sicherheitspolizei und des Sicherheitsdienstes. Diese bringen die fünf Freunde und ihren Chauffeur nach Lyon in die Verhörzellen der École du service de santé militaire, die unter dem Befehl des berüchtigten Klaus Barbie steht, auch «Schlächter von Lyon» genannt. Acht bis zehn Häftlinge sperren die Deutschen dort in eine Zelle. Täglich werden die jungen Männer von der SS verhört und geschlagen. Sie will Informationen über die Kommandanten der Résistance im Bugey: «Irgendwann haben die Deutschen gemerkt, dass ich nichts weiss. Und sie liessen mich in Ruhe. Meine Kameraden aber wurden regelrecht gefoltert.» Pilloud beschreibt Inspektor Pache detailliert die Foltermethoden der SS: Sie tauchen Gefangene in mit eiskaltem Wasser gefüllte Badewannen, malträtieren ihre Füsse mit glühendem Stahl, lassen sie auf Eisenplatten stehen, die sie unter Strom setzen. Nach acht Tagen verlegen die Deutschen René Pilloud ins Gefängnis Montluc in Lyon.

Die Schweizer Diplomatie erfährt früh von der Verhaftung Pillouds. Am 28. Februar 1944 tippt ein Mitarbeiter des Konsulats in Paris die Worte «Sehr dringend» auf ein offizielles Schreiben, das er an die Deutsche Botschaft an der Rue Huysmans schickt. Im Brief beschreibt er die Verhaftung Pillouds detailliert und nennt sogar dessen Gefangenennummer. Pilloud sei «gut beleumundet», und der Beamte beteuert, «dass weder er noch seine Kameraden irgendwelchen ordnungswidrigen Organisationen angehören». Die Festnahme müsse auf einem «bedauerlichen Irrtum» beruhen, und deshalb gehöre Pilloud «so rasch als möglich wieder auf freien Fuss gesetzt».

Die Verhaftung der Jugendlichen sorgt auch beim Vichy-Regime für Unruhe: Am 8. März schreibt der Generaldirektor der Nationalpolizei in Vichy dem Präfekten von Ain, die Schweizer Vertretung habe ihn über die Verhaftung von vier Franzosen und einem Schweizer unterrichtet: «Ich bitte Sie, mir dringendst mitzuteilen, was Sie über die Affäre wissen.» Fünf Tage später kommt die Antwort: Die fünf seien nicht mehr in Lyon.

Selbst Marschall Pétain setzt sich für die Jugendlichen ein. Sein Büro schreibt am 20. März an den Präfekten von Ain, von den 340 während der «Aktion Korporal» Verhafteten hätten 17 «eine Intervention verdient». Aufgrund ihrer «Loyalität, ihres Patriotismus und ihrer guten Moral, die sie bewiesen». Unter ihnen ist auch René Pilloud. Auf seinem Aktenblatt steht der Vermerk: «Unseres besonderen Interesses würdig». Von der Fürsprache Pétains ausgenommen sind Bewohner des Departements, bei denen der Geheimdienst Vichys eine Nähe zum Widerstand vermutet. Die Fürsorge des mit den deutschen Besatzern kollaborierenden Regimes ist vor allem der Angst geschuldet, bei der französischen Bevölkerung weiteren Kredit zu verspielen. Es bringt nichts. Pilloud ist bereits ausserhalb des beschränkten Einflusskreises des Vichy-Regimes.

22. März 1944, Compiègne in der Nähe von Paris: Im sogenannten Frontstammlager 122 sperren die Deutschen 1218 Männer in einen Zug ein, 125 Personen pro Viehwaggon. Rund 290 von ihnen sind während der «Aktion Korporal» verhaftet worden. Unter ihnen befinden sich neben René Pilloud, seinen vier Freunden und ihrem Fahrer noch mindestens drei weitere Schweizer: Marcel Wyler, Léon Borcard und Marcel Gaillard. Ziel der Deportation ist das 860 Kilometer entfernte KZ Mauthausen bei Linz. Die Gefangenen müssen stehen. Die Nächte sind eiskalt, tagsüber wird es in den überfüllten Waggons stickig und heiss.

Während der Fahrt gelingt es zwei Häftlingen, ein Brett im Boden eines Waggons zu lösen und zu flüchten. Darauf zwingt das Wachpersonal alle anderen, ihre Kleider auszuziehen. Um 3 Uhr nachmittags hält der Zug in Stuttgart an. Der Bahnhof ist voller Reisender. Den Häftlingen wird befohlen, auszusteigen. Nackt. Auf dem Bahnsteig verteilen Frauen des Deutschen Roten Kreuzes Kaffee. «Es hat nur etwa 20 Tassen für uns alle. Man muss sich also beeilen. Oft passiert es, dass SD-Männer Häftlingen einen Kolbenschlag versetzen – in dem Moment, wo sie zum Trinken ansetzen», sagt Pilloud später gegenüber der Freiburger Zeitung *La Liberté*. Viele Männer verbrühen sich die nackte Brust.

Plötzlich entdeckt ein SS-Leutnant, dass zwei kranke Franzosen, Henri Guido und Emile Legueut, ihre Unterwäsche anbehalten haben. Er befiehlt, die beiden zu erschiessen. Mitten auf dem Bahnsteig. Henri Guido stirbt durch mehrere Schüsse in den Bauch. Emile Legueut wird schwer verletzt in den Viehwaggon gelegt. Wie durch ein Wunder überlebt er den Transport und die Gefangenschaft im KZ.

Die Fahrt dauert drei Tage. «Die Männer wurden in den Waggons verrückt. Sie bissen sich, und weil es keine Toiletten gab, erleichterten sie sich übereinander [...] Es war eine unglaubliche Verrohung!» 100 Männer sterben während der Deportation. Über 600 werden später das KZ nicht überleben.

Als der Transport am 25. März in Mauthausen ankommt, liegen im Ort 15 Zentimeter Schnee. Pilloud und die anderen Häftlinge müssen die rund 6 Kilometer bergan zum Lager barfuss zurücklegen. Es ist 4 Uhr morgens, als die Häftlinge ankommen. Das Wachpersonal schläft noch. Pilloud und seine Leidensgenossen werden gezwungen, in Achtungsstellung bis um 8 Uhr auszuharren. Danach werden sie in die Duschräume befohlen, wo das Wachpersonal sie erst mit siedend heissem, dann mit eiskaltem Wasser duschen lässt. Pilloud und seine Mithäftlinge erhalten eine Jacke und eine Hose und müssen anschliessend wieder mehrere Stunden in der eisigen Kälte ausharren. «Nur sehr robuste Menschen fingen sich da keine Bronchitis ein», sagt Pilloud. Zuerst kommt er in den Quarantäneblock. 800 Männer schlafen dort pro Baracke, sechs Männer pro Bett. «Wir lagen wie Fische in einer Büchse.»

In Bern bleibt das Interesse am Fall Pilloud hoch. Am 15. April 1944 weist der Stellvertretende Chef der Abteilung für Auswärtiges, Karl Theodor Stucki, die Schweizer Gesandtschaft in Berlin an, beim deutschen Auswärtigen Amt nach dem Schicksal des Gefangenen Pilloud zu fragen. Der Gesandte Frölicher solle «gegebenenfalls mit Nachdruck seine Freilassung verlangen». Pilloud gilt im schweizerischen Aussenministerium als «Härtefall». In Verhandlungen über einen Gefangenenaustausch geben Unterhändler des NS-Regimes am 5. Mai 1944 bekannt, dass sie bereit wären, René Pilloud zusammen mit fünf weiteren Schweizern auszutauschen. In einer Notiz vermerkt die Schweizer Verhandlungsdelegation, dass sie für Pilloud eine «Freistellung ohne Gegenleistung» beanspruche, da er unschuldig sei. Auch einflussreiche Persönlichkeiten wie Lucie Odier, Mitglied des Internationalen Komitees vom Roten Kreuz, setzen sich für ihn ein. Odier hat über die Verhaftung Pillouds durch Teilnehmer eines Hilfskonvois des Schweizerischen Roten Kreuzes nach Bellegarde erfahren und bittet das Eidgenössische Politische Departement, sich für seine Freilassung zu verwenden.

Laut Zugangsbuch des KZ Mauthausen wird Pilloud am 18. Mai 1944 aus dem Stammlager ins Aussenlager Gusen verlegt. Gusen und Mauthausen sind räumlich getrennt, bilden aber organisatorisch eine Einheit. Im rund 5 Kilometer entfernten Gusen lässt die SS die Häftlinge mörderische Zwangsarbeit leisten. Pilloud sagt dazu: «Die Arbeit dauerte im Normalfall 12 bis 18 Stunden pro Tag, und die SS machte sich eine Freude daraus, uns mit Kolbenschlägen zu malträtieren oder niederzuknüppeln, sobald wir erschöpft Anstalt machten, unsere Arbeit zu verlangsamen.» Gemäss seiner KZ-Karteikarte ist Pilloud dem Kommando «Esche» zugeteilt. Unter dem Tarnnamen «B8 Bergkristall» müssen die Häftlinge gigantische unterirdische Fabrikhallen graben. Bis zu 6000 Mann arbeiten gleichzeitig im Stollensystem. Bei Kriegsende ist es mit einer Fläche von 50 000 Quadratmetern das grösste nationalsozialistische Bauwerk auf österreichischem Boden. Ziel des Vorhabens ist es, Hitlers «Wunderwaffe», den Düsenjäger Me 262, geschützt vor Bombenangriffen der Alliierten herstellen zu können. Bis Ende April 1945 produzieren die Häftlinge in Gusen fast 1000 Flugzeugrümpfe.

Ab Mai 1944 verdoppelt sich die Zahl der Häftlinge in Gusen in nur vier Monaten auf mehr als 16 000. Die Verpflegung wird immer prekärer. Pilloud erhält frühmorgens noch einen Kaffee, am Mittag einen Liter wässrige Suppe mit Gemüseabfällen und abends 200 Gramm Schwarzbrot. Anfang 1945 wird die Versorgung noch dürftiger und der Hunger tödlich. Um zu überleben, isst Pilloud Schnecken. Zwischen Mai 1944 und April 1945 sterben in Gusen 11 617 Häftlinge, ungefähr 1000 pro Monat.

Mauthausen gilt als eines der mörderischsten KZ im NS-Lagersystem. René Pilloud wird Zeuge von Kannibalismus. Im sogenannten Krankenrevier sieht er zudem, wie Ärzte Häftlingen Benzin ins Herz injizieren, um sie zu töten. Er erzählt: «Wenn sich die Gefangenen, nachdem sie von den SS-Leuten geschlagen worden waren, nicht erhoben, so führte man sie ins Krankenhaus und tötete sie dort auf verschiedenste Art und Weise. Ich sah auch, dass jene Häftlinge, die an Ruhr erkrankt waren – und es waren viele – in eine isolierte Baracke gesperrt wurden, wo sie ohne Pflege und Nahrung den Tod erwarten mussten.»

In der Schweiz wird der Fall Pilloud zunehmend zum Problem. Am 25. Oktober 1944 fordert der Polizeichef des Kantons Freiburg in einem Brief an die Bundespolizei, die Deutschen diplomatisch unter Druck zu setzen. Er wisse auch, wie: Im Juni 1940 hatte die Polizei sieben deutsche Spione verhaftet, die auf den Flugplätzen Spreitenbach, Biel, Payerne und Lausanne Flugzeuge der Schweizer Luftwaffe zerstören wollten, als Vergeltungsmassnahme gegen die Abschüsse von elf deutschen Maschinen, die den Schweizer Luftraum verletzt hatten. Alle Deutschen waren zu lebenslänglicher Haft verurteilt worden, unter ihnen Helmuth von Thaden, der seine Strafe im Freiburger Gefängnis Bellechasse verbüsste. Die Deutsche Gesandtschaft in Bern bemühte sich intensiv um ein Besuchsrecht für die Mutter von Thadens. Doch die Behörden des Kantons Freiburg weigerten sich, ihr eine Einreiseerlaubnis zu erteilen. In seinem Brief nach Bern schlägt der Polizeidirektor vor, man müsse den Deutschen zu verstehen geben, dass man bei einer Freilassung Pillouds im Gegenzug Frau von Thaden ins Land lassen würde. Am Rand notiert ein Beamter der eidgenössischen Fremdenpolizei von Hand: «Exclu!» (ausgeschlossen).

In diesem Ofen im KZ Gusen musste René Pilloud ab Ende Januar 1945 Leichen verbrennen.

Dagegen scheinen die Schweizer Behörden an einem Gefangenenaustausch interessiert zu sein. Jedenfalls ist Pilloud ein Thema bei Verhandlungen, aber die Schweizer verzichten am Ende aus staatspolitischen Gründen darauf, weil sie keine – aus der Sicht Berns – unschuldigen Schweizer gegen rechtskräftig verurteilte Deutsche austauschen wollen.

Für Pilloud beginnt nun die schlimmste Zeit in Gusen. «Ab Ende Januar 1945 war ich zur Verbrennung der Leichen abkommandiert», zitiert Inspektor Pache in seinem Rapport. «Wir waren drei. Während einer sich im Wesentlichen damit beschäftigte, den Ofen des Krematoriums einzuheizen, warfen die anderen beiden die Leichen ins Feuer. Die männlichen und weiblichen Leichen, die nie über 35 Kilo wogen, wurden in Lastwagen herangefahren und in der Nähe des Ofens ausgekippt wie Material. Wir äscherten 300 bis 400 Leichen pro Tag ein. Ich habe bemerkt, dass die Monate Februar und März 1945 die verhängnisvollsten für die Häftlinge waren, denn zu all den Entbehrungen und den Misshandlungen kam auch noch die Kälte, unter der wir schrecklich litten.»

Für die Lagerleitung von Mauthausen und Gusen ist die hohe Auslastung der Verbrennungsöfen ebenfalls ein Problem – allerdings ein technisches. In der KZ-Gedenkstätte Gusen liegt ein Brief der Firma J. A. Topf & Söhne, einem «feuerungstechnischen Baugeschäft» mit Sitz in Erfurt. Auf Nachfrage der Dienststelle des KZ teilt die Firma schriftlich mit, in einem «Topf-Doppelmuffel-Einäscherungsofen» könnten «in ca. 10 Stunden 30 bis 36 Leichen zur Einäscherung gelangen». Auf dem Schreiben notiert ein Mitarbeiter der KZ-Verwaltung: «Im Jahre 1943 wurden im gleichen Ofen in 10 Stunden bis zu 300 Leichen verbrannt.»

Als Inspektor Pache 1945 im Zimmer 39 des Sanatoriums von Pilloud wissen will, ob er etwas über das Schicksal des ebenfalls in Mauthausen inhaftierten Marcel Gaillard wisse, antwortet er: «Alles, was ich Ihnen sagen kann, ist, dass ich seine Leiche nicht gesehen habe. Wir prüften laufend die Häftlingsnummern der Toten, die wir einäscherten. Ich kannte Gaillard gut, ich hätte ihn wiedererkannt.» Gaillard starb am 17. Januar 1945 im KZ.

Wie Pilloud die letzten Monate überlebt, weiss er selbst nicht mehr genau. Zu Inspektor Pache sagt er: «Die Bedingungen im Lager von Mauthausen waren so schlecht, dass ich mich heute frage, wie ein Teil der Häftlinge diese Zeit überstehen konnte [...] Ich bin überzeugt davon, dass wir alle in Mauthausen gestorben wären, wenn der Krieg noch zwei Monate länger gedauert hätte.»

Die genauen Umstände der Freilassung von René Pilloud nach 444 Tagen im KZ sind unklar. Belegt ist, dass Gottlob Berger, der für den Süden Deutschland zuständige Stellvertreter Himmlers, am 25. April 1945 – fünf Tage vor Hitlers Selbstmord – befiehlt, alle Schweizer Gefangenen in Dachau und Mauthausen freizulassen. Gemäss einem Schreiben des Schweizer Gesandten befinden sich zu dieser Zeit neben Pilloud noch acht weitere Landsleute in Mauthausen. Sie werden vom Roten Kreuz in die Schweiz gebracht.

Pilloud kommt mit anderen Befreiten zunächst ins Kreisspital Samedan im Engadin. Er erholt sich. Doch nach seiner Entlassung erkrankt er an Tuberkulose und muss in ein Sanatorium oberhalb von Leysin im Kanton Waadt. Erst Ende Oktober 1946 kehrt René Pilloud zurück nach Bellegarde und nimmt dort seine Arbeit in der Radios S. A. wieder auf. Er bleibt sein Leben lang beeinträchtigt. Im Sekretariatsbericht der Kommission für Vorauszahlungen an schweizerische Opfer der nationalsozialistischen Verfolgung heisst es: «Gemäss Arztzeugnis vom 10. November 1958 von Dr. Malet, Bellegarde, leidet der Gesuchsteller noch heute an den Folgen einer erlittenen beidseitigen Lungenentzündung, die immer noch medizinischer Pflege bedarf.» Darüber hinaus sei er in seinem «beruflichen Fortkommen behindert», er bedürfe «ständiger Pflege». Pilloud erhält 35 000 Franken Schadenersatz. In den 1960er-Jahren kehrt er in die Schweiz zurück. Er stirbt am 1. Oktober 1985 in Genf.

Pillouds Sportkameraden Jean Chadeloud, Roger Fonteray und Armand Triquet überleben Mauthausen. Raymond Giorgio stirbt 17-jährig am 21. März 1945 im KZ Neuengamme, Chauffeur Charles Cadet mit 32 Jahren am 15. Februar 1945 in Gusen.

Eigentlich hatten sie alle am Abend des 6. Februar 1944 wieder zu Hause sein wollen.

Quellen: E-Mail Dr. Peter Lieb, Zentrum für Militärgeschichte und Sozialwissenschaften der Bundeswehr, Potsdam, an die Verfasser, 11.10.2018. E-Mail Carine Renoux, Archives de l'Ain, Bourg-en-Bresse, an die Verfasser, 15.1.2019. Gespräch mit Hélène Oberson, Zivilstandsamt des Kantons Freiburg, Büro Veveyse, 25.1.2019. Schweiz. Bundesarchiv, Bern: E2001-08#1978/107#1324*. Archives de l'Ain, Bourg-en-Bresse (1228 W 244, 180 W 285); *La Liberté: Un jeune fribourgeois dans un camp de concentration.* Freiburg 1946. Lee, Adeline: «Le convoi du 22 Mars 1944». www.monument-mauthausen.org (Zugriff: 13.10.2018); Lieb, Peter: *Konventioneller Krieg oder NS-Weltanschauungskrieg? Kriegführung und Partisanenbekämpfung in Frankreich 1943/44.* München 2007.

III Memorial

Die Opfer

Nach umfangreichen Recherchen in Archiven und Datenbanken im In- und Ausland, verbunden mit der Auswertung tausender Dokumente, ist es erstmals möglich, belegbare Angaben über die Zahl der Schweizerinnen und Schweizer zu machen, die in nationalsozialistischen Konzentrationslagern litten und starben.

Eine Aufstellung mit den Namen der Opfer der nationalsozialistischen Verfolgung hat es in der Schweiz – im Gegensatz zum Ausland – bislang nicht gegeben. Diese Lücke wollen wir schliessen. Wir verstehen das Ergebnis unserer Arbeit als Memorial, als Erinnerung an die vergessenen Schweizer KZ-Häftlinge.

Wir haben zwei Opferlisten erstellt. Auf der ersten Liste, die in diesem Buch abgedruckt ist, haben wir die Namen und Schicksale von Betroffenen festgehalten, die bei der Inhaftierung im KZ oder zu einem früheren Zeitpunkt die Schweizer Staatsbürgerschaft besassen. Auf dieser Liste finden sich folglich auch Doppelbürger sowie Schweizerinnen, die ihre Staatsbürgerschaft durch Heirat mit einem Ausländer verloren hatten.

Auf der zweiten Liste, die im Archiv für Zeitgeschichte der ETH Zürich öffentlich einsehbar ist, haben wir die Namen und Schicksale von KZ-Häftlingen festgehalten, die in der Schweiz geboren wurden, aber die Schweizer Staatsbürgerschaft nie besassen. Es handelt sich um Betroffene, die beispielsweise eine Schweizer Mutter, aber einen Ausländer zum Vater hatten, die in der Schweiz aufwuchsen, zur Schule gingen und teils jahrelang in der Schweiz arbeiteten.

Die Auswertung der in diesem Buch abgedruckten ersten Opferliste ergibt, dass 391 Männer, Frauen und Jugendliche in Konzentrationslagern inhaftiert waren, die bei der Verhaftung oder zu einem früheren Zeitpunkt die Schweizer Staatsbürgerschaft besassen. Von den Betroffenen überlebten 201 die Torturen nicht. Das sind die aufgeschlüsselten Zahlen:

- 279 männliche Betroffene mit Schweizer Staatsbürgerschaft waren in einem KZ inhaftiert. Der jüngste war bei der Verhaftung 13, der älteste 78 Jahre alt. 136 starben im KZ oder kurz nach der Befreiung an den Folgen der Haft. 143 überlebten.
- 112 weibliche Betroffene mit Schweizer Staatsbürgerschaft waren in einem KZ inhaftiert. Die jüngste war bei der Verhaftung 19, die älteste 78 Jahre alt. 65 starben im KZ oder kurz nach der Befreiung an den Folgen der Haft. 47 überlebten.

- Alle Betroffenen hielten sich während der NS-Herrschaft in Deutschland oder in besetzten Gebieten auf und wurden dort verhaftet.
- In Frankreich kam es mit Abstand zu den meisten Verhaftungen von Schweizerinnen und Schweizern mit nachfolgender Deportation. Das rührt daher, dass Frankreich im späten 19. Jahrhundert und zu Beginn des 20. Jahrhunderts ein bevorzugtes Auswanderungsland für Schweizer war, die in der Heimat keine Beschäftigung mehr fanden und in wirtschaftliche Not gerieten. Zudem lebten in Frankreich traditionellerweise viele Schweizer Juden.

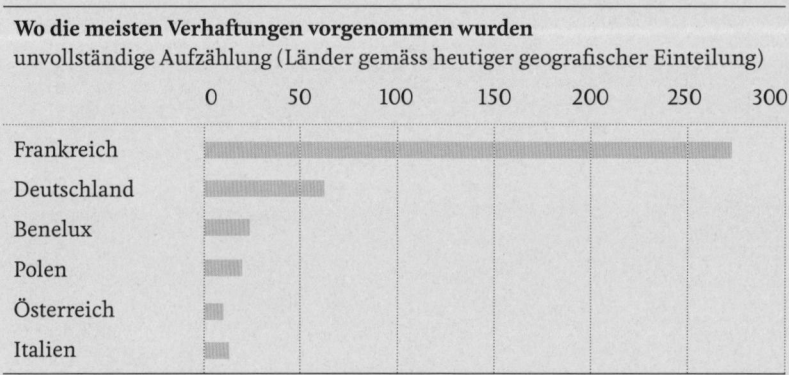

Wo die meisten Verhaftungen vorgenommen wurden
unvollständige Aufzählung (Länder gemäss heutiger geografischer Einteilung)

- Die meisten Schweizerinnen und Schweizer, die in Konzentrationslagern litten und starben, wurden in den Kriegsjahren 1942 bis 1944 verhaftet und deportiert. Ab 1942 gingen die Deutschen im besetzten Frankreich, wo die meisten Auslandschweizer lebten, massiv gegen die Zivilbevölkerung vor:

Verhaftungen in den Jahren 1933 bis 1945 mit anschliessender KZ-Haft
in Deutschland und den besetzten Gebieten

- Unter den 391 Schweizer KZ-Häftlingen befanden sich belegbar 36 jüdische Männer und 60 jüdische Frauen. Ihr Anteil machte also rund ein Viertel der Betroffenen aus.

- Neben jüdischen Menschen verfolgten die Deutschen insbesondere all jene, die sich gegen sie als Besatzungsmacht auflehnten. Viele Auslandschweizer wurden von den NS-Besatzungsbehörden unter den Begriffen «Beziehung zum Widerstand», «regimefeindliches Verhalten», «nachrichtendienstliche Tätigkeit» und «Beihilfe zur Flucht» – meist von Kriegsgefangenen, Zwangsarbeitsverpflichteten oder jüdischen Menschen – festgenommen und deportiert:

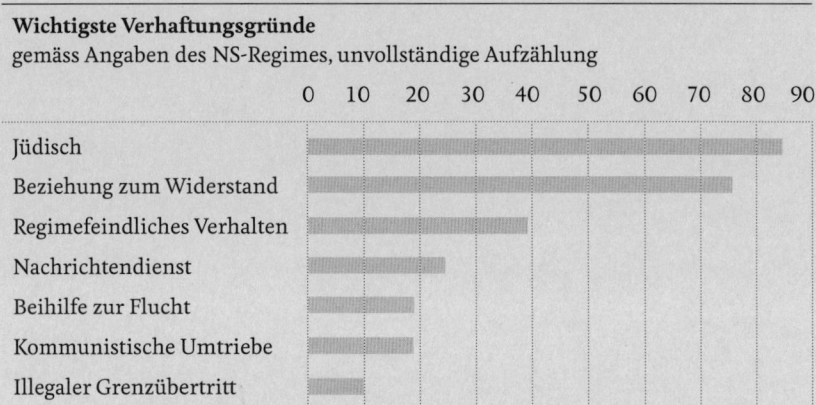

Wichtigste Verhaftungsgründe
gemäss Angaben des NS-Regimes, unvollständige Aufzählung

- Von den Schweizer Frauen, die Opfer der NS-Verfolgung wurden, wurden die meisten nach Auschwitz und ins Frauen-KZ Ravensbrück deportiert. Von den männlichen Opfern wurden deutlich weniger nach Auschwitz deportiert, was die tiefere Todesrate erklärt. Der Begriff «Mehrfachnennungen» bedeutet, dass Betroffene zum Teil in mehreren Konzentrationslagern gefangen waren:

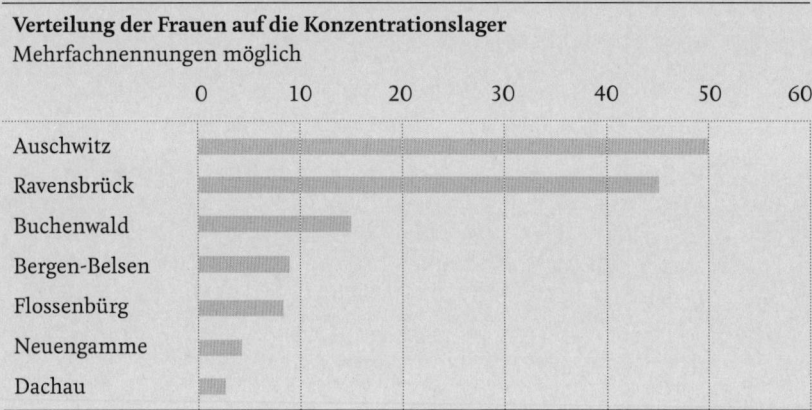

Verteilung der Frauen auf die Konzentrationslager
Mehrfachnennungen möglich

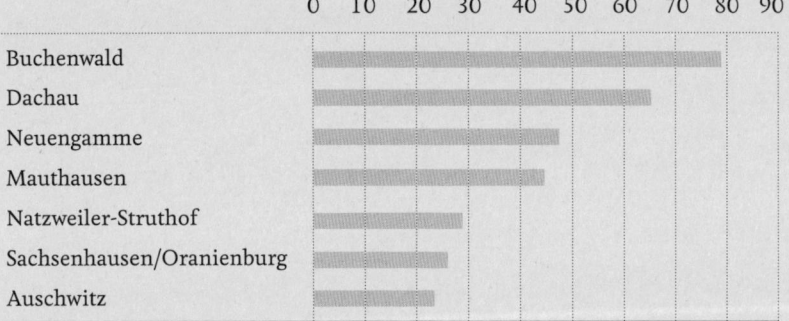

Die Auswertung der zweiten Opferliste ergibt, dass 328 Männer, Frauen und Jugendliche in Konzentrationslagern inhaftiert waren, die in der Schweiz geboren wurden, aber die Schweizer Staatsbürgerschaft nie besassen. 255 überlebten die Torturen nicht. Auch hier gilt, dass sich alle Betroffenen während der NS-Herrschaft in Deutschland oder in besetzten Gebieten aufhielten und dort verhaftet wurden. Das sind die aufgeschlüsselten Zahlen:

- 233 männliche Betroffene mit Geburtsort in der Schweiz befanden sich in einem KZ. Der älteste war bei der Verhaftung 90, der jüngste keine zwei Jahre alt. 167 starben im KZ oder kurz nach der Befreiung an den Folgen der Haft.
- 95 weibliche Betroffene mit Geburtsort in der Schweiz befanden sich in einem KZ. Die jüngste war bei der Verhaftung 21, die älteste 78 Jahre alt. 88 starben im KZ oder kurz nach der Befreiung an den Folgen der Haft.
- Unter diesen 328 KZ-Häftlingen befanden sich belegbar 80 jüdische Männer und 69 jüdische Frauen. Sie machten also beinahe die Hälfte der Betroffenen aus.
- Die Todesrate war bei den Frauen viel höher als bei den Männern: Nicht einmal eine von zehn deportierten Frauen überlebte; fast alle Opfer waren Jüdinnen und wurden in Auschwitz ermordet. Die Männer, die in anderen KZ inhaftiert waren, wurden oft als Arbeitskräfte eingesetzt und hatten damit eine grössere Überlebenschance.
- Der grösste Teil der Verhaftungen mit nachfolgender Deportation erfolgte in den Jahren 1942 bis 1944 in Frankreich.

Von den 719 Menschen, die auf den beiden Listen aufgeführt sind, starben 456 im KZ oder kurz nach der Befreiung. Die Zahlen im Überblick:

KZ-Häftlinge	Männer	†	Frauen	†
KZ-Häftlinge mit Schweizer Staatsbürgerschaft	279	136	112	65
In der Schweiz geborene KZ-Häftlinge	233	167	95	88
Insgesamt	512	303	207	153

Stellvertretend für die Opfer mit Geburtsort Schweiz, aber ohne Schweizer Pass sei hier der Fall von Mina Epstein geschildert. Ihr jüdischer Vater Bernhard Epstein war als Jugendlicher vor den Pogromen in Polen nach Südamerika geflüchtet und 1909 in die Schweiz gekommen, wo er aus zwei Ehen fünf Kinder hatte: Moritz, Mina, Paul, Claire und Berthe. Alle wurden in Zürich geboren und besuchten dort auch die Schulen, aber sie erhielten keine Schweizer Pässe. Einzig Paul konnte sich nach dem Krieg einbürgern lassen, und Berthe wurde durch Heirat Schweizerin. Von ihr und ihrer Schwiegertochter Eve Stockhammer, die in Bern lebt, stammen diese Informationen.

Mina Epstein, geboren in Zürich, ermordet in Auschwitz, mit ihrem Ehemann Harry Koplewitz in Antwerpen.

Mina zog 1937 als junge Frau nach Antwerpen und heiratete dort den jüdischen Diamantenschleifer Harry Koplewits, einen Belgier. Bald darauf kam das Töchterchen Fanny zur Welt.

Nach dem Einmarsch der Wehrmacht am 10. Mai 1940 in Belgien wurde die Lage für die Juden immer gefährlicher. Die Deutschen richteten 1942 ein erstes «SS-Sammellager» ein, um den «Arbeitseinsatz» der Juden im Osten zu organisieren. Mina schloss sich einer Gruppe von Jüdinnen und Juden an, die versuchten, in die Schweiz zu fliehen. Als Einzige wollte sie nicht heimlich über die grüne Grenze gehen. Sie habe gedacht, sie melde sich mit ihrem Töchterchen Fanny korrekt bei einem Grenzposten in Basel, schliesslich sei sie ja in Zürich aufgewachsen und habe dort Familie; sie werde sicher eingelassen. Das schrieb sie ihren Angehörigen auf ihrer letzten Postkarte aus dem Ausland. Doch die Grenzwächter verwehrten der jungen Mutter und ihrem Kind den Zutritt, obwohl sie fliessend Zürcher Dialekt sprach – denn sie hatte keinen Schweizer Pass.

Die Deutschen verhafteten Mina und Fanny – der genaue Zeitpunkt lässt sich nicht mehr rekonstruieren – und deportierten sie nach Auschwitz, wo die fünfjährige Fanny ermordet wurde. Mina wurde nach der Auflösung des Konzentrationslagers auf einem «Todesmarsch» getötet. Ihr Mann Harry Koplewits überlebte.

«Mina war eine Schweizerin, einfach ohne Papiere», sagt Eve Stockhammer, «sie war in Zürich geboren, ausschliesslich in der Schweiz aufgewachsen, es war ihre Heimat, hier lebte ihre Familie, zu der sie in Zeiten grösster Not zurückkehren wollte.»

Es gibt überdies viele Schweizer Opfer der nationalsozialistischen Verfolgung, die nicht in einem KZ waren, sondern in Gefängnissen oder Zuchthäusern litten und starben. Zum Beispiel Maurice Bavaud, der am 9. November 1938 in München ein Attentat auf Adolf Hitler verüben wollte und am 14. Mai 1941 in Berlin hingerichtet wurde.

Oder Margot Sara Correns, geb. Susman, die am 25. Mai 1944 in der Zitadelle Petersberg in Erfurt starb. Die Schweizerin wurde 1898 in Stettin geboren, wuchs in Zürich auf, heiratete den Berliner Erich Correns und zog mit ihm nach Thüringen. 1938 konvertierte sie zum evangelischen Glauben – wahrscheinlich, um der Verfolgung zu entgehen. Am 24. Mai 1944 wurde sie gleichwohl verhaftet. Die Nazis warfen ihr vor, verschiedene Schriftstücke mit Margot Correns statt mit dem jüdischen Namen Sara unterschrieben zu haben, wie es die Vorschriften verlangten. Zudem habe sie eine nicht gemeldete Halbjüdin bei sich beherbergt, eine Schweizerin, die in Berlin unter polizeilicher Bewachung stand. So steht es in den Akten, die sich Maja Correns in Archiven beschafft hat. Die Enkelin des Opfers, in der ehemaligen DDR geboren und heute in der Schweiz wohnhaft, arbeitet derzeit ihre tragische Familiengeschichte auf.

Margot Correns, die in Zürich aufwuchs und in Thüringen lebte, mit ihren Söhnen Claus-Peter (links) und Hans-Jakob. Sie starb am 25. Mai 1944 in der Zitadelle Petersberg in Erfurt.

Bei einigen Opfern liess sich nicht abschliessend klären, ob sie in einem KZ waren. Sie erscheinen deshalb nicht auf der Liste in diesem Buch. Zum Beispiel die Schweizerin Hedwig Dukas, 1900 in Zürich geboren, die den Deutschen Ludwig Bernheim heiratete und zu ihm nach Regensburg zog. Als er 1939 als deutscher Jude nach der Aberkennung der Staatsbürgerschaft «staatenlos» wurde und nicht in die Schweiz einreisen durfte, blieb sie bei ihm. Das Ehepaar wurde am 2. April 1942 verhaftet und ins jüdische Viertel von Piaski im besetzten Polen deportiert, wo die Nazis ein Ghetto eingerichtet hatten. Von dort aus gingen Transporte ins Vernichtungslager Belzec. Hedwig Bernheim-Dukas und ihr Mann verschwanden spurlos und blieben verschollen. 1960 erklärte sie das Amtsgericht Regensburg per Ende 1945 für tot.

Im Verlauf der Arbeit haben wir neben den oben erwähnten 719 Menschen weitere 259 Personen überprüft, bei denen sich herausstellte, dass wir sie auf der Basis unserer Kriterien weder der ersten noch der zweiten Liste zuordnen konnten. Die gesammelten Daten der insgesamt 978 Betroffenen haben wir mit einigen Tausend Dokumenten und Quellenverweisen dem Zürcher Archiv für Zeitgeschichte der ETH als öffentlich zugängliche Forschungsdokumentation zur Verfügung gestellt. Alle Informationen sind überprüfbar und stehen zur freien Verfügung. Es wäre wünschenswert, dass auf dieser Basis dereinst eine Liste sämtlicher Opfer der NS-Verfolgung erstellt werden könnte.

Viele weitere Schweizerinnen und Schweizer haben als Opfer der nationalsozialistischen Verfolgung ihren Besitz, ihre Arbeit, ihre Existenz oder Angehörige verloren. Es hätte unsere Möglichkeiten überstiegen, auch solche Betroffenen zu erfassen. Wir haben uns auf die Schweizer KZ-Häftlinge beschränkt.

Nach dem Zweiten Weltkrieg versuchte der Bund mehrmals, Opferstatistiken zu erstellen. Am 6. Mai 1959 rapportierte das Eidgenössische Politische Departement in einem Bericht mit dem Titel «Schweizer Opfer der nationalsozialistischen Verfolgung»[1] insgesamt 1041 Fälle, davon 676 Haftfälle, 203 «Versorgerschäden» (Hinterbliebene von

Getöteten) und 162 Schäden im «beruflichen Fortkommen, Existenzverlust usw.». Bei den Haftfällen unterschied man allerdings nie präzise zwischen Untersuchungshaft, Gefängnis, Zuchthaus und Konzentrationslager.

Wir gehen davon aus, dass es noch weitere Schweizer Opfer der nationalsozialistischen Verfolgung gibt: Betroffene, die bislang in keinem Archiv, keiner Datenbank und auf keiner Liste Spuren hinterlassen haben. Wir hoffen, dass wir eines Tages auch diese vergessenen Opfer des NS-Regimes benennen und uns an sie erinnern können.

Komplexe Recherche

Unsere Abklärungen begannen im Schweizerischen Bundesarchiv mit der Durchforstung von rund 1600 Personendossiers der Kommission für Vorauszahlungen an schweizerische Opfer der nationalsozialistischen Verfolgung (KNV). Nach dem Krieg konnten Betroffene oder ihre Angehörigen bei der KNV Schadenersatz geltend machen. Bei den Opfern handelte es sich grösstenteils um Menschen, die unter der NS-Herrschaft ihr Geschäft, Vermögenswerte, ihre Arbeit oder gar ihr Leben verloren hatten. Wir suchten jene Männer und Frauen heraus, die in einem KZ inhaftiert waren.

Es folgten weitere Recherchen in Archiven, bei KZ-Gedenkstätten und in Datenbanken mit Deportations-, Zugangslisten und Totenbüchern.[2] Im Politischen Archiv des Auswärtigen Amts in Berlin klärten wir beispielsweise ab, ob und wie die NS-Behörden auf Anfragen der Schweizer Diplomatie über das Schicksal von inhaftierten Landsleuten reagierten. Beim International Tracing Service (ITS) in Bad Arolsen, den die Alliierten gegen Ende des Zweiten Weltkriegs in Deutschland aufgebaut hatten, um nach Vermissten zu suchen, recherchierten wir in der zentralen Namenkartei, die mehr als 50 Millionen Hinweise zum Schicksal von fast 18 Millionen Menschen enthält.

Aufwendig war auch die Überprüfung der Nationalität der KZ-Häftlinge. Ein Beispiel: Der 1913 in Montreux (VD) geborene Edouard Tridondani, der aus Frankreich deportiert wurde und am 4. März 1945 im KZ Neuengamme starb, wird in den vorliegenden ITS-Dokumenten einmal als Schweizer, dann wieder als Italiener oder als Franzose bezeichnet. Zuweilen hatten sich Häftlinge gegenüber den Deutschen als Schweizer ausgegeben, wohl in der Hoffnung auf eine schonendere Behandlung im KZ. Andererseits gab es SS-Leute, die einen Französisch sprechenden Häftling unbesehen als Franzosen in die Lagerkartei eintrugen, auch wenn es sich um einen Schweizer handelte. Die Nachfrage beim Zivilstandsamt Montreux ergab schliesslich, dass Tridondani einen italienischen Vater und eine Schweizer Mutter hatte, nach damaligem Recht also Ausländer war. Deshalb erscheint sein Name auf der

Liste im Archiv für Zeitgeschichte, nicht aber auf der Liste in diesem Buch.

Wir haben unter anderem die Staatsangehörigkeit von rund 300 KZ-Häftlingen mit einem Schweizer Geburtsort bei den Zivilstandsämtern von 90 Gemeinden in 18 Kantonen, respektive in kantonalen Staatsarchiven, abklären lassen oder selbst abgeklärt. Die Schweizer Staatsbürgerschaft liess sich lediglich bei rund 40 Personen bestätigen; die übrigen hatten einen ausländischen Vater oder ausländische Eltern.

Auf den Listen nennen wir die Namen und Vornamen der Betroffenen sowie das Geburtsjahr. Wir geben das oder die Konzentrationslager respektive das oder die Aussenlager an, in dem oder in denen die Opfer registriert wurden. Sofern bekannt, nennen wir auch die Häftlingsnummern und die Zugehörigkeit zum jüdischen Glauben. Wir nennen auf der Basis der vorliegenden Dokumente den Zeitpunkt, den Grund und das Land der Verhaftung (gemäss heutiger geografischer Einteilung) sowie das erlittene Schicksal. Die Formulierung «bei Kriegsende freigekommen» haben wir gewählt, wenn nicht klar ist, ob ein Häftling im Chaos der letzten Kriegswochen von alliierten oder sowjetischen Truppen befreit wurde oder ob ihm oder ihr die Flucht gelang. Ebenso, wenn ein Häftling vor der Befreiung ein KZ aus nicht nachvollziehbaren Gründen verlassen konnte.

Die Gründe für die Verhaftung waren oft vorgeschoben und sind in vielen Fällen nicht überprüfbar. Unsere Informationen basieren auf Akten des NS-Regimes und der schweizerischen Behörden sowie auf Dokumenten aus Archiven. Zum Nazivokabular gehörende, typische Vorwürfe wie «regimefeindliche Äusserungen», «politische Unzuverlässigkeit», «Betätigung zum Schaden der Besatzungsmacht», «Wehrkraftzersetzung», «Vorbereitung zum Hochverrat», «Feindbegünstigung», «Beleidigung des Führers», festgenommen bei einer «Säuberungsaktion» oder als «Asoziale» setzen wir in Anführungszeichen.

Bei vielen Menschen, die deportiert wurden, lässt sich der Todeszeitpunkt nicht genau rekonstruieren. Das Mémorial de la Shoa, die zentrale Gedenkplattform für ermordete Jüdinnen und Juden in Frankreich, setzte ihn für Auschwitz fünf Tage nach der Deportation aus französischen Sammel- und Durchgangslagern an. Diese Angaben haben wir übernommen.

Eine weitere Schwierigkeit bestand darin, zu definieren, welche Lager als KZ zu gelten haben. Wir haben uns auf die «Sechste Verordnung zur Durchführung des Bundesentschädigungsgesetzes (6. DV-BEG)»[3] gestützt, in der die Bundesrepublik Deutschland zwischen 1967 und 1982 jene Lager auflistete, die sie in Entschädigungsverfahren als KZ anerkannte. Sogenannte Sammel-, Durchgangs- und Sicherungslager wie Drancy, Compiègne, Fossoli di Carpi oder Westerbork, die ebenfalls auf der BEG-Liste stehen, haben wir jedoch weggelassen – gestützt auf das Standardwerk *Der Ort des Terrors – Geschichte der nationalsozialistischen Konzentrationslager*.[4] Dort werden diese Lager nicht auf dieselbe Stufe wie die KZ gestellt. Zeitweilig standen solche Sammellager auch nicht unter dem Kommando der Nationalsozialisten.

Schirmeck-Vorbruck ist ein Spezialfall: Offiziell war es kein KZ, es unterstand daher auch nicht der zentralen Inspektion der Konzentrationslager. Wenn die Nationalsozialisten Personen wegen Verstössen gegen die sogenannte Arbeitsverordnung einlieferten, sprachen sie vom «Arbeitserziehungslager Schirmeck». Bei der Inhaftierung von Personen, die sich «deutschfeindlich» geäussert hatten, war vom «Sicherungslager Schirmeck» die Rede, bei der Gefangennahme von Widerstandskämpfern vom «Konzentrationslager Schirmeck». Wir haben alle Schweizer Schirmeck-Fälle auf die Liste im Buch genommen.

Die Bilder, die wir gefunden haben, sollen den Opfern ein Gesicht geben.

Alfred Aegerter wurde mit seinem Vater Jean am 28. Oktober 1944 in Frankreich wegen Widerstands verhaftet. Er überlebte das KZ Natzweiler-Struthof.

Walter, Fritz, Werner und Frieda Abegg (v. l.) um 1935. Ausser Walter wurden alle mit ihrem Vater in Österreich wegen «reichsfeindlicher Umtriebe» verhaftet. Fritz blieb nach der Befreiung des KZ Mauthausen verschollen. Werner wurde bei Kriegsende aus dem KZ Buchenwald befreit, Frieda aus dem KZ Flossenbürg.

Jean Aegerter schmuggelte mit seinem Sohn Alfred Waffen für die Résistance. Bei Kriegsende freigekommen aus dem KZ Natzweiler-Struthof.

Erinnerung an 391 Schweizerinnen und Schweizer im Konzentrationslager

KZ-Häftlinge, die bei der Verhaftung oder zu einem früheren Zeitpunkt Schweizer Staatsbürgerinnen oder Staatsbürger waren.

Name, Vorname   Jg.   Hauptlager (Häftlings-Nr.), Aussenlager (Hauptlager, Nr.)

Abegg, Frieda (Friederike)   1919   Ravensbrück (75054), Graslitz (Flossenbürg, 58302)
Am 15.8.44 in Österreich mit ihrem Vater und zwei Brüdern verhaftet (Widerstand). Bei Kriegsende von US-Truppen befreit.

Abegg, Friedrich   1879   Mauthausen (103974)
Am 15.8.44 in Österreich mit seiner Tochter und zwei Söhnen in Sippenhaft genommen. Am 5.2.45 im KZ gestorben.

Abegg, Fritz   1917   Mauthausen (103972), Ebensee (Mauthausen)
Am 15.8.44 in Österreich mit seinem Vater, der Schwester und einem Bruder verhaftet (Widerstand). Verschollen.

Abegg, Werner   1929   Flossenbürg (27015), Buchenwald (15675)
Am 15.8.44 in Österreich mit seinem Vater, der Schwester und einem Bruder in Sippenhaft genommen. Bei Kriegsende befreit.

Abramovici, geb. Ulmann, Rose   1895   Auschwitz
Jüdisch (auch Avran/Avram genannt). Am 10.11.43 in Frankreich verhaftet. Am 20.1.44 deportiert. Am 25.1.44 im KZ gestorben.

Aegerter, Alfred   1918   Haslach (Natzweiler-Struthof)
Am 28.10.44 mit seinem Vater Jean in Frankreich bei Waffentransport für die Résistance verhaftet. Bei Kriegsende freigekommen.

Aegerter, Jean   1888   Haslach (Natzweiler-Struthof)
Am 28.10.44 mit seinem Sohn Alfred in Frankreich bei Waffentransport für die Résistance verhaftet. Bei Kriegsende freigekommen.

Aenishansli(n), geb. Gambaro, Geneviève   1917   Ravensbrück (24565)
Am 12.4.43 mit ihrem Mann Maurice in Frankreich verhaftet. Am 30.4.45 aus dem KZ befreit.

Alder-Lutz, Hans   1919   Hamburg-Fuhlsbüttel (Neuengamme)
Wegen Abhören ausländischer Sender 1941 in Deutschland verhaftet. KZ vom 1.11.44 bis 5.1.45, dann entlassen.

Allemann, Marcel   1927   Dachau (72277), München-Allach (Dachau)
Am 20.6.44 in Frankreich bei einer Razzia verhaftet und deportiert. Am 25.4.45 nach Schweizer Intervention freigelassen.

Arnold, John   1916   Neuengamme (44222)
Jüdisch. Im April 44 in Frankreich mit seinem Bruder Michel verhaftet (Résistance). Kurz nach der Befreiung gestorben.

Arnold, Michel   1925   Neuengamme (33539)
Jüdisch. Im April 44 in Frankreich mit seinem Bruder John verhaftet. Bei Kriegsende befreit. Am 28.6.45 in Malmö gestorben.

Aronsohn, Max   1899   Majdanek
Jüdisch. In Frankreich verhaftet. Am 6.3.43 aus Drancy deportiert. Am 11.3.43 im KZ gestorben.

Auerbacher, Abraham   1872   Dachau (20961)
Jüdisch. Am 10.11.38 in Deutschland verhaftet. Vom 11. bis 22.11.38 im KZ, dann entlassen.

Augsburger, Albert Georges   1887   Dachau (120723)
Am 4.10.44 in Frankreich verhaftet, weil er Kriegsgefangenen Unterschlupf gewährte. Anfang Dezember 44 im KZ gestorben.

Bacharach, Elise   1874   Auschwitz
Jüdisch. Im Juli 44 in Frankreich verhaftet und am 11.8.44 deportiert. Am 1.10.44 im KZ gestorben.

Marthe Bader, jüdisch, wurde in Frankreich verhaftet und am 3. Februar 1944 deportiert. Ermordet in Auschwitz.

Lea Berr wurde von den Nationalsozialisten mit ihrem knapp zweijährigen Sohn Alain am 13. April 1944 aus Frankreich deportiert. Ermordet in Auschwitz.

Marie Bieler wurde mit ihrem Ehemann René am 30. Januar 1944 in Frankreich wegen Widerstands verhaftet. Vom Schwedischen Roten Kreuz aus dem KZ Ravensbrück befreit.

Name, Vorname	Jg.	Hauptlager (Häftlings-Nr.), Aussenlager (Hauptlager, Nr.)

Bacher, Kurt — 1922 — Hinzert (3738/3011), Dachau
Fremdenlegionär in Afrika. 1943 bei der Rückreise in Frankreich von der Gestapo verhaftet. Bei Kriegsende freigekommen.

Bachmann, Johann Georg — 1893 — Moringen, Oranienburg
Anfang März 33 als Kommunist und angeblicher Brandstifter in Deutschland verhaftet. August 33 bis Juni 34 im KZ, dann entlassen.

Bachmann, Robert Heinrich — 1899 — Schirmeck-Vorbruck
Am 19.4.44 in Frankreich im Zuge einer «Säuberungsaktion» verhaftet. Bei Kriegsende von US-Truppen befreit.

Bader, geb. Weil, Marthe — 1890 — Auschwitz
Jüdisch. In Frankreich verhaftet und am 3.2.44 von Drancy nach Auschwitz deportiert. Am 8.2.44 im KZ gestorben.

Bagnoud, Louis — 1906 — Wiener Neustadt (Mauthausen), Buchenwald (31728), Mittelbau-Dora
Am 23.2.43 bei illegalem Grenzübertritt in Frankreich verhaftet. Am 31.7.45 nach der Befreiung gestorben.

Balsiger, geb. Lipschitz, Maria — 1870 — Ravensbrück (26380)
Jüdisch. Im Dezember 43 in Polen verhaftet. Am 25. oder 29.6.44 im KZ «an Altersschwäche» gestorben.

Baudois, Charles — 1926 — Buchenwald (81167), Stassfurt (Buchenwald)
Am 1.5.44 mit seinem Bruder Gilbert in Frankreich verhaftet (Résistance). Am 8.5.45 auf einem «Todesmarsch» freigekommen.

Baudois, Gilbert — 1916 — Buchenwald (81178), Stassfurt (Buchenwald)
Am 1.5.44 mit seinem Bruder Charles in Frankreich verhaftet (Résistance). Am 8.5.45 auf einem «Todesmarsch» freigekommen.

Bauer, Stefan Vinzenz Josef — 1882 — Auschwitz (78218)
Am 2.3.42 in Polen wegen Wirtschaftsspionage verhaftet und deportiert. Am 7.3.43 im KZ gestorben.

Bazin, geb. Stalet (Stalé), Aliette — 1904 — Ravensbrück (58013), Abteroda (Buchenwald, 33891), Markkleeberg (Buchenwald)
Am 13.7.44 in Frankreich verhaftet und nach Ravensbrück deportiert. Bei Kriegsende auf einem «Todesmarsch» geflüchtet.

Belrichard, Germaine Henriette — 1910 — Buchenwald (15629), Ravensbrück (27330)
Am 3.3.43 in Frankreich verhaftet (Résistance). Bei Kriegsende befreit. 1946 mit 36 Jahren an einem Herzleiden gestorben.

Berger, Charles Henri — 1922 — Oberndorf (Buchenwald, 78900)
Am 31.7.44 wegen «deutschfeindlicher Einstellung» in Frankreich verhaftet. Am 6.2.45 im KZ gestorben.

Berger, Marcel Paul Ernest — 1913 — Buchenwald (41737), Mittelbau-Dora (107280), Bergen-Belsen
Verirrte sich auf Skitour am 23.3.43 auf französisches Gebiet. Bei Kriegsende befreit, am 8.7.45 in Paris gestorben.

Berger, Max — 1902 — Schirmeck-Vorbruck
Am 29.6.44 in Frankreich von der Gestapo verhaftet, am 6.7.44 entlassen. Am 19.9.44 erneut verhaftet, am 5.10.44 freigekommen.

Bernheim, geb. Wyhler, Robertine — 1879 — Auschwitz
Jüdisch. Am 30.5.44 mit dem Transport Nr. 75 mit der ganzen Familie von Drancy nach Auschwitz deportiert. Im KZ gestorben.

Berr, geb. Bernheim, Lea Joséphine — 1915 — Auschwitz (18268)
Jüdisch. Am 13.4.44 mit ihrem knapp zweijährigen Sohn Alain aus Drancy nach Auschwitz deportiert. Am 1.2.45 im KZ gestorben.

Berthoud, geb. Colomb, Alice Louise — 1884 — Ravensbrück (27053)
Im Herbst 43 in Frankreich wegen «Betätigung zum Schaden der Besatzungsmacht» verhaftet. Am 15.4.45 im KZ gestorben.

Bieler, geb. Barcalova, Marie Françoise — 1901 — Ravensbrück (47296)
Am 30.1.44 in Frankreich mit ihrem Mann René verhaftet (Résistance). Am 23.4.45 vom Schwedischen Roten Kreuz befreit.

René Bieler wurde mit seiner Frau Marie am 30. Januar 1944 in Frankreich verhaftet, weil er seinen Bruder versteckte, der gegen die Nationalsozialisten spionierte. Ermordet im KZ Neuengamme.

Marie Anne Blum, jüdisch, wurde am 13. Februar 1943 aus Frankreich deportiert. Ermordet im KZ Auschwitz.

Lucie Bigard, jüdisch, hier mit ihren Söhnen Robert und Jacques (französische Staatsbürger) auf einem Bild aus dem Jahr 1931. Sie wurde am 13. April 1944 deportiert und in Auschwitz ermordet. Robert wurde ebenfalls deportiert und an einem unbekannten Ort ermordet. Jacques wurde erschossen.

André Bochy wurde als Mitglied der Résistance im Januar 1944 verhaftet. Er überlebte die KZ Natzweiler-Struthof und Dachau. Ermordet im KZ Mauthausen.

| Name, Vorname | Jg. | Hauptlager (Häftlings-Nr.), Aussenlager (Hauptlager, Nr.) |

Bieler, René Maurice   1906   Neuengamme (37332)
Am 30.1.44 in Frankreich verhaftet, weil er seinen Bruder (Kanadier, Spion) versteckte. Am 27.2.45 im KZ gestorben.

Bigard, geb. Lévy, Lucie Adèle   1891   Auschwitz (19260)
Jüdisch. Am 13.4.44 mit dem Transport Nr. 71 von Drancy nach Auschwitz deportiert. Am 18.4.44 im KZ gestorben.

Bill, Paul Otto   1910   Buchenwald (10370)
Am 29.4.42 in Deutschland wegen «staatsfeindlicher Gesinnung» verhaftet. Von April bis August 43 im KZ, überlebte in Berliner Zuchthaus.

Blanc (Bruno), Victor   1922   Überlingen, Allach (Dachau, 144733)
Im Juni 44 nach illegaler Einreise in Frankreich verhaftet, Zwangsarbeit, dann KZ. Bei Kriegsende «auf der Flucht erschossen».

Bloch, geb. Wyler, Camille   1886   Auschwitz (6195)
Jüdisch. Am 28.10.43 mit dem Transport Nr. 61 von Drancy nach Auschwitz deportiert. Am 2.11.43 im KZ gestorben.

Bloch, geb. Haarscheer, Jeanne Leonie   1879   Auschwitz
Jüdisch. Am 22.1.44 in Frankreich verhaftet. Am 3.2.44 von Drancy nach Auschwitz deportiert. Am 8.2.44 im KZ gestorben.

Blum, geb. Lévy, Germaine   1892   Auschwitz
Jüdisch. Am 10.2.44 aus Frankreich deportiert. Am 15.2.44 im KZ gestorben.

Blum, geb. Didisheim, Marie Anne   1891   Auschwitz
Jüdisch. Am 13.2.43 aus Frankreich nach Auschwitz deportiert. Am 18.2.43 im KZ gestorben.

Blumenthal, Alexander   1905   Kaunas
Jüdisch. Am 15.8.41 mit seiner Frau Henriette ins Ghetto Viliampoli eingesperrt, das im September 43 zum KZ wurde, verschollen.

Blumenthal, Henriette   1906   Kaunas
Jüdisch. Am 15.8.41 mit ihrem Mann Alexander ins Ghetto Viliampoli eingesperrt, das im September 43 zum KZ wurde, verschollen.

Bochy, André   1908   Natzweiler-Struthof (19756), Dachau (99079), Melk (Mauthausen)
Im Januar 44 als Angehöriger einer Widerstandsgruppe in Frankreich verhaftet. Am 14.1.45 im KZ gestorben.

Bögli-Radtke, Fritz   1916   Stutthof
Am 29.10.44 in Deutschland wegen «Beleidigung Hitlers» verhaftet. KZ, dann Straf-Kampfbataillon. Schicksal unbekannt.

Böhringer, geb. Bürgi, Anna Maria   1885   Ravensbrück (1771, 2339)
Am 22.9.39 wegen «Liederlichkeit» aus der Schweiz ausgewiesen und von der Gestapo verhaftet. Am 20.2.45 im KZ gestorben.

Boillat, Maxime   1905   Wilhelmshaven (Neuengamme)
Am 19.8.44 in Frankreich verhaftet und deportiert. Im April 45 auf einem Transport kranker KZ-Häftlinge in Lüneburg gestorben.

Borcard, Léon Modeste   1913   Mauthausen (59613)
Am 31.1.44 in Frankreich verhaftet (Résistance) und deportiert. Bei Kriegsende aus dem KZ befreit.

Borel, John Edouard   1922   Natzweiler-Struthof (22868), Dachau (100309), Melk (Mauthausen, 97719)
In Frankreich verhaftet und im August 44 deportiert. Am 5.5.45 von US-Truppen in Mauthausen befreit.

Borlé, Marcel   1896   Neuengamme (77287)
Jüdisch. 1942 in Holland wegen «Feindbegünstigung» verhaftet, freigelassen, verhaftet, deportiert. Ende April 45 befreit.

Bornand, Ami (Aimé)   1894   Dachau (74112)
Pfarrer. Am 24.2.44 in Frankreich wegen «Kollaboration mit dem Feind» verhaftet. Ab 20.6.44 im KZ. Bei Kriegsende befreit.

Bösch, Franz   1910   Oranienburg
Am 24.6.33 als Kommunist in Deutschland verhaftet. Bis zum 23.12.33 in «Schutzhaft», dann freigelassen.

Robert Byrde (rechts) und Robert Nicollier (links) im Mai 1945 nach ihrer Befreiung aus dem KZ Neuengamme, auf dem Bild mit einem norwegischen Mitgefangenen. Nicollier wurde am 28. Oktober 1942 wegen «kommunistischer Propaganda» verhaftet und deportiert, Byrde am 10. Oktober 1943 wegen Uhrenschmuggels.

| Name, Vorname | Jg. | Hauptlager (Häftlings-Nr.), Aussenlager (Hauptlager, Nr.) |

Bourquin, Ernest 1912 Schweidnitz (Gross Rosen), Wittlich (Hinzert/Buchenwald)
Am 9.10.41 in Frankreich unter Spionageverdacht verhaftet. Am 26.1.45 bei Überführung ins KZ Dachau geflüchtet.

Brand, Arnold 1898 Mauthausen, Buchenwald (31721), Bergen-Belsen
Am 13.11.42 in Frankreich wegen Widerstands verhaftet und deportiert. Im April 44 im KZ gestorben.

Brehm, Robert 1897 Schirmeck-Vorbruck
Am 29.5.42 in Frankreich wegen «kommunistischer Umtriebe» verhaftet. Am 26.4.45 in Ravensburg von alliierten Truppen befreit.

Brown-Duyvert, Donald Hugh 1909 Mauthausen (62041), Gusen (Mauthausen)
Am 25.2.44 wegen Handel mit gefälschten Lebensmittel- und Identitätskarten in Frankreich verhaftet (Résistance). Im Mai 45 befreit.

Brühlmann, geb. Dénéréaz, Olga (Mimi) 1913 Komotau (Flossenbürg)
Am 26.10.40 in Frankreich wegen Beihilfe zur Flucht von Kriegsgefangenen verhaftet. Zwangsarbeit, KZ. Bei Kriegsende befreit.

Buder, Bruno 1881 Meppen-Versen (Neuengamme, 64067)
Jüdisch. Am 27.11.44 an «Lungenentzündung» im KZ gestorben. Auf dem KZ-Friedhof in Versen beerdigt.

Burger, Ernst 1925 Schirmeck-Vorbruck, Dachau
Mit 17 auf Arbeitssuche illegal nach Deutschland, Waffen-SS. 1943 als Deserteur mit KZ bestraft, kurz vor Befreiung entlassen.

Burkhalter, Robert 1887 Natzweiler-Struthof (19761), Dachau (102976)
Am 1.5.44 in Frankreich wegen unerlaubten Waffenbesitzes verhaftet. Am 23.12.44 im KZ gestorben.

Buttafoco, geb. Maeder, Alicia 1898 Ravensbrück (57470), Torgau (Buchenwald)
Am 21.8.44 in Frankreich verhaftet und nach Ravensbrück deportiert. Starb am 21.2.45 beim Rücktransport aus Torgau.

Byrde, Robert 1907 Neuengamme (30506)
Am 10.10.43 in Frankreich wegen Uhrenschmuggels verhaftet und deportiert. Bei Kriegsende befreit.

Cacheux, François Alain 1923 Mauthausen (7396)
Am 22.6.44 in Frankreich verhaftet (Résistance). Flucht aus dem KZ, erneute Verhaftung. Bei Kriegsende aus dem KZ befreit.

Cagenard, Jean-Roland 1922 Pölitz (Stutthof)
Im März 43 aus Frankreich zu Zwangsarbeit nach Stettin gebracht. 6 Wochen im KZ, dann befreit.

Cahen, geb. Halff, Berthe Adrienne 1886 Auschwitz
Jüdisch. Am 31.7.43 aus Frankreich deportiert. Am 5.8.43 im KZ gestorben.

Casaï, Pierre-François 1920 Buchenwald (77111), Mittelbau-Dora, Ellrich (Mittelbau-Dora)
Am 19.7.44 in Frankreich verhaftet und deportiert. Am 4.3.45 im KZ gestorben.

Cavadini, Agostino 1914 Dachau
Am 10.7.42 in Frankreich wegen Verweigerung von Zwangsarbeit verhaftet. Opfer von Menschenversuchen. Bei Kriegsende befreit.

Cerf, geb. Katz, Laure Alice 1879 Auschwitz
Jüdisch. Am 5.8.43 in Frankreich verhaftet. Am 7.12.43 mit Transport Nr. 64 deportiert. Am 12.12.43 im KZ gestorben.

Chabloz, Jean-Paul 1926 Vaihingen (Natzweiler-Struthof, 11860), Ottobrunn (Dachau, 99566), Dautmergen (Natzweiler-Struthof, 35860)
Am 27.11.43 wegen «regimefeindlicher Einstellung» in Frankreich verhaftet. Am 10.2.45 im KZ gestorben.

Charlet, Augusta Marcelle 1912 Ravensbrück (49693)
Im August 43 in Frankreich verhaftet und in verschiedenen Lagern festgehalten, dann deportiert. Bei Kriegsende befreit.

Robert Christen (ganz links) wurde am 25. November 1942 wegen «kommunistischer Umtriebe» in Belgien verhaftet und deportiert. Befreit aus dem KZ Mauthausen.

Paul Dreyfus, jüdisch, Sohn von Ivan Dreyfus, mit seiner drei Monate alten Tochter 1944 kurz vor seiner Verhaftung in Frankreich am 25. November 1944. Er wurde nach Auschwitz deportiert. Ermordet im KZ Mittelbau-Dora.

Der Kommunist Charles Doy wurde am 11. März 1944 in Frankreich verhaftet und nach Dachau deportiert. Ermordet im KZ Mauthausen.

Ivan Dreyfus, jüdisch, Torhüter des Servette FC und der Schweizer Fussball-Nationalmannschaft, hier mit seinen Genfer Teamkollegen im Jahr 1914. Er wurde am 12. März 1943 in Frankreich wegen Widerstands verhaftet. Geflüchtet aus dem KZ Alderney.

Name, Vorname	Jg.	Hauptlager (Häftlings-Nr.), Aussenlager (Hauptlager, Nr.)

Chatelanat, Willy Raymond   1912   Wiener Neustadt (Mauthausen, 27890), Linz III (Mauthausen)
Im Februar 43 in Frankreich unter dem Vorwurf des Schwarzhandels verhaftet. Am 14.3.45 im KZ gestorben.

Christen, Robert   1898   Gusen (Mauthausen, 43014), Mauthausen (28782)
Am 25.11.42 in Belgien wegen «kommunistischer Umtriebe» verhaftet, Gefängnis, dann deportiert. Bei Kriegsende befreit.

Cuenca, geb Bloch, Jeanne (Jane)   1901   Auschwitz
Jüdisch. Am 18.3.43 aus Griechenland deportiert. Bei Kriegsende (noch 25 kg schwer) auf einem «Todesmarsch» befreit.

Delaloye, Armand Robert   1901   Dachau (144736)
Im KZ auch Delaforge genannt. Fluchtversuch während Zwangsarbeit in Deutschland, verhaftet, KZ. Unbestimmtes Schicksal.

Della Santa, Robert-Maurice   1905   Rastatt, Haslach (Schirmeck-Vorbruck/Natzweiler-Struthof)
Im November 44 in Frankreich verhaftet (Résistance), Gefängnis, dann KZ. Am 21.4.45 auf einem «Todesmarsch» befreit.

Demartines, Charles   1889   Plömnitz (Buchenwald, 41604)
Am 8.8.43 in Frankreich wegen «Tätigkeit gegen die Besatzungsmacht» verhaftet, deportiert. Am 18.3.45 im KZ gestorben.

Dengel-Hagenbucher, Else   1891   Ravensbrück (8121)
Hisste angeblich an Hitlers Geburtstag die Schweizer Fahne. Mehrfach vorbestraft, als «Asoziale» im KZ. Bei Kriegsende befreit.

Dériaz, Jean-Olivier   1920   Gusen (Mauthausen, 63593), Mauthausen
In Frankreich verhaftet und am 21.3.44 deportiert. Am 27.4.45 im KZ gestorben.

Dérieux, Claude Isaac   1913   Buchenwald (42649), Mittelbau-Dora
Jüdisch. In Frankreich verhaftet und am 22.1.44 aus Compiègne deportiert. Bei Kriegsende aus dem KZ befreit.

Devalloné, Edmond Armand   1905   Oranienburg (Sachsenhausen, 58568)
Am 14.9.42 in Frankreich wegen Verbreitung kommunistischer Schriften verhaftet. Bei Kriegsende aus dem KZ befreit.

Devécis, Henriette   1911   Ravensbrück (57497), Torgau (Buchenwald), Königsberg (Ravensbrück)
Jüdisch. Am 8.5.44 als Mitglied der Résistance in Frankreich verhaftet. Bei Kriegsende von sowjetischen Truppen aus dem KZ befreit.

Donadio, Vincenz   1909   Natzweiler-Struthof (8173), Dachau (64824)
Anfang 44 in Italien verhaftet und deportiert. Am 23.12.44 im KZ gestorben.

Donzé, Jakob   1923   Schirmeck-Vorbruck
Am 13.2.44 in Frankreich verhaftet und ins Lager überführt. Keine weiteren Informationen.

Dony, Emile François   1900   Neuengamme, Bremen-Blumenthal (Neuengamme)
Am 1.7.44 in Belgien wegen finanzieller Unterstützung des Widerstands verhaftet. Bei Kriegsende aus dem KZ befreit.

Doy, Charles Jules   1892   Dachau (94038), Melk (Mauthausen, 97969)
Am 11.3.44 in Frankreich als Kommunist verhaftet. Am 22.11.44 im KZ gestorben.

Dreyfus, geb. Brunswick, Adrienne   1881   Auschwitz
Jüdisch. Am 28.10.43 mit dem Transport Nr. 61 von Drancy nach Auschwitz deportiert und dort umgekommen.

Dreyfus, geb. Léopold, Marthe Marie   1905   Auschwitz
Jüdisch. Am 28.10.43 mit dem Transport Nr. 61 von Drancy nach Auschwitz deportiert. Am 4.11.43 im KZ gestorben.

Dreyfus, Ivan   1884   Alderney (Neuengamme)
Jüdisch. Schweizer Fussballinternationaler. Am 12.3.43 in Frankreich verhaftet (Résistance), am 12.8.43 deportiert. Flucht am 2.9.44.

Dreyfus, Paul Abraham Auguste   1917   Auschwitz (173758), Mittelbau-Dora (108682), Woffleben (Mittelbau-Dora)
Jüdisch. Sohn von Ivan Dreyfus. Am 25.11.44 in Frankreich bei einer Razzia verhaftet. Kurz vor Kriegsende im KZ gestorben.

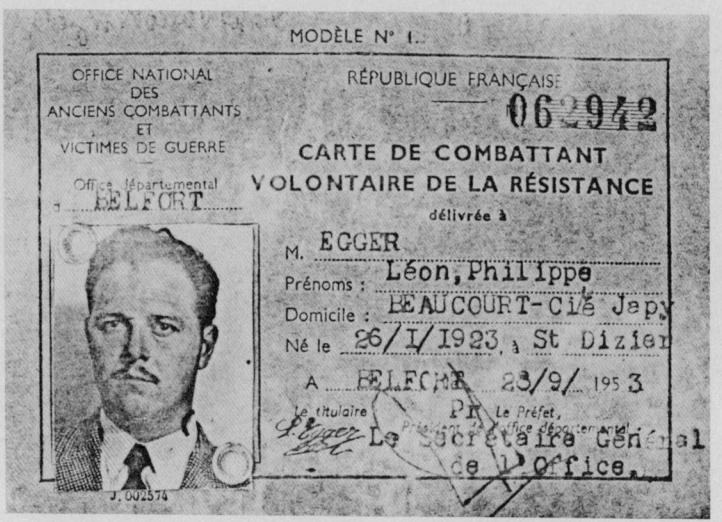

Léon Egger schmuggelte mit seinem Vater Paul in Frankreich Waffen für die Résistance. Er wurde am 13. April 1944 verhaftet und ins KZ Natzweiler-Struthof deportiert. Befreit aus dem KZ Dachau.

Paul Egger war wie sein Sohn Léon in der Résistance aktiv. Er überlebte die KZ Natzweiler-Struthof und Dachau. Ermordet im KZ Neuengamme.

Roger Flücklinger, Résistance-Kämpfer, wurde am 3. November 1944 in Frankreich verhaftet. Nach Intervention der Schweizer Gesandtschaft befreit aus dem KZ Dachau.

Name, Vorname	Jg.	Hauptlager (Häftlings-Nr.), Aussenlager (Hauptlager, Nr.)

Dreyfuss, Michel Edmond   1922   Auschwitz
Jüdisch. In Frankreich verhaftet, am 7.3.44 nach Auschwitz deportiert und dort umgekommen.

Duc, geb. Krjipkowska, Marie   1888   Ravensbrück (33960), Torgau, Abteroda, Markkleeberg (Buchenwald, 50456)
Am 13.7.44 in Frankreich wegen Verdachts auf Spionage für England verhaftet und deportiert. Auf «Todesmarsch» freigekommen.

Egger, Léon Philippe   1923   Neckarelz (Natzweiler-Struthof, 21940), Dachau (77930)
Am 13.4.44 mit seinem Vater Paul in Frankreich wegen Waffenschmuggels für die Résistance verhaftet. Bei Kriegsende befreit.

Egger, Paul Edgard   1891   Natzweiler-Struthof, Dachau (77931/110571), Meppen-Versen (Neuengamme, 61819)
Am 13.4.44 mit seinem Sohn Léon in Frankreich wegen Waffenschmuggels für die Résistance verhaftet. Am 6.12.44 in Meppen gestorben.

Eigenmann, Karl   1898   Schirmeck-Vorbruck
Vater von 16 Kindern. Am 31.1.44 in Frankreich verhaftet. Im Juni 44 nach Intervention der Schweizer Behörden entlassen.

Emch, Walter Konrad   1920   Mauthausen (127039)
Im Januar 45 in Österreich verhaftet. Am 8.3.45 im KZ gestorben.

Emmenegger, Ernst   1923   Schirmeck-Vorbruck
Am 25.8.43 in Frankreich wegen Zwangsarbeitsverweigerung und «Defätismus» verhaftet. Am 29.11.43 freigelassen.

Em(e)rich, Eugen   1886   Dachau (21088)
Jüdisch. Am 10.11.38 in Deutschland verhaftet. In Dachau registriert, einen Tag später als Doppelbürger CH/D wieder entlassen.

Erdmann, geb. Guttmann, Miriam (Marjem)   1911   Bestimmungsort Auschwitz
Jüdisch. Floh mit Familie aus Belgien nach Frankreich. Am 26.8.42 verhaftet, am 2.9. deportiert. Auf dem Transport gestorben.

Fäh (Faeh), Albert   1922   Schirmeck, Dachau (114122), Natzweiler-Struthof (37752)
Am 27.9.44 in Frankreich wegen Zugehörigkeit zur Résistance verhaftet. Bei Kriegsende von Alliierten befreit.

Fankhauser, Karl Ernst   1906   Flossenbürg (2405)
Am 30.4.43 wegen Schwarzhören von Radio Beromünster in Deutschland verhaftet. Am 1.12.43 im KZ gestorben.

Farjon, Jacques Franki   1920   Oranienburg (Sachsenhausen, 58861)
Im November 42 in Frankreich wegen Fluchthilfe verhaftet. Bei Kriegsende aus dem KZ befreit.

Favre, Edouard Antoine   1902   Watenstedt (Neuengamme, 34628)
Am 30.5.44 in Frankreich verhaftet (Résistance), im Juni nach Neuengamme deportiert. Am 3.3.45 im KZ gestorben.

Fleury, Roger   1922   Mauthausen
Am 4.2.44 in Frankreich verhaftet (Résistance). Nach Schweizer Intervention kein Todesurteil. Bei Kriegsende befreit.

Flück(l)i(n)ger, Roger Edmund   1909   Dachau (133700)
Am 3.11.44 in Frankreich als Résistance-Kämpfer verhaftet. Nach Intervention der Schweizer Gesandtschaft am 25.4.45 frei.

Fornage, Louis-Georges   1905   Watenstedt (Neuengamme, 30404)
Anfang 44 in Frankreich wegen Unterstützung des Widerstands verhaftet und deportiert. Am 30.4.45 vom Roten Kreuz befreit.

Freiwald, Josef   1912   Auschwitz (Z9967), Langensalza (Buchenwald, 29248), Nordhausen (Mittelbau-Dora), Bergen-Belsen
Sinto. Ende Mai 44 in Holland verhaftet und nach Auschwitz deportiert. Am 15.4.45 in Bergen-Belsen befreit.

Freund, geb. Guggenheim, Gertrud   1884   Auschwitz
Jüdisch. Im September 42 in Holland verhaftet. Am 2.10.42 nach Auschwitz deportiert und dort gestorben.

Gottlieb Fuchs arbeitete im besetzten Frankreich für die Gestapo. Am 20. Dezember 1943 wurde er wegen Verdachts auf Spionage und Veruntreuung verhaftet und ins KZ Buchenwald/Mittelbau-Dora deportiert. Befreit aus dem KZ Bergen-Belsen.

Marcelle Giudici-Foks (links), jüdisch, wurde am 31. Januar 1944 in Frankreich mit ihrer Schwester Liliane Xavier-Foks (rechts, französische Staatsbürgerin) und ihren Eltern verhaftet und deportiert. Ermordet im KZ Auschwitz.

| Name, Vorname | Jg. | Hauptlager (Häftlings-Nr.), Aussenlager (Hauptlager, Nr.) |

Frey, Roger 1924 Bayreuth (Flossenbürg)
Am 25.7.43 in Frankreich wegen Beihilfe zur Flucht vor Arbeits- und Heeresdienst verhaftet und verurteilt. Im April 45 befreit.

Fuchs, Gottlieb Théophile 1904 Buchenwald/Mittelbau-Dora (44110), Bergen-Belsen
Arbeitete in Frankreich für die Gestapo. Am 20.12.43 wegen Spionageverdachts/Veruntreuung verhaftet. Am 15.4.45 befreit.

Fuchsloch, Georges Henri 1918 Ravensbrück, Sachsenhausen
Als Mitglied der Résistance am 19.8.44 in Frankreich verhaftet. Bei Kriegsende aus dem KZ befreit.

Furchheimer, Benno Israel 1885 Dachau (20578, 25372)
Jüdisch. Ab 11.11.38 im KZ, kurz darauf entlassen. Ab 12.5.41 erneut im KZ, am 3.6.41 dort gestorben.

Furgler, Walter Hans 1899 Dachau (74116), Natzweiler-Struthof (21183), Dachau (100999)
Am 18.3.44 in Frankreich unter Spionageverdacht (für England) verhaftet. Auf Schweizer Intervention am 25.4.45 aus dem KZ entlassen.

Furrer, Wolfgang 1918 Dachau (29163), Sachsenhausen, Buchenwald (140217)
Beim Frontisten-Bund in Deutschland. Fiel dann bei den Nazis in Ungnade, am 18.8.41 verhaftet. Flucht kurz vor Kriegsende.

Gafner, Ernst Robert 1879 Hamburg-Fuhlsbüttel (Neuengamme)
Vom 3. auf den 4.10.34 wegen «kommunistischer Aktivitäten» in Deutschland verhaftet. Am 23.1.36 aus dem KZ entlassen.

Gaillard, Marcel Alphonse 1908 Mauthausen (59956)
Am 5.2.44 wegen «reichsfeindlicher Umtriebe» in Frankreich verhaftet. Am 17.1.45 im KZ gestorben.

Gamboni, Antoine Joseph Marie 1908 Dachau, Neuengamme (61244)
Am 8.6.44 in Frankreich mit Vater und Zwillingsbruder verhaftet (Résistance). Am 15.4.45 auf einem Transport erschossen.

Gamboni, Emile François Marie 1908 Dachau (76842), Neckarelz, Neckargerach (Natzweiler, 21437)
Am 8.6.44 in Frankreich mit Vater und Zwillingsbruder als Résistance-Mitglied verhaftet. Bei Kriegsende aus dem KZ befreit.

Gamboni, Erminio 1876 Dachau (103394), Neckarelz (Natzweiler)
Am 8.6.44 in Frankreich mit zwei Söhnen als Résistance-Mitglied verhaftet. Am 2.2.45 im KZ Dachau gestorben.

Gattegno, geb. Limburger, Andrée 1897 Auschwitz
Jüdisch. Am 2.11.43 mit ihrer Mutter und ihrer Schwester in Frankreich verhaftet. Am 28.1.44 im KZ gestorben.

Gay, Hubert Marie Jean 1905 Buchenwald (78026), Wansleben (Buchenwald)
Im Juni 44 in Frankreich wegen verbotenen Handels mit Golduhren/Goldstücken verhaftet. Bei Kriegsende aus dem KZ befreit.

Gilliard, Paul 1896 Schirmeck-Vorbruck, Gaggenau (Schirmeck-Vorbruck)
Am 4.11.43 in Frankreich wegen «wehrkraftzersetzender Briefe» verhaftet. Am 6.4.45 freigekommen.

Giudici, geb. Foks, Marcelle Céline 1917 Auschwitz
Jüdisch. Am 31.1.44 in Frankreich verhaftet, am 10.2.44 deportiert. Vermutlich gleich nach der Ankunft im KZ ermordet.

Glaser, geb. Piccard, Alice Mélanie 1891 Bestimmungsort Auschwitz
Jüdisch. Am 29.4.44 mit ihrem Mann Gustave aus Frankreich deportiert; während des Transports gestorben.

Godenzi, Gualtiero (Walter) 1904 Buchenwald (42156), Ellrich (Buchenwald/Mittelbau-Dora)
Anfang März 43 in Frankreich wegen «regimefeindlicher Einstellung» verhaftet. Am 13.12.44 im KZ gestorben.

Godot, Henri Louis 1902 Neuengamme (31034)
In Frankreich verhaftet. Am 24.5.44 aus Compiègne ins KZ deportiert. Am 8.5.45 kurz nach der Befreiung gestorben.

Goffin, gesch. Giboni, Martha 1898 Ravensbrück, Mauthausen (1756), Bergen-Belsen
Im Juli 42 in Belgien wegen Verteilens von Flugblättern und Zeitschriften verhaftet. Verschollen.

Esther Gottfried, jüdisch, versuchte im Sommer 1942 in die Schweiz zu fliehen und wurde in Frankreich verhaftet. Ermordet im KZ Auschwitz.

Robert Gradel wurde am 17. Juli 1944 in Frankreich wegen Widerstands verhaftet, ins KZ Natzweiler-Struthof deportiert und später nach Dachau überführt. Befreit aus dem KZ Buchenwald.

Otto Graf (hier drei Wochen nach Kriegsende) wurde am 3. Juli 1944 mit seinem Neffen verhaftet, weil einer seiner Angestellten Mitglied der Résistance war. Deportiert ins KZ Neuengamme. Durch alt Bundesrat Jean-Marie Musy aus dem KZ Theresienstadt befreit.

Charles Guggiari wurde am 17. Dezember 1943 in Frankreich verhaftet (Résistance) und deportiert. Am 2. Mai 1945 befreiten ihn US-Truppen in Wöbbelin auf einem «Todesmarsch» von Gefangenen aus dem KZ Neuengamme.

Name, Vorname	Jg.	Hauptlager (Häftlings-Nr.), Aussenlager (Hauptlager, Nr.)

Goldberger, Ladislav (Ladislaus) 1907 Auschwitz
Jüdisch (ab 1921 reformiert). Verzichtete auf Repatriierung. Ende 43 in Frankreich verhaftet, am 20.1.44 deportiert. Verschollen.

Gottfried, geb. Ollech, Esther 1895 Auschwitz
Jüdisch. Beim Versuch, in die Schweiz zu fliehen, im Sommer 42 in Frankreich verhaftet. Im KZ gestorben.

Gouber De Schoulepnikow, Paulette (Paula) 1909 Ravensbrück (27704), Neuengamme, Bergen-Belsen
Am 26.11.43 als Offizierin der Résistance in Frankreich verhaftet. Am 15.4.45 aus dem KZ befreit.

Gradel (Graedel), Robert 1915 Natzweiler-Struthof (22577), Dachau (100216), Halberstadt (Buchenwald, 100513)
Am 17.7.44 wegen Widerstands in Frankreich verhaftet und deportiert. Bei Kriegsende aus dem KZ befreit.

Graf, Otto 1898 Wilhelmshaven (Neuengamme, 43582), Theresienstadt
Am 3.7.44 in Frankreich mit seinem Neffen verhaftet, weil ein Angestellter beim Widerstand war. Von alt Bundesrat Musy befreit.

Graf, Robert Edouard 1925 Wilhelmshaven (Neuengamme, 43583), Theresienstadt
Am 3.7.44 in Frankreich mit seinem Onkel verhaftet, weil ein Angestellter im Widerstand war. Von alt Bundesrat Musy befreit.

Grandjean, Paul Joseph 1899 Harzungen (Buchenwald, 51601), Ellrich (Buchenwald/Mittelbau-Dora)
Am 12.5.44 aus Frankreich nach Deutschland deportiert. Am 16.12.44 im KZ gestorben.

Graz, Arnold 1893 Natzweiler-Struthof (21184), Dachau (74118/99339)
Am 21.5.44 in Frankreich vermutlich wegen Fluchthilfe verhaftet. Am 3.1.45 im KZ Dachau gestorben.

Grellinger, Roland 1912 Kaunas/Reval
Jüdisch. Am 6.4.44 in Frankreich verhaftet. Am 15.5. deportiert. Am 20.5.44 im KZ gestorben.

Grossen, Miroslaw (Miroslav) 1916 Sachsenhausen (87180)
Am 13.7.44 in Deutschland verhaftet, u.a. wegen Kontakten mit der US-Botschaft in Bern. Bei Kriegsende entlassen.

Grumbach, geb. Netter, Lucienne 1892 Auschwitz
Jüdisch. Am 10.8.42 in Frankreich wegen Fluchthilfe verhaftet. Am 21.9.42 deportiert und im KZ ermordet.

Gruner, Jacqueline Mathilde 1907 Ravensbrück (57843), Torgau (Buchenwald)
Mit Vater und Schwester am 25.3.44 in Frankreich verhaftet (Résistance). Ende Februar/Anfang März 45 im KZ gestorben.

Gruner, Ludwig (Louis) 1879 Neuengamme (33517)
Mit Töchtern Jacqueline und Christine (Schupp) am 25.3.44 in Frankreich verhaftet (Résistance). Am 13.11.44 im KZ gestorben.

Grünig, Karl 1914 Buchenwald
Am 11.8.44 in Deutschland wegen Hehlerei und Körperverletzung verhaftet. Als «Asozialer» im KZ. Bei Kriegsende befreit.

Guerne, Armel-Eugène 1911 Buchenwald
Am 2.7.43 mit seiner Frau Jane Gabrielle in Frankreich wegen «Feindbegünstigung» verhaftet. Am 17.2.44 Flucht bei Transport.

Guerne, geb. Perruet, Jane Gabrielle 1907 Ravensbrück, Holleischen (Flossenbürg)
Am 2.7.43 in Frankreich wegen «Feindbegünstigung» mit ihrem Mann Armel-Eugène verhaftet. Bei Kriegsende befreit.

Guggiari, Charles 1908 Fallersleben (Neuengamme, 31272)
Am 17.12.43 in Frankreich verhaftet (Résistance) und deportiert. Am 2.5.45 von US-Truppen auf einem «Todesmarsch» befreit.

Gujer, Rudolf 1912 Theresienstadt, Mauthausen, Gusen (Mauthausen, 46678)
Ende 41 in der Tschechoslowakei verhaftet, weil er sich u.a. als Gestapo-Agent ausgab. Am 18.2.45 «auf der Flucht erschossen».

Gysin, Henri Frédéric 1901 Mauthausen (62450)
Am 16.3.44 in Frankreich verhaftet (Résistance). Am 2.5.44 im KZ an «Lungenentzündung» gestorben.

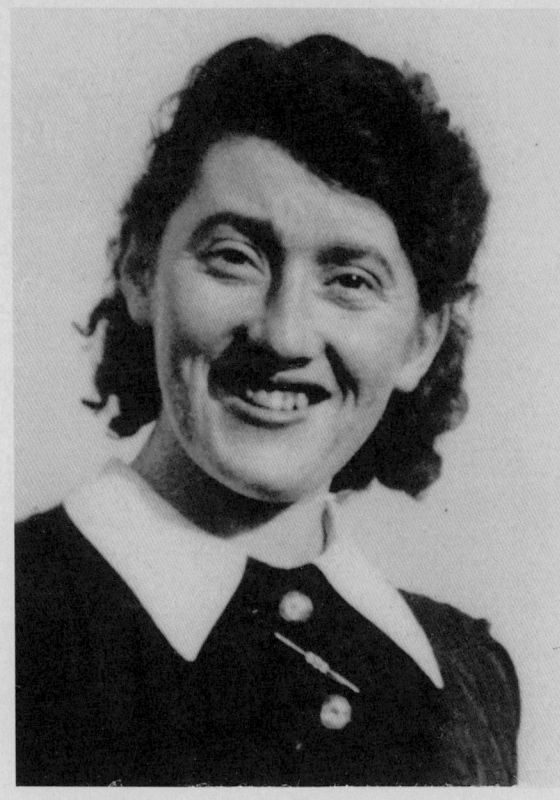

Edmée Hirsch, jüdisch, wurde am 30. Juni 1944 aus Frankreich deportiert. Ermordet im KZ Auschwitz.

Name, Vorname	Jg.	Hauptlager (Häftlings-Nr.), Aussenlager (Hauptlager, Nr.)

Hänggeli, Charles Jean   1900   Buchenwald (38488)
Im Juni 43 unter Spionageverdacht für England in Frankreich verhaftet, ab 16.12.43 im KZ. Bei Kriegsende befreit.

Harry, Ernst   1904   Aschendorfermoor
Am 17.7.36 als Kommunist wegen «Vorbereitung zum Hochverrat» in Deutschland verhaftet. Am 12.7.39 ausgewiesen.

Hediger-Pfleger, Franz Jakob   1897   Schirmeck-Vorbruck, Gaggenau (Schirmeck-Vorbruck)
1942 in Frankreich wegen Sittlichkeitsdelikten verurteilt. Haft, dann Schirmeck und Lager Rotenfels/Rastatt. Am 4.4.45 befreit.

Hefti, Henri Jean   1898   Zwickau (Flossenbürg)
Am 16.10.43 in Frankreich wegen Résistance-Kontakten verhaftet. Am 9.6.44 Todesurteil, deportiert. Am 17.4.45 befreit.

Hefti, Jakob   1918   Maria-Lanzendorf (Mauthausen)
Ex-Fremdenlegionär, am 18.9.44 in Österreich verhaftet (versteckte einen Landsmann vor der Gestapo). Flucht auf «Todesmarsch».

Heim, Fritz (Johann Friedrich)   1885   Meppen-Versen (Neuengamme, 64060)
Lebte in Deutschland. Am 1.12.44 im KZ an «Lungenentzündung» gestorben. Wurde auf dem KZ-Friedhof in Versen beerdigt.

Herzberger, geb. Huber, Elsa   1909   Ravensbrück (27174), Flossenbürg (50331), Holleischen (Flossenbürg)
Am 14.3.43 in Frankreich verhaftet. Am 31.1.44 deportiert. Im KZ Ravensbrück war sie Blockchefin. Am 30.2.45 geflüchtet.

Hess, Jean Alexandre   1897   Majdanek
Jüdisch. Am 21. oder 22.1.43 in Frankreich verhaftet und deportiert. Am 30.3. oder 1.4.43 im KZ gestorben.

Hirsch, geb. Ditisheim, Edmée Nanette   1907   Auschwitz
Jüdisch. Am 30.6.44 mit dem Transport Nr. 76 von Drancy nach Auschwitz deportiert. Am 31.8.44 im KZ gestorben.

Hofer, Théophile   1890   Schirmeck-Vorbruck
Am 6.8.41 in Frankreich verhaftet, weil er sich öffentlich abfällig über die Nazis äusserte. Am 11.10.41 entlassen.

Hofmann, Peter   1922   Schirmeck-Vorbruck
1940/41 wegen Beihilfe zur Flucht vor Arbeitsdienst in Frankreich verhaftet. Schirmeck, dann Zwangsarbeit und Flucht in die Schweiz.

Hommel, geb. Lapeyre, Germaine   1893   Ravensbrück (57851/75450), Torgau (Buchenwald)
Am 6.7.44 in Frankreich der Spionage beschuldigt und verhaftet. Bei Kriegsende freigekommen.

Hoog, Duijn (Duja)   1905   Neuengamme (58349)
Am 4.2.45 an «Darmentzündung» im KZ gestorben. Keine weiteren Informationen.

Hug, Petronella (Nelly)   1912   Ravensbrück (13728), Neu Rohlau (Flossenbürg, 52042)
Im April 42 in Deutschland mit ihrem Geliebten Emil Würth verhaftet. Im April 45 auf «Todesmarsch» befreit.

Hugentobler, Albert Hermann   1900   Mauthausen (25514)
In Frankreich verhaftet und am 27.3.43 deportiert. Bei Kriegsende aus dem KZ befreit.

Humbert, Charles   1915   Buchenwald, Dachau (101914), Natzweiler, Neuengamme
Am 10.6.43 als Mitarbeiter des Schweizer Geheimdienstes in Frankreich verhaftet. Am 6.2.45 ausgetauscht.

Infanger, Heinrich   1915   Sachsenhausen, Fallersleben (Neuengamme), Buchenwald, Ravensbrück (2528)
Als mehrfach Vorbestrafter verhaftet, als «Asozialer» im KZ. Ende April 45 aus Ravensbrück befreit.

Irniger, Johann   1902   Gollnow/Pommern, Brandenburg Havel (Sachsenhausen)
Floh aus Schweizer Zuchthaus. Am 23.1.39 in Deutschland als «Krimineller» verhaftet. Am 2.7.42 entlassen.

COMMANDER-in-CHIEF
General Order
Nr 858
Series 1948.

BREVET of NOMINATION

Decision Nr 858.

By General Order of the Commander-in-Chief of the Allied Resistance Force I.M.O.S. the following appointment is hereby made:

To Be : Commandant.(Hon.)

of the Allied RESISTANCE FORCE I.M.O.S.

Mr.JACQUEMAI Henri

Member "The Interallied Resistance Force I.M.O.S."

CANNET-des-Maures.(Var)-France.

Awards for gallantry before enemy :

The Commemorative War Medal of General Eisenhower.

The Interallied Distinguished Service Cross. Icf.

Counting from this data, Commandant(Hon.)JACQUEMAI.H. will assume his commandship with full powers, Prerogative and authority of his Rank. as Member

Henri-Léon Jacquemai wurde mit acht in der Résistance aktiven Geschwistern am 27. März 1944 in Frankreich verhaftet und deportiert. Befreit aus dem KZ Neuengamme.

Name, Vorname	Jg.	Hauptlager (Häftlings-Nr.), Aussenlager (Hauptlager, Nr.)

Irschlinger, Heinrich 1899 Oranienburg (Sachsenhausen, 41644)
Im Sold des deutschen Nachrichtendiensts. Im März 42 in Deutschland wegen «Beleidigung des Führers» verhaftet. Bei Kriegsende befreit.

Ischer, Roland Louis 1910 Buchenwald (69808), Halberstadt (Buchenwald)
Als Résistance-Kämpfer am 29.1.44 in Frankreich verhaftet. Bei Kriegsende von US-Truppen aus dem KZ befreit.

Isler, Erich Karl 1907 Pölitz (Stutthof, 40310)
Am 19.11.38 in Deutschland wegen Diebstahls verhaftet. Am 3.7.44 ins KZ. Verschollen.

Jacquemai, Henri-Léon 1917 Wilhelmshaven (Neuengamme, 44119)
Am 27.3.44 mit acht Geschwistern in Frankreich verhaftet (Résistance; fünf kamen in KZ). Am 2.3.45 nach Schweden evakuiert.

Jacquemai, Joseph Emile 1911 Brandenburg Havel (Sachsenhausen)
Am 27.3.44 in Frankreich mit acht Geschwistern wegen Widerstands verhaftet. Am 12.4.45 im KZ gestorben.

Jacquemai, Paul Ernst 1918 Neuengamme, Wilhelmshaven (Neuengamme, 44117), Bergen-Belsen
Am 27.3.44 mit acht Geschwistern in Frankreich wegen Widerstands verhaftet. Am 19.4.45 kurz nach Befreiung gestorben.

Jacquemai, René Jean 1923 Wilhelmshaven (Neuengamme, 44123)
Am 27.3.44 in Frankreich mit acht Geschwistern wegen Widerstands verhaftet. Kurz nach der Befreiung gestorben.

Jacquemai, Robert Louis 1920 Neuengamme (44118), Willhelmshaven (Neuengamme)
Am 27.3.44 mit acht Geschwistern in Frankreich wegen Widerstands verhaftet. Bei Kriegsende aus dem KZ befreit.

Jaton, Fernand Héli 1901 Dachau (94152), Melk (Mauthausen, 98307)
Am 13.3.44 in Frankreich verhaftet («kommunistische Umtriebe», Résistance). Am 30.1.45 im KZ gestorben.

Joliat, geb. Schmidlin, Caroline (Mina, Nina) 1903 Ravensbrück (57860), Torgau (Buchenwald)
Am 13.6.44 wegen «Verteilung feindlicher Schriften» in Frankreich verhaftet. Am 15.2.45 im KZ gestorben.

Joye, Marcel Albert 1925 Auschwitz
Im Mai 44 in Frankreich verhaftet; offenbar hielt man ihn für einen Juden. Starb acht Monate nach der Befreiung.

Jungo, Joseph 1910 Dachau (75848)
Im Februar 44 in Frankreich verhaftet (Résistance). Am 25.4.45 mit anderen Schweizer Häftlingen entlassen.

Juvet, Charles Eugène 1899 Flossenbürg (89050)
Am 27.3.45 in Deutschland verhaftet. Am 19.5.45 kurz nach der Befreiung aus dem KZ gestorben.

Kälin, Joseph Andreas 1878 Neuengamme, Bergen-Belsen
Am 10.10.43 in Frankreich als Mitglied des Widerstands verhaftet. Am 4.6.44 deportiert. Am 28.3.45 im KZ gestorben.

Kämpf, Edouard 1923 Mauthausen (28188), Schloss Hartheim (Mauthausen)
Mit seinem Vater Ernest am 20.4.43 aus Frankreich deportiert. Am 10.8.44 auf Schloss Hartheim ermordet.

Kämpf, Ernest 1900 Mauthausen (28189)
Mit seinem Sohn Edouard am 20.4.43 aus Frankreich deportiert. Am 24.1.44 im KZ gestorben.

Kammer, geb. Dirr, Hélène 1918 Schirmeck-Vorbruck
Am 28.6.44 wegen Hilfe für zwei Ausbrecher in Frankreich verhaftet. Im November 44 von Alliierten befreit.

Kielholz, Adolphe 1886 Schirmeck-Vorbruck
Am 19.6.42 in Frankreich verhaftet, weil er in einem geschmuggelten Brief seine Söhne aufforderte, nicht ins Elsass zurückzukehren.

Kiesov (Kiesow), geb. Nicod, Marthe 1900 Sachsenhausen, Dachau
Am 30.10.40 als Pazifistin in Frankreich mit ihrem Ehemann verhaftet. Bei Kriegsende aus dem KZ befreit.

Emma Kübler-Schlotterer (hier bei der Hochzeit mit ihrem Mann Gustav am 20. September 1906), Zeugin Jehovas, wurde am 15. Dezember 1936 in Deutschland verhaftet. Sie überlebte mehr als sieben Jahre in den KZ Moringen, Lichtenburg, Ravensbrück und Auschwitz. Sie starb kurz nach der Befreiung des KZ Bergen-Belsen.

Name, Vorname	Jg.	Hauptlager (Häftlings-Nr.), Aussenlager (Hauptlager, Nr.)

Kijzer, geb. Lanz, Gertrude (Mimi)   1895   Hertogenbosch
Im April 44 in Holland verhaftet. Bei Kriegsende befreit.

Kilian, Claude Max   1914   Buchenwald (43651)
Als Funktionär einer Widerstandsgruppe am 29.12.43 in Frankreich verhaftet. Im April 45 von US-Truppen befreit.

Klein, Georges   1908   Kaunas/Reval
Jüdisch. Am 30.3.44 in Frankreich verhaftet und deportiert. Seit September 44 verschollen.

Kölliker, Walter   1898   Sachsenhausen (1026)
Gab 1930 die Schweizer Staatsbürgerschaft auf. In Deutschland als Kommunist verhaftet. Am 6.6.38 im KZ gestorben.

Koller, Marcel Léon Marie   1923   Buchenwald (14411)
Am 25.2.44 in Deutschland verhaftet, zu Zwangsarbeit verurteilt, dann ins KZ deportiert. Dort am 17. oder 18.9.44 gestorben.

Krafft, Karl Ernst   1900   Sachsenhausen (65621), Buchenwald (99090)
«Hofastrologe» Hitlers, am 12.6.41 in Deutschland bei Razzia gegen Astrologen verhaftet. Am 8.1.45 im KZ gestorben.

Krumholz, Alfred   1899   Auschwitz, Stutthof (99669)
Jüdisch. Am 30.6.44 bei Razzia in Frankreich verhaftet und nach Auschwitz deportiert. Am 31.10.44 im KZ Stutthof gestorben.

Kübler, Emil   1916   Schirmeck-Vorbruck
Am 16.7.41 verhaftet, weil er den französischen Nationalfeiertag feierte. Auf Schweizer Intervention freigelassen.

Kübler-Schlotterer, Emma   1885   Moringen, Lichtenburg (321), Ravensbrück (321), Auschwitz (339), Gross-Rosen, Mauthausen, Bergen-Belsen
Zeugin Jehovas. Am 15.12.36 in Deutschland verhaftet, Gefängnis, KZ. Am 22.4.45 nach der KZ-Befreiung gestorben.

Kurt, Otto   1905   Natzweiler (19018), Dachau (98164), Meppen-Versen (Neuengamme, 61998)
Am 8.1.44 in Deutschland verhaftet. Am 30.11.44 auf der Flucht angeschossen, später seinen Verletzungen erlegen.

Kurz, Walter Siegfried   1915   Schweidnitz (Gross-Rosen)
Wegen Abhörens von Feindsendern und «Defätismus» am 30.11.42 in Deutschland verhaftet. Bei Kriegsende befreit.

Kuster, geb. Turtschi, Elly   1923   «Jugendschutzlager» Uckermark bei Ravensbrück
43 oder 44 in Deutschland wegen Verweigerung von Zwangsarbeit verhaftet. Bei Kriegsende freigekommen.

Kutter, Carl   1889   Schirmeck-Vorbruck
Am 15.5.40 in Frankreich unter Spionageverdacht verhaftet. Am 19.10.40 aus dem Lager entlassen.

Labram, Raymond   1919   Buchenwald (40556), Flossenbürg (6533), Mauthausen (56644), Ebensee (Mauthausen)
Am 25.11.43 in Frankreich bei einer Razzia gegen Studenten verhaftet. Bei Kriegsende aus dem KZ befreit.

Lacroix, Jules Albert   1885   Mauthausen
Am 10.7.44 in Frankreich wegen Beihilfe zur Fahnenflucht von Wehrmachtsoldaten verurteilt. Bei Kriegsende befreit.

Lambert, Raymond   1922   Natzweiler-Struthof (13770)
Am 9.2.44 von der Gestapo in Frankreich wegen Sabotage verhaftet. Bei Kriegsende aus dem KZ befreit.

Lanz, Georg Burkhardt   1900   Hertogenbosch (7286/7404)
Am 1.7.43 in Holland wegen Spionage und «Begünstigung von Juden» verhaftet. Am 28.10.43 in St. Margrethen ausgetauscht.

Léchaire, Louis   1908   Buchenwald, Gusen (Mauthausen, 62671)
Am 23.12.43 in Frankreich wegen Schmuggels von Briefen Gefangener verhaftet. Am 29.12.44 im KZ gestorben.

Claude Loever wurde am 10. Februar 1944 in Frankreich wegen Widerstands verhaftet und ins KZ Mittelbau-Dora deportiert. Er starb bei einer Bombardierung des KZ Buchenwald.

Name, Vorname	Jg.	Hauptlager (Häftlings-Nr.), Aussenlager (Hauptlager, Nr.)

Lehmann, Felix   1909   Auschwitz
Jüdisch. Am 25.7.44 in Frankreich mit seinen Schwestern, der Mutter und einer Tante verhaftet, am 11.8.44 deportiert. Im KZ umgekommen.

Lehmann, geb. Bloch, Germaine Emma   1913   Auschwitz, Ravensbrück
Jüdisch. Am 20.1.44 mit dem Transport Nr. 66 von Drancy nach Auschwitz deportiert. Am 25.1.44 im KZ gestorben.

Lehmann, Marthe   ?   Kratzau (Gross-Rosen)
Jüdisch. Mit Geschwistern, Mutter und Tante am 25.7.44 in Frankreich verhaftet. Wahrscheinlich umgekommen.

Lehmann, geb. Bloch, Violette Jeanne   1908   Auschwitz
Jüdisch. Am 31.7.43 aus Frankreich deportiert. Opfer von medizinischen Versuchen. Bei Kriegsende befreit.

Lehmann, Yvonne   1904   Auschwitz
Jüdisch. Am 25.7.44 in Frankreich mit ihren Geschwistern, ihrer Mutter und ihrer Tante verhaftet. Im KZ umgekommen.

Lehmann, geb. Bacharach, Philippine   1872   Auschwitz
Jüdisch. Schwester von Elise Bacharch. Am 25.7.44 in Frankreich verhaftet, nach Auschwitz deportiert und dort umgekommen.

Leisinger, geb. Schäfer, Clara   1900   Ravensbrück (13694), Neu Rohlau (Flossenbürg, 13694)
Am 19.6.42 in Deutschland wegen «Verkehr mit einem Ukrainer» verhaftet. Im KZ als Klara Büchner. Am 15.11.44 entlassen.

Lerner, Max   1919   Auschwitz
Jüdisch. Am 2.9.42 aus Frankreich nach Auschwitz deportiert und dort umgekommen.

Lessinger, geb. Hirsch, Margaret(h)e   1892   Bergen-Belsen
Jüdisch. Mit ihrem Mann Josef in den Niederlanden verhaftet. Bei deutsch-amerikanischem Austausch befreit.

Leuba, Martial   1922   Buchenwald, Sachsenhausen (122192), München-Allach (Dachau)
Am 5.10.44 in Deutschland verhaftet. Am 2.1.45 unter dem Namen Marcel Granger deportiert. Am 30.4.45 aus dem KZ befreit.

Levy, geb. Dreyfus, Alice   1874   Auschwitz
Jüdisch. Am 31.7.44 mit dem Transport Nr. 77 von Drancy nach Auschwitz deportiert. Am 5.8.44 im KZ gestorben.

Levy, geb. Levy, Andrée Jeanne   1898   Auschwitz
Jüdisch. Am 28.10.43 aus Frankreich deportiert. Am 2.11.43 im KZ gestorben.

Levy, geb. Meyer, Berthe   1880   Auschwitz
Jüdisch. Am 17.12.43 mit dem Transport Nr. 63 von Drancy nach Auschwitz deportiert. Am 23.12.43 im KZ gestorben.

Lévy-Franckel, Charles   1865   Auschwitz
Jüdisch. Anfang 44 verhaftet und am 7.3.44 aus Frankreich nach Auschschwitz deportiert. Am 12.3.44 im KZ gestorben.

Lévy, geb. Weil, Rose   1899   Auschwitz
Jüdisch. Am 2.9.43 aus Frankreich deportiert. Am 7.9.43 im KZ gestorben.

Lévy, geb. Epstein, Sophie   1881   Auschwitz
Jüdisch. Am 13.4.44 mit dem Transport Nr. 71 von Drancy nach Auschwitz deportiert. Am 18.4.44 im KZ gestorben.

Lévy, geb. Piccard, Valérie Flora   1895   Auschwitz
Jüdisch. Am 2.9.43 aus Frankreich deportiert. Am 7.9.43 im KZ gestorben.

Leweil, geb. Woog, Lucien   1896   Monowitz (Auschwitz, 164553), Birkenau (Auschwitz)
Jüdisch. Am 20.11.43 aus Frankreich deportiert. Am 25.11.43 im KZ gestorben.

Lichtensteiger, Otto (Othon)   1902   Schirmeck-Vorbruck, Landsberg/Lech (Dachau)
Am 16.6.42 wegen Verteilens von Flugblättern in Frankreich verhaftet. Bei Kriegsende durch US-Truppen befreit.

Edmond Marmoud wurde am 16. September 1943 von der deutschen Sicherheitspolizei in Paris verhaftet und ins KZ Buchenwald deportiert. Ermordet im KZ Bergen-Belsen.

| Name, Vorname | Jg. | Hauptlager (Häftlings-Nr.), Aussenlager (Hauptlager, Nr.) |

Lieberherr, Robert   1922   Ravensbrück (14137), Buchenwald (28152), Bergen-Belsen (4805)
Am 3.4.43 in Frankreich wegen Schwarzhandels verhaftet. Auch als Robert Liber registriert. Am 11. oder 13.4.44 im KZ gestorben.

Lifschitz, Gabriel Zvi   1920   Blechhammer (Auschwitz, 177863), Gross-Rosen, Mittelbau-Dora (Buchenwald, 126699)
Jüdisch. Ab Mitte Juli 42 Zwangsarbeit, am 5.10.43 deportiert. Am 11.4.45 befreit.

Limburger, geb. Junés, Marietta   1865   Auschwitz
Jüdisch. Am 2.11.43 in Frankreich mit zwei Töchtern verhaftet. Am 22.12.43 im KZ gestorben.

Limburger, Denise Louise   1894   Auschwitz
Jüdisch. Am 2.11.43 mit ihrer Mutter und ihrer Schwester in Frankreich verhaftet. Am 28.1.44 im KZ gestorben.

Linder, Friedrich   1900   Dachau
Im September 43 in Deutschland wegen «Wehrkraftzersetzung» verhaftet. Bei Kriegsende durch US-Truppen befreit.

Lipmann, geb. Schwob, Marcelle Miriam   1885   Auschwitz
Jüdisch. Am 31.7.43 aus Frankreich deportiert. Am 5.8.43 im KZ gestorben.

Locher, Heiko Johann   1912   Papenburg (Aschendorfermoor)
Am 19.5.43 in Deutschland als Doppelbürger wegen Fahnenflucht zum Tod verurteilt. Am 21.11.43 ausgetauscht.

Loever (Loewer), Claude Richard   1926   Harzungen (Mittelbau-Dora), Nordhausen (Buchenwald, 51693)
Am 10.2.44 in Frankreich wegen Mitgliedschaft in der Résistance verhaftet. Am 4.4.45 bei Bombardierung des KZ gestorben.

Louis, geb. Dessuet (Dessnet), Jeanne   1904   Ravensbrück (43223), Hasag (Buchenwald, 4066)
In Frankreich verhaftet und deportiert. Ab 23.6.44 im KZ Ravensbrück, dann Buchenwald. Schicksal unbekannt.

Luginbühl, Rolph Hans   1917   Mauthausen (37787), Natzweiler-Struthof (17628), Dachau (102414)
Am 9.3.43 in Frankreich verhaftet (Résistance). Am 19.5.45 nach Befreiung gestorben. Posthum Mitglied französische Ehrenlegion.

Lüthi, Ernst Alfred sen.   1899   Sonnenburg Berlin
Am 19.2.43 in Deutschland wegen Schwarzschlachtung verurteilt. Am 30.1.45 im KZ mit 818 Häftlingen erschossen.

Lüthi, Madeleine   1919   Buchenwald
Im April 44 nach illegalem Grenzübertritt in Frankreich verhaftet, Zwangsarbeit und Deportation. Bei Kriegsende befreit.

Lütschg, Jakob   1904   Buchenwald (42182), Oranienburg
Im Juli 40 wegen «Schädigung deutscher Interessen» in Frankreich verhaftet und verurteilt. Am 17.3.44 im KZ gestorben.

Mägert, Karl   1901   Lichtenburg
Am 4.3.33 in Deutschland wegen «kommunistischer Aktivitäten» verhaftet. Im Oktober 33 nach Schweizer Intervention entlassen.

Maguin, Georges Joseph Marie   1883   Auschwitz (185974), Buchenwald (52973)
Am 14.3.44 in Frankreich verhaftet (Résistance). Am 25.8.44 im KZ Buchenwald an «Herz- und Kreislaufschwäche» gestorben.

Mamie, Marcel   1919   Dachau (92456), Flossenbürg (20145)
Im Februar 43 in Frankreich verhaftet. Verweigerte Zwangsarbeit und Dienst in Waffen-SS. Kehrte am 13.2.46 in die Schweiz zurück.

Marmoud, Edmond Camille Aimé   1912   Mittelbau-Dora (Buchenwald, 21785), Bergen-Belsen
Am 16.9.43 aus Frankreich nach Deutschland deportiert. Am 27.4.44 im KZ gestorben.

Marmoud, Marguerite Celine   1886   Ravensbrück (38933)
Mitte Januar 44 in Frankreich wegen Kurierdiensten für die Résistance verhaftet. Am 31.1.45 oder 6.3.45 im KZ gestorben.

Marty, geb. Gajewska, Janina   1922   Stutthof
Anfang August 44 in Polen verhaftet und deportiert. Anfang Dezember 44 nach Schweizer Intervention freigelassen.

Gabrielle Mayor wurde am 26./27. Juni 1944 in Frankreich verhaftet, weil ihr Mann im Widerstand war. Deportation ins KZ Ravensbrück. Durch alt Bundesrat Musy aus dem KZ Theresienstadt befreit.

André Montavon, Résistance-Anführer, hier einen Monat nach der Befreiung, wurde am 10. Juni 1943 in Frankreich verhaftet, zum Tode verurteilt, begnadigt und deportiert. Befreit aus dem KZ Neuengamme.

Carmen Mory wurde von den Deutschen vermutlich als Doppelagentin verhaftet. Sie verübte als Blockälteste im KZ Ravensbrück Greueltaten an Mithäftlingen. Entzog sich nach dem Krieg der Todesstrafe durch Suizid.

Name, Vorname	Jg.	Hauptlager (Häftlings-Nr.), Aussenlager (Hauptlager, Nr.)

Mathey, Auguste Jules 1884 Dachau (94063)
Am 5.2.44 in Frankreich verhaftet. Trotz Verfügung zur Freilassung nach Deutschland deportiert. Am 14.1.45 im KZ gestorben.

Matousek, geb. Bandelier, Martha 1907 Ravensbrück
Ende August 44 mit ihrem tschechoslowakischen Ehemann in Prag verhaftet und deportiert. Ungeklärtes Schicksal.

Matter, Albin Theodor 1912 München-Allach (Dachau, 65380), Kaufbeuren (Dachau)
Am 9.9.43 in Deutschland wegen Spionage verhaftet. Am 25.4.45 nach Schweizer Intervention aus dem KZ befreit.

Matthey, geb. Jonais, Marie-Jeanne 1886 Torgau, Abteroda, Markkleeberg (Buchenwald, 50502), Ravensbrück (57884)
Am 13.7.44 in Frankreich verhaftet (Résistance). Bei Kriegsende von Sowjettruppen aus dem KZ Ravensbrück befreit.

Mayor, geb. Huguenin, Gabrielle Thérèse 1904 Ravensbrück (62948), Theresienstadt
Am 26./27.6.44 in Frankreich verhaftet, weil ihr Mann bei der Résistance war. Am 5.2.45 durch alt Bundesrat Musy aus dem KZ befreit.

Meigniez, Robert Denis 1924 Bremen-Farge, Sandbostel (Neuengamme, 32113)
Am 2.4.43 in Frankreich als Résistance-Mitglied verhaftet. Bei Kriegsende durch britische Truppen befreit.

Merguin, geb. Gerber, Anne 1891 Schirmeck-Vorbruck
Am 12.7.44 mit ihrem Ehemann Joseph verhaftet, weil sie einer fünfköpfigen Familie zur Flucht verhalfen. Im November 44 befreit.

Messerli, Alfred Friedrich 1912 Flossenbürg (8960)
Mitte August 42 in Frankreich verhaftet (verbotener Waffenbesitz). Bei Kriegsende befreit. Am 10.5.47 mit 34 Jahren gestorben.

Meyer, Paul 1886 Neuengamme, Dachau (136818)
Pfarrer. Am 27.3.44 wegen «Kontakten zu illegalen Organsationen» in Frankreich verhaftet. Am 23.1.45 im KZ gestorben.

Millasson, Charles 1901 Wittlich (Hinzert/Buchenwald), Sachsenhausen
Am 27.7.42 in Frankreich verhaftet und deportiert. Am 14.11.44 im KZ gestorben.

Milleret, Jean 1903 Neuengamme, Sachsenhausen
Am 26.2.44 in Frankreich wegen Hilfe für alliierte Flieger verhaftet. Bei Kriegsende freigekommen.

Miserez, Paul 1924 Fallersleben (Neuengamme, 30831)
Am 28.2.44 in Frankreich als SS-Deserteur mit dem Schweizer Henri Mühlethaler verhaftet. Am 1.5.45 vom Roten Kreuz befreit.

Monnier, Edouard 1899 Drütte (Neuengamme), Neuengamme (30187)
Jüdisch. Am 17.3.44 in Frankreich verhaftet (Résistance). Bei Kriegsende vom IKRK befreit.

Montavon, André 1919 Neuengamme (43749)
Als Résistance-Anführer am 10.6.43 in Frankreich verhaftet, Todesurteil in Haft umgewandelt, dann KZ. Bei Kriegsende befreit.

Morgante, Ermente 1905 Dachau (112918), Neuengamme (62770)
Am 27.9.44 in Italien verhaftet und nach Deutschland deportiert. Am 13.2.45 im KZ gestorben.

Morgantini, Jean Antoine 1925 Buchenwald (40595)
Bruder vom Maurice. Am 30.10.43 in Frankreich verhaftet (Résistance). Bei Kriegsende befreit.

Morgantini, Maurice 1918 Buchenwald (40593)
Bruder von Jean Antoine. Am 30.10.43 in Frankreich verhaftet (Résistance). Bei Kriegsende befreit.

Mory, Carmen Maria 1906 Ravensbrück (5749)
Als Doppelagentin F/D von den Deutschen in Deutschland verhaftet. KZ-«Blockälteste». Todesurteil nach dem Krieg. Suizid.

Moser, Friedrich 1909 Mittelbau-Dora (Buchenwald, 9066)
In Deutschland verhaftet, am 11.6.43 ins KZ eingeliefert. Schicksal unbekannt.

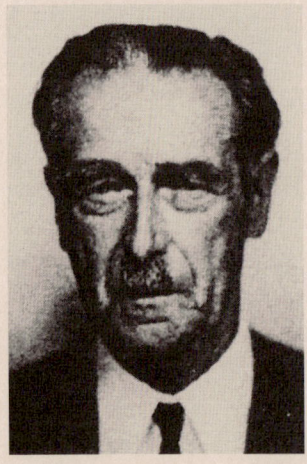

Jules Mottet wurde am 2. Dezember 1943 in Frankreich wegen Widerstands verhaftet, zum Tode verurteilt und nach der Begnadigung deportiert. Befreit aus dem KZ Flossenbürg.

Leopold Obermayer, jüdisch, homosexuell, wurde am 31. Oktober 1934 in Deutschland verhaftet. Ab 1935 in Dachau und in Zuchthäusern inhaftiert. Nach über acht Jahren in der Gewalt der Nationalsozialisten am 22. Februar 1943 ermordet im KZ Mauthausen.

Gino Parin (links, mit seinem Vater), jüdisch, wurde am 14. April 1944 in Italien verhaftet und deportiert. Am 9. Juni 1944 im KZ Bergen-Belsen gestorben.

Mathilde Parisey, Mitglied der Résistance, wurde in Frankreich verhaftet, weil sie Juden versteckte. Deportiert nach Ravensbrück, nach dem Krieg von Israel als «Gerechte unter den Völkern» geehrt. Befreit aus dem KZ Neuengamme.

Name, Vorname	Jg.	Hauptlager (Häftlings-Nr.), Aussenlager (Hauptlager, Nr.)

Moser, Maurice Otto   1904   Buchenwald (77510), Saalfeld (Buchenwald)
Am 12.6.44 in Frankreich verhaftet (Résistance) und deportiert. Am 1.10.45 kurz nach der Befreiung gestorben.

Mottet, Jules Armand   1895   Flossenbürg
Am 2.12.43 in Frankreich verhaftet (Résistance), zum Tode verurteilt, begnadigt, KZ. Bei Kriegsende von US-Truppen befreit.

Mühlethaler, Henri   1925   Neuengamme (30832)
Am 28.2.44 in Frankreich als SS-Deserteur mit dem Schweizer Paul Miserez verhaftet. Am 1.5.45 vom Roten Kreuz befreit.

Müller, geb. Uter, Marie   1901   Schirmeck-Vorbruck
Am 24.4.42 in Frankreich verhaftet (Fluchthilfe für Kriegsgefangene). Am 1.6.45 aus dem Gefängnis Hamburg Fuhlsbüttel befreit.

Mülli, Albert   1916   Dachau (29331)
Am 21.11.38 in Österreich wegen Schmuggels kommunistischer Schriften verhaftet und verurteilt. Bei Kriegsende aus dem KZ befreit.

Mulvidson, Henri Bertrand   1916   Neuengamme
Am 13.4.44 in Frankreich als Mitglied der Résistance verhaftet. Die Deutschen hielten ihn für jüdisch. Am 22.3.45 im KZ gestorben.

Mürner, Johann   1910   Kuhlen
Im April 33 in Deutschland wegen «politischer Unzuverlässigkeit» verhaftet. Am 19.9.33 aus dem KZ entlassen.

Nager, Erich Franz   1916   Natzweiler (99357), Dachau (49899), Buchenwald (91872), Bergen-Belsen
Am 7.2.43 in Frankreich wegen Spionageverdachts verhaftet. Am 15.4.45 von britischen Tuppen aus dem KZ befreit.

Nahmias, geb. Francez, Victoria   1895   Bergen-Belsen
Jüdisch. Am 2.8.42 aus Griechenland nach Bergen-Belsen deportiert und noch während des Krieges nach Spanien abgeschoben.

Neff, Jean   1911   Gaggenau (Schirmeck-Vorbruck)
Im Mai 43 in Deutschland verhaftet, weil man ihn fälschlicherweise für einen Deserteur hielt. Bei Kriegsende befreit.

Nicollier, Robert   1907   Neuengamme (30593)
Am 28.10.42 wegen «kommunistischer Propaganda» in Frankreich verhaftet und deportiert. Bei Kriegsende befreit.

Nussbaumer, Albert   1892   Börgermoor
In Deutschland mit Bruder Leonhard verhaftet. Vom 6.6.33 bis 23.12.33 im KZ, dann 14 Monate im Gefängnis.

Nussbaumer, Leonhard   1896   Aschendorfermoor
Mit Bruder Albert als Kommunist verhaftet und wegen «Vorbereitung zum Hochverrat» verurteilt. Am 9.11.37 entlassen.

Nussbaumer, Marcel   1906   Trier (Hinzert/Buchenwald)
Oberleutnant des militärischen Nachrichtendienstes. Am 3.9.41 in Frankreich als Spion verhaftet. Im Herbst 43 ausgetauscht.

Obermayer, Leopold   1892   Dachau, Mauthausen (22760)
Jüdisch. Homosexuell. Am 31.10.34 in Deutschland verhaftet. Ab 12.1.35 in Dachau und Zuchthäusern. Am 22.2.43 im KZ gestorben.

Ort, Charles   1905   Bergen-Belsen
In Frankreich verhaftet. Gemäss Suchdienst des IKRK zwischen dem 19. April und dem 1. Mai 45 gestorben.

Pache, Marcel René   1918   Dachau (76259), Gusen (Mauthausen, 90062)
Am 9.2.44 in Frankreich verhaftet, weil er die Zwangsarbeit verweigerte und zur Résistance ging. Am 16.4.45 im KZ gestorben.

Parin (Pollack), Gino Federico   1876   Bergen-Belsen (2237)
Jüdisch. Am 14.4.44 bei einer Razzia in Italien verhaftet und deportiert. Am 9.6.44 im KZ gestorben.

Parisey, geb. Gerber, Mathilde   1893   Ravensbrück (62935), Watenstedt (Neuengamme)
In Frankreich verhaftet, weil sie Juden versteckte und bei der Résistance war. «Gerechte unter den Völkern». Aus KZ befreit.

Gino Pezzani wurde am 4. Mai 1943 wegen Spionage in Südfrankreich verhaftet und über mehrere Lager und Gefängnisse ins KZ Sachsenhausen deportiert. Bei Kriegsende auf einem «Todesmarsch» geflohen.

Anne-Françoise Perret-Gentil-dit-Maillard, Mitglied der Résistance, wurde am 10. August 1944 von ihrem Bruder Daniel verraten und ins KZ Ravensbrück deportiert. Während eines Gefangenentransports geflüchtet.

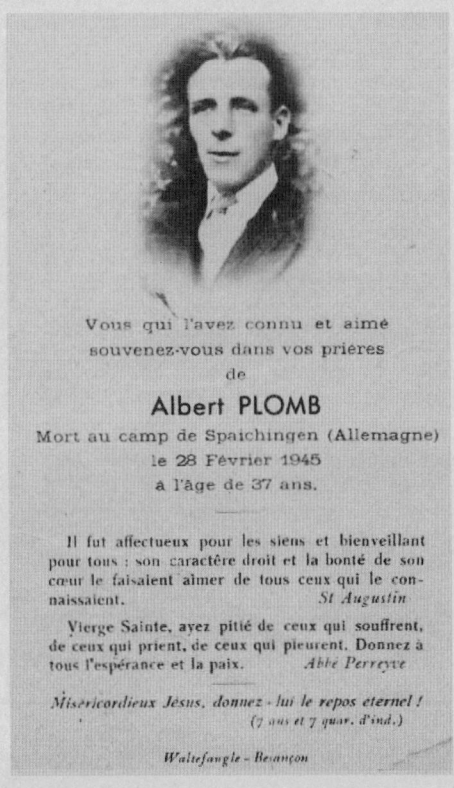

Albert Plomb wurde am 2. Oktober 1944 in Frankreich verhaftet und deportiert. Ermordet im KZ Natzweiler-Struthof.

| Name, Vorname | Jg. | Hauptlager (Häftlings-Nr.), Aussenlager (Hauptlager, Nr.) |

Passini, Josef — 1896 — Buchenwald, Gross Rosen (12756), Nordhausen (Mittelbau-Dora, 113656)
Am 18.11.43 wegen «kommunistischer Umtriebe» in Polen verhaftet. Bei Kriegsende von US-Truppen aus dem KZ befreit.

Pategay, geb. Goetschel, Jeanne-Henriette — 1891 — Auschwitz
Jüdisch. In Frankreich verhaftet und mit ihrer Tochter Simone am 13.2.43 deportiert. Am 18.2.43 im KZ gestorben.

Paupe, Albert Louis Léon — 1912 — Auschwitz, Mauthausen (125838)
In Frankreich verhaftet und nach Auschwitz deportiert, ab 2.2.45 in Mauthausen. Am 31.3.45 im KZ gestorben.

Pawlowski, Romuald — 1887 — Auschwitz (155602), Buchenwald
Am 9.8.44 während des Warschauer Aufstands in Polen verhaftet und deportiert. Verschollen.

Pellaud, Camille Joseph — 1921 — Buchenwald (39874), Mittelbau-Dora
Am 7.2.43 in Frankreich wegen illegalen Grenzübertritts verhaftet. Fluchtversuch, schwer misshandelt. Bei Kriegsende befreit.

Perret-Gentil-dit-Maillard, Anne-Françoise — 1900 — Ravensbrück (57759), Torgau (Buchenwald)
Am 10.8.44 in Frankreich wegen Widerstands verhaftet und deportiert. Am 26.10.44 bei einem Transport geflüchtet.

Pezzani, Gino — 1911 — Sachsenhausen (77192)
Am 3.5.43 wegen Spionage in Frankreich verhaftet. Anfang Mai 45 auf «Todesmarsch» aus KZ geflüchtet.

Pichard, Roger Gustave — 1922 — Gross-Rosen
Zur Zwangsarbeit nach Polen gebracht. Am 14.9.44 verhaftet und ins KZ deportiert. Am 16.5.45 gestorben.

Pilloud, René — 1926 — Gusen (Mauthausen, 60440)
Am 6.2.44 in Frankreich an einer Strassensperre verhaftet. Am 30.4.45 vom Roten Kreuz aus dem KZ befreit.

Pitteloud, Pierre-Clovis — 1906 — Natzweiler-Struthof (21185), München-Allach (Dachau, 74121), Melk (Mauthausen, 98884)
Am 25.5.44 in Frankreich verhaftet (Résistance), am 7.7.44 ins KZ deportiert. Am 11.1.45 in Mauthausen gestorben.

Pittet, Ernest-François — 1899 — Buchenwald (41270)
Am 9.1.43 in Frankreich wegen Hilfe zur Kriegsgefangenenflucht verhaftet. Am 14.10.44 im KZ gestorben.

Plomb, Albert Arsène Joseph — 1908 — Dachau (120770), Spaichingen (Natzweiler-Struthof, 38557)
Am 2.10.44 in Frankreich verhaftet. Am 28.2.45 im KZ Natzweiler gestorben.

Pochon, Pierre Roger — 1928 — Mauthausen (28437), Buchenwald (10769), Lublin (6652), Gross-Rosen (32853), Leitmeritz (Flossenbürg, 11321)
Am 23.3.44 in Frankreich verhaftet. Gefängnis bis 29.6.44, dann Deportation nach Deutschland. Am 12.2.45 im KZ gestorben.

Procot, geb. Miserez, Bernadette — 1900 — Ravensbrück (27519), Holleischen (Flossenbürg, 50442)
Am 23.12.43 in Frankreich verhaftet (Résistance). Am 5.5.45 von polnischen Partisanen aus dem KZ befreit.

Pugin, Maurice — 1922 — Bestimmungsort Dachau
Im Januar 44 in Frankreich verhaftet. Am 19.8.44 auf dem Transport ins KZ gestorben.

Quadri, Alice — 1913 — Ravensbrück (22432)
Am 29.10.42 in Frankreich verhaftet und deportiert, weil sie den Widerstand unterstützte. Bei Kriegsende aus dem KZ befreit.

Rähmi, Ernst — 1910 — Dachau
Ex-Spanienkämpfer, 1940 in Frankreich verhaftet, Zwangsarbeit in Deutschland, Waffen-SS, dann KZ, befreit.

Ralmanski, Hans — 1921 — Dachau (114730)
Im August 44 in Deutschland verhaftet. Ab 10.10.44 in Dachau, am 5.1.45 im KZ gestorben.

Robert Reuteler wurde am 1. März 1943 bei einer Vergeltungsaktion in Frankreich verhaftet. Er starb kurz nach der Befreiung aus dem KZ Mauthausen an Tuberkulose.

Jacques-Louis Roulet, Pfarrer, hier kurz vor seiner Verhaftung am 20. September 1944 in Frankreich. Wegen Kontakten zur Résistance wurde er ins KZ Buchenwald deportiert und kam am 28. März 1945 bei einem Gefangenenaustausch frei.

Name, Vorname	Jg.	Hauptlager (Häftlings-Nr.), Aussenlager (Hauptlager, Nr.)

Rauch, Ferdinand — 1914 — Schloss Hartheim
Am 10.12.40 im Rahmen der «Aktion T4» via eine ungenannte Klinik in die Tötungsanstalt Schloss Hartheim deportiert und ermordet.

Rayroux, Henri-Ferdinand — 1903 — Buchenwald (48816), Ellrich, Harzungen, Nordhausen (Mittelbau-Dora), Bergen-Belsen
Am 23.1.44 in Belgien wegen «Feindbegünstigung» und Waffenbeschaffung verhaftet. Unbekanntes Schicksal.

Rebert, Françoise — 1904 — Ravensbrück (35450)
In Frankreich verhaftet, deportiert und am 22.4.44 ins KZ eingeliefert. Bei Kriegsende vom Schwedischen Roten Kreuz befreit.

Reidt, Bella-Maria — 1888 — Gross-Rosen, Ravensbrück (64881)
Am 2.9.44 in Polen verhaftet und deportiert. Am 25.4.45 gelang ihr auf einem Gefangenentransport die Flucht.

Reuteler, Robert Pierre — 1920 — Mauthausen (28479)
Am 1.3.43 in Frankreich bei einer Vergeltungsaktion verhaftet. Im Mai 45 befreit. Am 16.9.45 in einem Sanatorium an TB gestorben.

Rieder, Antoine Jean — 1926 — Natzweiler-Struthof, Gaggenau (Schirmeck-Vorbruck)
Im August 44 in Frankreich wegen Fluchthilfe verhaftet. Am 7.3.45 im KZ gestorben.

Riffel, geb. Forster, Rosa — 1905 — Flossenbürg, Ravensbrück (13386)
Zeugin Jehovas. Deshalb am 1.5.42 in Deutschland verhaftet. Zwangsarbeit in Lebensborn-Heimen. Bei Kriegsende befreit.

Rimathé, Frédéric Antoine Dominique — 1888 — Sachsenhausen, Bergen-Belsen
Am 8.8.44 in Holland verhaftet, weil er jüdischen Flüchtlingen Unterschlupf bot. Kurz vor Kriegsende im KZ gestorben.

Rosen, geb. Pougatsch, verw. Bohn, Fanny — 1914 — Auschwitz
Jüdisch. Am 27.7.44 in Frankreich verhaftet und nach Auschwitz deportiert. Bei Kriegsende aus dem Arbeitslager Libau befreit.

Rosselet, Michel — 1923 — Mauthausen
Am 22.6.44 in Frankreich verhaftet (Résistance). Flucht aus dem KZ, Verhaftung in Wien. Am 6.4.45 aus dem Gefängnis befreit.

Rothacher, Friedrich — 1896 — Lichtenburg
Am 4.3.33 als «Regimegegner» in Deutschland verhaftet. Sechseinhalb Monate im KZ. Am 19.9.33 entlassen.

Rothert, geb. Brunetti, Ester — 1891 — Pustkow
In Polen mit ihrem Mann und Quartierbewohnern verhaftet, am 1.10.44 deportiert. Flucht bei Verlegung in ein anderes Lager.

Rothschild, Armand Fritz — 1924 — Auschwitz
Jüdisch. Am 15.7.42 in Frankreich mit seiner Mutter und seiner Schwester verhaftet. Laut Zeugen im Herbst 42 im KZ gestorben.

Rothschild, Jul(i)a — 1922 — Auschwitz
Jüdisch. Am 15.7.42 in Frankreich mit ihrer Mutter und ihrem Bruder verhaftet. Wahrscheinlich am 25.7.42 im KZ gestorben.

Rothschild, geb. Abraham, Selma — 1895 — Auschwitz
Jüdisch. Am 15.7.42 in Frankreich mit ihren beiden Kindern verhaftet. Wahrscheinlich am 25.7.42 im KZ gestorben.

Roulet, Jacques-Louis — 1910 — Buchenwald (42117), Langensalza (Buchenwald)
Pfarrer. Am 20.9.44 in Frankreich wegen Kontakten zur Résistance verhaftet und kurz danach deportiert. Am 28.3.45 ausgetauscht.

Rubin, Walter — 1905 — Oranienburg, Sonnenburg, Papenburg (Aschendorfermoor)
Am 25.3.33 in Deutschland wegen Verbreitung kommunistischer Schriften verhaftet. Am 15.3.34 entlassen und ausgewiesen.

Ruch, Germain Léon — 1902 — Ravensbrück (10331), Sachsenhausen
Am 22.8.44 in Frankreich verhaftet (Résistance). Am 2.5.45 auf «Todesmarsch» freigekommen.

Saks, Maurice (Maks, Max) — 1904 — Auschwitz (50197)
Jüdisch. Im Juli 42 in Frankreich verhaftet und nach Auschwitz deportiert. Am 11.8.42 im KZ gestorben.

Jacques Schaer, hier sechs Wochen nach Kriegsende, wurde am 21. März 1944 in Frankreich wegen Widerstands verhaftet und deportiert. Das Schwedische Rote Kreuz befreite ihn aus dem KZ Neuengamme.

Marguerite Salomons, jüdisch, wurde mit ihrem belgischen Mann im August 1942 in Frankreich verhaftet und deportiert. Ermordet im KZ Auschwitz.

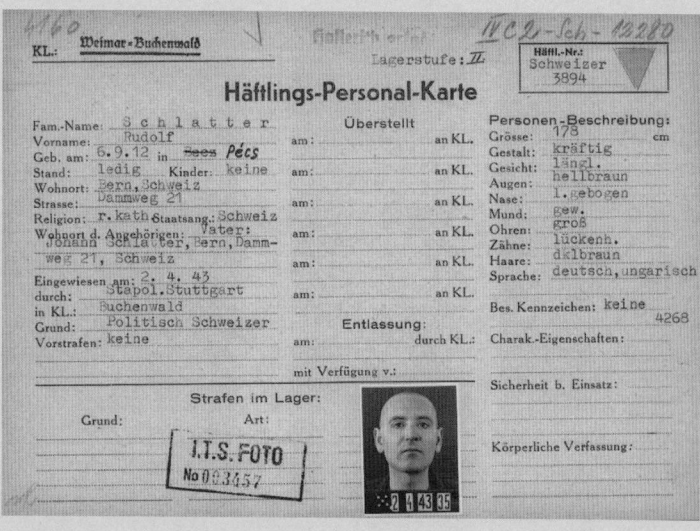

Rudolf Schlatter wurde am 3. Juni 1942 in Deutschland wegen Verdachts auf Spionage und Urkundenfälschung verhaftet. Inhaftiert in den KZ Buchenwald, Dachau und Bergen-Belsen. Verschollen.

| Name, Vorname | Jg. | Hauptlager (Häftlings-Nr.), Aussenlager (Hauptlager, Nr.) |

Salomons, geb. Barth, Marguerite   1913   Auschwitz
Jüdisch. Im August 42 mit ihrem Mann (Belgier) in Frankreich verhaftet. Im KZ ermordet.

Sandoz, Georges   1922   Wittlich (Hinzert/Buchenwald), Dachau
1942 in Frankreich unter Spionageverdacht verhaftet. Am 27.3.43 im KZ gestorben.

Savary, Céléstin Louis   1891   Natzweiler-Struthof (22115), Mühldorf (Dachau, 77787)
Am 20.2.44 wegen Beherbergung von Widerstandskämpfern in Frankreich verhaftet. Am 23.2.45 im KZ gestorben.

Savary, Joseph   1924   Mühldorf (Dachau, 77788), Vaihingen (Natzweiler-Struthof, 22114)
Am 11.2.44 wegen Mithilfe bei Sabotageakten in Frankreich verhaftet. Am 24.3.45 im KZ gestorben.

Schaer, Jacques   1921   Neuengamme (30909)
Am 21.3.44 in Frankreich verhaftet (Résistance). Bei Kriegsende vom Schwedischen Roten Kreuz aus dem KZ befreit.

Schärmeli, Hermann   1877   Natzweiler-Struthof (23333), Dachau (101573)
Am 6.9.44 von Natzweiler-Struthof nach Dachau überstellt. Am 24.9.44 aus dem KZ entlassen.

Schehrer, Jean Henri   1913   Buchenwald (40795)
Am 18.10.43 in Frankreich unter Spionageverdacht verhaftet und deportiert. Am 7.3.45 im KZ an «Lungentuberkulose» gestorben.

Schenkel, Jacques   1924   Lanzendorf (Mauthausen, 34624)
Ende 43 aus Frankreich nach Deutschland deportiert, weil er den Arbeitsdienst verweigerte. Am 6.1.45 im KZ gestorben.

Scheuch, Eugène Edouard   1897   Gusen (Mauthausen)
Am 15.3.43 in Frankreich wegen unerlaubten Waffenbesitzes verhaftet. Am 23.1.45 im KZ an «Herzinsuffizienz» gestorben.

Schijveschuurder, geb. Kahn, Else (Elisa)   1907   Auschwitz
Jüdisch. Mit ihrem Ehemann in Holland verhaftet, am 5.4.44 aus Westerbork deportiert. Mutmasslich am 8.10.44 gestorben.

Schlatter, Rudolf   1912   Buchenwald (3894, 106154), Dachau, Bergen-Belsen
Am 3.6.42 in Deutschland verhaftet (Spionageverdacht, Urkundenfälschung). Wahrscheinlich im KZ gestorben (verschollen).

Schmid, Hans   1909   Ravensbrück, Brandenburg (Sachsenhausen)
Am 28.10.43 in Belgien wegen Nachrichtendienst verhaftet. Zu 4 Jahren Zuchthaus verurteilt, dann KZ. Bei Kriegsende befreit.

Schmidt, geb. Krizan, Milada   1903   Ravensbrück (21867)
Anfang Mai 42 wegen Unterbringung von Partisanen in Slowenien verhaftet. Am 30.4.45 von sowjetischen Truppen befreit.

Schmied, Rudolf   1900   Mauthausen (64358), Auschwitz (201476), Buchenwald (118365)
Ab 27.4.44 im KZ Mauthausen, dann Auschwitz und Buchenwald. Schicksal unbekannt.

Schmi(e)dl, György   1914   Kaufering (Dachau, 122832), Leitmeritz (Flossenbürg, 43121)
Jüdisch. In Ungarn verhaftet und deportiert. Im KZ Leitmeritz am 13.2.45 gestorben.

Schmierer, Max Eugen   1914   Buchenwald (2762)
Ab Oktober 39 zunächst Untersuchungshaft und Gefängnis in Köln, dann KZ. Am 25.10.43 im KZ gestorben.

Schönfeld, Erwin Paul Oskar   1913   Gusen (Mauthausen, 9493), Mauthausen (21115)
Jüdisch. Zuerst Schweizer, dann Deutscher, dann «staatenlos». In der Tschechoslowakei verhaftet. Am 13.2.43 im KZ gestorben.

Schönfein, geb. Schüpbach, Hedwig   1897   Semlin
Im Februar 42 in Jugoslawien mit ihrem jüdischen Mann und ihrer Tochter verhaftet. Im Mai 42 befreit.

Schupp, geb. Gruner, Christine Edmée   1906   Ravensbrück (57918), Torgau (Buchenwald)
Mit ihrem Vater und ihrer Schwester am 25.3.44 in Frankreich verhaftet (Résistance). Ende Februar/Anfang März 45 im KZ gestorben.

Vittoria Spierer mit ihrer Tochter Hélène (links) und ihrem Sohn Simon im Jahr 1929. Mutter und Tochter wurden am 14. April 1944 in Italien verhaftet und deportiert. Nach Schweizer Intervention im Juli 1944 aus dem KZ Bergen-Belsen freigelassen.

Name, Vorname	Jg.	Hauptlager (Häftlings-Nr.), Aussenlager (Hauptlager, Nr.)

Schwab, geb. Gradwohl, Jeanne 1901 Bergen-Belsen
Jüdisch. In Frankreich verhaftet. Bundesrat von Steiger setzte sich 1945 beim IKRK für sie ein. Sie war aber bereits 44 im KZ gestorben.

Schwarzenberg (von), Prinz, Heinrich 1903 Buchenwald (20225)
Am 28.10.43 in Italien verhaftet und deportiert. Am 21.8.44 zur Zwangsarbeit aus dem KZ entlassen.

Schweizer, Rudolf Julian 1912 Dachau (34806), Buchenwald (9479), Ravensbrück (5818)
Ehemals NSDAP-Mitglied. 41 in Deutschland verhaftet (schlug SS-Offizier, «staatsfeindliche Äusserungen»). Bei Kriegsende befreit.

Sonntag, Rolf Fritz 1925 Buchenwald, Sangerhausen (Mittelbau-Dora, 14930), Sachsenhausen (Oranienburg)
Als Doppelbürger im Mai 44 aus der Wehrmacht desertiert und verhaftet. Bei Kriegsende befreit. Im Juli 45 Rückkehr in die Schweiz.

Sorg, Eduard 1902 Oranienburg (Sachsenhausen, 8117/7386)
Arbeitete vor seiner Verhaftung in Deutschland auf einem Rittergut. Am 26.6.40 im KZ gestorben.

Spahn, Eugène 1911 Schirmeck-Vorbruck
Am 29.8.40 in Frankreich verhaftet, weil er in «ungeordneten Verhältnissen» lebte. Nach drei Monaten entlassen.

Spierer, Hélène 1924 Bergen-Belsen (2854)
Jüdisch. Mit ihrer Mutter Vittoria am 14.4.44 in Italien verhaftet. Am 14.7.44 nach Intervention der Schweiz aus dem KZ entlassen.

Spierer, geb. Molha, Vittoria 1896 Bergen-Belsen (2855)
Jüdisch. Mit ihrer Tochter Hélène am 14.4.44 in Italien verhaftet. Im Juli 44 nach Intervention der Schweiz aus dem KZ entlassen.

Spire, geb. Schwoob, Marguerite Gabrielle 1884 Auschwitz
Jüdisch. Am 7.10.43 mit dem Transport Nr. 60 aus Drancy deportiert. Im KZ gestorben.

Spoerry, Annemarie 1918 Ravensbrück (27831)
Im April 43 wie ihr Bruder François in Frankreich verhaftet (Résistance). Im April 45 durch das IKRK befreit. Später «fliegende Ärztin» in Kenia.

Spoerry, François 1912 Buchenwald (13961), Natzweiler-Struthof (19146), Mittelbau-Dora, Dachau
Im April 43 wie seine Schwester Annemarie in Frankreich verhaftet (Résistance). Bei Kriegsende befreit.

Spring, Jean 1914 Neuengamme (40559)
Am 16.6.44 in Frankreich wegen «regimefeindlicher Äusserungen» verhaftet. Mitte April 45 bei Bombenangriff getötet.

Sticki, geb. Makow, Rosa 1908 Auschwitz
Jüdisch. Am 13.4.44 mit dem Transport Nr. 71 von Drancy nach Auschwitz deportiert. Am 18.4.44 im KZ gestorben.

Stoller, geb. Kindhauser, Lydia 1898 Leonberg (Natzweiler)
Am 4.1.45 in Frankreich wegen Fluchthilfe verhaftet. Gefängnisse, dann KZ. Am 12.4.45 von US-Truppen befreit.

Stöckli, Alfred 1916 Dachau (159520)
Illegal in Deutschland, Zwangsarbeit, Fluchtversuch, Gefängnis, ab 20.4.45 im KZ. Nach CH-Intervention am 25.4.45 entlassen.

Strehler, Arnold Hermann 1898 Buchenwald (40721/106312), Bergen-Belsen
Im Herbst 43 in Frankreich wegen «deutschfeindlicher Äusserungen» verhaftet. Wahrscheinlich im KZ gestorben (verschollen).

Stucki, Erich Herbert 1904 Buchenwald (5814), St. Valentin (Mauthausen, 629)
Am 3.1.37 in Deutschland wegen diverser Delikte verhaftet, ab August 38 im KZ. «Lagerältester» in St. Valentin. Bei Kriegsende befreit.

Stucki, Léon 1887 Dachau (94083)
Am 24.4.44 in Frankreich als «Kollaborateur» verhaftet. Nach Schweizer Intervention am 25.4.45 aus dem KZ entlassen.

Stucki, Maurice 1919 Dachau (75017), Buchenwald (41218/111841)
Am 16.6.44 in Frankreich wegen Kontakten zum Widerstand verhaftet. Am 31.1.45 im KZ gestorben.

Alfred Tanner liess sich von den Nazis als Sekretär im «Panoramaheim» in Stuttgart anstellen. Nach Unregelmässigkeiten kam er in «Schutzhaft». Am 11. April 1945 befreiten ihn US-Truppen aus dem KZ Buchenwald. 1946 aus der Schweiz ausgebürgert.

Arturo Torti (hier auf einem Foto aus dem Jahr 1995) wurde am 8. März 1943 in Italien wegen Spionage verhaftet und ins KZ Sachsenhausen deportiert. Später wurde er ins KZ Neuengamme überführt. Befreit aus dem KZ Buchenwald.

Name, Vorname	Jg.	Hauptlager (Häftlings-Nr.), Aussenlager (Hauptlager, Nr.)

Suter, Frédéric   1900   Buchenwald (40094), Mauthausen (54052)
Am 11.11.43 in Frankreich verhaftet und deportiert. Am 20.5.44 in Mauthausen gestorben.

Tanner, Alfred   1921   Buchenwald (17035)
Sekretär im Nazi-«Panoramaheim» Stuttgart. Nach Unregelmässigkeiten «Schutzhaft», ab 6.11.43 KZ. Am 11.4.45 durch US-Truppen befreit.

Tanner, geb. Fingerhut, Ernestine   1891   Mechelen, Auschwitz
Jüdisch. Am 13.9.43 in Belgien verhaftet und deportiert. Schicksal unbekannt (verschollen).

Thommen, François Jacques   1894   Neuengamme (31718)
Am 1.11.43 wegen «Verbrechen gegen die öffentliche Sicherheit» in Frankreich verhaftet. Am 3.5.45 auf der Cap Arcona getötet.

Tinguely, André Marius   1921   Buchenwald (77395), Ellrich (Mittelbau-Dora, 77395)
Am 20.8.44 aus Frankreich deportiert. Anfang 1945 im KZ Ellrich gestorben.

Torti, Arturo   1920   Fürstenberg a.d. Oder (Sachsenhausen), Neuengamme (6486), Buchenwald (12961/30128)
Am 8.3.43 in Italien verhaftet (Nachrichtenbeschaffung für Achsenmächte und England/Schmuggel). Bei Kriegsende freigekommen.

Trombik, Georges   1919   Oranienburg (Sachsenhausen, 24216), Mauthausen
Am 30.3.40 wegen «Umtrieben gegen die Reichssicherheit» in Polen verhaftet. Im April 41 aus KZ entlassen, ausgewiesen.

Tschudin, Walter   1924   Buchenwald (40938), Flossenbürg (6659), Johanngeorgenstadt (Flossenbürg)
Ende Oktober 42 wegen illegalen Grenzübertritts F/Spanien verhaftet. Bei Überführung von Flossenbürg nach Dachau freigekommen.

Tschümperlin, Walter   1918   Buchenwald
Am 7.7.44 in Deutschland nach Zuchthausstrafe in Vorbeugehaft genommen, dann KZ. Schicksal unbekannt.

Ullmann, geb. Rueff, Renée Marthe   1891   Auschwitz
Jüdisch. Am 7.3.43 mit dem Transport Nr. 69 von Drancy nach Auschwitz deportiert. Am 12.3.44 im KZ gestorben.

Ulmann, Paul   1889   Auschwitz
Jüdisch. Am 17.12.43 von Drancy nach Auschwitz deportiert. Am 22.12.43 im KZ gestorben.

Ulrich, Walter   1917   Gollnow/Pommern
Am 24.6.41 wegen der Befreiung französischer Kriegsgefangener in Deutschland verhaftet. Am 30.4.45 befreit.

V(W)agnières, geb. Tombu, Marie-Josephine   1899   Ravensbrück (62745), Oranienburg (Sachsenhausen)
Am 23.3.44 in Belgien wegen Beteiligung am Widerstand verhaftet. Bei Kriegsende auf «Todesmarsch» freigekommen.

Vallat, René Gilbert   1925   Dachau (135082)
Am 21.1.44 wegen verbotenen Waffenbesitzes in Frankreich verhaftet. Todesurteil aufgehoben. Am 13.1.45 im KZ gestorben.

Van der Heyden, geb. Pollag, Valérie   1892   Auschwitz
Jüdisch. Am 11.2.43 mit dem Transport Nr. 47 nach Auschwitz deportiert. Im KZ umgekommen.

Vaucher (Voucher), Pierre Joseph   1916   Dachau (74071), Auschwitz, Mittelbau-Dora (108930)
Im November 42 in Frankreich verhaftet. Am 4.4.45 im KZ Mittelbau-Dora gestorben.

Vodoz, Julien Fritz   1889   Buchenwald (77661), Ellrich (Mittelbau-Dora)
Am 4.7.44 als vermeintlicher Jude mit seiner Frau Rachel in Frankreich verhaftet. Am 24.12.44 im KZ gestorben.

Vodoz, geb. Dubois, Rachel   1883   Ravensbrück (75438), Torgau (Buchenwald, 57712), Königsberg Neumark (Ravensbrück)
Am 4.7.44 als vermeintliche Jüdin mit ihrem Mann Julien in Frankreich verhaftet. Am 6.2.45 im KZ Königsberg Neumark gestorben.

Ernest Vouillamoz wurde mit seinem Bruder Roger am 15. September 1943 in Frankreich wegen Widerstands verhaftet und ins KZ Buchenwald deportiert. Befreit aus dem KZ Mittelbau-Dora.

Lucien Wallach, jüdisch, wurde am 30. Juni 1944 aus Frankreich deportiert. Ermordet im KZ Auschwitz.

Eugen Wipf, 1941 in Deutschland verhaftet, verübte als «Kapo» im KZ Hinzert Grausamkeiten an Mithäftlingen. Nach dem Krieg wurde er in der Schweiz zu lebenslänglicher Haft verurteilt und starb kurz darauf.

Yvonne Weill, jüdisch, wurde am 7. Dezember 1943 aus Frankreich deportiert. Ermordet im KZ Auschwitz.

Marcel Wyler, jüdisch, wurde am 22. Juli 1943 in Frankreich wegen Widerstands verhaftet. Befreit aus dem KZ Mauthausen.

Name, Vorname	Jg.	Hauptlager (Häftlings-Nr.), Aussenlager (Hauptlager, Nr.)

Vouillamoz, Ernest Henri   1912   Buchenwald (40009), Mittelbau-Dora
Am 15.9.43 mit seinem Bruder Roger in Frankreich verhaftet (Résistance). Bei Kriegsende befreit.

Vouillamoz, Roger Marcel   1914   Buchenwald (40008)
Am 15.9.43 mit seinem Bruder Ernest in Frankreich verhaftet (Résistance). Am 17.3.44 im KZ gestorben.

Wagner, Alois   1902   Auschwitz (4239)
Sinto, unehelicher Sohn der Schweizerin Anna Wagner. In Deutschland verhaftet und deportiert. Am 25.10.43 im KZ gestorben.

Wallach, Lucien Léopold   1899   Auschwitz
Jüdisch. Am 30.6.44 mit dem Transport Nr. 76 von Drancy nach Auschwitz deportiert. Am 5.7.44 im KZ gestorben.

Weill, André   1895   Auschwitz
Jüdisch. Am 16.7.43 mit seiner Frau Lucie-Blanche in Frankreich verhaftet und deportiert. Am 5.8.43 im KZ gestorben.

Weill, geb. Lanzenberg, Lucie-Blanche   1902   Auschwitz
Jüdisch. Am 16.7.43 mit ihrem Mann André in Frankreich verhaftet und deportiert. Am 4.3.45 im KZ gestorben.

Weill, geb. Dreifuss, Yvonne   1904   Auschwitz
Jüdisch. Am 7.12.43 mit dem Transport Nr. 64 von Drancy nach Auschwitz deportiert. Am 12.12.43 im KZ gestorben.

Wert(h)enschlag, Georges Aimé   1890   Auschwitz
Jüdisch. Am 20.8.41 bei einer Razzia gegen Juden in Frankreich verhaftet, am 18.7.43 deportiert. Am 23.7.43 im KZ gestorben.

Widmer, Daniel   1908   Dachau (74129), Flossenbürg (13406), Natzweiler-Struthof, Leitmeritz (Flossenbürg)
Am 22.3.44 wegen «deutschfeindlicher Betätigung» in Frankreich verhaftet. Am 13.1.45 im KZ gestorben.

Wipf, Eugen   1916   Hinzert
1941 in Deutschland verhaftet. Grausamer «Kapo» im KZ. 1948 in der Schweiz verurteilt (lebenslänglich), kurz darauf gestorben.

Wislicki (Wislicka), geb. Schönbrunn, Sofia   1892   Ravensbrück (26392), Bergen-Belsen
Jüdisch. Am 2.12.43 in Polen verhaftet und nach Ravensbrück, dann nach Bergen-Belsen deportiert. Bei Kriegsende befreit.

Wodiunig, geb. Ammann, Martha (Maria)   1906   Schloss Hartheim
Am 25.8.40 im Rahmen der «Aktion T4» in die Anstalt Niedernhart deportiert. In der Tötungsanstalt Hartheim ermordet.

Wolff, geb. Blum, Renée   1893   Auschwitz
Jüdisch. Am 18.7.43 mit dem Transport Nr. 57 von Drancy nach Auschwitz deportiert. Am 23.7.43 im KZ gestorben.

Würth, Emil Oskar   1906   Buchenwald (6615), Dachau (37850), Riga-Kaiserwald, Sachsenhausen
Am 24.4.42 in Deutschland u. a. wegen «Wirtschaftsspionage» verhaftet. Am 21.4.45 Flucht bei «Todesmarsch».

Wyler, Adhémar   1907   Auschwitz (51393), Gross-Rosen, Buchenwald (129717),
                                                             Schörzingen (Natzweiler-Struthof)
Jüdisch/ref. Am 3.4.42 in Frankreich wegen illegalen Grenzübertritts verhaftet. April 45: Flucht auf «Todesmarsch», 10.9.46: Suizid.

Wyler, Marcel Max   1914   Linz 3 (Mauthausen, 60692)
Jüdisch. Am 22.7.43 in Frankreich verhaftet (Résistance). Bei Kriegsende durch US-Truppen befreit.

Wyss, Arthur   1880   Natzweiler-Stutthof (12313)
Im März 40 in Polen wegen «Verleumdung der politischen Polizei» verhaftet. Am 12.2.42 im KZ gestorben.

Wyss, Charles   1920   Bestimmungsort Buchenwald
Am 24.6.43 in Frankreich bei einer Razzia verhaftet (Résistance). Am 29.10.43 während der Deportation nach Buchenwald geflüchtet.

Paul Zahnd (links) war Mitglied im Widerstand, Paul Miserez desertierte aus der SS. Beide wurden aus Frankreich deportiert. Auf das Foto schrieb Zahnd an Miserez in Französisch: «Möge dieses Foto das Symbol unserer Freundschaft, (um unserer vergangenen Leiden willen), bis in die Ewigkeit sein.» Beide befreit aus dem KZ Neuengamme.

Maurice Zumbach wurde am 2. Juli 1943 in Frankreich wegen Widerstands verhaftet und deportiert. Befreit bei «Todesmarsch» aus dem KZ Buchenwald.

Name, Vorname	Jg.	Hauptlager (Häftlings-Nr.), Aussenlager (Hauptlager, Nr.)

Zahnd, Paul Jean 1923 Neuengamme (37454)
Am 23.6.44 in Frankreich verhaftet (Résistance). Bei Kriegsende befreit und via Stockholm zurück in die Schweiz.

Zanoli, Hendrikus (Heinrich) 1896 Neuengamme, Dachau (36606), Mauthausen
Am 12.7.41 wegen «kommunistischer Umtriebe» in Holland verhaftet. Am 12.2.45 im KZ an «Lungenentzündung» gestorben.

Zumbach, Maurice Gustave 1923 Buchenwald (31078)
Am 2.7.43 in Frankreich verhaftet (Résistance). Am 11.4.45 auf «Todesmarsch» von US-Truppen befreit.

Anmerkungen

I Historische Einordnung

Die ersten Schweizer KZ-Häftlinge

1. BAR, E2300#1000/716#118*, Bericht vom 2.2.1933.
2. Zitiert nach Hartmann, Karen: «‹Schutzhaft› 1933 bis 1936». In: Morsch, Günter (Hrsg.): *Konzentrationslager Oranienburg* (= Schriftenreihe der Stiftung Brandenburgische Gedenkstätten, Nr. 3). Oranienburg 1994, S. 34.
3. Zur Entwicklung der frühen Konzentrationslager siehe v. a. Königseder, Angelika: «Die Entwicklung des KZ-Systems». In: Benz, Wolfgang u. Distel, Barbara (Hrsg.): *Der Ort des Terrors*, Bd. 1., S. 30-42. München 2005; Tuchel, Johannes: «Organisationsgeschichte der ‹frühen› Konzentrationslager». Ebenda, S. 43-57; Wachsmann, Nikolaus: *KL. Die Geschichte der nationalsozialistischen Konzentrationslager*. München 2016, S. 33 ff.
4. Siehe BAR E2001-08#1978/107#1440*.
5. BAR, E2001-08#1978/107#125*, Schreiben vom 12.10.1951.
6. Zu Franz Bösch siehe u. a. BAR E2001-08#1978/107#243*; BAR E2001C#1000/1533#1843*; PA AA, Inland II A/B, R 100234 und R 100235.
7. PA AA, Inland II A/B, R 100235.
8. BAR, E2001-08#1978/107#243*.
9. *Berner Tagwacht*, 17.11.1933.
10. Siehe dazu BAR, E2001C#1000/1533#1843*: Schreiben Mottas vom 30.11.1933, Schreiben Dinicherts vom 5.12.1933, Schreiben der Abteilung für Auswärtiges vom 7.12.1933.
11. PA AA, Inland II A/B, R 100235.
12. Sösemann, Bernd u. Schulz, Jürgen Michael: «Nationalsozialismus und Propaganda. Das Konzentrationslager Oranienburg in der Anfangsphase totalitärer Herrschaft». In: Morsch, *Konzentrationslager Oranienburg*, S. 78-94.
13. *Neue Berner Zeitung*, 6.10.1933, zitiert nach Dreifuss, Eric: *Die Schweiz und das Dritte Reich. Vier deutschschweizerische Zeitungen im Zeitalter des Faschismus 1933-1939*. Frauenfeld 1971, S. 170.
14. Drobisch, Klaus: «Oranienburg – eines der ersten nationalsozialistischen Konzentrationslager». In: Morsch, *Konzentrationslager Oranienburg*, S. 19.
15. Siehe Wachsmann, S. 89 f.
16. Siehe dazu: Milton, Sybil: «Die Konzentrationslager der dreissiger Jahre im Bild der in- und ausländischen Presse». In: Herbert, Ulrich, Orth, Karin u. Dieckmann, Christoph (Hrsg.): *Die nationalsozialistischen Konzentrationslager. Entwicklung und Struktur*. Frankfurt a. M. 1998, Bd. 1, S. 135-147.
17. Seger, Gerhart: *Oranienburg. Erster authentischer Bericht eines aus dem Konzentrationslager Geflüchteten*. Karlsbad 1934. Exemplar in Gretlers Panoptikum zur Sozialgeschichte, Zürich.
18. Zu Rothacher siehe BAR E2001-08#1978/107#1440*. Aufzeichnung vom 26.10.1933.
19. PA AA, Referat Deutschland/Konzentrationslager, R 98460.
20. Ebenda, Schreiben vom 22.7.1933.

Die Entstehung des KZ-Systems

1. Zitiert nach Osterloh, Jörg: «‹Es wurde ja auch darüber geschrieben in der Zeitung …›. Die Berichterstattung im Deutschen Reich über die Häftlinge der frühen Konzentrationslager». In: Osterloh, Jörg u. Wünschmann, Kim (Hrsg.): *«… der schrankenlosesten Willkür ausgeliefert». Häftlinge der frühen Konzentrationslager 1933-1936/7*. Frankfurt a. M. 2017, S. 342.
2. Ebenda, S. 343.
3. Zur Transformation der Konzentrationslager siehe vor allem: Wachsmann, S. 99 ff.
4. Tuchel, S. 48.
5. Wachsmann, S. 11.
6. Ebenda, S. 69.
7. Ebenda, S. 115.
8. Ebenda, S. 124.
9. Ebenda, S. 130.
10. Siehe zum Beispiel den Fall Robert Kehrli. BAR, E2001-08#1978/107#914*.
11. Nachmittagssitzung des Nationalrats vom 6.6.1934.
12. Sitzungen des Nationalrats vom 12.6.1934.
13. BAR, E2001C#1000/1534#1422*, Übersicht über die politischen Fälle in Deutschland im Oktober 1935.
14. Broda, May: «Der Schweizer Bürger Leopold Obermayer im KZ Dachau. Ein frühes Beispiel eidgenössischer Opferschutzpolitik». In: *Dachauer Hefte*, 23. Dachau 2007, S. 3-29; Broszat, Martin u. Fröhlich, Elke: *Alltag und Widerstand. Bayern im Nationalsozialismus*. München 1987, S. 424-477. Friedländer, Saul: *Das Dritte Reich und die Juden*, 1. Bd. *Die Jahre der Verfolgung 1933-1939*. München 1998, S. 225/26.
15. BAR E9500.239A#2003/53#534*, Motta an Dinichert, 28.8.1935.

16 Siehe Broda, S. 7 und BAR, E2001-08#1978/107#1271*, Schreiben Franz Kappelers vom 2.7.1936.
17 Siehe dazu: Slevogt, Esther: *Den Kommunismus mit der Seele suchen. Wolfgang Langhoff – ein deutsches Künstlerleben im 20. Jahrhundert*. Köln 2011.
18 BAR, E4320B#1975/40#157*, Langhoff gegenüber der Kantonspolizei Zürich, 4.8.1934.
19 *Volksrecht*, 2.3.1935.
20 *Berner Tagblatt*, 7.9.1935.
21 Slevogt, S. 211.
22 Dejung, Christof, Gull, Thomas u. Wirz, Tanja: *Landigeist und Judenstempel. Erinnerungen einer Generation 1930-1945*. Zürich 2002. Erwähnung findet *Die Moorsoldaten* zum Beispiel auf S. 309 oder 463.
23 Kellerhals, Otto: «Die Kongress-Studienreise». In: *Schweizerische Zeitschrift für Strafrecht*, 49. Jg., 1935, S. 442-463.
24 Mischler, Ernst (Hg.): *Aus Wissen und Glauben. Otto Kellerhals in Witzwil zum 70. Geburtstag*. Bern 1940, S. 14.
25 Huonker, Thomas: *Fahrendes Volk – verfolgt und verfemt. Jenische Lebensläufe*. Zürich 1987, S. 66.
26 NZZ vom 6.12.1936. Reto Caratsch wurde 1940 aus Deutschland ausgewiesen.
27 Burckhardt, Carl J.: *Meine Danziger Mission 1937-1939*. Zürich 1960, S. 53 f.
28 Favez, Jean-Claude: *Das Internationale Rote Kreuz und das Dritte Reich. War der Holocaust aufzuhalten?* Zürich 1989, S. 535/6.
29 Stauffer, Paul: *Zwischen Hofmannsthal und Hitler. Carl J. Burckhardt. Facetten einer aussergewöhnlichen Existenz*. Zürich 1991, S. 77.
30 Fink, Jürg: *Die Schweiz aus Sicht des Dritten Reiches 1933-1945*. Zürich 1985, S. 154.
31 BAR, E4320B#1975/40#157*, Abschrift der Vorladung vom 13.9.1935.
32 *Vorwärts*, 11.3.1936.
33 Slevogt, S. 267. Bemerkenswert ist in diesem Zusammenhang auch, dass der Bundesrat 1934 den US-Bürger Harry-Goddard Thomas als «unerwünschten Ausländer» des Landes verwies. Dessen Frau hatte 1933 Hans Beimler, dem Autor von *Im Mörderlager Dachau*, nach dessen Flucht aus dem KZ Unterschlupf gewährt – was dem Bundesrat bei seinem Entscheid bekannt war. Protokoll der 35. Sitzung des Bundesrats vom 17.4.1934, S. 726 f.
34 Wachsmann, S. 166.
35 BAR, E2001-08#1978/107#1681*; Hinweiskarten Zentrale Namenskartei, 1.1.5.3/7211546, 1.1.5.3/7211547, 0.1/65556995, 0.1/65556996/ITS Digital Archive, Bad Arolsen.
36 Wachsmann, S. 180.
37 Zitiert nach Wachsmann, S. 193.
38 Schätzung der Abteilung für Auswärtiges von Mitte 1938. Nach Jacques Picard liegt sie zu hoch. Siehe: Picard, Jacques: *Die Schweiz und die Juden 1933-1945*. Zürich 1994, S. 169.
39 Siehe dazu: BAR, E2300#1000/716#118*, Schreiben Dinicherts an Motta vom 31.3.1933; BAR, E2400#1000/717#664*, Geschäftsbericht des Generalkonsulats München für das Jahr 1933, S. 51 f.; Mächler, Stefan: *Hilfe und Ohnmacht. Der Schweizerische Israelitische Gemeindebund und die nationalsozialistische Verfolgung 1933-1945*. Zürich 2005, S. 115.
40 Zum Fall Pikard siehe Mächler, S. 115 ff.
41 Dinichert war allerdings auch nicht frei von Antisemitismus. 1933 fragte er Bundesrat Häberlin an, ob man nicht besondere Massnahmen gegen die Einwanderung von Juden ergreifen könne, siehe Widmer, Paul: *Minister Hans Frölicher. Der umstrittenste Schweizer Diplomat*. Zürich 2012, S. 51. Zu den Nürnberger Gesetzen und deren Rezeption in der Schweiz siehe Mächler, S. 114 ff.
42 Widmer, S. 50.
43 Haldemann, Frank: «Der völkerrechtliche Schutz des Privateigentums im Kontext der NS-Konfiskationspolitik». In: *Die Schweiz, der Nationalsozialismus und das Recht. Bd. I: Öffentliches Recht*, hrsg. von Thürer, Daniel u. Haldemann, Frank. Zürich 2001 (= *Veröffentlichungen der Unabhängigen Expertenkommission Schweiz – Zweiter Weltkrieg*, Bd. 18), S. 578.
44 Haldemann, S. 581.
45 Siehe zum Folgenden Haldemann, S. 562 f.
46 Haldemann, S. 563. Bonna war mit solchen Vorbehalten nicht allein im Departement. Um die Einreise jüdischer Emigranten zu verhindern, vereinbarte die Schweiz im Oktober 1938 mit Deutschland, dass die Pässe der deutschen Juden mit einem «J» versehen wurden.
47 Unabhängige Expertenkommission Schweiz – Zweiter Weltkrieg (Hrsg.): *Die Schweiz, der Nationalsozialismus und der Zweite Weltkrieg. Schlussbericht*. Zürich 2002, S. 354.
48 Siehe zum Folgenden: Martig, Peter: «Die Berichte der schweizerischen Diplomaten zur nationalsozialistischen ‹Machtergreifung› in den Jahren 1933 und 1934». In: *Schweizerische Zeitschrift für Geschichte*, 28, 3, 1978, S. 350-373. Schwarz, Stephan: «Anpassung statt Widerstand: Franz Kappelers Tätigkeit in Berlin». In: *Schweizerische Zeitschrift für Geschichte*, 61, 4, 2011, S. 418-467. Widmer, S. 33 ff.
49 Widmer, S. 60.
50 Zitiert nach Widmer, S. 32.
51 Siehe Widmer, S. 67.

52 Siehe Wachsmann, S. 215.
53 Hinweiskarten Zentrale Namenskartei, 6.3.3.2/ 101461014 und 6.3.3.2/101461018/ITS Digital Archive, Bad Arolsen.
54 Liste der Häftlinge mit schweizerischer Nationalität, zusammengestellt von Albert Knoll, Archivar der KZ-Gedenkstätte Dachau, 2.3.2017; BAR E2400# 1000/717#664*, Geschäftsbericht des Generalkonsulats München für das Jahr 1938, S. 72.
55 BAR, E2001-08#1978/107#585*; Liste der Häftlinge mit schweizerischer Nationalität, zusammengestellt von Albert Knoll, Archivar der KZ-Gedenkstätte Dachau, 2.3.2017.
56 Stefan Mächler vermutet, dass nur wenige jüdische Schweizer direkt geschädigt wurden, siehe Mächler, S. 192.
57 BAR, E2001D#1000/1553#3823*, Schreiben Frölichers an die Abteilung für Auswärtiges vom 11.11.1938.
58 Zu den Novemberpogromen aus Sicht der Schweizer Diplomatie siehe auch das digitale Themendossier https://www.dodis.ch/de/themendossiers/e-dossier-novemberpogrome-1938 (Zugriff: 26.3.2019).
59 Mächler, S. 192.
60 *Tages-Anzeiger* vom 14., 15. und 17.11.1938.
61 BAR, E2001D#1000/1553#3823, Schreiben der Zollkreisdirektion Schaffhausen an die Oberzolldirektion vom 7.12.1938.
62 Siehe Milton, S. 137/139.
63 Siehe Favez, S. 95/96. Favres Bericht ist auf S. 537 wiedergegeben.

Die Lager werden zu Tötungsanstalten
1 Zitiert nach Wachsmann, S. 227. Siehe zum Folgenden insbesondere: Wachsmann, S. 225 ff.; Königseder, S. 30 f.; Weisbrod, Bernd: «Entwicklung und Funktionswandel der Konzentrationslager 1937/38 bis 1945». In: Herbert, Ulrich et al., Bd. 1, S. 349-362.
2 Wachsmann, S. 235.
3 Kogon, Eugen: *Der SS-Staat. Das System der deutschen Konzentrationslager*. München 1974, S. 65.
4 *Die Tagebücher von Joseph Goebbels,* hrsg. von Elke Fröhlich, Teil I, Bd. 5. München 2000, Eintrag vom 30.5.1938, S. 325.
5 Wachsmann, S. 261.
6 Ebenda, S. 265.
7 Zitiert nach Wachsmann, S. 287.
8 Siehe BAR E4264#1988/2#28304*.
9 Emil Kübler. Siehe BAR E2001-08#1978/107#969*.
10 Heinrich Zanoli, siehe BAR E2001-08#1978/ 107#1888*.
11 Rudolf Gujer, siehe BAR E2001-08#1978/107#708*.
12 Siehe BAR E2001-08#1978/107#1881*.
13 Ebenda, Schreiben an das Polizeidepartement Solothurn vom 1.6.1940.
14 Siehe BAR E2001-08#1978/107#708*, Notiz vom 15.10.1942.
15 Siehe zum Folgenden BAR E2001-08#1978/ 107#1726*.
16 Siehe Favez, S. 339.
17 Siehe BAR E9500.239A#2003/53#580*, Rapport vom 10.12.1940.
18 Siehe BAR E2300#1000/716#125*, Schreiben vom 30.12.1940. Am 21.12.1940 hatte bereits Walter von Burg, der Schweizer Generalkonsul in Wien, die Gesandtschaft in Berlin und Bundespräsident Marcel Pilet-Golaz auf die Tötung von Behinderten hingewiesen. Siehe dazu: Noack, Torsten: *NS-Euthanasie und internationale Öffentlichkeit. Die Rezeption der deutschen Behinderten- und Krankenmorde im Zweiten Weltkrieg*. Frankfurt a. M. 2017, S. 136-146.
19 Vermutlich war die Ermordung Friedrich Malers ein Versehen, denn die deutschen Behörden hatten ausdrücklich festgelegt, dass im Rahmen der «Aktion T4» keine Ausländer getötet werden durften, siehe dazu Noack, S. 138, und Huonker, Thomas: *Diagnose: «moralisch defekt». Kastration, Sterilisation und Rassenhygiene im Dienst der Schweizer Psychiatrie 1890-1970*. Zürich 2003, S. 142 f.
20 BAR E2300#1000/716#124*, Schreiben Kappelers an den Bundesrat, 27.11.1939; siehe auch BAR E2300#1000/716#124*, Schreiben Frölichers vom 18.10.1939. Zu den Intrigen gegen von Weiss siehe auch Haas, Gaston: *«Wenn man gewusst hätte, was sich drüben im Reich abspielte ...» 1941-1943. Was man in der Schweiz von der Judenverfolgung wusste*. Basel 1997, S. 70/71.
21 BAR E4260C#1969/140#171*, Schreiben vom 7.2.1941.
22 BAR E4260C#1974/34#164*, interne Stellungnahme vom 16.9.1934. Franz Kappeler, Gesandtschaftssekretär in Berlin, liess Scheim wissen, «die Sterilisation Anormaler sei nicht das Dümmste, was im Dritten Reich gemacht werde».
23 Egger, Gernot: *Ausgrenzen-Erfassen-Vernichten. Arme und «Irre» in Vorarlberg*. Bregenz 1990 (= Studien zur Geschichte und Gesellschaft Vorarlbergs, Bd.7), S. 202. Eine andere Angabe spricht von 119 Schweizern.
24 Liste von Opfern mit Schweizer Bezug, die Peter Eigelsberger von der Dokumentationsstelle Hartheim, Alkoven (Österreich) zusammengestellt hat, 22.5.2018.

25 Die frontistischen Blätter *Neue Basler Zeitung, Grenzbote/Front* sowie die sozialistischen Zeitungen *Le Travail/Droit du Peuple* und *Freiheit*. Siehe Kreis, Georg: *Zensur und Selbstzensur. Die schweizerische Pressepolitik im Zweiten Weltkrieg.* Frauenfeld und Stuttgart 1973, S. 451 f.
26 Siehe zum Folgenden Kreis, *Zensur*.
27 Kreis, *Zensur*, S. 211.
28 Dreifuss, S. 178.
29 Kreis, *Zensur*, S. 333.
30 Germann, Martin: *Eine Untersuchung zur Berichterstattung der Schweizer Presse über nationalsozialistische Judenverfolgung und Konzentrationslager.* Basel 1967, S. 30.
31 Bericht des Bundesrats über die schweizerische Pressepolitik im Zusammenhang mit dem Kriegsgeschehen 1939-1945, *Bundesblatt*, 16.1.1947, S. 193.
32 Ebenda, S. 218.
33 Widmer, S. 112/3.
34 Siehe Frölicher, Hans: *Meine Aufgabe in Berlin*. Privatdruck. Wabern-Bern 1962, S. 36.
35 BAR E2300#1000/716#125*, Schreiben Frölichers an Pilet-Golaz vom 11.6.1940.
36 BAR E2300#1000/716#125*, Schreiben Frölichers an Bonna, 3.10.1940. Mit dieser Forderung war Frölicher nicht allein. Immer wieder wandten sich Privatpersonen und Wirtschaftsvertreter an das EPD und baten, dafür zu sorgen, dass sich die Schweizer Presse gegenüber Deutschland und Italien zurückhalte, siehe Kreis, *Zensur*, S. 281 f.
37 Ebenda, siehe auch Widmer, S. 126 f.
38 Zur umstrittenen Rolle Frölichers siehe die Biografie von Paul Widmer sowie Schwarz, Stephan: «Hans Frölicher in Berlin: zur Diskussion über die Rolle des schweizerischen Gesandten in Berlin, 1938-1945». In: *Schweizerische Zeitschrift für Geschichte*, 58, Heft 4, 2008, S. 445-467.
39 König, Max: *Das Kamel. Erinnerungen aus einem Diplomatenleben*. Privatdruck, o. J., S. 8.
40 BAR E2300#1000/716#125*, Schreiben Bonnas vom 24.9.1940.
41 Siehe Widmer, S. 80 f.
42 König, S. 8.

Der systematische Massenmord
1 DDS 12/449, S. 1030. Schreiben Stuckis an Bundesrat Motta, 15.11.1938. In seiner Reichstagsrede vom 30. Januar 1939 drohte Hitler kurz darauf: «Wenn es dem internationalen Finanzjudentum gelingen sollte, die Völker noch einmal in einen Weltkrieg zu stürzen, dann wird das Ergebnis […] die Vernichtung der jüdischen Rasse in Europa sein.» Zitiert nach Hilberg, Raul: *Die Vernichtung der europäischen Juden*. Frankfurt a. M. 1990, Bd. 2, S. 411; Vgl. auch: Hans Frölicher vertraute von Weizsäcker «fast blind», wie Edgar Bonjour schreibt, *Geschichte der schweizerischen Neutralität*, Bd. 4. Basel 1971, S. 246.
2 Siehe dazu Hilberg, Bd. 1, S. 164 ff., Bd. 2, S. 411 ff.
3 Wachsmann, S. 345.
4 Siehe etwa Wachsmann, S. 342 oder Browning, Christopher: *Die «Endlösung» und das Auswärtige Amt. Das Referat D III der Abteilung Deutschland 1940-1943*. Darmstadt 2010, S. 21 f.
5 Bereits am 9. März 1940 hatte Himmler bestimmt, dass keine Juden mehr aus den KZ freigelassen werden durften.
6 Hilberg, Bd. 1, S. 221 f.
7 Pohl, Dieter: *Verfolgung und Massenmord in der NS-Zeit 1933-1945*. Darmstadt 2011, S. 83.
8 Wachsmann, S. 345 f.
9 Mächler, S. 259; die Abteilung für Auswärtiges schätzte im September 1942, dass noch rund 250 bis 300 Schweizer Juden in Frankreich lebten, 150 davon in Paris. BAR E2001D#1000/1553#7432*, Schreiben vom 8.9.1942.
10 Rother, Bernd: *Spanien und der Holocaust*. Tübingen 2001, S. 85.
11 Guttstadt, Corry: *Die Türkei, die Juden und der Holocaust*. Berlin 2008, S. 260.
12 Guttstadt, S. 288 f.
13 Im März 1942 wiederholte Bonna gegenüber dem SIG, dass «eine Aufnahme des Problems in seiner grundsätzlichen Bedeutung bei der französischen Regierung nicht in Frage kommt und zudem den Interessen unserer jüdischen Landsleute in Frankreich durchaus nicht dienlich wäre». DDS 14/177, S. 557, Schreiben vom 27.3.1942.
14 Picard, S. 403.
15 Mächler, S. 259; siehe dazu auch Haldemann, S. 568 f.; Picard, S. 187 ff. und Schlussbericht UEK, S. 355.
16 Archiv für Zeitgeschichte, Zürich, SIG-Archiv_00000858, Schreiben vom 17.4.1942.
17 DDS 14/165, S. 517.
18 DDS 14/142, S. 427.
19 Zitiert nach Haldemann, S. 574.
20 *Ort des Terrors*, Bd. 6, S. 258-262.
21 BAR E2001-08#1978/107#174*, Schreiben Kappelers vom 1.9.1942.
22 Ebenda, Schreiben des Schweizer Delegierten für die Rückführung von Schweizerbürgern an das EPD, 21.11.1946.

23 Siehe dazu vor allem Picard, S. 415 f.; Mächler, S. 259 f.; Winiger, Stephan: *Auslandschweizer in Frankreich*. Lizenziatsarbeit Universität Zürich 1991; Papaux, Estelle: *L'attitude des autorités fédérales face aux Suisses Juifs dans la France de Vichy 1940-1944*. Mémoire de licence. Université de Lausanne 2000.
24 Die Gesandtschaft in Paris wurde am 10.6.1941 in ein Konsulat umgewandelt, die neue Schweizer Gesandtschaft war in Vichy domiziliert.
25 Zitiert nach Klarsfeld, Serge: *Die Endlösung der Judenfrage*. Paris, 1977, S. 127. Zur Tagung beim RSHA über die Judenfrage vom 28.8.1942 in Berlin wurde vermerkt: «Insbesondere wurde darauf hingewiesen, dass sich verschiedene ausländische Konsulate (u. a. Schweizer Konsulat) sehr aufdringlich für ihre Juden einsetzten.»
26 Siehe Rother, S. 93 f.
27 BAR E2001D#1000/1553#3855*, Telegramm des Politischen Departementes an die Schweizer Gesandtschaft in Berlin, 4.1.1943.
28 BAR E2001D#1000/1553#7431*, Rothmund an die Abteilung für Auswärtiges, 16.9.1942.
29 DDS 14/290, S. 960, Schreiben Bonnas vom 7.1.1943; siehe auch DDS 14/301, S. 997.
30 Vergleiche dazu auch Guttstadt, S. 295.
31 DDS 14/290, S. 962; Winiger, S. 50/51.
32 Siehe BAR E2001-08#1978/107#647*, Schreiben Navilles vom 15./30.3.1944; siehe auch Winiger, S. 52 f.
33 Siehe BAR E2001D#1000/1553#7429* ff. Das Generalgouvernement umfasste Polen ohne die annektierten Gebiete; Ostland umfasste Estland, Lettland, Litauen und Weissruthenien. Die angegebenen Zahlen liessen sich nicht immer verifizieren.
34 BAR E2001D#1000/1553#7422*, Auszug aus dem Bericht der schweizerischen Gesandtschaft in Berlin über ihre Geschäftsführung im Jahr 1943, S. 13. Zum Sprachgebrauch siehe auch Ludi, Regula: *Reparations for Nazi Victims in Postwar Europe*. Cambridge 2012, S. 173.
35 DDS 14/142, S. 427, Schreiben de Wecks an die Abteilung für Auswärtiges, 23.12.1941, siehe auch DDS 14/311, S. 1024, Schreiben de Wecks an Rothmund, 19.2.1943. Bonna gab de Weck grundsätzlich recht. Man werde versuchen, diese Begriffe künftig zu vermeiden. Allerdings sei dies schwierig, weil sie sich «unglücklicherweise im Sprachgebrauch fast aller Länder Europas eingebürgert» hätten.
36 BAR E2001D#1000/1552#2742*, Schreiben Navilles an die Abteilung für Auswärtiges vom 29.11.1943, siehe auch Winiger, S. 53.
37 BAR E2001D#1000/1553#3006*, Schreiben Navilles an die Gesandtschaft in Berlin vom 15.3.1944 und vom 30.3.1944.
38 BAR E2001D#1000/1553#3006*, Schreiben vom 11.9.1944.
39 BAR E2400#1000/717#752*, Rapport du Consulat de Suisse à Paris sur sa gestion en 1945, S. 50.
40 BAR E2001D#1000/1553#3006*, Schreiben vom 3.12.1943. Bereits im Mai 1942 hatte das Auswärtige Amt dem IKRK mitgeteilt, dass der Aufenthaltsort der aus Frankreich in den Osten deportierten Juden nicht mitgeteilt werden könne. Denn es handle sich bei ihnen um Verbrecher gegen die Sicherheit der deutschen Wehrmacht, siehe Favez, S. 185.
41 BAR E2001D#1000/1553#3006*, Schreiben Frölichers an die Abteilung für Auswärtiges, 11.12.1943. Der Fall von Elsa Herzberger zeigt allerdings, dass es durchaus noch möglich war, Informationen über KZ-Häftlinge zu erhalten. Nach einer Intervention von Herzbergers Mutter bei Siegfried von Nostitz von der deutschen Gesandtschaft in Bern teilte das RSHA dem Deutschen Roten Kreuz am 21.8.1944 mit, Herzberger befinde sich im KZ Ravensbrück, siehe Hinweiskarte Zentrale Namenskartei, 1.1.35.2/3777301/ITS Digital Archive, Bad Arolsen.
42 Auch Pierre Bonna, der Chef der Abteilung für Auswärtiges, glaubte der NS-Propaganda. Im September 1942 erklärte er, die Deportationen «scheinen angesichts des herrschenden Arbeitskräftemangels unausweichlich», zitiert nach Schlussbericht UEK, S. 136.
43 Speck, S. 50.
44 BAR E2001D#1000/1553#6878*, Schreiben vom 25.1.1943.
45 Zitiert nach Hilberg, Bd. 2, S. 677.
46 Siehe zum Folgenden vor allem Weitkamp, Sebastian: *Braune Diplomaten. Horst Wagner und Eberhard von Thadden als Funktionäre der «Endlösung»*. Bonn 2008.
47 Weitkamp, S. 112.
48 PA AA, Inland II A/B, R 99317, Verbalnote vom 21.9.1944.
49 PA AA, Inland II A/B, R 100239, Schreiben vom 31.10.1941.
50 PA AA, Inland II A/B, R 99443, Schreiben Chef Sipo an das Auswärtige Amt, 12.6.1944.
51 Zum Folgenden siehe vor allem Wachsmann, S. 339 ff.
52 Wachsmann, S. 340.
53 Zitiert nach Wachsmann, S. 429.

54 Zu Wyler siehe BAR E2001-08#1978/107#1872* und E2001D#1000/1553#6878*.
55 Zu Grumbach siehe vor allem BAR E2001-08#1978/107#687*.
56 Ebenda, Schreiben Frölichers an die Abteilung für Auswärtiges, 15.10.1942.
57 Ebenda, Schreiben an K. Schäfer, Juni 1943.
58 Ebenda, Schreiben von K. Schäfer, 24.6.1943.
59 PA AA, Inland II A/B, R 99443, Note vom 3.7.1944.
60 Die Diskriminierung beschränkte sich nicht auf weibliche Doppelbürger. So lehnte es die Abteilung für Auswärtiges beispielsweise ab, sich für Robert Lieberherr einzusetzen. Da er seinen Wohnsitz in Frankreich habe, seien die deutschen Behörden berechtigt, ihn als Franzosen zu betrachten, und nicht verpflichtet, auf seine schweizerische Staatsangehörigkeit Rücksicht zu nehmen. Lieberherr starb in Bergen-Belsen. Siehe BAR E2001-08#1978/107#1056*, Schreiben von Diessbachs an Yvonne Lieberherr, 16.11.1943.
61 Zu Berr und Salomons siehe: Redolfi, Silke M.: *Die verlorenen Töchter. Der Verlust des Schweizer Bürgerrechts bei der Heirat eines Ausländers. Rechtliche Situation und Lebensalltag ausgebürgerter Schweizerinnen bis 1952*. Zürich 2019, S. 300-302.
62 «Schweizer Opfer des Nationalsozialismus». Schriftlicher Beitrag an der Tagung «Ein Denkmal für die Schweizer Opfer des Nationalsozialismus?», Zürich, 18.3.2019. In ihrer Dissertation führt Fivaz-Silbermann zwei weitere Schweizer Jüdinnen an, die ihre Staatbürgerschaft durch Heirat verloren und in Auschwitz ermordet wurden (Marjem Erdmann-Guttmann, Esther Gottfried-Ollech). Siehe: Fivaz-Silbermann, Ruth: *La fuite en Suisse: migrations, stratégies, fuite, accueil, refoulement et destin des réfugiés juifs venus de France durant la Seconde Guerre mondiale*. Université de Genève. Thèse, 2017, S. 207 und 440.
63 Siehe zum Beispiel Jost, Hans-Ulrich: «Manipulierte Geschichte», in: *Tages-Anzeiger*, 30.1.2013, S. 9, oder Mörgeli, Christoph: «Blutige Schandtaten», in: *Weltwoche*, 7.7.2017, S. 16 f.
64 Bericht Professor Dr. Carl Ludwig. *Die Flüchtlingspolitik der Schweiz seit 1933 bis zur Gegenwart*. Neuauflage, Bern 1966 (= Ludwig-Bericht); Laqueur, Walter: *Was niemand wissen wollte. Die Unterdrückung der Nachrichten über Hitlers «Endlösung»*. Frankfurt 1982, S. 55-84; Haas, Gaston: *«Wenn man gewusst hätte, was sich drüben im Reich abspielte ...» 1941-1943. Was man in der Schweiz von der Judenvernichtung wusste*. Zürich 1997; siehe auch Schlussbericht UEK, S. 100/101.
65 Vgl. «Of all the neutral countries, Switzerland was best positioned to receive news», Ninhos, Claudia: «What was known in the Neutral Countries about the On-Going Genocide of European Jews». In: International Holocaust Remembrance Alliance (Ed.): *Bystanders, Rescuers or Perpetrators? The Neutral Countries and the Shoa*. Berlin 2016, S. 129.
66 BAR E9500.239A#2003/53#597*, «Wann diskutierte der Bundesrat über den Holocaust?». Recherche von A. Kellerhals und R. Nebiker, 9.7.1997. Wichtige Quellen waren zudem Vertreter internationaler jüdischer Organisationen, ausländische Botschaften und Geheimdienste, Vertreter der polnischen Exilregierung oder Teilnehmer der Schweizer Ärztemissionen an die Ostfront.
67 Koller, Guido: *Fluchtort Schweiz. Schweizerische Flüchtlingspolitik (1933-1945) und ihre Nachgeschichte*. Stuttgart 2018., S. 34.
68 Siehe BAR E2001D#1000/1553#3823*.
69 BAR E2300#1000/716#124*, Schreiben von Burgs vom 7.11.1939; DDS XIV, Doc. 125, S. 379, Schreiben von Weiss' vom 21.11.1941; BAR E27#1000/721#9654*, Schreiben von Weiss' vom 14.5.1942.
70 Zitiert nach Koller, S. 33. Diese Einschätzung hinderte die Schweiz zwei Wochen später nicht daran, die Grenze für jüdische Flüchtlinge zu schliessen.
71 Frölicher, Hans: Tagebuch vom 16.9.1942-23.5.1945, Eintrag vom 29.9.1942 (richtig wäre der 30.9.) Zur Rede siehe Hilberg, Bd. 2, S. 425.
72 Vgl. «Berichte in der Presse waren vor dem Sommer 1942 kaum zu hören. Das Leiden der Juden im Osten war nicht von Interesse. Kein Thema war der Genozid bei der *Neuen Zürcher Zeitung* in dieser Zeit. Auch das *Israelitische Wochenblatt* scheute sich, über die Erschiessungen und später die Vergasungen in aktueller und konkreter Darstellung zu berichten. Selbst Zeitungen aus dem linken Spektrum […] taten sich schwer mit den grauenhaften Informationen, die aus wenig überprüfbaren Quellen kamen.» Picard, S. 409.
73 Zitiert nach Laqueur, S. 62/63.
74 Haas, S. 188. Am 11.8.1942 sandte die US-Botschaft in Bern das sogenannte Riegner-Telegramm nach Washington. Dort hielt man die Informationen von «phantastischer Natur» und hielt es für unmöglich, irgendwelche Hilfe zu leisten, falls solche Dinge tatsächlich geschähen. Auch die Briten hielten Riegners Zeugnis für eine «eher wilde Geschichte». Zu Saly Mayer siehe Ludwig-Bericht, S. 235.
75 Mächler, S. 315.
76 BAR E2300#1000/716#127*, Schreiben vom 1.9. bzw. 4.9.1942.

77 NZZ und *Volksrecht* vom 23.7.1942; siehe auch Ludwig, S. 241; Mächler, S. 291; Haas, S. 245.
78 Haas, S. 255.
79 Siehe dazu Germann, der die Berichterstattung von fünf Schaffhauser Zeitungen miteinander verglich.
80 Ludwig-Bericht, S. 373.
81 BAR E2809#1000/723#85*, Notiz Victor Martins vom 16.11.1942.
82 Peter Surava (geboren als Hans Werner Hirsch) war von 1940 bis 1944 Chefredaktor der regierungskritischen *Nation*.
83 BAR E2001D#1000/1553#6515*.
84 Bundi, Annetta u. Jacomet, Andi: *«Das gibt es in der Schweiz!». Sozialreportagen in der «Nation» 1939–1952.* Facharbeit Universität Bern. Bern 1997, S. 2.
85 DDS 14/260, S. 861, Annexe. Rothmund, Heinrich: *Notiz über meine Besprechungen in Berlin.* Bern, Ende Januar 1943.
86 Morsch, Günter: *Die Baracken 38 und 39. Geschichte und Zukunft eines geschändeten Denkmals.* Berlin 1996, S. 19.
87 Frölicher, Tagebuch, Eintrag vom 23.10.1942.
88 Mächler, S. 371 und Anmerkung 86, S. 526.
89 Ludwig-Bericht, S. 242/3.

KZ-Alltag: Vernichtung durch Arbeit
1 BAR E2001-08#1978/107#1837*.
2 BAR E2001-08#1978/107#621*, Schreiben vom 28.6.1944.
3 Mindestens zwei Schweizer Sinti, Josef Freiwald und Alois Wagner, kamen ins KZ. Zu Schweizer Sinti und Roma sind leider meist sehr wenige Akten vorhanden. Interventionen der Schweiz zugunsten von deportierten Sinti sind uns nicht bekannt. Siehe dazu: Huonker, Thomas u. Ludi, Regula: *Roma, Sinti und Jenische. Schweizerische Zigeunerpolitik zur Zeit des Nationalsozialismus* (= Veröffentlichungen der UEK, Bd. 23). Zürich 2001.
4 Hilberg, Bd. 2, S. 930.
5 Ebenda, S. 984.
6 Siehe dazu vor allem Wachsmann, S. 453 ff. und S. 535 ff.; Königseder, S. 36 f.
7 Wachsmann, S. 542 f.
8 Siehe Jacquemai, Henri: Interview mit H. J., 13.–15.7.1992 in Le Lavandou, KZ Gedenkstätte Neuengamme, HB 1528; Montavon, André: Gespräch vom 2.12.1991 in Besançon, KZ Gedenkstätte Neuengamme, HB 1561.
9 Zitiert nach *Der Ort des Terrors*, Bd. 5, S. 536.
10 BAR E2001D#1000/1553#2903*, Abhörungsprotokoll vom 1.5.1945.
11 Siehe *Der Ort des Terrors*, Bd. 7, S. 223 ff.
12 Fuchs, Gottlieb: *Krieg. Diktatur. Deportation. Ein Schweizer als Generaldolmetscher im Sicherheitsdienst in Südfrankreich. Nummer 44110 in Buchenwald, Harzungen, Dora-Nordhausen und Bergen-Belsen.* Horw, o. J., S. 62 f.
13 Zu Cavadini siehe: BAR E2001-08#1978/107#348*, Sekretariatsbericht vom 20.8.1959.
14 Furrer, Wolfgang: «Frieden, wenn sich die zwei letzten Menschen gegenseitig erschlagen haben». Undatiert. Nachlass Wolfgang Furrer. Archiv für Zeitgeschichte, Zürich, S. 125 f. Alice Zweifel, Tochter des Dachau-Überlebenden Albert Mülli, der nach dem Krieg Kontakt mit Furrer pflegte, bestätigte gegenüber den Verfassern die Versuche, Telefon vom 21.9.2018.
15 Stahl, Christine: *Sehnsucht Brot. Essen und Hungern im KZ-Lagersystem Mauthausen.* Wien 2010, S. 199.
16 BAR E2001-08#1978/107#854*, Note vom 26.12.1960.
17 BAR E2001-08#1978/107#392*.
18 Levi, Primo: *Das periodische System.* München 1987, S. 150.
19 Siehe z. B. Kolb, Eberhard: *Bergen-Belsen. Vom «Aufenthaltslager» zum Konzentrationslager 1939–1945.* Göttingen 1985, S. 47.
20 Hilberg, Bd. 2, S. 995.
21 Wachsmann, S. 486.
22 Ebenda.
23 Favez, S. 202.
24 Kristensen, Henrik Skov: «Deportationen aus Dänemark». In: Von Wrochem, Oliver und Jockheck, Lars (Hrsg.): *Skandinavien im Zweiten Weltkrieg und die Rettungsaktion Weisse Busse.* Berlin 2012, S. 41 f.
25 Der Dachau-Überlebende Albert Mülli etwa beschwerte sich beim EPD, dass Tausende von Häftlingen in Dachau an Hunger gestorben seien. Viele Rot-Kreuz-Sektionen hätten Pakete geschickt, die den Häftlingen das Leben retteten. «Nur wir Schweizer gingen leer aus. Warum hat man nicht ein bisschen an die eigenen Landsleute in den Höllen der KZ gedacht?», in: BAR E2001-08#1978/107#1229*, Schreiben vom 30.6.1945; siehe auch Sonderegger, Ronald: «Wer nicht spurte, spürte die Peitsche», *SonntagsZeitung*, 19.2.1995, S. 21.
26 BAR E2001-08#1978/107#841*, Schreiben vom 13.6.1944.
27 BAR E2001-08#1978/107#926*, Schreiben vom 17.6.1944 und 12.7.1944.
28 Wachsmann, S. 587.
29 Nicht alle «Schweizer» KZ-Häftlinge waren tatsächlich Schweizer. So wird etwa in einigen Berichten ehemaliger Dachau-Häftlinge der Blockälteste Hugo Gutmann («Hugo, der Appenzeller») als

Schweizer bezeichnet (siehe z. B. Joos, Joseph: *Leben auf Widerruf.* Olten 1946; Zamecnik, Stanislas: *Das war Dachau.* Frankfurt a. M. 2007). Gutmann war aber Deutscher, siehe BAR E4320B#1991/243#345*.

30 BAR E2001D#1000/1553#2903*, Abhörungsprotokoll vom 2.5.1945. Zu Furgler siehe Krummenacher-Schöll, Jörg: *Flüchtiges Glück. Die Flüchtlinge im Grenzkanton St. Gallen zur Zeit des Nationalsozialismus.* Zürich 2005, S. 351 f.

31 Vor Gericht verantworten musste sich auch der deutsch-schweizerische Doppelbürger Johannes Pauli, ehemaliger Kommandant des Aussenlagers Bisingen. Siehe dazu: Glauning, Christine: «Wehrmachtsangehörige als Wachmänner und Angehörige der Lagerverwaltung am Beispiel des KZ-Aussenlagers Bisingen». In: *Wehrmacht und Konzentrationslager. Beiträge zur Geschichte der nationalsozialistischen Verfolgung in Norddeutschland,* Heft 13. Bremen 2012, S. 52-66.

32 Siehe: Abbati, Caterina: *Ich, Carmen Mory. Das Leben einer Berner Arzttochter und Gestapo-Agentin (1906-1947).* Zürich, 1999; Helm, Sarah: *Ohne Haar und ohne Namen. Im Frauen-Konzentrationslager Ravensbrück.* Darmstadt 2016, S. 483 ff.

33 Siehe: Reichlin, Linus: *Kriegsverbrecher Wipf, Eugen. Schweizer in der Waffen-SS, in deutschen Fabriken und an den Schreibtischen des Dritten Reiches.* Zürich 1994; Pütz, Albert: *Angehörige der ehemaligen Lager-SS, Gestapo und NS-Justiz vor Gericht. Das SS-Sonderlager KZ Hinzert 1940-1945,* Teil 2. Frankfurt a. M. 2001, S. 25-48; Schneider, Volker: *Oberkapo Eugen Wipf. «... ein Scheusal in Menschengestalt.»* Neuhütten 2003.

34 Wachsmann, S. 599.

35 Gino Pezzani trug in Sachsenhausen ein aufgenähtes «Sch.», Maurice Zumbach in Buchenwald ein «S.» (persönliche Auskunft gegenüber Laurent Favre), in Neuengamme trugen fünf oder sechs Häftlinge ein «S» (siehe Gespräch mit André Montavon, KZ-Gedenkstätte Neuengamme).

36 Urner, Klaus: *Der Schweizer Hitler-Attentäter. Drei Studien zum Widerstand und seinen Grenzbereichen.* Zürich 1980, S. 274.

37 BAR E2001D#1000/1553#7714*, Notiz Martis vom 27.5.1944.

38 Stämpfli, Paul: *In Deutschland zum Tode verurteilt. Tatsachenbericht eines Schweizers.* Zürich 1945, S. 47. Stämpfli wurde später freigelassen.

39 BAR E2001-08#1978/107#621*, Exposé vom 1.7.1944.

40 BAR E2001D#1000/1553#2903*, Brehm, Robert: *Meine Erlebnisse als politischer Gefangener.* o.A.

Die Bemühungen der Schweiz um ihre KZ-Häftlinge

1 BAR E2200.53-04#1000/1768#609*, Brief vom 23.1.1940.

2 Siehe dazu Weitkamp, *Braune Diplomaten,* S. 157 f. Die Akten des Referats IV B 4 sind leider nicht erhalten.

3 Wachsmann, S. 556.

4 BAR E2001-08#1978/107#641*, Schreiben vom 18.3.1944.

5 Die Gesandtschaft forderte zum Beispiel die Freilassung von Albert Mülli (BAR E2001-08#1978/107#1229*), Heinrich Zanoli (BAR E2001D#1000/1553#6878*) oder Marcel Gaillard (BAR E2001-08#1978/107#594*).

6 Widmer, S. 171.

7 Speck, S. 49.

8 Dieckhoff, Alain: *Rescapés du Génocide. L'action Musy: une opération de sauvetage des Juifs européens en 1944-1945.* Basel 1995, S. 13.

9 König, S. 23. Die Aussage Königs liess sich anhand der Akten bisher nicht verifizieren.

10 BAR E2001-08#1978/107#835*, Abschrift eines Telefonats vom 20.9.1944.

11 «NS-Opfer aus dem Kanton Neuenburg». Schriftlicher Beitrag an der Tagung «Ein Denkmal für die Schweizer Opfer des Nationalsozialismus?», Archiv für Zeitgeschichte, Zürich, 18.3.2019.

12 Zitiert nach Schlussbericht UEK, S. 116.

13 PA AA, Inland II A/B, R 99442, Schreiben vom 2.3.1944.

14 Mächler, S. 47.

15 Alle Schreiben in BAR E4800.1#1967/111#498VI*ff. (Persönliche Korrespondenz H. Rothmunds).

16 Redolfi, S. 302.

17 Krummenacher, S. 306. Für einen jüdischen KZ-Häftling setzte sich auch der deutschfreundliche Oberstkorpskommandant Ulrich Wille ein, dessen Tochter mit dem Sohn Ernst von Weizsäckers verheiratet war. 1942 bemühte sich Wille, den in Theresienstadt inhaftierten dänischen Chemiker Arthur Friediger in die Schweiz zu holen, was ihm aber misslang. Immerhin kam das RSHA Wille entgegen, indem Friediger in Theresienstadt bleiben durfte und nicht «in die Ostgebiete zum Arbeitseinsatz überstellt» wurde, was ihm das Leben rettete. PA AA, Inland II A/B, R 99313.

18 Tagebuch Frölicher, Eintrag vom 19.6.1943.

19 http://mendelssohngesellschaft.ch/ried-geschichte.html (Zugriff: 29.11.2018).

20 Lewek, Ingrid u. Tarnowski, Wolfgang: *Juden in Radebeul 1933-1945.* Radebeul 2008, S. 29.

21 Mail Thomas Wachs an die Autoren, 15.8.2018.

22 Siehe dazu vor allem: Lanckoronska, Karolina: *Those who trespass against us. One woman's war against the nazis.* London 2005; Stauffer, Paul: *Carl J. Burckhardt. Zwischen Hofmannsthal und Hitler. Facetten einer aussergewöhnlichen Existenz.* Zürich 1991.
23 Helm, S. 389. Die Briefe Burckhardts sind nicht im IKRK-Archiv erhalten.
24 Lanckoronska, Faksimile, S. 298.
25 Ein Mitarbeiter Burckhardts rechtfertigte dessen Einsatz für Lanckoronska später: Es habe der IKRK-Tradition entsprochen, mit Interventionen in Einzelfällen den Fuss in die Tür für grössere Aktionen zu bekommen. Belege für diese These fehlen allerdings, siehe: Gsteiger, Fredy: «Tödliches Schweigen in Genf». In: *Die Zeit*, Nr. 38/1988.
26 Frölicher, Tagebuch, Eintrag vom 21.1.1943.
27 Am Ende des Krieges erwähnte Frölicher seine «Vorstellungen beim Reichssicherheitshauptamt, die unbeantwortet blieben». Diese Interventionen liessen sich nicht verifizieren. Die Akten des RSHA wurden weitgehend zerstört. Siehe BAR E2200.56#1000/647 Bd.7*, Schreiben Frölichers vom 6.5.1945.
28 Frölicher, *Meine Aufgabe in Berlin*, S. 96.

Die verpasste Chance zur Befreiung von KZ-Häftlingen

1 Frölicher, Tagebuch, Eintrag vom 16.2.1944.
2 Siehe Wachsmann, S. 525 f.
3 http://dodis.ch/11979 (Zugriff: 8.12.2018).
4 Siehe zum Folgenden Mächler, S. 379 ff.
5 Siehe BAR E2001D#1000/1553#6515*.
6 Siehe u. a. Rosenberg, Erika: *Das Glashaus. Carl Lutz und die Rettung ungarischer Juden vor dem Holocaust.* München 2016; Wisard, François: «Carl Lutz in Budapest». In: Hirschi, Agnes u. Schallié, Charlotte (Eds.): *Under Swiss Protection. Jewish Eyewitness Accounts from Wartime Budapest.* Stuttgart 2017, S. 33–48.
7 Weitkamp, *Braune Diplomaten*, S. 315 f.
8 Mächler, S. 380.
9 Pilet-Golaz nahm in einem Schreiben an den Schweizer Botschafter in Ungarn darauf Bezug, DDS 15/171, S. 480.
10 Frölicher, Tagebuch, Eintrag vom 27.6.1944.
11 DDS 15/171, S. 482.
12 DDS 15/242, S. 634/35.
13 DDS 15/281, S. 709 und 15/294, S. 735.
14 DDS 15/224, S. 597.
15 BAR E2200.56#1000/647* Bd. 7, Notiz vom 20.6.1944.
16 Später kamen zwei weitere Schweizer Spione frei. Zu den ersten Fällen siehe: Fuhrer, Hans Rudolf: *Spionage gegen die Schweiz. Die geheimen deutschen Nachrichtendienste gegen die Schweiz im Zweiten Weltkrieg.* Frauenfeld 1982, S. 81; Urner, Klaus: *Der Schweizer Hitler-Attentäter. Drei Studien zum Widerstand und seinen Grenzbereichen.* Zürich 1980, S. 260 f., vor allem Anmerkung 16; Rossé, Christian: *Les échanges de l'ombre.* Thèse en vue de l'obtention du titre de docteur en Sciences Humaines - Histoire. Université de Neuchâtel et Université de technologie de Belfort-Montbéliard. 2013, S. 178 f. Zu den ausgetauschten Schweizer Spionen siehe Lüönd, Karl: *Spionage und Landesverrat in der Schweiz*, 2 Bde. Zürich 1977.
17 BAR E2200.56#1000/647 Bd.7*, Schreiben Frölichers vom 11.9.1940.
18 Ebenda, Abteilung für Auswärtiges an die Schweizer Gesandtschaft, 14.2.1941; siehe auch Urner, S. 260 f.
19 Ebenda, Abteilung für Auswärtiges an die Schweizer Gesandtschaft, 11.9.1941.
20 BAR E2001E#1967/113#1843*, Schreiben Eugsters an die Abteilung für Auswärtiges, 20.6.1942.
21 Ebenda, Schreiben vom 20.6.1942.
22 Siehe zum Beispiel BAR E2001E#1967/113#1843*, Schreiben vom 1.10.1942.
23 Ebenda, Notiz vom 21.1.1943.
24 PA AA, Inland geheim, R 101137, interne Notiz, 6.12.1942.
25 BAR E2200.56#1000/647 Bd.7*, Notiz Stuckis vom 8.4.1943. Schon im Oktober 1942 hatte das Auswärtige Amt Rothmund einen «Generalaustausch der Gefangenen» vorgeschlagen, siehe DDS 14/260, S. 866.
26 PA AA, RAV Bern 3054, Schreiben vom 16.4.1943. Im Hinblick auf die Verhandlungen hatte das Auswärtige Amt die Vollstreckung von sechs Todesurteilen gegen Schweizer sistiert, doch gemäss Frölicher war der Bundesrat mit Ausnahme eines Falles «desinteressiert an dem Schicksal dieser Todeskandidaten», siehe Frölicher, Tagebuch, Eintrag vom 19.3.1943.
27 Die exakte Zahl der jeweils ausgetauschten Häftlinge ist schwierig zu bestimmen, da deutsche und schweizerische Angaben nicht immer übereinstimmen. Hinzu kommt, dass offenbar in einigen Fällen Häftlinge auch unabhängig von den offiziellen Verhandlungen freigelassen wurden.
28 BAR E2001E#1967/113#1843*, Schreiben Eugsters an das EMD, 12.5.1951.
29 Ebenda, Notiz Stuckis vom 10.7.1944.

30 PA AA, Inland II A/B, R 99443, Schreiben vom 30.6.1944.
31 BAR E2001E#1967/113#1843*, Notiz vom 7.4.1944.
32 Ebenda, Aufzeichnung vom 5.5.1944.
33 Ebenda, Notiz Stuckis vom 10.7.1944.
34 PA AA, RAV Bern 3054, Schreiben Celios vom 1.4.1944.
35 BAR E2001E#1967/113#1843*, Schreiben an den Bundesrat, 15.7.1944.
36 Ebenda.
37 Zu Dubler siehe PA AA, Inland II A/B, R 100240.
38 Ebenda, Schreiben vom 31.5.1943.
39 PA AA, Inland II geheim, R 101138, undatiertes Schreiben.
40 PA AA, Kriegsrecht 28 Austausch Schweiz, Zivilgefangenenaustausch – Schweiz, R 41547.
41 BAR E2001D#1000/1553#2907*, interne Notiz vom 25.9.1944. Zugleich fürchtete man, dass diese Fälle nach dem Krieg «eventuell innenpolitisch einmal eine Rolle spielen» könnten.
42 BAR E2001D#1000/1553#6878*, Schreiben vom 19.1.1943.
43 BAR E4264#1988/2#12892*, Schreiben der Polizeiabteilung an die Schweizer Gesandtschaft in Berlin, 8.7.1942.
44 BAR E2001E#1967/113#1843*, Besprechung über den Austausch von Gefangenen, 9.12.1944.
45 Wachsmann, S. 727.
46 Siehe Wachsmann, S. 626 ff.
47 Dass die Schweizer Regierung für diese Argumentation nicht unempfindlich war, zeigt ein Dokument über Pilet-Golaz. Nach einem Gespräch mit dem deutschen Gesandten und dem deutschen Militärattaché regte er gegenüber dem US-Gesandten an, die Russen allein weiterkämpfen zu lassen. Er begründete dies mit der «grossen Gefahr der Bolschewisierung Europas […] und der Notwendigkeit der Abwehr dieser Gefahr». Siehe: BAR J1.3#1000/1402#67*, Geheimpapier vom 5.2.1943.
48 Gegenüber Max König knüpfte Gottlob Berger, Chef des SS-Hauptamts, seinen Verzicht, gewisse Kriegsgefangene zu verlegen, explizit an die Forderung, dass sich der Schweizer Diplomat nach dem Krieg für ihn einsetze: «Wenn ich vor dem Kriegsgericht stehe, dann werden Sie bezeugen, dass ich unter eigener Lebensgefahr, entgegen dem Führerbefehl, diese Verlegung untersagt habe.» König wie Frölicher gaben später tatsächlich ein Affidavit für Berger ab. Sowohl Berger wie Walter Schellenberg wurden relativ milde bestraft, siehe Widmer, S. 173.
49 Wollenberg, Jörg: «Zwischen Befreiung und Vernichtung». In: Von Wrochem, Oliver u. Jockheck, Lars (Hrsg.): Skandinavien im Zweiten Weltkrieg und die Rettungsaktion Weisse Busse. Berlin 2012, S. 177.
50 Wachsmann, S. 659/60.
51 BAR E2300#1000/716#129*, Frölicher an Pilet-Golaz, 5.12.1944; Notiz Vischers vom 30.11.1944. Am 25.11.1944 frohlockte Frölicher: «Wir haben jetzt auch eine Verbindung mit dem Hauptamt der SS.», siehe DDS 15/299, S. 746. Der Bundesrat war gegen den Kontakt mit Berger. In seinem Tagebuch notierte Frölicher: «Der Bundesrat ist der Ansicht, dass ich nicht zu Berger gehen solle. Er müsste mich abberufen, wenn es eine öffentliche Diskussion darüber geben würde.» (Eintrag vom 22.1.1945).
52 Wachsmann, S. 662, Favez, S. 458 f.; Farré, S. 1394 f.
53 BAR E2001D#1000/1553#7714*, Schreiben vom 9.4.1945.
54 Frölicher, Tagebuch, Eintrag vom 20.2.1945.
55 Meldung des Todes von Paul Egger, siehe BAR E2001-08#1978/107#487*; im Februar 1945 vermeldete Le Démocrate, dass Albert-Georges Augsburger in Dachau verstorben sei, PA AA, RAV Bern 3055.
56 Bericht über die Behandlung ausländischer Schutzbefohlener (Zivilpersonen) in Deutschland und den besetzten Gebieten, 16.7.1945; http://dodis.ch/209 (Zugriff: 17.9.2019).
57 Frölicher, Tagebuch, Eintrag vom 3.3.1945.
58 BAR E2001D#1000/1553#2907*, Telegramm Frölichers an das EPD, 23.2.1945.
59 BAR E2001D#1000/1553#2907*, undatiertes Schreiben (vermutlich 1.3.1944).
60 Ebenda, Abteilung für Auswärtiges an die Schweizer Gesandtschaft in Berlin, 19.1.1945
61 1944/45 versuchten verschiedene Gruppierungen in der Schweiz, jüdische Häftlinge freizukaufen. Der ehemalige SIG-Präsident Saly Mayer war an Verhandlungen beteiligt, die der ungarische Journalist Rezsö Kasztner mit dem Himmler-Vertrauten Kurt Becher führte. Dank ihnen kamen im August 1944 318 und im Dezember 1944 nochmals 1352 ungarische Juden aus Bergen-Belsen frei und wurden im Zug in die Schweiz gebracht («Kasztner-Zug»). Für die Freigelassenen wurde ein Lösegeld von über 7 Millionen Franken bezahlt. Alt Bundesrat Jean-Marie Musy erreichte dank seiner Bekanntschaft mit Himmler und vermutlich gegen ein Lösegeld von 5 Millionen Franken Anfang 1945 die Freilassung von 1200 Juden aus Theresienstadt. Warum sich unter den Freigelassenen auch die drei Schweizer Robert und Otto Graf sowie Gabrielle Mayor befanden, bleibt unklar. Als Hitler von dieser Aktion erfuhr, verbot er wutentbrannt jede wei-

tere Freilassung von Juden. Bereits vor 1944 waren Schweizer daran beteiligt, rund 100 holländische Juden gegen Lösegeld freizukaufen. Die Schweizer Regierung wusste zum Teil von den Befreiungsbemühungen, stand ihnen aber skeptisch bis ablehnend gegenüber. Siehe dazu vor allem Zweig-Strauss, Hanna: *Saly Mayer 1882-1950. Ein Retter jüdischen Lebens während des Holocaust*. Köln 2007, S. 219 ff.; Dieckhoff, Alain: *Rescapés du Génocide. L'action Musy: une opération de sauvetage des Juifs européens en 1944-1945*. Basel 1995; Zeugin, Bettina u. Sandkühler, Thomas: *Die Schweiz und die deutschen Lösegeldepressungen in den besetzten Niederlanden. Vermögensentziehung, Freikauf, Austausch 1940-1945* (= Veröffentlichungen der UEK, Bd. 24). Zürich 2001; allgemein zur Thematik siehe Bauer, Yehuda: *Freikauf von Juden? Verhandlungen zwischen dem nationalsozialistischen Deutschland und jüdischen Repräsentanten von 1933-1945*. Frankfurt a. M. 1996.
62 BAR E2001-08#1978/107#708*, Schreiben Olga Gujers vom 13.3.1945.
63 DDS 15/397, S. 1005.
64 Zum Folgenden siehe Wachsmann, S. 663 f. sowie Blatman, Daniel: «Rückzug, Evakuierung und Todesmärsche 1944-1945» sowie Abzug, Robert H. und Wetzel, Juliane: «Die Befreiung», in: *Der Ort des Terrors*, Bd. 1, S. 296-328.
65 BAR E2001-08#1978/107#1872*, Auszug aus einer Notiz betreffend Adhémar Wyler, 3.8.1945.
66 BAR E2001D#1000/1553#2903*, Brehm, Robert: *Meine Erlebnisse als politischer Gefangener*.
67 Wyler, *De Montluc à Mauthausen*, o. S.
68 Frölicher, Tagebuch, Eintrag vom 17.3.1945.
69 BAR, E2001E#1967/113#1843*, Telegramm EPD an die Schweizer Gesandtschaft, 14.4.1945.
70 Siehe zum Beispiel *Volksrecht* vom 19.4.1945, *Sie + Er* vom 27.4.1945, *NZZ* vom 29.4.1945.
71 Siehe BAR E2200.56#1000/647 Bd. 7*, Schreiben vom 25.4.1945; BAR E2300#1000/716#130*, Schreiben Frölichers an Petitpierre vom 25.4.1945, sowie Frölicher, Tagebuch, Einträge vom 25. und 26.4.1945.
72 BAR E2001D#1000/1553#2903*, undatierter Bericht des Insp. Caviezel.
73 BAR E2001D#1000/1553#7714*, siehe auch DDS 15/434, S. 1090.
74 BAR E2300#1000/716#130*, Schreiben vom 6.5.1945.
75 Siehe Wachsmann, S. 728; Lehnstaedt, Stephan: *Der Kern des Holocaust. Belzec, Sobibor, Treblinka und die Aktion Reinhardt*. München 2017, S. 85; Klein, Peter: «Massentötung durch Giftgas im Vernichtungslager Chelmno». In: Morsch, Günter u. Perez, Bertrand (Hrsg.): *Neue Studien zu nationalsozialistischen Massentötungen durch Giftgas*. Berlin 2011, S. 183.

Das grosse Vergessen

1 Alle Angaben zu Wyler siehe: BAR E2001-08#1978/107#1872*.
2 Sämtliche Angaben stammen aus den Personen-Dossiers der Kommission für Vorauszahlungen an schweizerische Opfer der nationalsozialistischen Verfolgung (KNV), BAR E2001-08#1978/107#.
3 Favre sprach mit Gottlieb Fuchs, Charles Humbert, Paul Miserez, Armand Mottet, Henri Mühlethaler, Gino Pezzani, Jacques Louis Roulet, Jacques Schaer und Maurice Zumbach.
4 Montavon, André: Gespräch mit A. M. am 2.12.1991.
5 Sonderegger, S. 22.
6 Gross, Raphael, Lezzi, Eva u. Richter, Marc R.: *«Eine Welt, die ihre Wirklichkeit verloren hatte ...» Jüdische Überlebende des Holocaust in der Schweiz*. Zürich 1999, S. 181.
7 Fäh, Albert: *L'Impératrice a des cors aux pieds*. Epinal 1983, S. 281.
8 Zum Beispiel NZZ vom 19.5. und 5.6.1945, siehe auch Späti, Christina: *Denkbarrieren des Sonderfalls. Die vergessenen Schweizer Opfer der nationalsozialistischen Verfolgung*. Beitrag auf http://geschichtedergegenwart.ch (Zugriff: 13.3.2019).
9 Marbot, Felicie: *Geschlecht vor Gericht – Von Feiglingen und Hyänen. Frühe Konzentrationslager-Prozesse in der schweizerischen Berichterstattung*. Masterarbeit Universität Basel 2012, S. 86.
10 Altermatt, Urs u. Späti, Christina: «Neutralität statt Moralität. Die Entschädigung der Opfer des Nationalsozialismus in der Schweiz». In: *Grenzen der Wiedergutmachung. Die Entschädigung für NS-Verfolgte in West- und Osteuropa 1945-2000*, hrsg. von Hans Günter Hockerts et al., Göttingen 2006, S. 564.
11 Mächler, S. 428. Siehe dazu auch Ludi, Regula: «Die Parzellierung der Vergangenheit: Schweizer NS-Opfer und die Grenzen der Wiedergutmachung». In: *Studien und Quellen*, 2003, 29, S. 109.
12 *Tages-Anzeiger*, 27.1.2017, S. 4. Dem Verein gehörten ausschliesslich KZ-Überlebende an, die nach dem Krieg in die Schweiz gekommen waren.
13 Siehe den Nachlass Furrers im Archiv für Zeitgeschichte, Zürich.
14 Bericht des schweizerischen Bundesrats an die Bundesversammlung über seine Geschäftsführung im Jahr 1945 (vom 17. April 1946), S. 100.
15 Zitiert nach Perrenoud, S. 235.
16 BAR E2001-08#1978/107#1872*, Notiz von Felix Schnyder, 3.8.1945.
17 Siehe zum Folgenden: Altermatt/Späti, S. 513-567; Ludi, Regula u. Speck, Anton-Andreas: «Swiss Victims of National Socialism: An Example of how Switzerland Came to Terms with the Past». In: Roth,

John K. and Maxwell, Elisabeth (Eds.): *Remembering for the Future. The Holocaust in an Age of Genocide.* Vol. 2. London 2001, S. 907–922.; Ludi, Regula: *Die Parzellierung der Vergangenheit*; Ludi, Regula: *Reparations for Nazi Victims in Postwar Europe.* Cambridge 2012.
18 BAR E4800.1#1967/111#95*, Aufzeichnung Rothmunds vom 24.3.1953.
19 Ludi, *Parzellierung*, S. 110.
20 Siehe Ludi, *Parzellierung*, S. 115. Siehe auch *Volksrecht*, 30.5.1956: «Seit mehr als zehn Jahren warten zahlreiche Schweizer Bürger, die während des ‹Tausendjährigen Reiches› Opfer nationalsozialistischen Unrechts wurden, auf ihre Wiedergutmachung.»
21 Botschaft des Bundesrats an die Bundesversammlung zum Entwurf eines Bundesbeschlusses über die Gewährung von Vorschussleistungen an schweizerische Opfer der nationalsozialistischen Verfolgung vom 1.2.1957.
22 BAR E2001-08#1978/107#504*, Schreiben vom 18.9.1962.
23 Zum Fall Rieder siehe BAR E2001-08#1978/107#1404*.
24 BAR E2001-08#1978/107#1217*, Aktennotiz vom 12.3.1959.
25 BAR E2001-08#1978/107#7*, Schreiben an die KNV, 30.9.1958.
26 Für die 30 000 kriegsgeschädigten Auslandschweizer stellte der Bund rund 75 Millionen Franken zur Verfügung, durchschnittlich also 2500 Fr. Zum Vergleich: Maximilian Jäger, ehemaliger Schweizer Gesandter in Budapest, erhielt als Entschädigung für die Bombardierung und Plünderung seiner Residenz 20 000 Fr. zugesprochen.
27 Siehe zum Folgenden: Staatsarchiv des Kantons Zürich: Dossier Z 419.97 (Bund der KZ-Häftlinge in der Schweiz); BAR: E4320-05C#1995/234#11*, E4320-05C#1995/234#12* (Bund ehemaliger KZ-Häftlinge), E4001D#1973/125#1647*, E4264#1985/197#225*, J2.233-01#1997/236#1048* (Pollatschek Ernst); E4800.1#1967/111#117* (Presseorientierung KZ-Union); Archiv für Zeitgeschichte, Zürich: NL Hugo Schriesheimer/27 (Korrespondenz KZ-Union 1947 bis 1949, Revisionsbericht, KZ-Journal, Protokolle Zentralvorstand).
28 *Die Tat*, 4.3.1957, S. 10.
29 Vormittagssitzung des Nationalrats vom 14.6.1957, S. 423.
30 BAR E2010A#1995/313#3698*, Schreiben vom 16.4.1970; online: dodis.ch/36981 (Zugriff: 22.12.2018).
31 Siehe Altermatt, Urs: «Verspätete Thematisierung des Holocaust in der Schweiz». In: *Erinnern und Verarbeiten. Zur Schweiz in den Jahren 1933–1945*, hrsg. von Georg Kreis (= *Itinera*, Fasc. 25). Basel 2004, S. 31–55; Späti, Christina: «Die Schweiz und der Holocaust: Rezeption, Erinnerung und museale Repräsentation». In: *Museen als Orte geschichtspolitischer Verhandlungen. Ethnografische und historische Museen im Wandel*, hrsg. von Brait, Andrea u. Früh, Anja (= *Itinera*, 43, 2017), S. 64.
32 Ludi/Speck, S. 914.
33 Schlussbericht UEK, S. 536.
34 *24 Heures*, 31.12.1996.
35 Urner, S. 307.
36 Schlussbericht UEK, S. 549.
37 Mail von Jacques Picard an die Verfasser, 27.1.2019; siehe auch Blau, Gisela: «Auch nach 80 Jahren fehlt der Mut noch», in: *Tachles*, 8.3.2019, S. 13. Ein anderer wichtiger Faktor, dass das Thema nicht weiterverfolgt wurde, war der Tod der US-Historikerin Sybil Milton. Die Kommission thematisierte indes im Schlussbericht und in einem juristischen Spezialband die Frage des Rechts- und Opferschutzes.
38 Schreiben des Auslandschweizerdienstes, 18.9.1992. Privatarchiv.
39 Zum Beispiel in Buchenwald, Dachau, Mittelbau-Dora, Mauthausen, Majdanek, Neuengamme. In Auschwitz und Natzweiler erinnern Tafeln an alle ausländischen Opfer.
40 «Schweiz will Vertrauen schaffen», NZZ, 4.5.2013, S. 13.
41 Picard, Jacques: «Schweizer NS-Opfer anerkennen». In: *Tachles*, 16.11.2018, S. 10. Siehe dazu auch: Meyer, Fabienne: *Monumentales Gedächtnis? – Shoah-Denkmale in der Schweiz.* Masterarbeit, Universität Zürich 2015.
42 Siehe dazu Demuth, Yves: «Die vergessenen Schweizer Opfer». In: *Beobachter*, 8.12.2017, S. 36–40; Krummenacher, Jörg: «Ein Zeichen für vergessene Schweizer Opfer des Nazi-Regimes», nzz.ch (Zugriff: 10.8.2018); Barrile, Angelo: «Haltung des Bundesrates zu einem offiziellen Gedenken an die Schweizer Opfer des Nationalsozialismus», eingereicht am 13.12.2018 (Interpellation 18.4270).

Hat die Schweiz versagt?
1 BAR E4800.1#1967/111#95*, Schreiben vom 3.9.1954. Regula Ludi sieht in Rothmunds Haltung nach dem Krieg auch eine Distanzierung, die nicht zuletzt das eigene Desinteresse am Schicksal der Verfolgten während der NS-Zeit verdecken sollte. In: Ludi, *Die Parzellierung der Vergangenheit*, S. 102.

2 Der *Beobachter* warf Rothmund am 31. März 1954 fälschlicherweise vor, den «J-Stempel» quasi im Alleingang erfunden zu haben. Rothmund wurde per Ende 1954 pensioniert. Siehe dazu Kreis, Georg: *Die Rückkehr des J-Stempels*. Zürich 2000, S. 74 ff.
3 Protokolle der Bundesversammlung, Sitzung des Ständerats vom 6.6.1945, S. 30.
4 Siehe zum Folgenden Speck, S. 99 ff.
5 Mündlicher Bericht von Browns Stieftochter Hélène Brown an Laurent Favre, 1993.
6 BAR E2001-08#1978/107#1088*, Schreiben Adolf Ammanns an die Schweizer Gesandtschaft in Paris, 3.8.1956.
7 Klarsfeld, *Die Endlösung der Judenfrage in Frankreich*, S. 185.
8 BAR E2001D#1000/1553#3006*, Lévy an Bundespräsident Celio, 3.2.1943.
9 Zum Beispiel BAR E2001-08#1978/107#986*, Schreiben von Renée Kyburz an die Schweizer Botschaft in Paris, 25.4.1964; BAR E2001-08#1978/107#557*, Dankesbrief Giuseppe Franconis an Naville vom 9.3.1941.
10 Winiger, S. 53.
11 Mail von Ruth Fivaz-Silbermann an die Verfasser, 11.9.2017.
12 Mächler, S. 156.
13 BAR E2001-08#1978/107#1254*, Schreiben von Weiss' vom 18.9.1944.
14 Ludi, *Die Parzellierung der Vergangenheit*, S. 120.
15 BAR E2001-08#1978/107#509*, Schreiben Stuckis an das Schweizer Konsulat in Nancy, 9.3.1945.
16 BAR E2001-08#1978/107#594*, Schreiben vom 17.10.1944.
17 Fink, S. 85. Neben Rüfenacht führte Heydrich auch Johann Hürzeler, Konsul in Leipzig, und Rudolf von Weiss, Konsul in Köln, namentlich auf.
18 Siehe zum Folgenden Widmer, S. 155.
19 Müller, Fred: «Gibt es eine Kollektivschuld des Schweizer Grossbürgertums?» In: *Tages-Anzeiger*, 18.10.1993, S. 8.
20 Bei den Verhandlungen mit der BRD über die Wiedergutmachung von nationalsozialistischem Unrecht erklärte KNV-Präsident Maurice Jaccard, die Schweizer Interventionen seien «nicht berücksichtigt oder dilatorisch behandelt worden». 1960 meinte EPD-Generalsekretär Robert Kohli: «Interventionen der Schweizerischen Gesandtschaft in Berlin für Schweizerbürger […] wurden vom Auswärtigen Amt, wenn überhaupt, nur mit Verachtung behandelt.» Siehe BAR E2001-08#1978/107#14*, Internes Protokoll vom 9./10.3.1959 bzw. Schreiben vom 13.7.1960.
21 Frölicher, Tagebuch, Eintrag vom 13.1.1943.
22 BAR E2001-08#1978/107#646*.
23 Widmer, S. 153.
24 Kreis, *Zensur*, S. 208.
25 BAR E2001D#1000/1553#3006*, Frölicher an die Abteilung für Auswärtiges, 11.12.1943.
26 Gespräch mit Balz Spörri, 24.11.2017.
27 Frölicher, Tagebuch, Eintrag vom 15.11.1944.
28 NZZ, 4.5.1976, S. 33.
29 BAR E2001-08#1978/107#669*, Schreiben vom 26.10.1944.
30 BAR E2001D#1000/1553#6878*, Rothmund an die Abteilung für Auswärtiges, 28.8.1943.
31 BAR E2001-08#1978/107#1*, Entwurf vom 5.4.1951.
32 Gespräch mit Balz Spörri, 24.11.2017.
33 BAR E2001E#1967/113#1843*, Telegramm vom 14.4.1945.
34 Siehe zum Folgenden BAR E2001-08#1978/107#708*.
35 BAR E2001-08#1978/107#515*, Schreiben Stuckis an den Schweizer Konsul in Besançon vom 21.12.1943.
36 BAR E2001-08#1978/107#828*, Schreiben Stuckis an die Schweizer Gesandtschaft in Paris, 9.3.1945.
37 Siehe Wachsmann, S. 567 f.
38 Ludwig-Bericht, S. 373.
39 Frölicher, Tagebuch, Eintrag vom 22.1.1945.
40 BAR E2001-08#1978/107#14*, Schreiben an die Botschaft in Köln, 12.5.1959.
41 International Holocaust Remembrance Alliance (Ed.): *Bystanders, Rescuers or Perpetrators? The Neutral Countries and the Shoa*. Berlin 2016.
42 Ebenda, S. 180.
43 Guttstadt, Corry: *Die Türkei, die Juden und der Holocaust*. Berlin 2008, S. 340 f.
44 Ebenda, siehe insbesondere S. 480 f.
45 Siehe Rother, Bernd: *Spanien und der Holocaust*. Tübingen 2001, S. 163 ff.
46 Siehe *International Holocaust Remembrance Alliance*, S. 101 ff.
47 Ebenda, S. 65 f.
48 Siehe zum Beispiel Weitkamp, *Braune Diplomaten*, S. 161 f.
49 Zum Beispiel *Thurgauer Zeitung* und *Aargauer Zeitung* vom 13.10.1943.
50 Siehe Schaffhauser *Arbeiter-Zeitung* vom 20.7.1944: «Unser Bundesrat schweigt. Er überlässt es dem schwedischen König, bei der ungarischen Regierung zu intervenieren. Zu versuchen, so Grauenhaftem zu wehren, würde ja gegen die Neutralität verstossen.»

51 Siehe dazu Schulze, Birgit: «Das Schicksal dänischer Deportierter in nationalsozialistischen Konzentrationslagern». In: *Dachauer Hefte*, 23. Dachau 2007, S. 57-72; von Wrochem, Oliver u. Jockheck, Lars (Hrsg): *Skandinavien im Zweiten Weltkrieg und die Rettungsaktion Weisse Busse*. Berlin 2012.
52 Weitkamp, *Braune Diplomaten*, S. 161.
53 Hinweis von Ruth Fivaz-Silbermann, Mail an die Verfasser, 17.4.2019.
54 BAR E2001D#1000/1553#6878*, Rothmund an die Abteilung für Auswärtiges, 28.8.1943.
55 Speck, *Der Fall Rothschild*, Geleitwort, S. 8.
56 PA AA Inland II A/B, R 99316, Schreiben vom 26.7.1943.
57 PA AA Inland II geheim, R 100869.
58 Zitiert nach Fink, S. 74.
59 Ludi/Speck, S. 910: «There are sufficient indications that the Federal Council did not use all the means at its disposal to save persecuted Swiss citizens during the National Socialist era.» Sebastian Weitkamp: «Die Schweiz hätte nicht alle KZ-Häftlinge rausbekommen können, aber wenn man sich energischer eingesetzt hätte, hätte man mehr retten können, als tatsächlich freikamen.» Gespräch mit Balz Spörri, 24.11.2017.

III Memorial

Die Opfer

1 BAR E2001-08#1978/107#14* (Verhandlungen mit Deutschland).
2 Schweizerisches Bundesarchiv (BAR), Bern; Politisches Archiv des Auswärtigen Amts (PA AA), Berlin; Datenbank des International Tracing Service (ITS), Bad Arolsen; Archive und Online-Totenbücher der KZ-Gedenkstätten und von Yad Vashem; Online-Datenbanken von La Mémoire de la Déportation, MémorialGenWeb, Holocaust Survivors and Victims Database, Mémorial de la Shoah, Mémorial des Juifs du Haut-Rhin Martyrs de la Shoah, Find a grave u. a.; Klarsfeld, Beate und Serge: *La Mémorial de la Déportation des Juifs de France*. Privatarchiv von Laurent Favre, Dorénaz (VS).
3 «Sechste Verordnung zur Durchführung des Bundesentschädigungsgesetzes vom 23. Februar 1967 (BGBl. I, S. 233), die zuletzt durch § 1 der Verordnung vom 24. November 1982 (BGBl. I, S. 1571) geändert worden ist.» Daneben existiert auch ein langjähriges Forschungsprojekt des United States Holocaust Memorial Museum in Washington zur Klassifizierung der Lager: https://www.ushmm.org/research/publications/encyclopedia-camps-ghettos
4 Benz, Wolfgang u. Distel, Barbara (Hrsg.): *Der Ort des Terrors – Geschichte der nationalsozialistischen Konzentrationslager*. 9 Bände. München 2005-2009.

Auswahlbibliografie

Sekundärliteratur

Abbati, Caterina: *Ich, Carmen Mory. Das Leben einer Berner Arzttochter und Gestapo-Agentin (1906-1947)*. Zürich 1999.

Altermatt, Urs: «Verspätete Thematisierung des Holocaust in der Schweiz». In: *Erinnern und Verarbeiten. Zur Schweiz in den Jahren 1933-1945*, hrsg. von Georg Kreis (= Itinera, Fasc. 25). Basel 2004, S. 31-55.

Altermatt, Urs u. Späti, Christina: «Neutralität statt Moralität. Die Entschädigung der Opfer des Nationalsozialismus in der Schweiz». In: *Grenzen der Wiedergutmachung. Die Entschädigung für NS-Verfolgte in West- und Osteuropa 1945-2000*, hrsg. von Hans Günter Hockerts, Claudia Moisel und Tobias Winstel. Göttingen 2006, S. 513-567.

Bauer, Yehuda: *Freikauf von Juden? Verhandlungen zwischen dem nationalsozialistischen Deutschland und jüdischen Repräsentanten von 1933 bis 1945*. Frankfurt a. M. 1996.

Benz, Wolfgang u. Distel, Barbara (Hrsg.): *Der Ort des Terrors*. 9 Bände. München 2005 bis 2009.

Bonjour, Edgar: *Geschichte der schweizerischen Neutralität*. Band III und IV. Basel 1967 und 1971.

Broda, May: «Der Schweizer Bürger Leopold Obermayer im KZ Dachau. Ein frühes Beispiel eidgenössischer Opferschutzpolitik». In: *Dachauer Hefte*, 23. Dachau 2007, S. 3-29.

Broszat, Martin u. Fröhlich, Elke: *Alltag und Widerstand. Bayern im Nationalsozialismus*. München 1987.

Browning, Christopher R.: *Die «Endlösung» und das Auswärtige Amt. Das Referat D III der Abteilung Deutschland 1940-1943*. Darmstadt 2010.

Bundi, Annetta u. Jacomet, Andi: «Das gibt es in der Schweiz!». *Sozialreportagen in der «Nation» 1939-1952*.

Facharbeit Universität Bern, Bern 1997. www.jacomet.ch/download/nation.pdf (Zugriff: 20.11.2018).

Cerutti, Mauro: «La politique extérieure, de la Première à la Deuxième Guerre mondiale». In: *Traverse*, 20, 2013, S. 215-241.

Dejung, Christof, Gull, Thomas u. Wirz, Tanja: *Landigeist und Judenstempel. Erinnerungen einer Generation 1930-1945*. Zürich 2002.

Dieckhoff, Alain: *Rescapés du génocide. L'action Musy: une opération de sauvetage des Juifs européens en 1944-1945*. Basel 1995.

Dreifuss, Eric: *Die Schweiz und das Dritte Reich. Vier deutschschweizerische Zeitungen im Zeitalter des Faschismus 1933-1939*. Frauenfeld 1971.

Egger, Gernot: *Ausgrenzen-Erfassen-Vernichten. Arme und «Irre» in Vorarlberg*. Studien zur Geschichte und Gesellschaft Vorarlbergs, Bd. 7. Bregenz 1990.

Farré, Sébastien: «The ICRC and the detainees in Nazi concentration camps (1942-1945)». In: *International Review of the Red Cross*, Vol. 94, Nr. 888. Genf 2012, S. 1381-1408.

Favez, Jean-Claude: *Das Internationale Rote Kreuz und das Dritte Reich. War der Holocaust aufzuhalten?* Zürich 1989.

Fink, Jürg: *Die Schweiz aus Sicht des Dritten Reiches 1933-1945*. Zürich 1985.

Fivaz-Silbermann, Ruth: *La fuite en Suisse: migrations, stratégies, fuite, accueil, refoulement et destin des réfugiés juifs venus de France durant la Seconde Guerre mondiale*. Université de Genève. Thèse, 2017. https://archive-ouverte.unige.ch/unige:96640 (Zugriff: 21.4.2019).

Fleury, Antoine: «Les activités diplomatiques suisses en France (1940-1944)». In: *Relations internationales*, 108, 2001, S. 525-544.

Friedländer, Saul: *Das Dritte Reich und die Juden. Band 1. Die Jahre der Verfolgung 1933-1939*. München 1998.

Fuhrer, Hans Rudolf: *Spionage gegen die Schweiz. Die geheimen deutschen Nachrichtendienste gegen die Schweiz im Zweiten Weltkrieg*. Frauenfeld 1982.

Germann, Martin: *Eine Untersuchung zur Berichterstattung der Schweizer Presse über nationalsozialistische Judenverfolgung und Konzentrationslager*. Basel 1967.

Glauning, Christine: «Wehrmachtsangehörige als Wachmänner und Angehörige der Lagerverwaltung am Beispiel des KZ-Aussenlagers Bisingen». In: *Wehrmacht und Konzentrationslager*. Beiträge zur Geschichte der nationalsozialistischen Verfolgung in Norddeutschland, Heft 13. Bremen 2012, S. 52-66.

Gross, Raphael, Lezzi, Eva u. Richter, Marc R.: *«Eine Welt, die ihre Wirklichkeit verloren hatte ...» Jüdische Überlebende des Holocaust in der Schweiz*. Zürich 1999.

Guttstadt, Corry: *Die Türkei, die Juden und der Holocaust*. Berlin 2008.

Haas, Gaston: *«Wenn man gewusst hätte, was sich drüben im Reich abspielte ...» 1941-1943. Was man in der Schweiz von der Judenvernichtung wusste*. Beiträge zur Geschichte und Kultur der Juden in der Schweiz, Bd. 4. Zürich 1997.

Haldemann, Frank: «Der völkerrechtliche Schutz des Privateigentums im Kontext der NS-Konfiskationspolitik». In: Thürer, Daniel u. Haldemann, Frank: *Die Schweiz, der Nationalsozialismus und das Recht*, Bd. 1: Öffentliches Recht, Veröffentlichungen der UEK, Bd. 18. Zürich 2001, S. 517-598.

Helm, Sarah: *Ohne Haar und ohne Namen. Im Frauen-Konzentrationslager Ravensbrück*. Darmstadt 2016.

Herbert, Ulrich, Orth, Karin u. Dieckmann, Christoph (Hrsg.): *Die nationalsozialistischen Konzentrationslager*. 2 Bde. Frankfurt a. M. 1998.

Hilberg, Raul: *Die Vernichtung der europäischen Juden*. 3 Bände, 13. Auflage. Frankfurt a. M. 2017.

Huber, Peter, in Zusammenarbeit mit Ralph Hug: *Die Schweizer Spanienfreiwilligen. Biografisches Handbuch*. Zürich 2009.

Huonker, Thomas: *Fahrendes Volk – verfolgt und verfemt. Jenische Lebensläufe*. Zürich 1987.

Huonker, Thomas: *Diagnose «moralisch defekt». Kastration, Sterilisation und Rassenhygiene im Dienst der Schweizer Sozialpolitik und Psychiatrie 1890-1970*. Zürich 2003.

Huonker, Thomas u. Ludi, Regula: *Roma, Sinti und Jenische. Schweizerische Zigeunerpolitik zur Zeit des Nationalsozialismus*. Veröffentlichungen der UEK, Bd. 23. Zürich 2001.

International Holocaust Remembrance Alliance (Ed.): *Bystanders, Rescuers or Perpetrators? The Neutral Countries and the Shoa*. Berlin 2016. https://www.holocaustremembrance.com/media-room/stories/bystanders-rescuers-or-perpetrators (Zugriff: 5.12.2018).

Klarsfeld, Serge: *Die Endlösung der Judenfrage in Frankreich*. Paris 1977.

Klarsfeld, Serge: *Le calendrier de la persécution des Juifs en France 1940-1944*. Paris 1993.

Kogon, Eugen: *Der SS-Staat. Das System der deutschen Konzentrationslager*. 18. Auflage. München 1974.

Koller, Guido: *Fluchtort Schweiz. Schweizerische Flüchtlingspolitik (1933-1945) und ihre Nachgeschichte*. Stuttgart 2018.

Kreis, Georg: *Zensur und Selbstzensur. Die schweizerische Pressepolitik im Zweiten Weltkrieg*. Frauenfeld 1973.

Kreis, Georg: *Die Rückkehr des J-Stempels. Zur Geschichte einer schwierigen Vergangenheitsbewältigung*. Zürich 2000.

Krummenacher-Schöll, Jörg: *Flüchtiges Glück. Die Flüchtlinge im Grenzkanton St. Gallen zur Zeit des Nationalsozialismus*. Zürich 2005.

Laqueur, Walter: *Was niemand wissen wollte. Die Unterdrückung der Nachrichten über Hitlers «Endlösung».* Frankfurt 1982.

Lewek, Ingrid u. Tarnowski, Wolfgang: *Juden in Radebeul 1933-1945.* Radebeul 2008.

Ludi, Regula: «Die Parzellierung der Vergangenheit: Schweizer NS-Opfer und die Grenzen der Wiedergutmachung.» In: *Studien und Quellen*, 29, 2003, S. 101-128.

Ludi, Regula: *Reparations for Nazi victims in Postwar Europe.* Cambridge 2012.

Ludi, Regula u. Speck, Anton-Andreas: «Swiss Victims of National Socialism: An Example of how Switzerland Came to Terms with the Past». In: Roth John K. and Maxwell Elisabeth (Eds.): *Remembering for the Future. The Holocaust in an Age of Genocide.* Vol. 2, Ethics and Religion. London 2001, p. 907-922.

Mächler, Stefan: *Hilfe und Ohnmacht. Der Schweizerische Israelitische Gemeindebund und die nationalsozialistische Verfolgung 1933-1945.* Zürich 2005.

Marbot, Felicie: *Geschlecht vor Gericht – Von Feiglingen und Hyänen. Frühe Konzentrationslager-Prozesse in der schweizerischen Berichterstattung.* Masterarbeit Universität Basel 2012.

Martig, Peter: «Die Berichte der schweizerischen Diplomaten zur nationalsozialistischen ‹Machtergreifung› in Deutschland in den Jahren 1933 und 1934». In: *Schweizerische Zeitschrift für Geschichte*, 28, 3, 1978, S. 350-373.

Mischler, Ernst: *Aus Wissen und Glauben. Otto Kellerhals in Witzwil zum 70. Geburtstag.* Bern 1940.

Morsch, Günter (Hrsg.): *Konzentrationslager Oranienburg.* Schriftenreihe der Stiftung Brandenburgische Gedenkstätten, Nr. 3. Oranienburg 1994.

Morsch, Günter: *Die Baracken 38 und 39. Geschichte und Zukunft eines geschändeten Denkmals.* Berlin 1996.

Noack, Thorsten: *NS-Euthanasie und internationale Öffentlichkeit. Die Rezeption der deutschen Behinderten- und Krankenmorde im Zweiten Weltkrieg.* Frankfurt a. M. 2017.

Osterloh, Jörg: «‹Es wurde ja auch darüber geschrieben in der Zeitung ...›. Die Berichterstattung im Deutschen Reich über die Häftlinge der frühen Konzentratinslager». In: Osterloh Jörg u. Wünschmann, Kim (Hrsg.): *«... der schrankenlosesten Willkür ausgeliefert». Häftlinge der frühen Konzentrationslager 1933-1936/7.* Frankfurt a. M. 2017, S. 317-348.

Picard, Jacques: *Die Schweiz und die Juden 1933-1945.* Zürich 1994.

Perrenoud, Marc: «De La Chaux-de-Fonds à Auschwitz. L'itinéraire tragique d'André Weill». In: *Traverse*, 6, 1999, S. 230-237.

Pütz, Albert: *Angehörige der ehemaligen Lager-SS, Gestapo und NS-Justiz vor Gericht. Das Sonderlager KZ Hinzert 1940-1945, Teil 2.* Frankfurt a. M. 2001.

Redolfi, Silke M.: *Die verlorenen Töchter. Der Verlust des Schweizer Bürgerrechts bei der Heirat eines Ausländers. Rechtliche Situation und Lebensalltag ausgebürgerter Schweizerinnen bis 1953.* Zürich 2019.

Reichlin, Linus: *Kriegsverbrecher Wipf, Eugen. Schweizer in der Waffen-SS, in deutschen Fabriken und an den Schreibtischen des Dritten Reiches.* Zürich 1994.

Roschewski, Heinz: *Rothmund und die Juden. Eine historische Fallstudie des Antisemitismus in der schweizerischen Flüchtlingspolitik 1933-1957.* Basel 1997.

Roser, Hubert (Hrsg.): *Widerstand als Bekenntnis. Die Zeugen Jehovas und das NS-Regime in Baden und Württemberg.* Konstanz 1999.

Rother, Bernd: *Spanien und der Holocaust.* Tübingen 2001.

Schmid, Daniel C.: *Dreiecksgeschichten. Die Schweizer Diplomatie, das «Dritte Reich» und die böhmischen Länder 1938-1945.* Zürich 2004.

Schneider, Volker: *Oberkapo Eugen Wipf. «... ein Scheusal in Menschengestalt».* Neuhütten 2003.

Schulze, Birgit: «Das Schicksal dänischer Deportierter in nationalsozialistischen Konzentrationslagern». In: *Dachauer Hefte*, 23. Dachau 2007, S. 57-72.

Schwarz, Stephan: «Hans Frölicher in Berlin: zur Diskussion über die Rolle des schweizerischen Gesandten in Berlin, 1938-1945». In: *Schweizerische Zeitschrift für Geschichte*, 58, Heft 4, 2008, S. 445-467.

Schwarz, Stephan: «Anpassung statt Widerstand: Franz Kappelers Tätigkeit in Berlin». In: *Schweizerische Zeitschrift für Geschichte*, 61, Heft 4, 2011, S. 418-434.

Slevogt, Esther: *Den Kommunismus mit der Seele suchen. Wolfgang Langhoff – ein deutsches Künstlerleben im 20. Jahrhundert.* Köln 2011.

Sonderegger, Ronald: «Wer nicht spurte, spürte die Peitsche». In: *Sonntagszeitung*, 19.2.1995, S. 21-24.

Späti, Christina: *Denkbarrieren des Sonderfalls. Die vergessenen Schweizer Opfer der nationalsozialistischen Verfolgung.* Beitrag auf http://geschichtedergegenwart.ch (Zugriff: 4.6.2017).

Späti, Christina: «Die Schweiz und der Holocaust: Rezeption, Erinnerung und museale Repräsentation». In: *Museen als Orte geschichtspolitischer Verhandlungen. Ethnografische und historische Museen im Wandel.* Itinera, 43, 2017. Basel 2017, S. 61-76.

Speck, Anton-Andreas: *Der Fall Rothschild. NS-Judenpolitik, Opferschutz und «Wiedergutmachung» in der Schweiz 1942-1962.* Beiträge zur Geschichte und Kultur der Juden in der Schweiz, Bd. 9. Zürich 2003.

Spuhler, Gregor: «Wiedergutmachung ohne Unrecht. Die Aufarbeitung der Epoche des Nationalsozialismus in der Schweiz». In: *Zeitgeschichte,* 4, Jhg. 31, Heft 1, 2004, S. 242-258.

Stauffer, Paul: *Carl J. Burckhardt. Zwischen Hofmannsthal und Hitler. Facetten einer aussergewöhnlichen Existenz.* Zürich 1991.

Tanner, Jakob: *Geschichte der Schweiz im 20. Jahrhundert.* München 2015.

Unabhängige Expertenkommission Schweiz – Zweiter Weltkrieg (Hrsg.): *Die Schweiz, der Nationalsozialismus und der Zweite Weltkrieg. Schlussbericht.* Zürich 2002 (zitiert als Schlussbericht UEK).

Urner, Klaus: *Der Schweizer Hitler-Attentäter. Drei Studien zum Widerstand und seinen Grenzbereichen.* Zürich 1980.

Von Wrochem, Oliver u. Jockheck, Lars (Hrsg.): *Skandinavien im Zweiten Weltkrieg und die Rettungsaktion Weisse Busse.* Berlin 2012.

Wachsmann, Nikolaus: *KL. Die Geschichte der nationalsozialistischen Konzentrationslager.* München 2016.

Weitkamp, Sebastian: *Braune Diplomaten. Horst Wagner und Eberhard von Thadden als Funktionäre der «Endlösung».* Bonn 2008.

Weitkamp, Sebastian: «Die Judenpolitik des Auswärtigen Amtes 1933-1939». In: Dirks, Christian u. Simon, Hermann (Hrsg.): *Von innen nach aussen. Die Novemberpogrome 1938 in Diplomatenberichten aus Deutschland.* Berlin 2014, S. 178-187.

Widmer, Paul: *Minister Hans Frölicher. Der umstrittenste Schweizer Diplomat.* Zürich 2012.

Winiger, Stephan: *Auslandschweizer in Frankreich 1939-44. Ihre spezifischen Probleme vor dem Hintergrund des Zweiten Weltkrieges und der deutschen Besetzung Frankreichs.* Lizentiatsarbeit Universität Zürich 1991.

Zeugin, Bettina u. Sandkühler, Thomas: *Die Schweiz und die deutschen Lösegelderpressungen in den besetzten Niederlanden. Vermögensentziehung, Freikauf, Austausch 1940-1945.* Veröffentlichungen der UEK, Bd. 24. Zürich 2001.

Gedruckte Quellen

Bernadotte, Folke: *Das Ende. Meine Verhandlungen in Deutschland im Frühjahr 1945 und ihre politischen Folgen.* Zürich 1945.

Burckhardt, Carl J.: *Meine Danziger Mission 1937-1939.* Zürich 1960.

Diplomatische Dokumente der Schweiz 1848-1945. Bern 1981 ff. (abgekürzt mit DDS Bd./Dok.nummer, Seitenzahl).

Fäh, Albert: *L'Impératrice a des cors aux pieds.* Epinal 1983.

Ferber, Walter: *55 Monate Dachau. Ein Tatsachenbericht.* Bremen 1993.

Frölicher, Hans: *Meine Aufgabe in Berlin.* Privatdruck. Wabern-Bern 1962.

Fuchs, Gottlieb: *Krieg. Diktatur. Deportation. Ein Schweizer als Generaldolmetscher im Sicherheitsdienst in Südfrankreich. Nummer 44110 in Buchenwald, Harzungen, Dora-Nordhausen und Bergen-Belsen.* Horw 1960.

Joos, Joseph: *Leben auf Widerruf. Begegnungen und Beobachtungen im K. Z. Dachau 1941-1945.* Olten 1946.

Kellerhals, Otto: «Die Kongress-Studienreise». In: *Schweizerische Zeitschrift für Strafrecht,* 49. Jhg. Bern 1935, S. 442-463.

Klarsfeld, Serge: *Le mémorial de la déportation des Juifs de France.* Paris 1978.

Langhoff, Wolfgang: *Die Moorsoldaten.* 11. Auflage. Essen 2014.

Ludwig, Carl: *Die Flüchtlingspolitik der Schweiz seit 1933 bis zur Gegenwart.* Neuauflage, Bern 1966 (zitiert als Ludwig-Bericht).

Schijveschuurder, Joop: *My Miracle,* Jerusalem 2001.

Seger, Gerhart: *Oranienburg. Erster authentischer Bericht eines aus dem Konzentrationslager Geflüchteten.* Karlsbad 1934.

Stämpfli, Paul: *In Deutschland zum Tode verurteilt. Tatsachenbericht eines Schweizers.* Zürich 1945.

Z.E. (= vermutlich E. Tobler-Zaugg): *Selbsterlebtes einer Schweizerin in einem deutschen Konzentrationslager.* Basel o. J.

Zámečník, Stanislav: *Das war Dachau.* Frankfurt a. M. 2007.

Ungedruckte Quellen

Clémence, Joseph: *40 mois chez les Nazis. Compte-Rendu de ma Détention en Allemagne du Frère Joseph des Ecoles chrétiennes.* Privatarchiv Laurent Favre.

Frölicher, Hans: Tagebuch vom 16.9.1942 bis 23.5.1945. Transkript, Privatbesitz. Original: BAR, J1.236#1993/368#8*.

Furrer, Wolfgang: *Frieden, wenn sich die zwei letzten Menschen gegenseitig erschlagen haben.* Undatiert. Nachlass Wolfgang Furrer. Archiv für Zeitgeschichte, Zürich.

Guggiari, Charles: *Au camp de la Mort. Aufzeichnung aus Neuengamme,* 1951. http://www.cndp.fr/crdp-reims/memoire/enseigner/memoire_deportation/temoinss51/guggiari.htm#compiegne (Zugriff: 26.11.2018).

Jacquemai, Henri: Interview mit H. J., 13. bis 15. Juli 1992 in Le Lavandou, KZ Gedenkstätte Neuengamme, HB 1528.

König, Max: *Das Kamel – der Botschafter. Erinnerungen aus einem Diplomatenleben.* Privatarchiv.

Montavon, André: Gespräch mit A. M. am 2.12.1991 in Besançon, KZ Gedenkstätte Neuengamme, HB 1561.

Wyler, Max Marcel: *De Montluc à Mauthausen*, www.jewishtraces.org/de-montluc-a-mauthausen (Zugriff: 26.11.2018)

Die Archivquellen sind in den Anmerkungen mit folgenden Abkürzungen angegeben:
AfZ: Archiv für Zeitgeschichte, Zürich
BAR: Schweizerisches Bundesarchiv, Bern
PA AA: Politisches Archiv des Auswärtigen Amts, Berlin

Bildnachweis

S. 17 Giuseppe Motta, Max Petitpierre, Marcel Pilet-Golaz, Walter Stucki: NZZ-Archiv; Paul Dinichert: Keystone/IBA-Archiv/STR; Carl J. Burckhardt: Keystone/Süddeutsche Zeitung/Scherl; Pierre Bonna: Diplomatische Dokumente der Schweiz, Online-Datenbank Dodis: www.dodis.ch/P111; René Naville: Diplomatische Dokumente der Schweiz, Online-Datenbank Dodis: www.dodis.ch/P133; Hans Frölicher: Ausschnitt v. EPD-Personalblatt, Schweizerisches Bundesarchiv, Bern, CH-BAR, E2500, 1968/87, 425*, Az. A.22…/B.21…; Maxime de Stoutz: Diplomatische Dokumente der Schweiz, Online-Datenbank Dodis: www.dodis.ch/P115.

S. 18 Ernst von Weizsäcker, Joachim von Ribbentrop: Keystone/akg-images

S. 23 *Schweizer Illustrierte*/Ringier Axel Springer Schweiz, 26.4.1933

S. 24 *Schweizer Illustrierte*/Ringier Axel Springer Schweiz, 2.5.1945

S. 31 Schweizerisches Bundesarchiv, Bern, E2001-08#1978/107#1271*

S. 44 Porträt Heinrich Himmler: Keystone/Heritage Images/Keystone Archives

S. 55 Eigene Darstellung, basierend auf Angaben des Internationalen Suchdienstes des Roten Kreuzes, Bad Arolsen

S. 58 Eigene Darstellung, basierend auf Kinder, Hermann, Hilgemann, Werner u. Hergt, Manfred: *dtv-Atlas Weltgeschichte*, Band 2, 44. korrigierte und aktualisierte Auflage 2017, S. 482

S. 63 The Auschwitz-Birkenau State Museum, Oświęcim

S. 93 Politisches Archiv des Auswärtigen Amts, Berlin, R41547

S. 97 Keystone/National Archives and Records Ad/DB NARA Harry Miller

S. 106 Schweizerisches Bundesarchiv, Bern, E4264#1985-196#4577*

S. 129, 131, 135 Archiv Marie-Claire Giudici, Royan, F

S. 139, 144, 148 Familienarchiv Alexander Abegg, St. Peter-Freienstein, A

S. 141 Beeldbank WO2-NIOD

S. 143 Mauthausen Memorial (Sammlung Antonio Garcia, S 4665)

S. 151 Bruno Schlatter, *SonntagsZeitung*, Tamedia, 30.4.1995

S. 153 Archiv Laurent Favre, Dorénaz

S. 155–157 Gino Pezzani, *Notte e Nebbia!* S. A. Grassi & Co., Bellinzona 1949

S. 159 ICRC/ Willy Pfister, 21.4.1945

S. 166 Staatsarchiv Baselland, Liestal, StABL, NA 2172 Niederlassung D1.14 Reinach

S. 167 Das Bundesarchiv, Koblenz, Bild 183-1985-0417-015

S. 169 Deutsches Historisches Museum, Berlin, Inv.-Nr.: BA 90/4570

S. 173 Schweizerisches Bundesarchiv, Bern, E4320B#1975/40#430*

S. 175 Archiv für Zeitgeschichte ETH Zürich: NL Albert Mülli/6.1.

S. 181 Archiv für Zeitgeschichte ETH Zürich: NL Albert Mülli/8.1.4.1.

S. 182   Beatrice Lang, *SonntagsZeitung*, Tamedia, 19.2.1995

S. 185   The Auschwitz-Birkenau State Museum, Oświęcim

S. 187, 194   Familienarchiv Beate Müller-Kübler, Badenweiler, D

S. 199   Claudia Ragazzoni: *Gino Parin*. Fondazione CRTrieste, 2003

S. 200   Schweizerisches Bundesarchiv, Bern, E2500#1968/87#172*

S. 201   Museo Storico e il Parco del Castello di Miramare, Triest

S. 202   Familienarchiv Per Ola d'Aulaire, Connecticut, USA

S. 203   Beide: Familienarchiv Spierer, Genf

S. 211–213   Familienarchiv Gilles Perret, Lausanne

S. 226   Schweizerisches Bundesarchiv, Bern, E2001-08#1978/107#840*

S. 227   Schweizerisches Bundesarchiv, Bern, E2200.186-01#1969-298#193*

S. 237   Patrick, Lisa & Simon Kabilli/Yad Vashem (Item Nr. 38860)

S. 246   Familienarchiv Eve Stockhammer, Bern

S. 248   Familienarchiv Maja Correns, Zürich

S. 252   Oben links: Familienarchiv Alexander Abegg, St. Peter-Freienstein, A; oben rechts und unten: Archiv Laurent Favre, Dorénaz

S. 254   Oben links: Familienarchiv Lang-Bloch, Eppelheim, D; oben rechts: findagrave.com; unten: Ministère des armées, Service historique de la défense, Division archives des victimes des conflits contemporains, Caen

S. 256   Oben links, unten links und unten rechts: Archiv Laurent Favre, Dorénaz; oben rechts: Andree Olff/Yad Vashem (Item Nr. 1714810)

S. 258   Archiv Laurent Favre, Dorénaz

S. 260   Oben links: Archiv Laurent Favre, Dorénaz; oben rechts: Familienarchiv Dreyfus, Paris, F; Mitte: Fotoauszüge aus Korrespondenzakte T/D 46987, Charles Doy, 6.3.3.2/91507303, ITS Digital Archive, Arolsen Archives; unten: *La Suisse Sportive* Nr. 601, Seite 3791

S. 262   Alle: Archiv Laurent Favre, Dorénaz

S. 264   Oben: Archiv Laurent Favre, Dorénaz; unten: Archiv Marie-Claire Giudici, Royan, F

S. 266   Oben links: State Archives of Belgium, foreigners' police file 1362155, digitized by Kazerne Dossin; übrige: Archiv Laurent Favre, Dorénaz

S. 268   Claude Hirsch/Yad Vashem (Item Nr. 717833)

S. 270   Archiv Laurent Favre, Dorénaz

S. 272   Familienarchiv Beate Müller-Kübler, Badenweiler, D

S. 274   Archiv Laurent Favre, Dorénaz

S. 276   Archiv Laurent Favre, Dorénaz

S. 278   Oben: Schweizerisches Bundesarchiv, Bern: E2001-08#1978/107#1141*; unten links: Archiv Laurent Favre, Dorénaz; unten rechts: Keystone/DPA/STR

S. 280   Oben links und unten rechts: Archiv Laurent Favre, Dorénaz; oben rechts: Schweizerisches Bundesarchiv, Bern: E2001-08#1978/107#1271*; unten links: Claudia Ragazzoni: Gino Parin. Fondazione CRTrieste, 2003

S. 282   Oben links: Familienarchiv Gilles Perret, Lausanne; übrige: Archiv Laurent Favre, Dorénaz

S. 284   Beide: Archiv Laurent Favre, Dorénaz

S. 286   Oben links: Nanny Fischof/Yad Vashem (Item Nr. 5253917); oben rechts: Archiv Laurent Favre, Dorénaz; unten: ITS Archives, Bad Arolsen 1.1.5.3/7039748

S. 288   Archiv Familie Spierer, Genf

S. 290   Oben: ITS Archives, Bad Arolsen, 1.1.5.3/7254551; unten: Ronald Sonderegger, *SonntagsZeitung*, Tamedia, 19.2.1995

S. 292   Oben links: Archiv Laurent Favre, Dorénaz; oben Mitte: Jacqueline Tanugi Cohen/Yad Vashem (Item Nr. 1727544); oben rechts: Archiv Laurent Favre, Dorénaz; unten links: S Dreifuss/Yad Vashem (Item Nr. 1954433); unten rechts: Ministère des armées, Service historique de la défense, Division archives des victimes des conflits contemporains, Caen

S. 294   Beide: Archiv Laurent Favre, Dorénaz

Umschlagbild: Häftlingsjacke von Albert Mülli. Archiv für Zeitgeschichte ETH Zürich: NL Albert Mülli/7.3.2.3.

Die Autoren und der Verlag haben sich bemüht, die Urheberrechte der Abbildungen ausfindig zu machen. In Fällen, in denen ein exakter Nachweis nicht möglich war, bitten sie die Inhaber der Copyrights um Nachricht.

Dank

Wir sind bei unseren Recherchen auf ein Mass an Wohlwollen und Hilfsbereitschaft gestossen, das wir nie erwartet hätten. Zahlreiche Menschen in der Schweiz, in Deutschland, Frankreich, Österreich, Italien, Polen, Israel, den Niederlanden und den USA haben unsere Arbeit auf die eine oder andere Weise unterstützt. Ihnen allen gilt unser herzlicher Dank. Namentlich erwähnen möchten wir Caterina Abbati, Alexander Abegg, Jonas Arnold, Nathalie Barthoulot, Vinzenz Bartlome, Cordula Becker, Nicola Behrens, Alyn Bessmann, Michaela Blaser, Sabina Bossert, Marco Bossi, Marie-Anne Bouchet-Roy, Maja Correns, Per Ola d'Aulaire, Yves Demuth, Jean-David Dreyfus, Jean-François Dreyfus, Barbara Distel, Alain Dubois, Daniel Dunkel, Peter Egger, Peter Eigelsberger, Alexandra Fitz, Ruth Fivaz-Silbermann, Detlef Garbe, Edouard Gence, Esther Girsberger, Marie-Claire Giudici, Antoine Glaenzer, Roland Gretler †, Vinzenz Greiner, Patrick Gutenberg, Marcel Gyr, Frank Haldemann, Barbara Haldimann, Peter Häusermann, Gabor Hirsch, Cordula Hundertmark, Thomas Huonker, Karin Huser, Martin Jäger, Gerhard Keiper, Gabriela Kiser-Ziegler, Guido Koller, Albert Knoll, Daniel Kress, Martin Kriwet, Werner Kübler, Christine LaBastille, Beatrice Lang, Jost Lang und Judith Lang-Bloch, Mario Leiber, Andrea Leslie, Michael Lew, Peter Lieb, Peter Liszt, Koni Loepfe, Barbara Lukesch, Thomas Meier, Damian Meienhofer, Frank A. Meyer, Kurt-Emil Merki, Res Minder, Klaus und Christine Mösch, Marco Morgenthaler, Pascal Morisod, Sandy Muhl, Beate Müller-Kübler, Regula Nebiker, Philipp Neumann-Thein, Marc Perrenoud, Gilles Perret, Roland Peterhans, Markus Peyer, Jacques Picard, Christine Picaud, Wojciech Płosa, Claudia Ragazzoni, Silke Redolfi, Daniel Reichmuth, Carine Renoux, François Richet, Inge Rosenkranz, Gabrielle Rosenstein, Gabriel Sassoon, Tom Schaffner, Bruno Schlatter, Monika Schnell, Abraham Schijveschuurder, Dietmar Sedlaczek, Katja Seybold, Rachel Shapiro, Wolfram Slupina, Vreni Sommer, Christina Späti, René Spiegel, Emile Spierer, Renate Spörri, Roman Spörri, Gregor Spuhler, Pauline Staubli, Regula Stehli, Tanja Steinkühler, Eve Stockhammer, Brigitte Studer, Ramona Thalmann-Hüsler, Karin Tresch Koch, Erich Trösch, Jakob Urech, Luca Urech, Jean-Christophe Vautrin, Christiane Voegeli, Thomas Wach, Nikolaus Wachsmann, Sabrina Walter, Doris Warlitsch, Michael Wedekind, Anita Weinkogl, Sebastian Weitkamp, Hermann Wichers, Paul Widmer, Anita Winter, François Wisard, Roland Wittmann, Sacha Zala, Ursula Zellweger, Nel Ziörjen, Alice Zweifel.

Ein besonderer Dank gilt den Mitarbeiterinnen und Mitarbeitern des Schweizerischen Bundesarchivs in Bern, des Archivs für Zeitgeschichte in Zürich, des Politischen Archivs des Auswärtigen Amts in Berlin, des International Tracing Service in Bad Arolsen sowie der Staatsarchive verschiedener Kantone.

Ein grosses Dankeschön geht an die Zivilstandsämter von rund 100 Schweizer Gemeinden, die uns bei den oft schwierigen Abklärungen zur Staatsbürgerschaft der NS-Opfer geholfen haben. Ohne die unzähligen freundlichen Helfer in Archiven, Gedenkstätten und Behörden wäre dieses Buch nicht möglich gewesen.

Speziell danken möchten wir Urs Hofmann, Katharina Blarer, Beate Becker und Simon Rüttimann vom Verlag NZZ Libro, die vom ersten Tag an an unser Projekt glaubten und unsere Arbeit stets interessiert und hilfsbereit begleiteten. Ein besonderer Dank gilt Katharina Wehrli für das anregend-kritische Lektorat und Katarina Lang für die sorgfältige Gestaltung des Buchs.

Folgende Privatpersonen und Stiftungen haben dieses Buch grosszügig finanziell unterstützt:

Georges und Jenny Bloch-Stiftung
Dr. Josef Bollag
Irène Bollag Herzheimer-Stiftung
Dr. Hans Heinrich Coninx
Evangelisch-Reformierte Landeskirche des Kantons Zürich
Dr. Georg und Josi Guggenheim-Stiftung
Walter Haefner Stiftung
Adolf und Mary Mil-Stiftung
Dr. Ellen und Michael Ringier
Stiftung Hans Ringier
Römisch-katholische Zentralkonferenz der Schweiz
Ruth und Paul Wallach-Stiftung

Ihnen allen ganz herzlichen Dank! Wir hoffen, dass wir die Erwartungen, die sie in unser Buch gesetzt haben, erfüllen konnten.

Und last but not least möchten wir uns bei unseren Freunden und Familien bedanken, für ihr Interesse, ihre Geduld und die willkommenen Aufmunterungen.

Die Autoren

© Johanna Hullar/TA Media

Balz Spörri (*1959) studierte Germanistik, Geschichte sowie Media Ecology und promovierte mit einer Arbeit über die Sozialgeschichte des Lesens. Forschungsstipendium der Schweizerischen Akademie der Geistes- und Sozialwissenschaften. Heute lebt er als Journalist und Autor in Zürich.

© rst.

René Staubli (*1953), ursprünglich Primarlehrer, absolvierte 1983/84 die Ringier-Journalistenschule. Er war Redaktor und Reporter bei der *SonntagsZeitung*, der *Weltwoche* und beim *Tages-Anzeiger*. 2003 wurde er mit dem Zürcher Journalistenpreis ausgezeichnet. Heute ist er als Lektor und Ghostwriter tätig.

© Thomas Meier

Benno Tuchschmid (*1985) absolvierte die Diplomausbildung Journalismus am MAZ in Luzern. Er war Reporter bei der *Aargauer Zeitung*, Nachrichten- und Hintergrundredaktor bei der *SonntagsZeitung*, und stellvertretender Ressortleiter Kultur bei der *Schweiz am Sonntag/Aargauer Zeitung*. Derzeit leitet er das *SonntagsBlick Magazin*.